Vorwort.

Bei der großen Anzahl von bereits erschienenen Koch-
büchern und bei der anerkannten Brauchbarkeit mehrerer
derselben möchte es auf den ersten Anblick als eine überflüssige Arbeit erscheinen, wenn die Verfasserin es unternimmt,
den gedachten Werken noch ein neues hinzuzufügen. Sie
glaubt aber dennoch, in demselben denjenigen ihrer Landsleute,
welche in der Küche beschäftigt sind, eine nicht unwillkommene
Gabe darzubringen, und zwar aus folgenden Gründen. Zunächst ist, wie schon der Titel des Buches besagt, bei den gegebenen Recepten speciell nicht nur auf diejenigen Speisen,
welche in Mecklenburg auf die Tafel zu kommen pflegen,
sondern auch auf die Art der Bereitung, wie sie in Mecklenburg üblich ist, besondere Rücksicht genommen. Daß damit
die Brauchbarkeit des Buches auch für andere, besonders für
die an der Ost- und Nordsee gelegenen, Landestheile nicht
ausgeschlossen wird, ist um so mehr selbstverständlich, als bekanntlich in allen diesen Gegenden die Kochkunst in durchaus
ähnlicher Weise geübt wird, insofern überall dort die Speisen
das Tüchtige, Kräftige, Derbe mit einander gemein haben.
Sodann aber glaubt Verfasserin durch das vorliegende Werk
einem namentlich Anfängerinnen in der Kochkunst fühlbaren
Mangel anderer, sonst vortrefflicher, Werke dadurch abzuhelfen,

1*

daß sie nicht bloß bei den einzelnen Recepten die zu der zu bereitenden Speise nöthigen Zuthaten genau nach Maß und Gewicht angegeben, sondern daß sie auch besondere Rücksicht darauf genommen hat, wann im Verlaufe der Bereitung, in welcher Art und Weise und mit welchen Manipulationen die Zusammensetzung dessen erfolgt, was in seiner Gesammtheit ein Gericht bilden soll.

Verfasserin erlaubt sich noch hinzuzufügen, daß sie fast zwölf Jahre lang in den fünf ersten Hôtels Mecklenburgs in der Küchenwirthschaft engagirt war und sich schmeicheln darf, daß die von ihr bereiteten Speisen sich stets der besonderen Zufriedenheit ihrer Gäste zu erfreuen hatten. Gerade dieser Umstand ist es denn auch hauptsächlich, welcher ihr den Muth giebt, mit einem neuen Werke über die Kochkunst vor das Publikum zu treten und es einer wohlwollenden Aufnahme Seitens desselben zu empfehlen.

Mecklenburgisches Kochbuch.

Ein Rathgeber

für Alle, welche der Kochkunst befliſſen ſind,

ſpeciell für

Mecklenburgiſche Hausfrauen

und Solche, die es werden wollen.

Practiſche Anweiſung und ſelbſterprobte Recepte

von

Frieda Ritzerow,

geb. Burmeiſter.

Roſtock.
Hinſtorff'ſche Verlagsbuchhandlung.
1868.

Die Deutsche Bibliothek - CIP-Einheitsaufnahme

Ritzerow, Frieda:
Mecklenburgisches Kochbuch : ein Ratgeber für alle,
welche der Kochkunst beflissen sind, speciell für mecklen-
burgische Hausfrauen und solche, die es werden wollen ;
practische Anweisung und selbsterprobte Recepte / von
Frieda Ritzerow geb. Burmeister. - 9. Aufl. -
Photomechanischer Nachdr. der Ausg. Rostock, Hinstorff,
1868. - Rostock : Hinstorff, 2000
In Fraktur
ISBN 3-356-00212-0

Photomechanischer Nachdruck der Ausgabe von 1868
© Hinstorff Verlag GmbH, Rostock 1981
9. Auflage 2000
Druck und Bindung:
Druck- und Verlagsanstalt Wiener Verlag GmbH
Nachf. KG
Printed in Austria
ISBN 3-356-00212-0

I. Einleitung.

Bevor ich zur Sache selbst übergehe, will ich alle meine jungen, in der Küche noch unerfahrenen Leserinnen, zumal solche, welche sich in größeren Wirthschaften der Kochkunst widmen, darauf aufmerksam machen, daß, wie in allen Dingen, so besonders in ihrem Geschäfte Ordnung ein unumgängliches Erforderniß ist. Jeder Schlüssel, jedes Geschirr in der Küche habe seine bestimmte Stelle, an welche es, gleich nachdem es gebraucht und wieder gereinigt worden, zurückkehrt; jedes Geschäft, welches in der Küche vorzunehmen ist, werde seiner Zeit strenge durch die Uhr regulirt. Letzteres ist namentlich nothwendig, wenn Mahlzeiten von einer größeren Anzahl von Gängen, zumal in Hôtels, wo es auf die Stunde ankommt, bereitet werden sollen. Bei diesen ist es, um zu rechter Zeit fertig zu werden, durchaus nothwendig, sich bereits am Morgen die Reihenfolge der Gänge und die Zeit, die zu jedem derselben zu verwenden ist, zu vergegenwärtigen und hiernach seine Zeit-Eintheilung zu treffen. Man erreicht hierdurch nicht allein Präcision und erwirbt sich das Wohlwollen der Principäle und Gäste, sondern erspart sich selber viele Mühe und große Umstände, hat also den Vortheil, sich die Arbeit zu erleichtern. In jeder wohlgeordneten größeren Küche befindet sich eine Uhr; auf diese sei das Auge der Köchin stets gerichtet und nach ihr werde Alles geordnet; wer sich dies als strenge Regel bildet und dieselbe gewissenhaft befolgt, wird sehr bald die Vortheile davon erkennen.

1. Zweckmäßige Einrichtung der Küche.

A. Der Kochheerd.

Derselbe ist von besonderer Wichtigkeit nicht nur für die Bequemlichkeit und Annehmlichleit der Hausfrau, sondern, des Consums an Brennmaterial wegen, auch für den Geldbeutel des Hausvaters. Es sind aus diesen Gründen mancherlei Kochheerde in sehr verschiedenen Formen und Constructionen erfunden worden; diejenigen, welche sich meiner Erfahrung nach als am meisten practisch bewährten, gebe ich im Folgenden:

a. Für ganz große Wirthschaften, namentlich für Hôtels, ist es empfehlenswerth, zwei Heerde anzulegen, deren einer von Ziegelsteinen aufgemauert und mit einer eisernen Platte bedeckt ist, welche durch starkes Heizen, am besten und billigsten mit Steinkohlen, vollkommen glühend gemacht wird. Dieser Heerd hat vor allen andern den Vorzug großer Reinlichkeit, die Geschirre werden weniger als sonst angegriffen, und er eignet sich besonders zum Kochen in irdenen Gefäßen. Man kann auf ihm alle Speisen kochen, nur allein wenn große Massen Wasser, z. B. zwecks Kochens einer bedeutenden Quantität von Kartoffeln, Fleisch oder Fischen, schnell erhitzt werden sollen, ist er ungeeignet und man bedient sich hiezu deßhalb des zweiten Heerdes. Dies ist am besten ein eiserner Kochheerd mit Ringen und Löchern, unter denen sich des angegebenen Zwecks wegen ein sehr großes befinden muß.

b. Für mittlere und kleine Wirthschaften genügt selbstverständlich ein Kochheerd. Als solchen wählt man gerne einen von Kacheln aufgemauerten Heerd mit eiserner Platte, in welcher sich je nach dem Bedürfnisse Löcher und Ringe von verschiedener Größe und Anzahl befinden. Diese Heerde haben den Vorzug großer Reinlichkeit und im Winter die Annehmlichkeit, die Küche nach Art eines Ofens zu erwärmen. Sie fressen aber viel

Brennmaterial und müssen von einem besonders darauf geübten Maurer oder Töpfer angelegt werden, weil es sich bei falscher Construction der Züge nur zu leicht ereignet, daß die Geschirre ungeachtet des stärksten Feuers nur auf einem der Löcher ordentlich kochen, auf den andern entweder gar nicht oder doch nicht hinreichend. Aus diesen Gründen möchte sich für jede Privatküche der sogenannte Lyoner Kochheerd empfehlen, welcher vollkommen fertig und in beliebiger Größe aus jeder Eisenwaarenhandlung zu beziehen ist. Auf diesem Heerde kocht man je nach Bedürfniß auf 1 bis 3 Löchern in Geschirren von beliebiger Größe, die Erhitzung ist für alle Löcher eine durchaus gleichmäßige, die Platte wird mit erhitzt und der Consum an Brennmaterial ist ein verhältnißmäßig äußerst geringer.

Für die Anlage der Kochheerde bemerke ich noch, daß dieselben stets so angebracht werden sollten, daß mindestens zwei ihrer Seiten offen liegen. Hat man zu ihnen nur von der Seite aus, an welcher sie geheizt werden, Zugang, so ist es auch bei größter Vorsicht fast unvermeidlich, daß die Köchin sich während der Arbeit die Kleider an der stets sehr stark erhitzten Heerdthür verbrennt.

B. Der Bratofen.

Bei dem oben unter A. a. erwähnten gemauerten Heerde mit eiserner Platte befindet sich der Bratofen mit unter dieser Platte, muß aber beim Gebrauche besonders geheizt werden. Auch beim Lyoner Kochheerde bildet der Bratofen einen integrirenden Theil der Einrichtung, wird aber hier direct durch das einzige Heizloch erhitzt. Bei den unter A. b. erwähnten Kachelheerden muß er besonders aufgemauert werden; am besten auf der einen Seite des Heerdes.

C. Die Küchengeschirre, speciell deren Reinigung.

Der Aufscheuertisch (Abwasche) mit 2 Wannen darin und einem Tellertrockner daneben.

Der Küchenschrank oder die Kannenborte.

Der Küchentisch.

Der Anrichtetisch.

Küchenstühle.

1 kleiner Schrank zum Aufbewahren der Gewürze und kleinerer Küchengeräthe.

1 Kasten zum Aufbewahren der Abfälle.

1 Fleischblock nebst Fleischklopfer.

1 Fleischwanne.

1 große Waage zum Wägen umfänglicher Gegenstände, am besten eine Decimal-Waage.

1 Holz-, Torf- und Kohlenkasten.

1 Wassertonne nebst Eimern, Trage und Kelle.

1 hölzernes Salzfaß.

Große und kleine Fischbretter.

1 Hackbrett.

1 Kuchenbrett mit Rollholz.

1 großer hölzerner Mörser mit Keule.

1 Mehltien.

1 Tranchirbrett.

Hölzerne Schinkenteller.

    do.   Kochlöffel (Kellen).

1 Gurkenhobel.

1 Citronenpresser.

1 Butterform.

1 großer Bouillontopf,

1 Suppentopf,

große und kleine Kochtöpfe,   } von Kupfer, Eisen oder Thon.

Brat- und Tortenpfannen,

Eiserne Cotelett-, Beefsteak-, Omelett-Pfannen.

1 Waffeleisen.

1 Theekessel,

1 Milchkessel,   } von Kupfer oder Messing.

1 Schneekessel,

1 Anrichtelöffel.

1 Kuchenspritze.

1 Form mit Ausstechern.

1 Zuckerstreubüchse.

1 Muskatreibe.

1 kleine Waagschaale mit Einsatzgewichten.

1 metallener Mörser,

1 großes Blechsieb.

1 Durchschlag.

1 Suppensieb.

Diverse Schaumkellen und Fischlöffel.

1 Zuckersieb.

Große und kleine Reibeisen (Reiben).

1 Ochsenaugenform.

1 Pastetenform.

1 Stückmaß.

Verschiedene Trichter.

Einige Backbleche und Pastetenbleche.

Tortenränder (Randbleche).

Puddingformen.

Geleeformen und Geleebeutel.

Auflaufformen

Crêmeformen } von Porzellan.

Coquillenschalen

Große und kleine irdene und Fayenceschalen.

dito Teller.

Irdene, Stein- und Fayencetöpfe.

Verschiedene Saucieren.

Irdene Durchschläge.

1 Hackmesser.

1 Wiegemesser.

Große und kleine Küchenmesser, darunter ein scharf zugespitztes.

1 große und einige kleine Fleischgabeln.

Verschiedene Spick- und Dressir-Nadeln.

Feuerzangen und Schaufeln.

1 Messerreiniger.

Draht- und Reisigquirle.

1 Korkzieher.

1 Haarpinsel.

1 Ascheimer.

1 Seifenbürste.

1 Tassenwanne mit Bürste.

1 Küchenlampe.

Verschiedene Körbe.

1 Aufnehmer.

1 Küchenbesen und Schrubber.

Für diejenigen meiner jungen Leserinnen, welche in der Küche noch ganz unerfahren sind, bemerke ich zu vorstehendem Verzeichnisse noch Folgendes:

Unter den Kochgeschirren sind, was Reinlichkeit beim Kochen, sowie Wohlgeschmack und Zuträglichkeit der bereiteten Speisen betrifft, die irdenen Kochtöpfe allen andern Geschirren vorzuziehen; leider haben sie den Fehler großer Zerbrechlichkeit und zerspringen außerdem sehr leicht über dem Feuer, namentlich wenn dasselbe zu hell und stark brennt. Diesem letzteren Uebelstande pflegt man übrigens so ziemlich dadurch zu begegnen, daß man die größeren irdenen Geschirre mit einem Draht-Geflecht umgiebt, was man, zumal wo nicht auf der oben erwähnten Platte gekocht wird, nie zu thun versäumen sollte. Ehe dies geschieht, setzt man die Geschirre 12 Stunden in kaltes Wasser, läßt sie 10 bis 12 Stunden an der Luft trocknen und reibt sie sodann mit einem Stücke Speck an der Außenseite tüchtig ein.

Will man keine irdenen Kochgeschirre anwenden, so wählt man entweder kupferne, inwendig verzinnte, oder eiserne emaillirte oder messingene. Erstere sind freilich beim ersten Ankaufe bedeutend theurer, als die eisernen, haben aber vor diesen den Vorzug bei weitem größerer Dauerhaftigkeit, da die Verzinnung stets erneuert werden kann, während die Emaille, nach deren Abnutzung das Geschirr für die meisten Speisen unbrauchbar wird, sich nicht wieder herstellen läßt. Die kupfernen und eisernen Geschirre eignen sich aber keinesweges zum Kochen aller Speisen gleichmäßig gut; wo das eine oder andere Geschirr den Vorzug verdient, wird, soweit dies nöthig ist, unten bei den einzelnen Recepten erwähnt werden. Zur Bereitung von Kleinigkeiten, z. B. Saucen, oder zur Aufwärmung von Speisen, namentlich wenn dieselbe schnell vor sich gehen soll, bedient man sich am besten blechener, inwendig verzinnter Gefäße. Die messingnen Koch-Geschirre sind sehr außer Gebrauch gekommen, man bedient sich fast nur noch

messingner Fisch= und Milchkessel; auch finden sie noch zum
Kochen einzumachender Früchte Verwendung.

Zum Aufbewahren der Speisen eignen sich nur irdene
gläserne und Porzellan=Geschirre; man vermeide vor Allem
den Gebrauch kupferner zu diesem Zwecke; ebenso wenig ist es
räthlich, Speisen in Kupfer= oder Eisengeschirren erkalten zu
lassen, es kann dies für die Gesundheit, ja für das Leben der
solche Speisen Genießenden äußerst gefährlich werden, zumal
wenn bei Kupfergeschirren die Verzinnung schon fehlerhaft
geworden ist. Auch rühre man nie Speisen längere Zeit
in solchen Geschirren; außer der Gefahr für die Gesund=
heit giebt dies den Speisen ein unappetitliches graues Aus=
sehen. Die emaillirten Geschirre anlangend, so ist besonders
zu vermeiden, Speisen, welche Säuren in sich enthalten,
längere Zeit darin zu rühren oder darin erkalten zu lassen.
Die Emaille enthält mehr oder weniger Blei in sich, welches
durch die Säuren oxydirt und sich den Speisen mittheilt.

Vor dem Gebrauche der Geschirre überzeuge man sich
stets, daß dieselben gehörig gereinigt sind. Hiezu genügt bei
irdenen Geschirren für gewöhnlich kochendes Wasser, doch ist
es empfehlenswerth, von Zeit zu Zeit etwas Soda zu Hülfe
zu nehmen und die Geschirre auswendig abzubürsten. Die
Reinigung kupferner, messingner und eiserner Geschirre erfor=
dert bedeutend größere Sorgfalt. Zum Scheuern des Kupfer=
Geschirres bedient man sich am besten einer Mischung von
Essig und gelbem Sande, spült es hinterher ab und scheuert
es noch ein zweites mal mit Sand und Wasser; ohne diese
zweite Scheuerung läuft es sogleich wieder an. Ist die Ver=
zinnung eines Gefäßes schwarz geworden, so ist es nöthig,
dasselbe mit Buchenasche, oder doch, in deren Ermangelung,
mit Soda auszukochen. Aehnlich wie die Kupfergeschirre
werden die Messinggeschirre gereinigt, indessen ist bei ihnen
das Nachscheuern mit Sand und Wasser nicht unumgänglich
nöthig. Bei eisernen Geschirren genügt als Regel eine Rei=
nigung mit heißem Wasser, jedoch wird ihre Emaille gleich=
falls mit der Zeit grau, wo dann dasselbe Verfahren wie bei
grau gewordener Verzinnung anzuwenden ist. Weißblechge=
schirre steckt man endlich, um sie gründlich zu reinigen, etwa

5 Minuten in kochendes Sodawasser, scheuert sie sodann mit
einer Mischung aus demselben und gelben Sande, spült sie
mit reinem Wasser nach und stellt sie zum schnellen Trocknen
an eine warme Stelle des Heerdes oder in die Sonne. Auch
die hölzernen Geschirre erhalten durch Scheuern mit Soda=
wasser und Sand eine besondere Weiße.

2. Die Speisekammer

sollte stets der Bequemlichkeit der Hausfrau wegen, wenn dies
irgend möglich zu machen ist, in unmittelbarer Nähe der Küche
liegen. Da sie besonders dazu dient, länger aufzubewahrende
Speisen in sich aufzunehmen, so ist es vor Allem nöthig, sie
gegen Einflüsse, die Letzteren schädlich werden könnten, von
außen zu schützen. Man erreicht dies ziemlich sicher schon da=
durch, daß man die in's Freie führenden Fenster und Luft=
löcher mit Vorsätzen von Siebtuch versieht; will man sich
indessen auf alle Fälle schützen, so setzt man diejenigen
Speisen, die den Angriffen von Fliegen oder Maden besonders
ausgesetzt sind, entweder in einen s. g. Fliegenschrank oder
bedeckt sie mit Drahtglocken. Die Speisekammer ist so viel,
wie irgend möglich zu lüften und zu dem Zwecke, wo es thunlich
ist, mit einer s. g. Luftscheibe zu versehen; wird die Lüftung
verabsäumt, so entwickelt sich aus den Ausdünstungen, nament=
lich der warm hingestellten Speisen, eine dumpfe Atmosphäre,
die nur Nachtheil bringend wirken kann. Die einzelnen
sonstigen Einrichtungen einer Speisekammer richten sich selbst=
verständlich nach dem jedesmaligen Bedürfnisse der Wirth=
schaft.

3. Maße und Gewichte,

welche in diesem Buche zur Anwendung kommen, sind allein
der mecklenburgische Pott zu 2 Stück und das Zollpfund
zu 30 Loth. Am Schlusse des Buches wird eine Tabelle
angehängt werden, welche eine Vergleichung dieser Maße und

Gewichte mit anderen, soweit sie noch in Deutschland gang=
bar sind, enthält.

4. Kunst=Ausdrücke

giebt es für die Küche eine ziemlich bedeutende Anzahl; ich
gebe im Folgenden nur die nothwendigsten, deren ich mich
zur Verminderung von Weitschweifigkeiten durchaus werde be=
dienen müssen.

Abquirlen (abwellen, legiren) heißt, flüssige Speisen, na=
mentlich Saucen und Suppen, durch Hinzurühren von
Eiern, auch wohl von Eiern und Mehl, verdicken. Das
dabei zu beobachtende Verfahren siehe ausführlich im
Abschnitt II.

Blanchiren. Fleisch oder Geflügel vor der eigentlichen
Zubereitung aufs Feuer setzen und eine kurze Zeit
kochen. Das Blanchiren geschieht zu verschiedenen in
Abschn. II. näher angegebenen Zwecken.

Blind abbacken. Kleine Gebäcke, wie Pastetchen u. dgl.
backen, ohne daß sie dabei schon mit ihrem eigentlichen
Inhalte gefüllt sind, welcher erst hinzugethan wird, nach=
dem der Teig gar gebacken worden.

Croutons. Semmelscheiben oder =Streifen in Butter ge=
braten oder in Backbutter ausgebacken.

Dressiren heißt, die Speisen in eine dem Auge gefällige
Form bringen. Vom Dressiren des Geflügels speciell
siehe Abschn. III.

Farce. Eine sehr verschiedenartig bereitete Mischung fein=
gehackten Fleisches, Fisches oder Leber mit Fettsubstanzen
und Gewürzen. Die Bereitung mehrerer Arten von
Farcen enthält Abschnitt II.

Farciren, mit Farce anfüllen.

Filet. Die Mürbebraten von allem Schlachtvieh und
Wildpret, so wie die von den Knochen gelösten Brüste
des Geflügels. Bei Fischen nennt man Filets die bei=
den großen Fleischstücke, welche man durch Auslösen des
Rückgrates aus dem Fische gewinnt; zerschneidet man

diese, so heißen auch die dadurch erhaltenen kleineren Stücke Filets.

Flambiren. Das Absengen des Geflügels über hellem Feuer.

Fond. Der Saft gekochten oder gebratenen Fleisches, dessen man sich besonders bedient, um Saucen kräftiger zu machen. Die Brühe kurz abgekochter Fische nennt man Fischfond, welchen man bei Bereitung verschiedener Fischsaucen verwendet.

Friture. Jede Art Fett, worin Fleisch oder Fische ausgebacken werden. Auch das Ausgebackene selbst.

Garniren. Speisen zum Belegen mit Früchten, Gelees, Croutons ꝛc., oder durch Umgeben mit den dazu gehörigen Beilagen ausschmücken.

Garnitur. Alles was zum Garniren dient.

Glace. Bis zur Sirupsdicke eingekochter Fleischsaft. Außerdem giebt es eine Zuckerglace, bestehend aus einer Zuckerlösung, mit Eiweiß und Citronensaft vermischt.

Glaciren. Vermittelst eines Pinsels mit der einen oder der andern Glace resp. Fleischstücke oder Backwerke überstreichen.

Klarkochen. Suppen oder Saucen neben dem Feuer langsam kochen und dabei von dem sich obenauf sammelnden Schaum und Fett befreien.

Klarmehl. Weizen- oder Kartoffelmehl mit Wasser, Milch oder Bouillon flüssig gerührt, zum Verdicken zu dünn gerathener Saucen.

Kneffs. Kleine Klöße von Fleisch- oder Fischfarce. Ihre Bereitung siehe Abschn. II.

Küchenpfeffer. Schwarzer Pfeffer und Nelkenpfeffer zu gleichen Theilen, Gewürznelken zu einem halben Theile und Muskatnuß zu einem Viertheile fein zusammengestoßen.

Kurzkochen. Fleischsuppen oder Saucen dadurch kräftiger machen, daß man durch Kochen die Wassertheile bis zu einem gewissen Grade verdunsten läßt.

Marinade. Eine scharfe Brühe oder Beize. Vgl. Abschn. II.

Paniren. Sachen, die zum Backen, Braten oder Rösten bestimmt sind, dadurch eine Umhüllung geben, daß man

sie erst in zerlassene Butter oder in eine Mischung aus
derselben und Eiern taucht und hernach mit geriebener
Semmel, gestoßenem Zwieback, Mehl oder Parmesan-
Käse bestreut.

Passiren bedeutet 1) flüssige Speisen durch ein Sieb oder
eine Serviette gießen; 2) breiartige Speisen durch einen
Durchschlag reiben; 3) Fleisch oder Gemüse mit irgend
einem Fette auf dem Feuer so lange schwitzen lassen,
bis eine ganz kurze Brühe entsteht; 4) Suppen, Saucen
oder Gemüsen mittelst in Butter geschwitzten Mehls
die nöthige Bindung geben.

Püree. Jedes Mus von Fleisch-, Fisch- oder Pflanzen-
stoffen.

Salpicon. Ein Ragout aus sehr fein geschnittenem Fleisch,
Fisch, Zunge, Kalbsmilch, Champignons ꝛc. zur Füllung
von kleinen Pasteten, Omelettes u. dgl.

Sautée. Ein Gericht von dünnen Scheiben von Fleisch,
Fisch, Schinken u. dgl., welche durch schnelles Schwitzen
in Butter auf beiden Seiten in sehr kurzer Zeit gar gemacht sind.

Schrecken. 1) Flüssigkeiten während des Siedens durch
plötzliches Hinzugießen kalten Wassers abklären. 2) Gewisse Braten, auch Fische, kurz vor dem Ende des
Bratens mit kaltem Wasser besprengen.

Schwitzen (auch anschwitzen). 1) Eine Mischung von
Butter und Zwiebeln allein oder mit Hinzuthun von
etwas Mehl, oder nur Butter und Mehl über dem
Feuer eine Zeit lang brodeln lassen. 2) Speisen in
einer der obigen Mischungen brodeln lassen, so daß sie
bis zu einem gewissen Grade, jedoch nicht über die
Hälfte, gar werden.

Suppenkräuter. Diejenigen Kräuter, welche hauptsächlich dazu verwandt werden, Suppen wohlschmeckender
zu machen. Es sind dies namentlich Petersilie, Selleriekraut, Körbel und Sauerampfer.

Suppenwurzeln haben denselben Zweck, wie die Suppenkräuter. Man rechnet dahin Mohrrüben, Sellerie, Petersilienwurzeln und Porree.

5. Berechnung von Maß und Gewicht der zu einer Mahlzeit für die Person im Durchschnitt nöthigen Zuthaten.

Vorbemerkung. Bei der folgenden Berechnung bin ich von dem für die bürgerliche Küche gewöhnlichsten Falle ausgegangen, daß außer der Suppe nur 2 Gänge und höchstens noch ein Dessert gegeben werden. Ist die Anzahl der Gänge größer, so bedarf es selbstverständlich für die einzelnen derselben eines geringeren Quantums von Zuthaten; will man aber nicht in Verlegenheit kommen, so vermindere man dieselben nicht zu sehr — bei einem Diner bis zu sechs Gängen etwa um $\frac{1}{4}$, bei einem noch größeren höchstens um $\frac{1}{3}$. — Bringt es der Haushalt so mit sich, daß außer der Suppe nur ein Gang gereicht wird, so müssen natürlich die Portionen verstärkt werden.

1) Suppe. Zu einem Pott guter Fleischsuppe, welcher für 3 Personen ausreicht, rechnet man:

    a. Rindfleisch 2 ℔; ist dasselbe von einem alten Thiere so genügen $1\frac{1}{2}$ ℔. — Soll klare Suppe gegeben werden, so gehört auf 4 Pott Suppe außerdem noch ein altes Huhn.

    b. Kalb- und Hammelfleisch $2\frac{1}{2}$ bis 3 ℔.

    c. Rind-, Kalb- und Schweinefleisch zusammen. $\frac{3}{4}$ ℔ Rindfleisch, $\frac{1}{2}$ ℔ Kalbfleisch, $\frac{1}{4}$ ℔ ganz mageres Schweinefleisch.

    d. Geflügel, 1 altes Huhn.

2) Saucen.

    a. Zum Braten genügt $\frac{1}{2}$ Pott kräftige Sauce für 10 Personen.

    b. Zu Fischen rechnet man an zerlassener klarer Butter 4 Loth auf die Person, Buttersauce $\frac{1}{2}$ Pott auf 6 Personen.

    c. Saucen zu Gemüsen, z. B. Blumenkohl oder Spargel, $\frac{1}{2}$ Pott auf 6 Personen.

    d. Eben so viel an Frucht-, Wein- und andern Saucen zu Mehlspeisen, Puddings u. dgl.

3) Fleisch.

    a. Rindfleisch, Kalbfleisch, Hammel- und Lammfleisch,

jenachdem dasselbe mehr oder weniger fett ist, ½ bis ¾ ℔ auf die Person, Schweinefleisch nicht über ½ ℔. Wird das Fleisch zu Steaks, Cotelettes oder Karbonaden zugerichtet, so ist höchstens ½ ℔ für die Person erforderlich.

b. Wild. — Von Hirsch und Wildschwein reicht gut ½ ℔ für die Person; ebenso ein feister Ziemer von einem etwa 25pfündigen Rehe für 10 bis 12 Personen, eine Keule von einem gleichen Rehe für etwa 8 Personen. Ein gut genährter 5- bis 6pfündiger Hase genügt für 6 bis 8 Personen.

4) Zahmes und wildes Geflügel.

Ein gemästeter Puterhahn ist ausreichend für 10 bis 12 Personen, eine desgl. Henne für etwa 8 Personen. — Eine gute s. g. Stoppelgans giebt ein Gericht für 6 Personen, eine gemästete Gans für 8 Personen. — Eine gemästete Ente ist für 4 Personen hinreichend. — Ein gutes Huhn reicht gebraten für 3, als Fricassee bereitet für 4 Personen. — Küken mittlerer Größe rechnet man gebraten eins auf die Person, als Fricassee reichen 2 für 3 Personen. — Tauben, gebraten, 3 für 2 Personen, fricassirt eine für die Person. — Auf einen Fasan rechnet man 4, auf eine Schnepfe 2 Personen, auf ein Rebhuhn eine Person, Krammetsvögel endlich gehören mindestens 3 auf eine Person.

5) Fische.

Von fetten, schweren Fischen, als Lachsen, Karpfen, Brachsen, genügt, zumal wenn sie mit zerlassener klarer Butter gereicht werden, ½ ℔ für die Person; von mehr mageren Fischen, z. B. Hechten und Barschen, rechnet man ¾ ℔.

6) Gemüse. Von grünen Gemüsen läßt sich die Quantität im Allgemeinen nicht genauer angeben, als daß man auf die Person einen Teller voll rechnet. Dazu gehört eine Staude Blumenkohl, oder ein halber Kopf Weißkohl, oder etwa ¾ ℔ Spargel u. s. w. Als kalte Beilage zu Blumenkohl und Spargel giebt man gewöhnlich Lachs oder Schinken, und zwar von ersterem 1 ℔ für

8, von letzterem 1 ℔ für 6 Personen. Von trockenen Gemüsen, z. B. Erbsen, Bohnen, Linsen, genügt 1 ℔ für 4 bis 5 Personen.

7) **Mehlspeisen und Pudding.**

Wieviel an Mehlspeisen oder Pudding für eine Person nöthig ist, berechnet sich am besten nach der Zahl der Eier, indem nach ihnen wiederum sich das Quantum der übrigen Zuthaten richtet. Man rechnet, wenn nur 3 Gänge, einschließlich der Suppe, auf den Tisch kommen, 3 Eier auf 2 Personen; werden mehrere Gänge gereicht, so genügt 1 Ei für die Person.

Anmerk. Bei großen Diners, wo ein Voressen und außer dem eigentlichen Dessert noch Gefrornes oder Gelee gereicht wird, rechnet ma n zu einem gewöhnlichen Voressen für 20 Personen 2 ℔ Schweizer= oder Holländischen Käse (Fromage de Brie, Neufchateller, Mont d'Or und derartige feinere Käse verhältnißmäßig weniger), ferner etwa 30 bis 40 Sardines à l'huile oder 40 bis 50 Sardellen in Oel und Essig und 1½ ℔ Caviar. Erscheinen Austern als Voressen, so rechnet man ½ Dutzend auf die Person und giebt außerdem nur Käse, am liebsten Chester. — Vom Gefrornen reicht 1 Pott für 8, vom Gelee 1 Pott für 10 Personen.

6. Die Aufeinanderfolge der verschiedenen Gänge einer Mahlzeit, je nach ihrer Anzahl.

a. Drei Gänge.

1. Suppe. — 2. Gemüse mit Beilage, Fische, ein Saucengericht u. dgl. — 3. Braten mit Compotes.

b. Vier Gänge.

Dieselben Gänge in derselben Reihenfolge wie unter a., doch wird zwischen dem zweiten und dritten Gange eine Mehlspeise eingeschoben.

c. Fünf Gänge.

1. Suppe. — 2. Kleine Pasteten oder Fritures von Fisch oder Geflügel. — 3. Gemüse mit Beilage oder Fische. — 4. Braten mit Compotes. — 5. Mehlspeise.

d. Sechs Gänge.

1. und 2. wie unter c. — 3. Fleisch im großen Stück. — 4. Fische oder Gemüse mit Beilage. — 5. Braten. — 6. Mehlspeise oder Backwerk.

e. Sieben Gänge.

Ganz wie unter d., nur daß man aus dem Gemüse mit Beilage und aus den Fischen zwei Gänge macht und zwar Gemüse zuerst giebt.

f. Acht Gänge.

1. Zweierlei Suppe, eine klare und eine abgequirlte. — 2. Hors d'oeuvres. — 3. Fisch. — 4. Fleisch im großen Stück. — 5. Gemüse mit Beilage. — 6. Kaltes Entree. (Mayonnaise, große Pastete) u. dgl. — 7. Mehlspeise. — 8. Braten; wenn möglich 2 Arten.

Anm. Hat man als 6. Gang eine Pastete, so giebt man die Mehlspeise lieber nach dem Braten.

g. Neun Gänge.

Ganz wie unter f., nur daß man nach dem Braten noch Gefrornes giebt.

h. Zehn Gänge.

Ganz wie unter g., nur daß man vor dem kalten Entree noch ein warmes von Geflügel, Wild rc. einschiebt.

Anm. 1. Will man die Zahl der Gänge noch vergrößern, so kann man zwischen Suppe und Hors d'oeuvres noch Austern und nach dem Gemüse noch eine Gänseleber-Pastete einschieben.

Anm. 2. Ein Dessert gehört eigentlich zu jedem Diner, zu einem ganz einfachen mindestens Butter und Käse, zu einem größeren fügt man noch Südfrüchte, Feigen, Traubrosinen und Krachmandeln u. dgl. hinzu. — Bei jedem größeren Diner wird vor der Suppe noch ein Voressen servirt; die Bestandtheile desselben sind bereits oben angegeben.

7. Kennzeichen für die Güte des Fleisches, des Geflügels und der Fische.

Rindfleisch. Als Kennzeichen für die Güte des Rindfleisches dienen sowohl dessen Farbe, als auch der Grad seiner

2*

Weichheit oder vielmehr Mürbigkeit. Das Magere von gutem Rindfleisch hat eine rothe, etwas ins Braune fallende Farbe, ein feuchtes, saftiges Ansehen und ist fast überall mehr oder weniger mit Fett durchwachsen; das Fett selber ist fast rein weiß. Schabt man mit einem Messer quer über die Muskelfasern, so bleiben mit Leichtigkeit Fleischtheile am Messer hängen, drückt man mit dem Finger hinein, so giebt das Fleisch leicht nach und der Eindruck bleibt eine Zeit lang daran haften. Rindfleisch, dessen Farbe ins Rosa spielt, ist eben so wenig wie bläuliches mit stark gelblichem Fette zum Ankaufe zu empfehlen.

Kalbfleisch ist in der Regel desto besser, je weißer es von Farbe ist; es ist dies ein ziemlich sicheres Zeichen, daß das Kalb mit süßer Milch getränkt worden; freilich erreicht der Schlächter einen größeren Grad der Weiße des Fleisches auch dadurch, daß er das Thier vor dem Schlachten eine Zeit lang hungern läßt; immerhin aber bleiben Farbe und Fettigkeitsgrad die einzigen Merkmale, nach denen man sich beim Einkaufe richten kann. Fällt die Farbe etwas in's Bräunliche, so kann das Fleisch dennoch gut sein, ist sie aber bläulich, so ist das Kalb mit saurer Milch oder Buttermilch getränkt und das Fleisch ist hart und saftlos.

Hammelfleisch ist gut, wenn das Magere von hellbräunlicher Farbe und von recht weißem Fett rings umwachsen, zum Theil auch damit durchwachsen ist. Vor dem Ankaufe von Hammelfleisch, dessen Farbe in's Rosa fällt, hüte man sich ungeachtet des anscheinend guten Aussehens.

Schweinefleisch. Nur das Fleisch von solchen Schweinen, welche gleich, nachdem sie abgesogen, gelegt worden sind, ist für die Küche zu brauchen; weder das Fleisch von Säuen, noch das von Ebern, welche erst kurz vor dem Mästen gelegt sind, taugt etwas; Letzteres am allerwenigsten. Von großem Einfluß auf die Güte des Fleisches ist auch das Alter des Thieres, die Race, von welcher es stammt, so wie endlich die Art der Mästung. Gutes Schweinefleisch hat vor Allem eine dünne Schwarte, das Fett ist weiß und sehr fest, das Magere hellroth, fast weißlich. Diese Merkmale genügen zur Erkenntniß der Güte vollkommen; man hüte sich vor dem Ankaufe von Schweinefleisch mit dicker fester Schwarte, noch mehr aber vor solchem in welchem etwa einen kleinen Finger breit unterhalb der Schwarte durch das Fett eine Rille läuft; dies ist Fleisch vom Eber.

Geflügel.

Außer dem Puter, den man an seiner Größe, an der dunklen Farbe seines Fleischlappens und an der Dicke seiner Beine sehr leicht als einen alten erkennt, ist es besonders die Gans, nach deren Alter man beim Einkaufe fragt. Lebt die Gans, so verräth sie ihr Alter theils durch ihre Stimme — „eine alte Gans singt Tenor, eine junge Discant", — theils durch ihre Gestalt. Eine alte Gans hat nämlich vom Legen einen spitzigen, oft fast bis zur Erde herabhängenden Bauch, der Leib der jungen Gans dagegen ist rund. Ist die Gans gerupft, so erkennt man die junge Gans an der Biegsamkeit des Schnabels und des Kehlkopfes, welche beide bei der alten Gans hart sind; ferner an den helleren, mehr gelblichen Füßen, so wie an der weißeren, zarteren Haut. Endlich sind auch die Ballen unter den Füßen bei der alten Gans härter als bei der jungen, ein Kennzeichen, dessen man sich namentlich auch zur ungefähren Abschätzung des Alters des Huhnes bedient. Junge Tauben endlich unterscheidet man von den alten am Brustknochen. Derselbe läßt sich bei erstern leicht eindrücken, bei letztern ist er hart.

Fische.

Von Fischen soll hier nur gesagt werden, daß todte Süßwasserfische nur dann frisch und für die Küche brauchbar sind, wenn sie noch rothe Kiemen und klare Augen haben; Seefische sind frisch, so lange sie blanke Schuppen und klare Augen haben, auch ihnen der Bauch nicht eingefallen ist. Näheres über die Kennzeichen für die Güte einzelner Fischarten wird in dem Capitel über deren Bereitung vorkommen.

II. Allgemeine Vorbereitungen.

1. Zubereitung der Champignons und Kennzeichen für deren Echtheit.

Die Champignons werden für die Küche sowohl frisch, als auch eingemacht oder getrocknet verwendet.

Die Zubereitung frischer Champignons geschieht auf folgende Weise. Man löst und schält den Stiel, reinigt das Innere des Hutes von seinen Blättern, zieht die obere Haut ab und legt während der Dauer der Reinigung das so gewonnene reine Fleisch des Pilzes in eine Mischung von $\frac{3}{4}$ Wasser und $\frac{1}{4}$ Essig. Sind die Champignons sehr groß, so zerklüftet man sie in gleichmäßige Stücke. Inzwischen schmilzt man für einen Suppenteller voll Champignons gut $\frac{1}{4}$ ℔ Butter, wobei dieselbe durchaus nicht braun werden darf, legt die Champignons hinein, nachdem das Wasser gut davon abgetropft ist, drückt den Saft einer halben Citrone hinzu und schwitzt sie bei gelindem Feuer damit eine Viertelstunde lang durch. Hiebei vermischt sich der Saft der Champignons mit der Butter und hat man wohl darauf zu achten, daß derselbe sich nicht verkocht, was bei zu langem Braten sehr leicht geschieht. Sodann wird das Ganze mit der Brühe in die Sauce gethan, für welche es bestimmt ist.

Um Champignons einzumachen, verfährt man auf verschiedene Arten. Nach einer Methode kocht man sie in der eben angegebenen Weise ein, verwendet jedoch dazu das doppelte Quantum an geklärter Butter und setzt das Kochen so lange fort, bis die Butter klar oben schwimmt und damit der Saft möglichst ganz verkocht ist, worauf sie in Gläser gefüllt und nach dem Erkalten mit einer Schicht trockenen Salzes oder mit Schweinsblase oder Papier verschlossen und an einen trocknen, kühlen Ort gestellt werden. Nach geschehener Füllung müssen sie ganz mit Butter bedeckt sein, sonst werden sie vom Schimmel befallen.

Eine zweite Methode ist das Einmachen in Blechbüchsen. Um dies zu bewerkstelligen, kocht man die Champignons wie vorher, jedoch mit um die Hälfte weniger geklärter Butter und nur eine gute Viertelstunde lang. Sie werden sodann mit der gewonnenen Brühe in die Büchse gethan; sollten sie in derselben von der Brühe nicht bedeckt sein, so muß das Fehlende durch geklärte Butter ergänzt werden; sodann verlöthet man die Büchsen und kocht sie je nach der Größe 1 bis 1½ Stunde.

Endlich macht man Champignons auch noch auf folgende Weise ein, welche sie namentlich für Saucen besonders wohlschmeckend macht. Nachdem sie, wie angegeben, geputzt worden, kocht man 3 Suppenteller voll in Wasser, welches ein wenig gesalzen ist, etwa 10 Minuten und läßt sie abtropfen. Sodann übergießt man sie mit Weinessig, wovon der Pott etwa mit 6 Lorbeerblättern, 12 Körnern Nelkenpfeffer, 6 Muskatblüthen und 12 bis 16 kleinen Chalotten einige Minuter lang aufgekocht ist, und thut auch diese Gewürze mit hinzu. Nach etwa 8 Tagen kocht man den Essig noch einmal auf und gießt ihn wiederum auf die in Gläser gelegten Champignons, worauf man die Gläser wie oben verschließt. Zu bemerken ist, daß der Essig bei beiden Aufgüssen vorher abgekühlt sein muß.

Getrocknete Champignons werden in kaltem Wasser gewaschen und gleichfalls in kaltem Wasser auf das Feuer gestellt, bis sie einmal überkochen, wonach sie zu ihrer weiteren Verwendung tauglich sind.

Beim Einsammeln der Champignons muß namentlich der Ungeübte mit einiger Sorgfalt verfahren und dabei auf folgende Kennzeichen der echten und der giftigen achten. Der Stiel der echten Champignons ist rund und fleischig und es findet sich an ihnen durchaus keine beutelartige Umhüllung, der Hut ist auswendig weiß, ein wenig ins Gelbliche fallend, die ihn inwendig füllenden Blätter sind rosafarben. Die giftigen Champignos stecken mit dem Fuße in einer Umhüllung, wie in einer Zwiebel, die Außenseite des Hutes ist blendend weiß oder grünlich und die Blätter im Innern desselben sind ebenfalls weiß.

2. Bereitung der Soya von Champignons.

Zur Soya verwendet man ordinaire Champignons, welche man wie unter Nr. 1 angegeben, reinigt, mit dem Wiegemesser fein zerhackt und auf einen Durchschlag zum Trocknen legt. Man nimmt sodann auf 2 ℔ Champignons ¼ ℔ geschälte und zerschnittene Chalotten, 2 Eßlöffel voll Salz, ½ Loth durcheinander gestoßenes Gewürz, bestehend aus 2 Theilen Nelkenpfeffer, einem Theil schwarzen Pfeffer und einem halben Theil Gewürz-Nelken, so wie ferner 4 Lorbeerblätter und knapp eine halbe Hand voll kleingeschnittenen Estragon. Diese Gewürze mischt man, füllt abwechselnd mit Schichten davon und von den Champignons einen steinernen Topf und läßt das Ganze darin 3 Tage stehen. Sodann nimmt man die Champignons wieder heraus und preßt ihren Saft sorgfältig mit der Hand zu dem andern im Topfe angesammelten Safte, seiht das Ganze durch ein reines Tuch und läßt es bis zur Sirupsdicke einkochen. Zur Aufbewahrung der Soya verwendet man gut verkorkte Flaschen.

3. Zubereitung der Morcheln.

Von frischen Morcheln schneidet man die Stiele ab und zerklüftet dann die Morcheln selbst, nachdem man sie gewaschen und mit kochendem Wasser abgebrüht hat. Hirauf werden sie ¼ Stunde lang in Butter geschmort und sodann in Bouillon gar gekocht.

Trockne Morcheln bringt man in kaltem Wasser auf das Feuer und läßt sie etwa eine Stunde lang ziehen und langsam kochen. Sodann schüttet man sie zum Abtropfen auf einen Durchschlag, befreit sie sorgfältig von allem Sandigen, zerklüftet sie und kocht sie zum zweiten Mal auf, worauf sie so lange mit Wasser zwischen den Händen gerieben werden, bis dasselbe nicht mehr trübe wird. Damit sind sie zur weitern Verwendung tauglich.

4. Zubereitung der Trüffeln.

Die Trüffeln werden sorgfältig gewaschen und sodann mit Wasser auf das Feuer gebracht, um zu weichen. Nach einer

Viertelstunde ist dies geschehen, man nimmt sie wieder ab, schält sie und läßt sie etwa eine Stunde lang in Bouillon kochen. Hiemit sind sie zu weiterer Verwendung fertig.

5. Bereitung des Senfes.

Man mahlt Senfsamen zu feinem Pulver, wozu man im Nothfall eine ganz fein gestellte Kaffeemühle nehmen kann, oder man zerstößt ihn in einem Mörser. Zu 1 ℔ von diesem Pulver mischt man ¼ ℔ Zucker und gießt kochenden Weinessig hinzu, bis die gewünschte Dicke erreicht ist. Nachdem man diese Mischung ½ Stunde mit einer Reibkeule oder einem hölzernen Löffel gerieben, läßt man sie verdeckt ein paar Stunden lang gehörig ausquellen, thut den noch nöthigen Essig hinzu und füllt den Senf in Kruken oder Gläser.

6. Estragon=Essig.

In den Monaten Juni bis August eignet sich der Estragon zur Bereitung dieses Essigs am besten. Man pflückt zu diesem Zwecke die Blätter von den Stengeln, thut sie ungewaschen in eine Flasche und gießt besten Weinessig hinzu, wobei man auf einen Pott Essig eine Hand voll Estragon nimmt. Für Salate genügt diese Mischung, soll aber der Essig zu Ragouts benutzt werden, so fügt man auf den Pott noch 4 Chalotten, eben so viel Lorbeerblätter, etwa 10 Körner Pfeffer und ein wenig Muskatblüthe und Nelken hinzu. Man verkorkt nun die Flasche fest, läßt die Mischung 14 Tage bis 3 Wochen in der Sonne oder an einem warmen Orte destilliren, gießt sie durch ein Tuch und zieht sie auf Flaschen.

7. Gewürz=Extract zu Ragouts.

Man legt die vorher völlig gereinigten Kerne von einem Schock Wallnüsse mit folgenden gut unter einander gemischten Gewürzen schichtenweise in einen steinernen Topf: 2 Loth gelben Senfsamen, 1 Loth Muskatblüthe, eben so viel Nelken, Ingwer und Knoblauch, letzteren fein geschnitten, die Gewürze alle fein gestoßen; ferner ¼ Loth ganzen weißen Pfeffer, eine geriebene Stange Meerrettig mittlerer Größe, 6 Lorbeerblätter und eine Hand voll Salz. Auf das Ganze gießt man einen guten Pott kochenden Weinessig, bindet den Topf nach dem Erkalten zu und läßt ihn 14 Tage bis 3 Wochen stehen. Sodann zieht man den Extract auf kleine Flaschen und verkorkt sie; derselbe ist so kräftig, daß 2 Theelöffel voll davon statt aller andern Gewürze zu einem Ragout für 6 Personen genügen.

8. Krebsbutter.

Für die Krebsbutter rechnet man auf 1 ℔ Butter 1 Schock Krebse mittlerer Größe. Nachdem man dieselben gar gekocht, bricht man die Schwänze aus und entfernt dabei die schwammigen Theile am Bauch und das Bittere in der Nasenspitze. Die so gewonnenen Schalen stößt man mit der Butter zusammen in einem Mörser, bis das Ganze eine breiartige Masse geworden ist. Diese schwitzt man unter beständigem Umrühren ½ Stunde lang über dem Feuer und gießt sodann das Ganze durch ein Sieb, um die Butter ablaufen zu lassen. Das Zurückbleibende wird dann noch einmal mit Bouillon, im Nothfall auch mit Wasser, ausgekocht, die ganze Masse ausgepreßt und die gewonnene Flüssigkeit zum Abkühlen hingestellt, wobei sich wiederum oben Butter sammelt, die man mit der vorher gewonnenen vermischt. — Nach einer andern Methode wird gleich nach dem Zerstoßen die ganze Masse mit Bouillon durchgekocht und dann wie oben verfahren. — Die nachgebliebene Flüssigkeit verwendet man zur Krebssuppe, ebenso die Schwänze, die auch an Fricassees gegeben werden.

9. Sardellenbutter.

Mit einem Pfund vorher möglichst ausgewässerter Butter vermischt man, ohne zu rühren, in einem Topfe ½ ℔ Sardellen, nachdem man dieselben von allen Gräten gereinigt und so fein wie irgend möglich gehackt hat. Das Ganze wird sodann durch ein Sieb gerieben. Um die Sardellenbutter

aufzubewahren, thut man sie in steinerne Töpfe oder Glashäfen, legt ein Stück weißes Papier darauf, welches man mit
einer Schicht Salz bedeckt und stellt sie unverschlossen an
einen kühlen Ort. — Fehlt es an Sardellen, so kann man
statt ihrer auch guten Hering nehmen.

10. Sardellen zum Belegen von Butterbröden.

Man wäscht das Salz von den Sardellen und legt sie
sodann in frisches Wasser. In diesem entfernt man, ohne sie
weiter auszuwässern, die Schuppen und Flossen von ihrem
Rücken und reißt sie mit den Händen vom Schwanze nach
dem Kopfe zu auseinander, entfernt den Rückgrat, läßt die
gewonnenen Hälften abtrocknen und servirt sie zierlich für die
Tafel.

11. Trüffelbutter.

Hiezu verwendet man die bei der Reinigung der Trüffeln
nach Nr. 4 sich ergebenden Abfälle. Nachdem dieselben wieder
hart getrocknet sind, stößt man sie in einem Mörser mit dem
gleichen Gewicht an Butter zusammen und reibt das Ganze
durch ein Sieb. Damit ist die Butter zur Verwendung
fertig.

12. Kräuterbutter für den Frühstückstisch.

Man hackt Petersilie, Estragon und Schnittlauch, und je
nach dem Geschmacke auch noch andere Kräuter, fein, stößt
Alles mit frischer Butter eine halbe Stunde lang in einem
Mörser, reibt die Mischung durch ein Sieb und stellt sie
zur Aufbewahrung an einen kühlen Ort. Diese Kräuterbutter
hält sich aber nur etwa 14 Tage gut.

13. Braune Butter.

Man setzt Butter in einer eisernen Pfanne auf gelindes
Feuer und rührt sie über demselben, bis sie allmälig braun

geworden ist. — Was in solcher Butter gebraten werden soll, wird erst nach deren Bräunung hineingelegt; man rühre aber fleißig und unausgesetzt, sonst brennt sie an.

14. Abgeklärte Butter zum Ausbacken.

Man setzt die Butter in einem nicht zu kleinen eisernen Topfe auf ganz gelindes Feuer und läßt sie auf demselben etwa 2 Stunden schwach kochen. Der sich dabei entwickelnde Schaum wird nicht abgenommen, sondern sinkt zu Boden und verbindet sich dort mit den Salztheilen der Butter, welche für ihre Zwecke fertig ist, sobald sie nicht mehr kröscht, d. h. sobald man sie nicht mehr kochen hört. Sodann wird die Butter mit sorgfältiger Zurücklassung des Bodensatzes in Steintöpfe gegossen und nach ihrer vollständigen Erkaltung Papier darüber gelegt, auf welches man eine fingerdicke Schicht Salz streut. Die Töpfe stellt man offenstehend an einen kühlen Ort.

15. Peterfilien=Butter.

Man bringt die nach Nr. 14 abgeklärte Butter zum Kochen, rührt auf das Pfund einen gehäuften flachen Teller voll fein gehackter Peterfilie hinzu und thut das Ganze zur Aufbewahrung für den Winter in Steintöpfe oder noch besser in Glashäfen. Die Peterfilien=Butter verwendet man im Winter, wo es an frischer Peterfilie fehlt, namentlich zu Fisch=Saucen.

16. Zu Sahne gerührte Butter.

Man erweicht die Butter ein wenig durch Hinstellen an einen warmen Ort und rührt sie sodann in einem irdenen Topfe vermittelst einer Reibkeule oder einer Holzkelle immer nach derselben Seite hin, bis sie schaumartig wird und Blasen wirft. Zu salzige Butter muß man vorher in kaltem, oder, wenn die Butter hart ist, in lauwarmem Wasser auswaschen, auch erwärmt man im Winter das Geschirr und die Kelle. Sehr unreine Butter klärt man nach Nr. 14 vorher ab; dieselbe muß jedoch vor der Bearbeitung wieder abkühlen.

17. Verbesserung ranzig gewordener Butter.

Man knetet die Butter einmal mit frischer Milch, und zum zweiten Male mit frischem Wasser recht sorgfältig durch. Nach dieser Behandlung ist der Geschmack der Butter wieder rein. —

Ein etwas umständlicheres Verfahren ist, die Butter mit etwas scharfem weißen Essig durchzukneten, der aber wieder heraus gearbeitet wird. Sodann schlägt man sie in einen Topf und steckt einige Süßholzstangen bis auf den Grund desselben, womit sie einige Wochen stehen bleibt. — Dies letztere Verfahren empfiehlt sich für besonders schlecht gewordene Butter.

18. Bereitung und Klärung von Rindsnierentalg.

Man schneidet den Talg in einige Stücke und wässert ihn 24 Stunden lang in kaltem Wasser aus, wobei man das Wasser einmal wechselt. Sodann wird er mit einem erwärmten Wiegemesser fein zerhackt und mit einer kleinen Tasse Milch auf das Pfund und einem Theelöffel voll Salz auf gelindem Feuer unter öfterem Umrühren so lange gekocht, bis er ganz ruhig geworden ist und klar erscheint. Sodann gießt man ihn zur Aufbewahrung durch ein Sieb in Steintöpfe.

19. Ausbraten des Schweinespecks.

Zum Ausbraten eignet sich besonders recht dicker, fester Speck. Man schneidet denselben in möglichst gleichmäßige Scheiben und diese in Streifen, welche man zusammenfaßt und durch Querdurchschnitte in kleine Würfel zertheilt. Diese setzt man in einer Pfanne auf ein langsames Feuer und läßt sie unter öfterm Umrühren bräunlich braten. Nur bei solcher Bereitung des Specks ist man sicher, daß weder das Fett verdampft, noch das Zurückbleibende einen brenzlichen Geschmack annimmt.

20. Das Schwitzen des Mehls.

Zu 2 Loth geschmolzener Butter thut man, sobald sie zu kröschen aufhört, 1 Eßlöffel voll Mehl, vermischt dies zu einer Masse und läßt es zusammen auf dem Feuer brodeln, bis es kraus wird. Man hat sodann die weiße Mehlschwitze, durch weiteres Rösten erhält man die gelbe, durch noch stärkeres die braune. Während des Schwitzens ist unausgesetztes Rühren durchaus nothwendig. Die Mehlschwitze findet zu Suppen, Fricassees und Ragouts häufige Verwendung und es sollte daher immer einiger Vorrath davon für die Küche gehalten werden.

21. Das Rösten des Mehls.

Auf einem Blech oder einer von allem Fett durchaus gereinigten Bratpfanne breitet man Mehl locker aus und rührt es über gelindem Feuer, oder besser noch im heißen Bratofen fortwährend um, bis es braun wird. Rührt man nicht sorgfältig oder befindet sich das geringste Fett in der Pfanne, so setzt sich das Mehl an, wird schwarzklumpig und dadurch für seine Zwecke unbrauchbar.

22. Klare (Ausbackteig) zum Paniren.

Auf ¼ ℔ Mehl nimmt man eine Theetasse voll warme Milch, 2 Eidotter und eine Prise Salz, zerrührt dies mit einander und fügt dabei 2 Loth Provenceöl oder zerlassene Butter, das zu Schaum geschlagene Weiße von 2 Eiern und 1 Loth trockne mit Milch gerührte Hefe hinzu. Man läßt sodann das Ganze aufgehen, wonach die Masse so dick sein muß, daß sie an dem Hineingetauchten hängen bleibt.

23. Klare nach einer andern Methode.

Auf ¼ ℔ Mehl nimmt man eine gute Theetasse voll Milch, 4 Eidotter und eine Prise Salz, zerrührt das Ganze und fügt das zu Schaum geschlagene Weiße von 4 Eiern nebst einem Theelöffel voll Rum hinzu.

24. Klare nach einer dritten Methode.

Man schwitzt 1 Theil geklärte Butter mit 3 Theilen Mehl weiß ab, rührt sodann nach Herabnahme vom Feuer noch $\frac{1}{3}$ des bereits verwandten Mehls, ferner das zu Schaum geschlagene Weiße von 3 Eiern, 1 Eßlöffel voll Zucker, eine Prise Salz und endlich so viel Wein hinzu, daß die Masse beim Eintauchen des zu Panirenden nicht abläuft, sondern dick daran hängen bleibt.

25. Das Braten der Semmel.

Man läßt Butter in einer Pfanne auf dem Feuer heiß werden, thut in Würfel oder, je nach dem Zwecke der Verwendung, in Scheiben geschnittene Semmel hinein und läßt sie unter fortwährendem Rühren oder Hin- und Herbewegen hellbraun braten. Wollte man letzteres unterlassen, so würden die Semmelstücke auf der Stelle schwarz brennen.

26. Das Abquirlen (Abwellen, Legiren).
Siehe Abschn. I. 5.

Zu dieser in der Küche vielfach vorkommenden Operation verwendet man am besten nur Eidotter; man kann jedoch der Ersparniß wegen auch ganze Eier dazu nehmen und auch etwas Mehl hinzuthun, indessen sollte man nie mehr als 1 Eßlöffel voll Mehl auf 4 Eidotter nehmen. Das Verfahren beim Abquirlen ist folgendes. Man rührt zunächst die Eidotter oder ganzen Eier durcheinander, bis sie eine gleichmäßige dickflüssige Masse bilden, und gießt sodann unter fortwährendem Rühren von der abzuquirlenden Flüssigkeit, welche sieden muß, so viel hinzu, daß auf jedes Eidotter etwa 1 bis 2 Eßlöffel voll davon kommen. Hierauf gießt man die so gewonnene Masse durch ein Sieb und thut sie wiederum zu der abzuquirlenden Flüssigkeit, welche man jetzt damit, aber nur so lange, rührt, bis sich das Ganze gut mit einander verbunden hat. Sobald dies geschehen, muß die Speise vom Feuer genommen werden, weil sie sonst leicht gerinnt was außerdem geschieht, wenn das oben angegebene Verfahren nicht genau inne gehalten wird, oder wenn die Suppe oder Sauce zu lange vor der Verwendung abgequirlt wird. Ist eine längere Zeitpause unumgänglich nöthig, so halte man die Flüssigkeit fortwährend warm. Dies, so wie das Erwärmen abgequirlter Speisen geschieht am besten durch Hineinstellen in ein Gefäß mit heißem Wasser, indem die Speise darin weder gerinnt, noch anbrennt, noch sich eine Haut darüber bildet.

27. Das Schlagen des Eiweiß zu Schnee.

Man thut das Eiweiß, welches durchaus von allem etwa zufällig dazu gekommenen Gelben befreit sein muß, in eine nicht zu tiefe Schüssel und schlägt es sodann mit einem Draht- oder Reisig-Quirl zuerst langsam, dann immer schneller von unten nach oben, wobei man Sorge trägt, daß es immer recht hohl über den Quirl fällt. Die Masse erhält zuletzt das Ansehen des Schnees und ist hinreichend bearbeitet, sobald der Quirl darin aufrecht stehen bleibt. Wohl zu beachten ist, daß das Gefäß durchaus trocken und frei von jeder Fettigkeit sein muß, weil sonst die Verwandlung des Eiweiß in Schnee nicht erfolgt. Die Procedur, welche im Ganzen etwa 10 Minuten in Anspruch nimmt, läßt sich dadurch abkürzen, das man vor Beginn des Schlagens einige Tropfen Citronensäure in das Eiweiß tröpfelt. Der Schnee muß sofort nach seiner Bereitung verwandt werden, durch längeres Stehen wird er wässerig.

28. Verlorene Eier.

Man schlägt recht schnell hintereinander in ein flaches Gefäß mit kochendem Wasser, zu dem man etwas Salz gemischt hat, durchaus frische Eier, läßt sie darin pflaumenweich kochen, schreckt sie mit ein wenig Essig und nimmt sie wieder, möglichst gleichzeitig, mit der Schaumkelle heraus, worauf man sie in kaltes Wasser legt, jedoch vor dem Gebrauche zur Erwärmung an einen heißen Ort stellt.

Anm. Bei nicht ganz frischen Eiern fließt leicht das Weiße auseinander, wodurch sie dann mißrathen.

29. Tafelbouillon.

Man setzt 12 U Rindfleisch, 6 U Kalbfleisch, 3 Hühner, 4 Kalbsfüße und 2 U magern Schinken mit etwa 20 Pott Wasser auf das Feuer. Nachdem rein abgeschäumt worden, läßt man die Bouillon noch 7 bis 8 Stunden kochen, gießt sie durch ein Sieb und läßt sie bis zum nächsten Tage stehen. Dann hebt man das darauf angesammelte Fett rein ab und gießt die Bouillon in ein anderes Gefäß, um allen Bodensatz zurückzulassen. Jetzt kocht man sie noch einmal, bis sie in die Höhe steigt und Blasen wirft, worauf man sie einen guten Finger hoch in Gefäße gießt. Nachdem sie in diesen steif geworden, schneidet man sie in Tafeln heraus, welche man an einem kühlen Orte ganz trocknen läßt. — Aus den oben angegebenen Zuthaten erhält man etwa 1 U gute Tafelbouillon.

30. Vom Blanchiren des Fleisches und der Gemüse.
(Siehe Abschn. I. 5.)

Das Blanchiren kann bei allen Fleisch= und Gemüsearten angewandt werden, ist aber bei einzelnen für ihre weitere Bereitung unerläßlich. Man erreicht dadurch mehrere Zwecke. Einmal macht das Blanchiren das Fleisch steif und deshalb sowohl zum Spicken, als zum gleichmäßigen Zerlegen geeigneter, man blanchire daher stets Kalbsfleisch und Geflügel, welches zu Fricassees bestimmt ist. Zerlegt man es in rohem Zustande, so behalten die Stücke beim Kochen nie ihre Form und das Gericht wird unappetitlich aussehen. Ferner blanchirt man frische Gemüse, um ihnen den strengen Geschmack und die blähenden Eigenschaften zu benehmen, von welchen auch die feinsten Sorten nicht frei sind; endlich dient das Blanchiren dazu, Fleisch, welches nicht mehr ganz frisch ist, bis zu einem gewissen Grade zu verbessern.

Blanchirte Gegenstände kühlt man in der Regel vor der weitern Bereitung durch kaltes Wasser ab, doch ist das nicht unumgänglich nothwendig.

31. Bereitung einer guten Braise.

Unter Braise versteht man eine gewürzhafte Brühe, in welcher man Kalb- und Hammelfleisch, sowie besonders auch Geflügel gar macht; es erhält dadurch einen bedeutend angenehmeren Geschmack und bleibt auch saftiger, als wenn es auf gewöhnliche Weise gekocht oder gebraten wird. Zur Bereitung einer guten Braise gehört vor Allem eine Casserole mit dicht schließendem Deckel. Man bedeckt den Boden derselben mit magern Schinkenstücken, über welche man Butter oder Bratenfett, etwa halb so viel an Gewicht, wie der Schinken, giebt. Nachdem man dies eine Viertelstunde mit etwas ganzem Pfeffer, einigen Chalotten, Lorbeerblättern, etwas Sellerie, Mohrrübe, Petersilienwurzel und Salz auf gelindem Feuer hat schwitzen lassen, gießt man so viel Bouillon hinzu, daß das zu Braisirende etwa bis zur Hälfte darin liegt. Das Ganze läßt man sodann zusammen eine Stunde kochen, legt das Fleisch oder Geflügel hinein, bedeckt es mit Speckscheiben, schließt die Casserole fest und läßt es dann dämpfen.

Anm. Die Maße lassen sich bei diesem Recepte nicht genau angeben, weil sie zu sehr von der Größe des zu braisirenden Fleisches abhängen. Vor zu viel Gewürz muß man sich, wie immer, hüten; da man die Braise aber nur zur Bereitung besonders feiner Gerichte verwendet, so wird Jeder, der sich ihrer bedient, schon geübt genug sein, um von selbst das Richtige zu treffen.

32. Bereitung der Krebsmatte.

Man zerstößt ½ Schock Krebse mittlerer Größe, nachdem man ihnen die Nasen abgeschnitten und das Bittere daraus hat ablaufen lassen, mit 2 Eidottern so fein wie möglich und vermischt diese Masse mit einem Pott ungekochter Milch, mit der man es etwa eine Stunde stehen läßt. Sodann gießt man das Ganze durch ein Haarsieb, drückt einige Tropfen Citronensaft (etwa vom vierten Theil einer Citrone) hinzu und läßt es über gelindem Feuer, ohne daß es in's Kochen geräth, unter stetem Rühren allmälig gerinnen. Man benutzt diese Masse bei der Bereitung von Fricassees und Ragouts, denen sie ganz besonderen Wohlgeschmack mittheilt.

33. Die Marinade.

Derselben bedient man sich theils zur Aufbewahrung, theils zur Erhöhung der Schmackhaftigkeit von Fleisch, Geflügel und Fischen. Um sie für rohe Fleischstücke zu bereiten, schneidet man alle Sorten Suppenwurzeln (Abschn. I. 5.) nebst Zwiebeln und Chalotten in Scheiben, von Allem gleichmäßig viel, legt z. B. für ein Rinder=Filet von 10 ℔ einen gehäuften Teller voll davon mit dem Fleische zusammen in einen irdenen Topf und übergießt das Ganze, bis es gerade bedeckt ist, mit bestem Weinessig und zwei Eßlöffeln voll Provenceöl. Rohe Fische marinirt man mit denselben Zuthaten, denen man noch eine Hand voll Salz hinzufügt. Man kocht auch Fische in einer Marinade, die man bereitet, indem man in Scheiben geschnittene Suppenwurzeln nebst Zwiebeln, Nelken, Pfeffer und Lorbeerblättern in Wasser auskocht und die dadurch gewonnene Brühe durch ein Sieb gießt und hinreichend salzt. Endlich werden zur Bereitung verschiedener Gerichte auch Filets von Wild, Geflügel oder Fischen einfach mit Essig, Oel, Petersilienkraut und ein wenig gestoßenem Pfeffer marinirt.

34. Die Zuckerfarbe.

Man verwendet dieselbe zur Färbung der Fleischsuppe, so wie brauner Ragouts und Saucen. Um sie zu bereiten, rührt man fein gestoßenen Zucker in einer Pfanne oder Casserole unausgesetzt über dem Feuer, bis er dunkelbraun geworden ist; man nehme sich aber dabei in Acht, ihn nicht schwarz brennen zu lassen, da dann das Ganze unbrauchbar wird. Hat der Zucker die richtige Farbe, so gießt man schnell etwas Wasser hinzu — etwa einen Pott zu 12 Loth — und rührt den Zucker, nachdem man ihn vom Feuer genommen, noch einige Minuten lang um. Die Zuckerfarbe wird in zugekorkten Flaschen aufbewahrt; ein Eßlöffel voll genügt zur Färbung von etwa 1 Pott Flüssigkeit.

35. Bereitung einer Cochenille-Auflösung zum Rothfärben von Speisen.

Man mischt Cochenille, Alaun, Cremor Tartari und Sal Tartari, Alles fein gestoßen, zu gleichen Theilen durcheinander und gießt zu 4 Loth davon ⅓ Pott Wasser. Die Mischung steigt zuerst in dem Gefäße in die Höhe und man hat sich in Acht zu nehmen, daß sie nicht überfließt; nach einigen Stunden haben sich die Ingredienzien gehörig verbunden, worauf die Flüssigkeit, welche von schöner rother Farbe ist, durch ein Tuch geseiht, noch einige Minuten gekocht und zur weitern Aufbewahrung in eine Flasche gegossen wird.

36. Bereitung der Farcen.
(Siehe Abschn. I. 5.)

a. Farce von Kalbfleisch.

Zu 1 ℔ recht fein gehacktem magern Kalbfleisch rührt man 12 Loth zerlassene Butter, 12 Loth in Wasser eingeweichte Semmel nebst 4 Eiern (das Weiße davon zu Schaum geschlagen), Alles kalt, und thut sodann noch eine Messerspitze voll schwarzen Pfeffer, einen Theelöffel voll gemischtes Gewürz, 1 kleinen Eßlöffel voll Salz, 1 Eßlöffel voll Sardellenbutter oder 3 bis 4 gehackte Sardellen und 2 fein gehackte, zuvor in Butter geschwitzte, Zwiebeln hinzu, was man Alles mit einander recht tüchtig durchrührt. Diese Farce eignet sich besonders zu Fleischklößen.

Anmerk. Um sich zu überzeugen, ob die Farce den richtigen Grad von Festigkeit hat, kocht man vorher einen Kloß zur Probe. Sollte derselbe zu fest werden, so fügt man noch etwas Sahne hinzu, ist er zu weich, so macht man die Farce durch Hinzurühren von gehacktem Fleisch und einem Ei fester. Dieselbe Regel gilt für alle übrigen Farcen. Das Rühren geschieht in einem Mörser.

b. Farce von Rindfleisch.

Auf 1 ℔ mageres Rindfleisch, welches man schabt und gehörig zerhackt, nimmt man 12 Loth zerhacktes Nierenfett, 8 Loth Butter, 12 Loth in Wasser eingeweichte Semmel, so viel Chalotten, wie in 4 Loth Butter geschwitzt werden können, ½ geriebene Muskatnuß, ein Paar fein gestoßene Nelken, 1 Eßlöffel voll Salz und eine Messerspitze voll schwarzen Pfeffer. Das Ganze wird mit so viel Bouillon durchgerührt, daß es den gehörigen Grad von Festigkeit erhält.

c. Farce von Schweinefleisch.

Man nimmt 1 ℔ mageres Karbonaden= oder Schinken= fleisch, oder noch besser Mürbebraten, und hackt es ganz fein mit den Gewürzen unter b., sowie mit 12 Loth frischem, vor= her in Würfel zerschnittenen Speck durch.

d. Farce von Hammelfleisch.

Man hackt 1 ℔ Hammelfleisch mit 10 Loth Hammelnie= renfett zusammen, schwitzt 2 feingehackte Zwiebeln in 12 Loth Butter und reibt sie durch ein Sieb daran, schlägt 4 Eier hinzu, rührt das Ganze mit ½ ℔ geriebenem Weißbrod, 1 Messerspitze voll Pfeffer, ½ geriebener Muskatnuß, 1 Eßlöffel voll Salz und der nöthigen Bouillon durch einander.

e. Farce von Wild.

Man schabt und hackt 1 ℔ Hirsch= oder Rehfleisch recht fein, mischt es, wenn es zu warmen Pasteten gebraucht werden soll, mit 12 Loth Kalbsnierenfett, soll es zu kalten Pasteten dienen, mit ½ ℔ nicht zu stark geräuchertem Speck, welcher zur Hälfte geschabt, zur andern Hälfte in feine Würfel ge= schnitten wird. Sodann schwitzt man eine fein gehackte Cha= lotte nebst 8 Loth geriebener Semmel in 8 Loth Butter, rührt ferner 8 Loth Butter zu Sahne, nimmt noch 8 Loth gerie= benes ausgestebtes Roggenbrod und endlich 3 Loth feingehackte, in Butter geschwitzte Champignons hinzu, so wie an Gewürzen außerdem 1 Messerspitze voll Pfeffer, eben so viel feingestoßene Nelken und 1 kleinen Eßlöffel voll Salz. Das Ganze wird mit der nöthigen Bouillon gut durch einander gerührt.

f. Farce von Geflügel.

Man hackt das Fleisch eines nicht zu alten Huhnes, nach= dem man es von Fett und Sehnen befreit hat, nimmt auf

1 ℔ davon am besten 8 Loth Ochsenmark, oder, wenn dies nicht zu haben ist, 4 Loth Rinder- und 4 Loth Kalbsnieren- talg, ferner 12 Loth zu Sahne gerührte Butter, 3 ganze Eier und 2 Eidotter, sowie 12 Loth geriebenes Weißbrod. An Gewürzen fügt man ½ geriebene Muskatnuß und 2 Thee- löffel voll Salz hinzu und rührt sodann das Ganze mit süßem Rahm, bis es eine völlig gleichmäßig verbundene Masse bildet.

g. Farce von Leber.

Zur Bereitung derselben eignet sich nur Kalbsleber, allen- falls kann man auch Schweinsleber verwenden, Rinds- und Hammelleber ist unbrauchbar. — Nachdem die Leber abge- häutet und von der Galle befreit worden, schneidet man die eine Hälfte derselben in fingerdicke Scheiben, begießt sie mit kochendem Wasser und läßt sie etwa 10 Minuten darin liegen. Dies Verfahren wiederholt man, bis die Leber weiß ist. Die andere Hälfte bringt man mit gesalzenem Wasser zu Feuer, läßt sie heiß werden, bis das Wasser eben zu sieden anfängt und brät sie darauf in einer Bratpfanne auf einer Unterlage von dünnen Speckscheiben und unter Hinzuthun von 1 Thee- löffel voll Salz ½ Stunde lang, wobei man sie öfters mit Bouillon übergießt. Hierauf nimmt man sie aus der Brühe, läßt sie ebenso, wie die andere Hälfte erkalten, treibt die Letz- tere durch ein Sieb und reibt die gebratene Leber fein, wäh- rend man den mit ihr gebratenen Speck in ganz feine Würfel schneidet. Von diesem nimmt man auf 1 ℔ Leber 12 Loth; ferner 8 Loth Butter nebst darin geschwitzten 2 feinge- hackten Zwiebeln, 12 Loth in Wein aufgelöste Semmel, 1 Theelöffel voll gemischtes Gewürz und 2 Theelöffel voll Salz. Das Ganze wird mit 3 zu Sahne geschlagenen Eiern tüchtig durcheinander gerührt, womit die Farce zu weiterer Verwen- dung fertig ist.

h. Fischfarce.

Man hackt 1 ℔ Fleisch vom Barsch oder Hecht, nachdem man es von Gräten, Schuppen und Flossen sorgfältig gesäu- bert hat, recht fein und ¼ ℔ in Würfel geschnittenen Nierentalg damit hinein. Hiezu thut man 8 Loth Butter, nachdem sie vorher abgekühlt ist, nebst einer darin geschwitzten fein gehackten Chalotte, schlägt den Schaum von 3 Eiweiß und 2 ganze Eier hinein und nimmt ferner 12 Loth geriebenes Weißbrod, 3 Eßlöffel voll Rahm, 1 Theelöffel voll Muskatblüthe, 1 Theelöffel voll gestoßenen Ingwer, die zerstoßene getrocknete Schale einer halben Citrone und endlich einen kleinen Eßlöffel voll Salz hinzu. Hat man das Ganze mit 3 Loth Butter tüchtig in der angegebenen Weise durchgerührt, so ist es zur weitern Verwendung fertig.

i. Eine Farce anderer Art.

Man schabt und hackt 1 ℔ mageres Kalbfleisch, 1 ℔ mageres Schweinefleisch und ³/₄ ℔ frisches Schweinefett oder ungeräucherten Speck gut durcheinander. Hiezu thut man ¹/₂ ℔ in Milch oder Wasser aufgeweichte Semmel, eine fein gehackte Zwiebel und 4 in feine Scheiben geschnittene, in Butter weichgeschwitzte Chalotten, worauf man das Ganze über dem Feuer mit 4 Eiern und so viel Milch, wie nöthig, zu einem steifen Teige rührt. Nachdem dies geschehen, fügt man einen Theelöffel voll gemischtes Gewürz, einen Eßlöffel voll Salz, 2 Eßlöffel voll Sardellenbutter und noch ein paar Eidotter hinzu und rührt das Ganze, wie angegeben, durch.

k. Eine einfache und leicht herzustellende Farce.

Man hackt beliebige Reste von Kalb- oder Hammelfleisch oder von Geflügel fein, giebt auf 1 ℔ dieses Gehackt 12 Loth in Milch aufgeweichte Semmel, 4 Loth rohgehackte Leber, wenn dieselbe zur Hand ist, 4 Eier, 12 Loth zu Sahne geriebene Butter, 1 Theelöffel voll gemischtes Gewürz, eben so viel Salz und feingehackte Sardellen. Das Ganze wird, wie angegeben, durchgerührt.

l. Eine Farce ohne Fleisch (für Puter, Gänse und Tauben.)

Man rührt 8 Loth Butter zu Sahne und thut während des Rührens 4 Eidotter, eine Messerspitze voll Salz und eben so viel geriebene Muskatnuß hinzu, ferner die abgeriebene Schale von etwa ¹/₄ Citrone, 6 fein geriebene bittere Man-

deln und 6 Loth Corinthen. Nachdem Alles gehörig ver=
mischt ist, rührt man 8 Loth in Milch eingeweichte und 4
Loth geriebene Semmel hinzu.

m. Eine andere Farce ohne Fleisch (speciell für Tauben und Kalbsbrust).

Zum Farciren von 4 Tauben rührt man 1½ Loth Butter
zu Sahne, rührt den Dotter von einem Ei mit hinein und
thut ein ganz wenig gestoßene Muskatblüthe und den Saft
von ¼ Citrone nebst einer kleinen Messerspitze voll Salz und
eben so viel gehackter Petersilie hinzu. Nachem alles gehörig
mit ¼ ℔ geriebener Semmel gemischt worden, rührt man es
unter allmäligem Hinzugießen von Rahm und Hinzuthun des
zu Schaum geschlagenen Weißen des Eies, bis es die richtige
Consistenz hat.

> Anm. Ist die Farce für Tauben bestimmt, so nimmt man auch noch
> die fein gehackten Herzen und Lebern der Tauben mit hinzu. —
> Zur Farcirung einer Kalbsbrust bedarf man etwa des Dreifachen
> der oben angegebenen Zuthaten.

n. Noch eine Farce ohne Fleisch (speciell für Puter).

Zu 5 Loth zu Sahne gerührter Butter thut man wäh=
rend des Rührens 3 Eidotter, eine Messerspitze voll gestoßene
Muskatblüthe, 2 gewöhnliche Tassen voll geriebenes Weißbrod,
eine solche Tasse voll geriebene Mandeln und rührt das Ganze
mit der nöthigen Sahne recht tüchtig durch einander. Nach=
dem dies geschehen, rührt man noch das zu Schaum geschla=
gene Weiße der Eier dazwischen.

o. Farce zur Füllung der Krebsnasen.

Man rührt 10 Loth Butter mit 4 ganzen Eiern gut
durch einander, wobei man eine Prise Salz, eben so viel
Muskatnuß und einen Theelöffel voll Zucker hinzuthut. Zu
dieser Mischung rührt man sodann 12 Loth in Milch einge=
weichte, aber gut wieder ausgedrückte Semmel und treibt das
Ganze durch ein Sieb.

> Anm. Die Verwendung der übrigen Farcen wird bei den verschiede=
> nen Gerichten erwähnt werden. — Jede Farce sollte man a m

Schlusse der Bereitung durch ein Sieb reiben. Es ist dies zwar
mühsam und zeitraubend, belohnt sich aber dadurch reichlich, daß
es die Farce um ein ganz Bedeutendes besser macht.

37. Die Kneffs.

So nennt man kleine längliche Klöße von einer der vor=
stehenden Fleisch= oder Fischfarcen, welche bei verschiedenen
Gerichten Anwendung finden. Um sie zu dressiren, taucht
man einen Theelöffel in heißes Wasser, nimmt etwas von der
Farce hinein und streicht dieselbe mit einem Messer glatt.
Sodann legt man den Kneff mit einem andern Löffel in eine
mit Butter ausgestrichene Casserole. Ist eine hinreichende
Anzahl fertig, so gießt man etwas kochende Bouillon hinzu
und stellt sie einige Minuten auf das Feuer, ohne sie jedoch
in starkes Kochen gerathen zu lassen.

38. Vom Spicken.

Das Spicken dient theils dazu, das Fleisch, bei dessen
Braten es in Anwendung kommt, saftiger und wohlschmecken=
der zu machen, theils erhöht es auch das gute Aussehen des=
selben. Zu letzterem Zwecke muß man aber vorsichtig und
mit dem nöthigen Geschicke, welches letztere sich nur durch
wiederholte Uebung erwerben läßt, dabei verfahren. Zum
Spicken gehört zunächst recht weißer fester Speck, am besten
Luftspeck. Man benutzt dazu nur die härteren Theile bis 3
Finger breit von der Schwarte. Diesen Speck schneidet man,
ohne ihn von der Schwarte zu lösen, bis auf Letztere hinab
mit einem scharfen dünnen Messer in gleichmäßige Scheiben,
kantet das ganze Stück um und theilt die Scheiben durch Quer=
schnitte ebenso in Streifen von etwa 3 Finger breit Länge. Die
dadurch erhaltenen Streifen steckt man nach einander mit der lin=
ken Hand in die Spicknadel und fährt mit derselben schnell so weit
durch das Fleisch, daß $\frac{1}{3}$ des Streifens darin sitzen bleibt und auf
jeder Seite $\frac{1}{3}$ hervorragt. Man trägt dabei Sorge, daß die
Speckstreifen gleichmäßig weit von einander zu sitzen kommen
und eine möglichst gerade Reihe bilden. Ist eine solche Reihe

fertig, so spickt man ihr parallel eine Zweite u. s. w., bis man deren ausreichend hat; beim Hasen z. B. 4 Reihen, auf jeder Seite des Rückgrats 2; kommt es nicht so sehr auf Zierlichkeit an, so nimmt man die Streifen etwas dicker und dafür weniger, z. B. beim Hasen nur 2 Reihen. — Zu bemerken ist, daß man in jeder Wirthschaft gern mehrere Spicknadeln von verschiedener Dicke und Größe vorräthig hält, um immer entsprechend fein spicken zu können.   Die Nadeln, welche von Stahl oder Messing sein müssen, sind stets gleich nach dem Gebrauche zu reinigen.

39.   Das Reinigen des Reis.

Nach Herausnahme der hülsigen Körner reinigt man den Reis zunächst durch Reiben mit den Händen in kaltem Wasser und setzt ihn sodann in reinem Wasser auf das Feuer, wo er bis kurz vor der Siedehitze verbleibt.   Man läßt dann das Wasser durch ein Sieb ab und breitet den Reis auf einem Brette aus, wo er vor dem Kochen noch einmal ganz rein verlesen wird.

40.   Das Reinigen des Sago.

Man wäscht den Sago in kaltem Wasser und bringt ihn kalt auf das Feuer, wo man ihn läßt, bis er einmal aufgekocht ist.   Dann wird er noch einmal mit kaltem Wasser gewaschen, von allem Unreinen befreit und endlich mit kaltem Wasser nachgespült.

41.   Das Reinigen und Vorbereiten der Graupen.

Man wäscht die Graupen in kaltem Wasser vermittelst eines Quirls gehörig durch und bringt sie in kaltem Wasser auf ein ganz langsames Feuer, auf welchem man sie vor weiterer Verwendung dick aufquellen läßt.

42. Das Reinigen des Gries und der Grütze.

Alle Sorten Gries und Grütze reinigt man durch sorgfältiges Waschen und wiederholtes Abschwemmen. In der Regel genügt dazu kaltes Wasser; nur wenn Gries oder Grütze sehr unrein sein sollte, verwendet man warmes.

43. Das Reinigen der Rosinen.

Die oft sehr unreinen Rosinen verliest man zuerst nach Kräften. Dann schüttet man sie auf ein Tuch und reibt sie in etwas darüber gestreutem Mehl nicht zu stark, bis sich die Stengel von ihnen gelöst haben. Diese schwemmt man zwischen den Rosinen heraus, zu welchem Zwecke man dieselben auf einen Durchschlag schüttet; setzt sie auf das Feuer und läßt sie unter langsamem Kochen aufquellen, worauf sie wieder in kaltem Wasser abgespült und noch einmal verlesen werden. Das Auskernen der Rosinen geschieht, wo es nöthig ist, am besten vermittelst eines Holzstäbchens.

44. Das Reinigen der Korinthen.

Man reibt die Korinthen, nachdem man die Steine und sonstigen Unreinigkeiten möglichst dazwischen herausgesucht hat, zunächst trocken auf einem Durchschlag mit der Hand, wobei der größere Theil der Stengel hindurch fällt. Von dem noch übrigen und vom sonstigen Schmutz befreit man sie sodann, indem man sie mit dem Durchschlage ins Wasser stellt und das Reiben zwischen den Händen fortsetzt.

45. Das Reinigen der Hefe.

Die Hefe kommt in flüssigem und trockenem Zustande vor. Um erstere zu reinigen, rührt man sie mit vier Theilen Wasser um und gießt die Mischung durch ein Sieb, wobei ein Theil des Unreinen zurückbleibt. Die Hefe wird alsdann zu Boden sinken und von dem bräunlich gefärbten Wasser überstanden sein. Dies gießt man ab und wiederholt die

Vermischung mit frischem Waſſer. Iſt die Hefe alsdann
wieder zu Boden geſunken, ſo hat ſie eine weiße Farbe ange=
nommen und der bittere Geſchmack iſt davon. — Auch trockne
Hefe verbeſſert man bedeutend dadurch, daß man ſie vor dem
Gebrauch eine Nacht hindurch an einem kühlen Orte in
Waſſer ſtehen läßt.

Beim Gebrauch reicht man mit einem Loth trockner Hefe
ſo weit, wie mit einem guten Eßlöffel voll flüſſiger.

III. Von der Güte, vom Abſchlach= ten, Ausnehmen, Dreſſiren, Spicken und Ausknöcheln des Geflügels.

46.   Von der Güte des Geflügels.

Die allgemeinen Kennzeichen, an welchen man altes und
junges Geflügel unterſcheidet, ſind bereits oben unter Nr. 7
angegeben; es iſt aber das Geflügel zum größten Theil keines=
wegs zu allen Jahreszeiten zum Verſpeiſen gleich geeignet,
und hat man in dieſer Hinſicht Folgendes zu beachten. Keine
Art von Geflügel taugt etwas in der Lege= und Brütezeit.
Die Gänſe ſind am beſten von Mitte October bis Weihnach=
ten, die Puter von Ende Auguſt bis in den December, die
Kapaunen während der Wintermonate, Enten, Hühner und
Küken benutzt man, während man ſie haben kann, Enten und
Hühner jedoch nicht während der Legezeit, Tauben, ſo lange
ſie jung ſind, alte nur zu Suppe.   Von dem wilden Ge=
flügel iſt die Gans nur, ſo lange ſie noch ganz jung iſt, der
Bereitung werth, die Ente fängt je nach der Wärme des Frühlings
von Mitte bis Ende Juli an gut zu werden, die Zeit für Reb=
hühner und Faſanen iſt von Mitte Auguſt bis gegen Weih=
nachten, Schnepfen ſind am beſten im Frühjahr, Krammets=
vögel im Herbſt, doch verſpeiſt man umgekehrt auch jene im

Herbſt, dieſe im Frühjahr; die Zeit der Becaſſinen, Wachteln und Lerchen iſt der Frühherbſt bis zu ihrem Wegzuge von hier.

Soll das Geflügel nach der Bereitung milde ſein und zugleich ſeinen Saft bewahren, ſo darf es weder gleich nach dem Schlachten gebraucht werden, noch auch zu lange ge= ſchlachtet hängen. Am längſten hängen die Gänſe, 4 bis 6 Tage nach dem Schlachten, in der Kälte noch länger; bei ſtarkem Froſte erhalten ſie ſich ſogar einen vollen Monat gut, wenn man ihnen die Kehle dicht zuſchnürt und den Steiß verſiegelt. Puter hängen 3 Tage; Enten, Hühner und Ka= paunen 2 Tage; Küken und Tauben 24 Stunden. — Iſt es einmal nöthig, das Geflügel gleich nach dem Abſchlachten zu gebrauchen, ſo gebe man ihm vorher etwas Eſſig, einer Ente etwa 1 Eßlöffel voll, ein und bringe es zu Feuer, ohne es vorher ganz erkalten zu laſſen.

47. Vom Abſchlachten des Geflügels.

Es geſchieht dies auf verſchiedene Weiſe. Putern und Enten haut man den Kopf ab und hält ſie, um ſie gehörig abbluten zu laſſen, an den Beinen, mit dem Halſe nach unten; Gänſe ſticht man mit einem ſpitzen Meſſer dicht hinter der Hirnſchale in das Genick, wobei man ſorgfältig die richtige Stelle ſucht, weil ſonſt die Abblutung nicht vollſtändig er= folgt; um dieſe zu befördern, biegt man den Kopf der Gans möglichſt nach unten; ſoll das Blut benutzt werden, ſo fängt man es in einem Gefäß mit etwas Eſſig auf; zum Schluß brennt man das Loch, um Nachblutung zu vermeiden, mit einer glühenden Zange zu; den Kapaunen, Hühnern und Küken endlich ſchneidet man die Kehle mit einem Meſſer durch. Nach dem Schlachten und Rupfen, welches bei allem Federvieh, das zum Braten beſtimmt iſt, geſchehen muß, ſo lange es noch warm iſt, ſengt man die verbleibenden Feder= reſte an einem hellen Stroh= oder Papierfeuer, noch beſſer aber, was freilich koſtſpieliger iſt, an einem Spiritusfeuer ab. Das Rupfen und Abſengen ſollte eigentlich bei allem Geflügel angewandt werden, und muß angewandt werden, wenn das= ſelbe farcirt werden ſoll. Iſt dies nicht der Fall, ſo kann

man der Zeitersparniß wegen Kapaunen, Hühner, Küken und
Tauben auch, nachdem man sie nach dem Schlachten ½ bis
1 Stunde in kaltem Wasser hat liegen lassen, in heißem
Wasser durch Abbrühen von den Federn befreien; dies Verfahren hat aber immer sein Mißliches, da, namentlich bei
Tauben und Küken, durch etwa zu heißes Wasser die Haut
leicht mürbe wird und dann beim Spicken zerreißt. — Puter,
Gänse, Enten und alles wilde Geflügel muß ohne Ausnahme
gerupft werden.   Zum Schlusse reinigt man die Haut, indem
man sie mit Wasser abreibt, in welchem Kleie aufgeweicht
worden.

48.   Vom Ausnehmen des Geflügels.

Den Putern schneidet man die Beine im Gelenk ab
und schlägt ihnen, am besten mit einem Fleischklopfer, den spitzen
Brustknochen ein, bedeckt denselben indessen vorher mit einem
Tuche, weil man sonst die Haut zerreißen und der Knochen
heraustreten würde.   Sodann wird der Hals an der Seite
aufgeschlitzt und der Kropf nebst Gurgel behutsam, damit sie
nicht entzweireißen, herausgeholt, hierauf an der rechten
Seite des Bauches der Länge nach ein Schnitt gemacht und
die Fettdrüse abgeschnitten, sowie auch die Stelle, wo der
Darm endet; jetzt greift man mit zwei Fingern hinein und
entfernt das Eingeweide, nimmt die Galle behutsam von der
Leber, schneidet den Magen auf, nachdem man die weiße Haut
oben abgezogen hat, entfernt das Harte aus demselben und
reinigt ihn ebenso wie Leber und Herz.   Darauf wird der
Puter in- und auswendig mit kaltem Wasser gut abgewaschen
und bis zum Dressiren an eine Stelle in der freien Luft gehängt, wo ihn die Sonne nicht trifft.

Kapaunen, Hühner, Küken und Tauben werden
ganz in derselben Weise ausgenommen, nur läßt man bei
Letzteren den Brustknochen lieber unversehrt; den ersteren drei
Geflügel-Arten, die, wie oben gesehen, beim Schlachten die
Köpfe behalten, sticht man die Augen und Ohren mit einem
spitzen Messer aus, zieht ihnen die Oberhaut vom Kamme
und die hornartige Haut vom oberen Schnabel ab und schnei-

det endlich den untern Schnabel mit der Zunge weg. Alles dies geschieht noch vor Herausnahme des Kropfes.

Den Gänsen schneidet man gleichfalls zuerst die Beine ab und macht sodann unmittelbar unterhalb des Schnabels an beiden Seiten der Kehle längs derselben 1 ½ Zoll lange Einschnitte, die man nach unten durch einen Querschnitt verbindet. Den zwischen diesen Schnitten liegenden Hautlappen klappt man hintenüber, reißt die Zunge heraus und löst Speiseröhre und Luftröhre von der äußeren Umgebung. Jetzt macht man am untern Ende des Halses, jedoch noch etwas oberhalb der Brust, gleichfalls einen Querschnitt und zieht aus demselben das obere Ende von Speise- und Luftröhre heraus. Hierauf wird unten die Fettdrüse und der After abgeschnitten und an jeder Seite, gut einen Zoll unter den Rippen anfangend, ein Schnitt auf die Fettdrüse zu gemacht, wo sich also beide Schnitte in einen vereinigen, und einen Fettlappen so weit lösen, daß man ihn zurücklegen kann, um zunächst das Fett von den Gedär- men zu lösen und sodann diese selbst auszubrechen, wobei Speise- und Luftröhre, die daran festsitzen, mit herausgezogen werden. Nun verfährt man mit Magen, Leber und Herz wie beim andern Geflügel, trennt sorgfältig noch alles Fett von den Gedärmen ab, schlitzt dieselben auf und reinigt sie gründ- lich. Sodann trennt man den Hals beim untern Einschnitte vom Rumpfe und haut die Flügel einen Zoll vom Körper entfernt ab, schlägt den Schnabel vom Kopfe und diesen selbst vom Halse und reinigt ihn, indem man ihm die Augen und Ohren aussticht und den an der Stelle, wo der Schnabel weggehauen worden, befindlichen Schleim vermittelst eines spitzen Messers entfernt. Der Kopf wird sodann in heißem Wasser gut ausgebrüht. Die Gans wird endlich gut gewa- schen und ausgewässert, womit sie zu weiterer Verwendung fertig ist.

Das Ausnehmen der Enten, der zahmen sowohl wie der wilden, geschieht am besten ganz in derselben Weise, wie das der Gänse.

Anm. Die Methode, nach welcher Gänsen und Enten zum Ausnehmen der Bauch der Länge nach aufgeschnitten wurde, ist veraltet, sie ist auch lange nicht so bequem, wie die oben angegebene, wenn man

ſich an letztere erſt etwas gewöhnt hat, und man erhält bei deren
Anwendung namentlich einen bei Weitem appetitlicheren Braten.

Faſanen, Birkhühner und Rebhühner nimmt man
ganz ähnlich aus wie Kapaunen, doch werden bei den beiden
erſtern die Füße nicht abgeſchnitten, ſondern nur die Sporen
und es wird von den Füßen nur die Oberhaut abgezogen.
Schnepfen und Becaſſinen werden entweder g r nicht
ausgenommen, oder man giebt die Eingeweide (Schnepfendreck), nachdem der Magen davon entfernt worden, zu in
Butter geröſteter Semmel. Krammetsvögel nimmt man
gleichfalls im Herbſte nicht aus, im Frühjahr ſollte man dies
jedoch nicht unterlaſſen.

49. Vom Dreſſiren des Geflügels.

Beim Puter werden zunächſt die Flügel im Mittelge-
lenk abgehauen, um für ſich abgeſondert mit gebraten zu
werden. Sodann wird der Kropf gefüllt. Zu dieſem Zwecke
ſtreift man die Halshaut bis zur Bruſt hinab über den
Knochen, haut letzteren heraus und legt eine geſchälte Semmel
unten hinein, um das Eindringen des Füllſels in den Leib
zu verhüten. Dann füllt man die noch übrige Oeffnung mit
der entſprechenden Farce an und ſchließt ſie durch Zunähen.

Dem nach Nr. 47 zum Zwecke des Ausnehmens an der rechten
Seite aufgeſchnittenen Puter macht man jetzt auf der linken Seite
einen gleichen Schnitt, reibt ihn inwendig mit Salz ein, ſteckt
Magen, Leber und Herz hinein, ſchiebt die Beine, eines nach
dem andern, ſo weit wie möglich in die Höhe und ſteckt die
Spitzen derſelben in die gemachten Einſchnitte. Die Beine
werden ſodann innerhalb des Körpers ſoweit wieder hinab-
gedrückt, daß die Spitzen derſelben zur Darmöffnung heraus-
ragen. Sodann ſchiebt man ſie wieder gegen den Oberkörper
hinauf und befeſtigt ſie dadurch, daß man durch jeden der
Schenkel ſammt dem Körper zwiſchen Bruſt und Rücken eine
Spille quer hindurch ſteckt. (Spille nennt man ein rundes,
dünnes, ſcharf zugeſpitztes Stäbchen, am beſten von Buchen-
holz.) Man kann die Beine auch durch Annähen befeſtigen,
indem man mit der Dreſſirnadel einen Bindfaden durch den

einen Schenkel quer durch den Bauch und durch den andern Schenkel zieht. Man holt sodann mit den beiden Enden des Fadens die Beine so weit in die Höhe, wie man sie haben will und bindet den Faden quer über dem Rücken feſt zuſammen.

Tauben dreſſirt man ganz wie Puter. — Kapaunen, Hühner und Küken, denen man den Kropf nicht zu füllen pflegt, macht man unmittelbar unter einem der Flügel einen Schnitt durch die Rippen, ſteckt den Kopf hindurch und zieht ihn dann durch den zur Herausnahme des Kropfes in den Hals gemachten Schnitt wieder hervor. Zur Befeſtigung der Beine allen dieſen Geflügels genügt eine Spille, welche den Körper quer durchdringt; will man die Dreſſirnadel zum Hindurchziehen eines Fadens verwenden, ſo geſchieht dies ganz wie beim Puter.

Gänſe und Enten, welche zum Braten verwandt werden ſollen, müſſen vor dem Dreſſiren inwendig mit Salz gerieben und dann in der weiter unten bei der Bereitung der Braten angegebenen Art gefüllt und unten und oben feſt zugenäht werden. Sodann befeſtigt man ihnen die Beine, wie beim Puter gezeigt worden, bindet aber außerdem die untern Enden derſelben, welche bei ihnen frei abſtehen, mit einem durch den Hintertheil gezogenen Bande zuſammen. Ganz ebenſo verfährt man mit Wildenten, welche indeſſen nicht gefüllt werden.

Faſanen, Birkhühnern und Rebhühnern werden nur die Spitzen der Flügel abgeſchnitten und Letztere nach dem Kopfe hin herumgedreht, ſo daß ſie flach auf den Rücken zu liegen kommen; ferner werden die Beine im Kniegelenk von unten auf ſo gedreht, daß die Füße nach dem Kopfe gerichtet ſind, worauf die Schenkel in angegebener Weiſe mittelſt einer Spille befeſtigt werden. In gleicher Weiſe dreſſirt man Schnepfen und Becaſſinen, doch wird ihnen noch der Schnabel in die Bruſt geſtochen. Krammetsvögeln und Lerchen endlich ſchneidet man die Füße im unterſten Gelenke ſo ab, daß die Gelenkknöchel ſtehen bleiben. Sodann ſteckt man die Füße durch die Augenhöhlen.

50. Vom Spicken des Geflügels.

Wie überhaupt das Spicken (m. f. Nr. 38), so erfordert
besonders das Spicken des Geflügels längere Uebung und
große Sorgfalt. Man spickt auf der Brust und auf den Keulen, und zwar in der Regel auf jeder Seite in zwei Reihen.
Kleines Geflügel spickt man am besten auf der Hand, ist es
indessen farcirt, so thut man besser, es auf ein Brett zu legen,
weil es sonst leicht die Form verliert.

51. Vom Ausknöcheln des Geflügels.

Soll Geflügel ausgeknöchelt werden, so wird es vorher
nicht ausgenommen, sondern nur nach Nr. 47 geschlachtet und
äußerlich gereinigt, wobei hier, da das Ausknöcheln hauptsächlich zum Zwecke des Farcirens geschieht, wiederholt darauf
aufmerksam gemacht werden soll, daß hiezu bestimmtes Geflügel nicht durch Abbrühen gereinigt sein darf, die unaus-
bleibliche Folge würde sonst sein, daß die Haut bei der
Operation zerrisse. Das Verfahren beim Ausknöcheln ist nun
folgendes. Man legt den Vogel, nachdem man ihm die Flügel im untern Gelenk abgehauen, mit dem Bauche nach unten
vor sich auf ein Brett, zieht zunächst Luft- und Speiseröhre,
wie in Nr. 48 angegeben worden, heraus und sticht den Hals-
knochen in der Weise ab, daß etwa 2 Zoll von der Halshaut
sitzen bleiben; sodann macht man an beiden Seiten des Rückgrats, dicht neben einander und der ganzen Länge nach, bis
zum Steiß hinunter, mit einem spitzen scharfen Messer Einschnitte in die Haut und trennt mit demselben Messer das
Fleisch an beiden Seiten rund um bis ganz vorne am Brustknochen ab, wobei man sehr vorsichtig verfahren muß, damit
die Haut nicht verletzt werde. Hiebei löst man zugleich die
Flügel aus den Schultergelenken, trennt sodann die Haut
von der Spitze des Brustknochens, woran sie noch festsitzt, der
Länge nach ab, löst auch die Beine aus den Obergelenken
und nimmt nun das Gerippe zusammen mit dem Eingeweide
heraus. Man löst sodann auch die Haut vom Obertheile der
Flügel bis halb an das Gelenk, und sticht die Flügelknochen

vorſichtig ab, und löſt endlich die Knochen aus den Beinen, indem man das inwendige Schenkelfleiſch in der Mitte auf-
ſchlitzt, es bis auf den Knochen zurückſchiebt, dieſen bis
ans Knie löſt, abſticht und mit den Sehnen herauszieht, was
übrigens ziemlich ſchwierig iſt und am beſten durch fortwäh-
rendes Herumdrehen bewerkſtelligt wird.   Auch vom Knie
abwärts kann man in gleicher Weiſe noch einen Theil des
Knochens auslöſen; dies geſchieht indeſſen in der Regel nicht.
Das ſo ausgeknöchelte Geflügel wird endlich abgewiſcht, und
wo es nöthig ſein ſollte, etwas abgewaſchen, das loſe
Fleiſch angedrückt und das Ganze vor weiterer Benutzung
mit einer Miſchung aus Oel und Eſſig ſo weit übergoſſen,
daß es damit überall gut angefeuchtet iſt.   Hierin bleibt das
größere Geflügel 24, das kleinere 12 Stunden liegen und man
rechnet dabei auf einen Pott Eſſig eine gute Theetaſſe
voll Oel.

IV. Verſchiedene Klöße.

A. Klöße und ſonſtige Ein- und Beilagen zu Suppen, Fricaſſees und Ragouts.

Vorbemerkung. Ueberall, wo in Folgenden für die Bereitung ein
und deſſelben Gerichtes ein mehrfaches Verfahren angegeben wird,
hat die Verfaſſerin dasjenige, welches von ihr im Verhältniß zu
den Koſten als das beſte erprobt worden, vorangeſtellt.

52. Fleiſchklöße.

Man verwendet dieſelben theils als Einlage von klarer
Bouillon und andern Fleiſchſuppen, theils als Beſtandtheile
von Fricaſſees und Ragouts. Für die Suppen eignen ſich
beſonders Klöße von Kalb- oder Geflügelfarce (Nr. 36 a. u. f.),
für Fricaſſees und Ragouts Klöße von Kalb- oder Rindfleiſch-

4*

Farce. (Nr. 36 b.) Man dressirt dieselben entweder als Kneffs (Nr. 37), oder man macht eine Rolle aus der Farce, oder man sticht die Klöße einfach mit dem Löffel ab.   Die Klöße werden sämmtlich vorweg auf eine Schüssel gelegt, welche man, damit sie nicht daran hängen bleiben, mit Mehl bestreut, für sich allein in Bouillon oder Wasser in 10 Minuten gar gekocht, oder, falls sie zu Ragouts bestimmt sind, eine kleine Viertel=stunde in Butter gebraten und dann hinzugethan.   Hat man die Rollenform gewählt, so schneidet man nach der Abkochung die Rolle erst in entsprechende Scheiben.

53. Fischklöße

verwendet man nur bei Fricassees und Ragouts.   Man be=reitet sie aus der Fischfarce (Nr. 36 h.), dressirt sie wie die Fleischklöße, am liebsten in Rollenform, jedoch auch rund, und kocht sie gleichfalls 10 Minuten in Wasser oder Butter, welche man nachher zur Sauce giebt.

54. Klöße von Kalbsmilch.

Man blanchirt (Abschn. I. 5.) die Kalbsmilch, indem man sie mit kaltem Wasser auf das Feuer setzt, das Wasser warm werden läßt und dann abgießt und dies Verfahren einige Male wiederholt.   Dann zieht man die Haut ab.   Die Be=reitung der Klöße, welche zu feinen Fricassees und Pasteten Verwendung finden, ist folgende.   Auf 1 ℔ Kalbsnierenfett, welches man gleichfalls erst von den Häuten befreit, nimmt man 20 Loth Milchfleisch, hackt und stößt Beides so fein durcheinander, daß man es nicht mehr unterscheiden kann und streut 1 kleinen Eßlöffel voll Salz nebst ¼ Theelöffel voll Pfeffer, Beides fein pulverisirt darüber.   Das Ganze rührt man gehörig durcheinander, schlägt 2 Eier hinzu, eins nach dem andern, und stößt nach Hinzuthun eines jeden Eies auf's Neue.   Dann gießt man 3 Mal hinter einander in Pausen von 5 zu 5 Minuten jedesmal 2 Eßlöffel voll Wasser hinzu und setzt während dessen das Stoßen unausgesetzt fort.   Hat man nach dem letzten Zugusse noch etwa 5 Minuten gestoßen, so

ist die Masse zur Anfertigung der Klöße vorbereitet, welche
Letztere auf einem mit Mehl bestreuten Brette etwa von der
Größe einer Wallnuß geformt und vor der weitern Verwen=
dung in Bouillon gar gekocht werden.

55.　Klöße zu Krebs= oder Aalsuppen.

Mit 1 Untertasse voll fein gehacktem Krebsfleisch rührt
man das gleiche Quantum eingeweichter und gut wieder aus=
gedrückter Semmel, so wie 3 Eßlöffel voll dünn geriebener
Krebsbutter (Nr. 8) gut zusammen, thut während des Rüh=
rens 2 Eidotter, 1 Messerspitze voll feines Salz und halb so
viel geriebene Muskatnuß hinzu, und rührt endlich das
Ganze mit dem zu Schaum geschlagenen Weißen der Eier
noch einmal durch. Von der erhaltenen Masse formt man
entweder jetzt runde Klößchen auf einem mit Mehl bestreuten
Brette, oder man sticht sie mit einem Theelöffel ohne Weiteres
in die Suppe, in welcher sie nach 5 Minuten langem Kochen
gar werden.

56.　Markklöße.

Man schwitzt gut 3 Loth Butter über dem Feuer und
läßt sie eben aufkochen. Ist sie soweit, so thut man 9 Loth
gut gereinigtes, in möglichst feine Würfel geschnittenes und
mit ein wenig Salz durchmischtes Ochsenmark hinzu, läßt das=
selbe aber nicht mit der Butter kochen. Ferner rührt man 2
ganze Eier und 2 Eidotter mit 3 Loth süßen und 10
bittern gestoßenen Mandeln eben, fügt unter fortgesetztem
Rühren $\frac{1}{4}$ Pott kräftige kalte Bouillon, 20 Loth geriebenes
Weißbrod und das Mark mit der Butter hinzu und rührt
nun das Ganze noch etwa $\frac{1}{4}$ Stunde recht gut durch, wobei
man noch 2 Theelöffel voll Salz und eine kleine halbe gerie=
bene Muskatnuß hinzu thut. Damit ist der Teig zum Ab=
stechen der Klöße fertig.

Anm. Sollte es an Ochsenmark fehlen, so kann man statt seiner auch
guten Nierentalg nehmen.

57. Kartoffelmehlklöße.

Man läßt 4 Loth Butter mit ¼ Pott Milch auf dem
Feuer zum Kochen kommen und rührt sodann 3 Loth mit
etwas kalter Milch eben gerührtes Kartoffelmehl möglichst
schnell so lange damit durch, bis die Masse vom Topfe losläßt. Dieselbe muß sodann unter wiederholtem Umrühren
bis etwa zur Hälfte abkühlen, worauf man sie noch einmal
mit 2 ganzen Eiern, 2 Eidottern, 1 Messerspitze voll Salz,
eben so viel Kanehl und 1 Theelöffel voll Zucker tüchtig
durchrührt.

Klöße aus diesem Teige eignen sich für alle Arten Suppen, in welche sie kurz vor dem Anrichten mit einem Löffel
abgestochen werden.

58. Schwemm= (abgerührte) Klöße

verwendet man als Einlage nicht nur von klarer Bouillon
und andern Fleischsuppen, sondern namentlich auch von Milch=
und Fruchtsuppen. Um sie zu bereiten, zerläßt man 6 Loth
Butter in einem Kochtopf über dem Feuer, sodann thut man
7 Loth Mehl hinzu und rührt es auf dem Feuer mit der
Butter durcheinander, gießt ¼ Pott kochende Milch hinzu und
rührt das Ganze weiter über dem Feuer möglichst schnell, bis
die Butter oben auf dem Teige etwas zum Vorschein kommt.
Hierauf thut man den Teig in eine Schüssel und läßt ihn,
jedoch nicht völlig, erkalten, rührt sodann 2 Eidotter und 3
ganze Eier hinzu, und endlich, nachdem dies geschehen, noch
1 Theelöffel voll Zucker, eine Messerspitze voll Salz, eben so
viel Kanehl und ¼ abgeriebene Citronenschale. Statt des
Kanehls und der Citronenschale nimmt man auch gern eine
Messerspitze voll geriebener Muskatnuß. Man sticht die Klöße
sodann mit einem Löffel in kochendes gesalzenes Wasser und
läßt sie darin kochen, bis sie obenauf schwimmen.

59. Schwemmklöße anderer Art.

Man schmilzt 7 Loth Butter über dem Feuer und gießt
¼ Pott Milch hinzu. Wenn die Mischung kocht, rührt man

sie mit 7 Loth Mehl schnell über dem Feuer ab und während
des Verkühlens noch 3 ganze Eier und 2 Eidotter, und wenn
dies geschehen, noch 1 Loth Kartoffelmehl, 1 Messerspitze voll
Salz und halb so viel Muskatnuß hinzu. Die Klöße werden
gleich in die Suppe gestochen.

60. Schwemmklöße noch anderer Art.

Ein guter Eßlöffel voll Butter wird auf dem Feuer mit
1 Obertasse voll Mehl und eben so viel Milch so lange tüchtig gerührt, bis die Masse sich von den Wänden des Koch-
topfes löst. Man läßt dieselbe sodann etwa zur Hälfte erkalten, thut unter fortwährendem Rühren 2 Eidotter, 1 Messerspitze voll Salz, eben so viel fein gestoßenen Kanehl, halb so
viel abgeriebene Citronenschale und 1 Theelöffel voll Zucker
hinzu, und rührt endlich das Ganze noch einmal mit dem zu
Schnee geschlagenen Weißen von einem Ei gut durch.

61. Schwemmklöße einfacherer Art.

Man zerläßt 12 Loth Butter und rührt sie mit 24 Loth
Mehl zusammen. Hiezu gießt man langsam 1 Pott kochende
Milch und rührt es damit schnell über dem Feuer, bis es vom
Topfe losläßt. Nachdem die Masse zur Hälfte erkaltet, schlägt
man unter fortwährendem Rühren erst 3 Eidotter und dann
7 ganze Eier hinzu, und würzt den Teig mit 1 Theelöffel voll
Salz, 1 halben abgeriebenen Citrone, 9 süßen und 3 bittern
Mandeln (zerstoßen) und 1 Eßlöffel voll Zucker. Man
kann auch das Weiße der 7 Eier zu Schnee schlagen und diesen
zuletzt, kurz vor Verwendung des Teiges hinzurühren.

Anm. Bei diesen, wie bei allen andern Klößen, thun Anfängerinnen
gut, erst einen Kloß zur Probe zu kochen. Geräth er zu weich,
so rührt man zum Teige am besten Kartoffelmehl, ist er zu hart,
ein Ei.

62. Schaumklöße.

Die Dotter von 3 Eiern werden mit 3 Theelöffeln voll
Mehl und 1 Messerspitze voll Salz langsam durchgerührt.

Nachdem sich Alles gehörig vermischt, rührt man das zu Sahne geschlagene Weiße der 3 Eier hinzu und thut das Ganze auf die kochende Suppe, wo man es 4 bis 5 Minuten kochen läßt und während dessen einmal mit dem Schaumlöffel umwendet. Ist die Masse gar geworden, so wird sie mit der Suppe in eine Terrine gegossen und schwimmend mit einem Löffel in beliebige Stücke zertheilt.

63.   Schaumklöße einfacherer Art.

Auf die eben in eine Terrine gegossene kochende Suppe legt man mit einem Löffel Klöße von recht steifem Eiweiß-Schnee mit so viel Zucker, daß der Schnee eben einen süßlichen Geschmack angenommen hat. Diese Klöße bestreut man möglichst schnell mit einem reichlichen Quantum feingestoßenem Kanehl und noch etwas Zucker, worauf man die Suppe sofort wieder zudeckt. Die Klöße werden sodann in derselben von selbst gar.

64.   Mandelklöße.

Man rührt 4 Eidotter, 2 Eßlöffel voll zerlassene Butter, 3 Eßlöffel voll Zucker und 5 Loth geriebene Semmel mit 6 Loth süßen und 5 bis 6 Loth bittern gestoßenen Mandeln gut durch und sodann das zu Schnee geschlagene Weiße der Eier nur leicht darunter. Aus dieser Masse sticht man Klöße, welche man auf ein mit Butter eingefettetes Kuchenbrett setzt und in einem mäßig erhitzten Ofen bäckt, bis sie eine gelbbraune Farbe haben.

65. Mandelklöße anderer Art.

Man stößt $\frac{1}{4}$ ℔ süße Mandeln — oder statt ihrer eben so viel rein abgehäutete Wallnuß- oder Haselnußkerne — mit ein wenig Eiweiß recht fein. Dann rührt man zu 4 Loth zu Sahne geriebener Butter (Nr. 16) nacheinander 3 Eidotter und ein ganzes Ei, die abgeriebene Schale von $\frac{1}{4}$ Citrone, 1 Eßlöffel voll Zucker, 1 Messerspitze voll gestoßenen Kanehl,

eben so viel Salz, die gestoßenen Mandeln oder Nüsse, und
endlich 4 Loth feingeriebener und 1 Eßlöffel voll in Sahne
aufgeweichter Semmel. Nachdem das Ganze tüchtig durchgerührt worden, mischt man das zu Schnee geschlagene Weiße
von 2 Eiern leicht hinzu und bereitet aus dieser Masse die
Klöße in der unter Nr. 64 angegebenen Weise.

66. Griesmehl-Klöße.

Man rührt 6 Loth Griesmehl mit ½ Pott Milch und
Wasser, von jedem die Hälfte, und 2 Loth Butter über dem
Feuer, bis das Ganze eine steife Masse bildet. Ist dieselbe
zur Hälfte abgekühlt, so rührt man sie noch einmal mit 3 Loth
zu Sahne geriebener Butter (Nr. 16), 1 guten Theelöffel voll
Zucker, 1 Messerspitze voll geriebener Muskatnuß, einem halben
Theelöffel voll Salz, 4 Eidottern, und endlich mit dem zu
Schnee geschlagenen Weiß von 3 Eiern tüchtig durch. Hierauf sticht man Klöße davon mit einem kleinen Löffel in die
kochende Suppe und läßt sie in derselben 10 Minuten lang
kochen.

67. Griesmehlklöße mit Mandeln.

Es wird ½ Pott Milch mit 5 Loth Butter und 10 Loth
Gries so lange über dem Feuer gerührt, bis der Teig vom
Kochtopfe losläßt. Ist er zur Hälfte erkaltet, so rührt man
noch 3 Loth Butter hinzu. Dann stößt man 6 Loth weiße
und 4 bittere Mandeln, nachdem man sie von der Schale gereinigt hat, mit ein ganz wenig Milch und rührt sie zu geschlagenen 2 ganzen Eiern und 2 Eidottern. Dies zusammen
nebst ½ Theelöffel voll Salz und der abgeriebenen Schale
einer halben Citrone rührt man mit dem erhaltenen Gries-
teige tüchtig durch und mischt endlich das zu Schnee geschlagene Weiße der beiden Eidotter leicht hinzu, womit die Masse
so weit fertig ist, daß Klöße davon in die Suppe gestochen
werden können.

68. Reismehlklöße.

Zu ¼ Pott mit 4 Loth Butter aufgekochter Bouillon rührt man über gelindem Feuer 5 Loth vorher gut gereinigtes Reismehl so lange, bis der Teig vom Kochtopfe losläßt. Man läßt ihn sodann zur Hälfte erkalten und rührt ihn mit 3 ganzen Eiern, 1 Messerspitze voll Salz und eben so viel Muskatnuß gehörig durch. — Sollten die Klöße in Milch als Suppe gegeben werden, so reibt man statt der Muskatnuß ¼ Citrone dazu ab, kocht das Reismehl in Milch statt in Bouillon und giebt 2 Theelöffel voll Zucker hinzu.

69. Reisklöße.

Man läßt ½ ℔ nach Nr. 39 gereinigten Reis in gut ¼ Pott Wasser über dem Feuer aufquellen und sodann nach Hinzuthun von ¾ Pott Bouillon 1 Stunde lang so langsam, wie irgend möglich, darin kochen. Ist er unter öfterm Umrühren zur Hälfte erkaltet, so rührt man ihn mit 2 ganzen Eiern und 3 Eidottern, 8 Loth zu Sahne geriebener Butter, 1 kleinen Theelöffel voll Salz und ½ geriebener Muskatnuß gehörig durch. Nachdem diese Masse ganz kalt geworden, formt man daraus Klöße in einer mit Mehl bestreuten Schüssel und läßt sie in der Suppe vollends gar kochen. — Sollen die Klöße in Milch als Suppe gegeben werden, so verändert man die Zuthaten, wie am Schluß von Nr. 68 angegeben.

70. Zwiebackklöße.

Man rührt 2 Loth zu Sahne gerührte Butter mit 2 ganzen Eiern 2 Minuten lang durch und mische unter fortwährendem starken Rühren allmälig 4 gehäufte Eßlöffel voll fein gestoßenen Zwieback hinzu. Die Klöße sticht man vorweg ab, was freilich, da der Teig sehr weich ist, seine Schwierigkeit hat, und thut sie alle zugleich in die Suppe. Nach einmaligem Aufkochen nimmt man sie mit der Suppe vom Feuer und läßt sie darin vor dem Serviren noch 5 Minuten fest zugedeckt stehen.

71. Kartoffelköße.

Man reibt 1 ℔ geschälte und nach dem Kochen erkaltete Kartoffeln recht gleichmäßig fein und rührt sie mit 6 Loth zu Sahne geriebener Butter, 4 Eidottern, 8 gestoßenen süßen Mandeln und 1 Messerspitze voll Salz und eben so viel geriebener Muskatnuß gehörig durch, rührt noch einen Löffel voll fein gestoßenen Zwieback hinzu und mischt endlich das Ganze leicht mit dem zu Schnee geschlagenen Weißen von 2 Eiern. Dann sticht man die Klöße in die Suppe.

72. Kartoffelklöße nach anderer Methode.

Man schwitzt 6 Eßlöffel voll Mehl in 12 Loth Butter nach Nr. 20, bis die Masse kraus wird und läßt sie bis zur Hälfte abkühlen. Dann rührt man allmälig 4 ganze Eier, 8 Eßlöffel voll Rahm und 1 ℔ wie in Nr. 71 fein geriebene Kartoffeln, so wie fein gestoßenen Kanehl, Muskatblume und Salz, von jedem 1 Messerspitze voll, hinzu und das Ganze tüchtig mit einander durch, worauf die Klöße, welche sich zu Bouillon und Milchsuppen eignen, abgestochen werden.

73. Eierklöße.

Man quirlt nach Nr. 26 ½ Pott kräftige kalte Bouillon nebst ¼ geriebener Muskatnuß mit 5 Eiern gehörig ab, läßt das Ganze durch ein Haarsieb in eine Schale laufen und setzt es in derselben in kochendes Wasser, in welchem es dann kocht, bis es ganz steif ist. Aus dieser Masse sticht man sodann Klöße in die Suppe, nachdem dieselbe angerichtet worden. — Für Milchsuppen muß man statt der Bouillon eben so viel Milch abquirlen.

74. Chocoladenklöße.

Zu ½ Pott mit 3 Loth Butter zusammen aufgekochter Milch thut man gleich nach dem Kochen 6 Loth feingestoßene Chocolade und 6 Zwieback (beide Hälften), gleichfalls feingestoßen, hinzu und rührt während dessen unausgesetzt und so lange, bis die Masse vom Kochtopfe losläßt. Ist sie sodann gut zur Hälfte abgekühlt, so rührt man sie noch einmal mit 2 ganzen Eiern und einem Eidotter, 4 Loth zu Sahne geriebener Butter, 1 Prise Salz und 1 Prise feingestoßener Vanille tüchtig durch und mischt endlich das zu Schnee geschlagene Weiße von 2 Eiern hinzu. Die Klöße hiervon giebt man zu Weinsuppen und in Milch, in welche der Teig zum sofortigen Garkochen abgestochen wird.

75. Gewöhnliche Mehl= oder angerührte Klöße zu Suppen.

Zu 1 Eßlöffel voll zu Sahne geriebener Butter rührt man 4 gehäufte Eßlöffel voll Mehl, 2 ganze Eier und 2 Eidotter, 1 Messerspitze voll Salz und eine Prise geriebene Muskatnuß. Nachdem man die Masse 5 Minuten lang tüchtig durchgerührt, sticht man davon Klöße in die Suppe, in welcher dieselben 10 Minuten kochen müssen.

76. Gefülltes Milchbrod.

Man schneidet die Enden des Milchbrodes ab, höhlt es möglichst vollständig aus und feuchtet es sammt den Deckeln mit Milch an, jedoch nicht zu stark, damit es nicht zerbreche. Sodann füllt man es mit einer Farce von Kalbsmilch und Kalbsohr, Beides fein in Würfel geschnitten, mit einigen fein gehackten Champignons und, wenn möglich, einigen grünen Erbsenkörnern zusammen gedämpft, schließt es mit den abgeschnittenen Enden, panirt es (Abschn. I. 5) und bäckt es in Schmalz. — Diese gefüllten Milchbrode bilden eine vorzügliche Beilage zu klarer Bouillon.

77. Einlage aus eingeweichten Semmeln zu Frucht= Suppen.

Zu ¼ ℔ zu Sahne geriebener Butter rührt man 6 Eidotter, 2 in Wasser oder Milch eingeweichte und gut wieder ausgedrückte Semmel, 3 Loth fein gestoßene süße Mandeln, 2 gute Eßlöffel voll Zucker, ein wenig abgeriebene Citrone, so wie Salz und fein gestoßenen Kanehl, von Beiden eine Messerspitze voll. Nachdem das Ganze tüchtig durchgerührt worden, mischt man leicht das zu Sahne geschlagene Weiße von 3 Eiern hinzu und läßt sodann das Ganze in einer länglichen schmalen Form gar backen. Nachdem man es herausgenommen und es erkaltet ist, zerschneidet man es in Scheiben, die man noch einmal auf einem Kuchenbleche leicht gelb rösten läßt.

78.   Einlage aus gekochtem Reis zu Fruchtsuppen.

Mit ¼ ℔ zu Sahne geriebener Butter rührt man 8 Eidotter, ½ ℔ gut gereinigten und recht weich gekochten Reis, dessen Körner indessen nicht zerkocht sein dürfen, 4 Loth Zucker, auf welchem ¼ Citrone abgerieben ist, und 1 Messerspitze voll Salz gehörig durch, und mischt sodann noch das zu Schaum geschlagene Weiße von 4 Eiern hinzu. Mit dieser Masse verfährt man ganz, wie in der vorigen Nummer angegeben worden.

Den so bereiteten Reis kann man auch als Einlage zu Bouillon geben, muß aber dann Zucker nebst Citronenschale weglassen.

79.   Croutons von Milchbröden.

Man reibt von Milchbröden, welche einen Tag alt, aber nicht älter sein müssen, die äußere Rinde ab, schneidet sie in Scheiben von der halben Dicke eines kleinen Fingers und diese wiederum in beliebige Formen. Dieselben legt man auf eine Schüssel und begießt sie mit einer Mischung aus 2 gequirlten ganzen Eiern und 2 Eidottern, ½ Pott Milch, 1 Prise Salz und Muskatnuß, Alles gehörig durcheinander gerührt. In dieser Mischung, welche die Brodstückchen ganz bedecken muß, läßt man dieselben ½ Stunde weichen, bestreut sie mit gestoßenem Zwieback und brät sie in einer Pfanne in Butter auf beiden Seiten schnell hellbraun.

Sollen diese Croutons zu süßen Suppen gegeben werden, so läßt man die Muskatnuß weg und bestreut sie vor dem Backen statt mit gestoßenem Zwieback mit Zucker, unter welchen man $\frac{1}{4}$ geriebene Citrone oder ein wenig fein gestoßenen Kanehl gemischt hat.

80. Geröstetes Brob.

In Scheiben oder Würfel geschnittene Semmel macht man entweder auf einem Roste über Holzkohlen recht hell= braun, oder, wo dies nicht angeht, brät man es in einer Pfanne in hellbrauner Butter, wobei man es mit einem Holzlöffel unausgesetzt umkehrt. — Soll es als Beilage zu Fruchtsuppen dienen, so streut man während des Bratens ein wenig Zucker darüber.

81. Eingetropfte Klüten.

Man rührt einige ganze Eier mit so viel Mehl durch, daß der Teig in der Dicke eines Bindfadens aus dem Löffel fließt. Diesen Teig läßt man, indem man ihn über einen Quirl gießt, in die kochende Milch oder Bouillon, für welche die Klüten bestimmt sind, tropfen und nimmt die Tropfen, sobald sie wieder nach oben gekommen sind und die Oberfläche bedecken, mit der Schaumkelle ab, welches Verfahren man fortsetzt, bis man die erforderliche Menge Klüten fertig hat.

82. Bouillon=Reis als Beilage.

Man gießt auf $\frac{1}{2}$ ℔ gut gereinigten Reis so viel Bouillon, daß dieselbe gut 2 Finger hoch über dem Reis steht und läßt ihn unter öfterem Rühren langsam gar kochen. Kurz vor dem Garwerden thut man 4 Loth Butter, $\frac{1}{4}$ geriebene Mus= katnuß und, wenn die Bouillon nicht schon ausreichend ge= salzen war, das noch erforderliche Salz hinzu. Den in einer Form erkalteten Reis stürzt man in eine flache Schüssel und bestreut ihn leicht mit gehackter Peterfilie.

83. Maccaroni als Beilage.

Man schüttet Maccaroni in kochendes Wasser und läßt sie etwa 5 Minuten darin kochen, worauf man das Wasser abgießt und sie in kaltem Wasser abspült. Nachdem man sie auf einem Siebe rein hat abtrocknen lassen, thut man sie in so viel Bouillon, daß dieselbe etwa einen Finger hoch darüber steht und kocht sie weich, so jedoch, daß sie ganz bleiben und nicht teigig werden. Um Letzteres zu verhüten, darf man sie auch während des Kochens nicht umrühren. Wenn sie gar geworden, richtet man sie in einer Schüssel an und streut etwas Parmesan-Käse darauf oder übergießt sie mit brauner Butter.

84. Reiskörner als Einlage.

Man reinigt den Reis nach Nr. 39, kocht ihn in Wasser vollends gar und streut davon kurz vor dem Anrichten nach Belieben in die Fleischsuppe.

85. Maccaroni als Einlage.

Man reinigt die Maccaroni nach Nr. 83, läßt sie auf einem Siebe abtropfen, kocht sie in Wasser halb gar und schneidet sie in Stücke von beliebiger Länge. Sodann giebt man sie in die kochende Fleischsuppe, läßt sie darin vollends gar werden und servirt sie in derselben.

86. Faden- und Form-Nudeln als Einlage.

Man reinigt dieselben ganz wie die Maccaroni (Nr. 83) schüttet sie in die kochende Fleischsuppe oder Milch, worin sie nach etwa 10 Minuten langem Kochen gar werden.

87. Sago als Einlage.

Man reinigt den Sago nach Nr. 40, thut ihn, wenn es Perl-Sago ist, in die Milch oder den Wein, die Fleisch- oder die Fruchtsuppen, nachdem sie zu kochen angefangen haben, und läßt ihn darin gar werden. Den ostindischen Sago, welchen man nur zu Weinsuppen benutzt, läßt man in Wasser kochen, bis er klar ist, und gießt den Wein hinzu. Nimmt man Perlsago zu Weinsuppen, so wählt man in der Regel den rothen.

B. Klöße in Saucen oder zu Obst.

Zunächst kann man von den bereits unter A. als Einlage zu Suppen aufgeführten Klößen die unter Nr. 61. 66. 71. 72. 75. 77 und 78 angegebenen auch in Saucen oder zu Obst geben und ferner noch die nachfolgenden.

88. Sächsische Klöße.

Man rührt ½ ℔ Butter zu Sahne und thut 7 ganze Eier und 7 Eidotter, so wie 36 Loth Semmel und einen tiefen Teller voll gekochte und geriebene Kartoffeln hinzu. Die Semmeln müssen vorher geschält und 24 Loth davon in Milch eingeweicht und wieder ausgedrückt, 12 Loth in Würfel geschnitten und in Butter gebraten sein. Die ganze Masse rührt man mit ½ ℔ Zucker, 1 Hand voll Salz, 1 geriebenen Citronenschale und unter allmäligem Hinzuthun von so viel Mehl, daß der Kloß haltbar wird und doch locker bleibt, tüchtig durch, wozu bei obigen Zuthaten etwa 1 ℔ Mehl erforderlich ist. Die Klöße werden mit einem Löffel abgestochen und in Wasser, welches ein wenig gesalzen ist, gar gekocht. Dieselben passen sich besonders zur Anrichtung mit gekochtem frischen oder gebackenem Obst.

89. Gewöhnliche Klöße von Mehl und Semmel.

Man weicht die Krume von 1½ ℔ Semmel in ½ Pott Milch mit etwas Wasser auf und schneidet die abgeschälte Kruste in Würfel, die man in Butter brät. Zu der Milch mit der Semmel giebt man 3 ganze Eier und 3 Eidotter, $1/4$ ℔ zerlaffene Butter, 1 Theelöffel voll Salz und die Schale von $1/2$ Citrone, rührt Alles mit einander durch und thut während des Rührens noch $1 1/2$ ℔ Mehl und zuletzt die geröstete Semmelkruste hinzu. Die Klöße werden in gesalzenes Waffer gestochen und $1/4$ Stunde darin gekocht. Man giebt sie zu gekochtem Obst.

90. Mehlklöße ohne und mit Füllung.

Auf 5 klein gerührte Eier nimmt man $1/2$ Pott Milch und 8 Loth geschmolzene Butter, thut 1 Theelöffel voll Salz und 1 Messerspitze voll Muskatnuß oder statt ihrer eben so viel Kanehl und ein wenig abgeriebene Citronenschale hinzu und rührt das Ganze mit so viel Mehl durch, daß ein Teig entsteht, der sich leicht kneten läßt. Von diesem Teige formt man fingerdicke Rollen, die man in beliebige Enden schneidet und in gesalzenem Waffer gar kocht. Angerichtet werden die Klöße mit einem Ueberguß von einer Speck= oder Zwiebel= sauce, die man auch etwas säuerlich machen kann.

Will man diese Klöße füllen, so werden die Rollen, die dann etwas dicker gemacht werden, mit dem Rollholze breit gerollt und Compotes beliebiger Art in kurzen Zwischenräu= men auf den Teig gelegt, nachdem man ihn vorher mit ge= schlagenem Ei bestrichen hat. Sodann legt man die Rollen wieder fest zusammen, schneidet sie der Art in Stücke, daß jedes derselben ein Häufchen Compote enthält, thut sie in kochendes Waffer und läßt sie darin gar werden. Diese Klöße richtet man am besten mit einer Weinsauce an.

91. Kirschenklöße.

Man steint 1 ℔ saure Kirschen aus und läßt sie mit $1/2$ ℔ Zucker, der Schale einer halben Citrone und 5 bis 6 Gewürz= nelken weich kochen. Sind sie zur Hälfte abgekühlt, so rührt man sie mit 4 ganzen Eiern und so viel geriebener Semmel gehörig durch, daß sie beim Kochen nicht mehr aus einander fallen, wovon man sich durch Probiren überzeugt. In gut 5 Minuten sind sie gar, worauf man sie mit einer Schaum= sauce reicht.

92. Aepfelklöße.

Auf 2 Tassen Milch nimmt man 6 Eidotter, $^3/_4$ ℔ gerie= bene Semmel, 2 Eßlöffel voll zerlassene Butter und die ab= geriebene Schale von $^1/_2$ Citrone. Das Ganze rührt man mit einem tiefen Teller voll in kleine Würfel geschnittene Aepfel und, je nach der Säure derselben, $^1/_4$ bis $^1/_2$ ℔ Zucker tüchtig durch und giebt während des Rührens das zu Schnee geschlagene Weiße der Eier hinzu. Von dieser Masse sticht man Klöße in kochendes gesalzenes Wasser, läßt sie darin gut kochen, bestreut sie mit Zucker und reicht eine Weinsauce dazu.

93. Gebackene Mehlklöße.

Man rührt 1 ℔ Mehl mit $^1/_2$ Pott warmer Milch, 4 ganzen Eiern, 2 Loth gereinigter trockener Hefe (Nr. 45) und 1 Eßlöffel voll Salz gut durcheinander und läßt den Teig aufgehen, worauf man noch 1 ℔ Mehl, 1 Tasse voll zerlassene Butter und 2 Eßlöffel voll Zucker hinzu= und die ganze Masse recht stark durchrührt. Ist dies geschehen, so läßt man sie noch einmal aufgehen, rollt den Teig dick aus und sticht mit einem Glase Klöße davon aus, die man sodann noch einmal aufgehen läßt, bäckt sie etwa 10 Minuten in nach Nr. 14 ge= klärter Butter und reicht sie mit gekochtem Obst.

94. Gebackene Griesmehlklöße.

Man rührt $^1/_2$ Pott Milch, mit 2 Eßlöffel voll zerlasse= ner Butter vermischt, so lange mit 12 Loth Griesmehl über gelindem Feuer, bis die Masse vom Kochtopfe losläßt. Ist sie zur Hälfte abgekühlt, so rührt man 5 ganze Eier, $^1/_2$ Thee= löffel voll Salz und die abgeriebene Schale von $^1/_4$ Citrone hinzu und formt Klöße, die man mit gestoßenem Zwieback bestreut und in Butter gelb bäckt. Sodann werden sie noch einmal mit gestoßenem Kanehl und Zucker bestreut und mit gekochtem Obst, einer Frucht- oder einer Weinsauce gegeben.

95. Abgerührte Klöße zu gekochtem Obst.

Man rührt ½ Pott Milch mit 12 Loth Mehl und 1 Eßlöffel voll Butter über dem Feuer, bis sich der Teig vom Kochtopfe löst. Nachdem er zur Hälfte erkaltet ist, rührt man 8 Eidotter, die geriebenen Krumen von 12 Loth Semmeln, die in Würfel geschnittenen und in Speck hellbraun gebratenen Krusten derselben, 1 kleinen Löffel voll Salz und endlich das zu Schnee geschlagene Weiße von 6 Eiern hinzu und Alles tüchtig mit einander durch, worauf die Klöße in gesalzenes Wasser gestochen, darin gar gekocht und auf eine Schüssel mit gekochtem Obst nebst dessen Brühe angerichtet werden.

96. Kartoffelklöße zu Schwarzsauer oder mit einer Sirupssauce.

Man schwitzt eine fein zerhackte Zwiebel in ½ 𝓊 ausgebratenem Nierentalg und übergießt damit 3 𝓊 fein geriebene gekochte Kartoffeln, thut 6 ganze Eier, 1 Tasse Milch, 1 Theelöffel voll Salz, 1 Messerspitze voll geriebene Muskatnuß und 1 Eßlöffel voll Mehl hinzu und rührt das Ganze gehörig mit einander durch. Die von dem Teige geformten Klöße läßt man in einer mit Mehl bestreuten Schüssel rund laufen und kocht sie in schwach gesalzenem Wasser gar

97. Buchweizenklöße.

Man kocht in 1¼ Pott Wasser, woran man 1 Eßlöffel voll Butter gethan, ½ 𝓊 nicht zu feine Buchweizengrütze, bis die Masse ganz dick ist. Dann rührt man dieselbe mit ¼ 𝓊 zu Sahne geriebener Butter, 3 ganzen Eiern, 2 Theelöffeln voll Salz und ¼ geriebener Muskatnuß tüchtig durch, läßt die davon abgestochenen Klöße auf einer mit Mehl bestreuten Schüssel rund laufen, kocht sie vollends gar und giebt sie zu gekochtem Obst.

5*

98. Frankfurter Klöße.

Man rührt 1 ℔ Mehl mit der erforderlichen Milch zu
einem nicht zu festen Kloßteige, welchen man allmälig mit 12
Loth zerlassener Butter, 2 mit einander klein geschlagenen
ganzen Eiern nebst 3 Eidottern, 2 Theelöffeln voll Salz, der
geriebenen Schale von einer kleinen halben Citrone und
$\frac{1}{4}$ geriebener Muskatnuß so lange stark durchrührt, bis der
Teig Blasen wirft. Darnach rührt man noch 8 Loth in
feine Würfel geschnittene und in Butter hellbraun gebratene
Semmel hinzu und sticht von der Masse Klöße in kochendes,
etwas gesalzenes Wasser, in welchem sie in etwa $\frac{1}{2}$ Stunde
gar werden. Dieselben werden zu gekochtem Obst gegeben.

99. Englische Markklöße.

Man mischt zunächst in trocknem Zustande $\frac{3}{4}$ ℔ fein gehacktes Ochsenmark, oder in dessen Ermangelung Rindsnierentalg, welcher von der Haut vollständig befreit und gut gerei-
nigt ist, mit $\frac{3}{4}$ ℔ Mehl, $\frac{1}{4}$ ℔ geriebener Semmel, $\frac{1}{4}$ ℔ Zucker,
$\frac{1}{2}$ geriebener Muskatnuß und 6 fein gestoßenen Gewürznelken.
Ist Alles gehörig durch einander gemengt, so thut man $\frac{1}{2}$ ℔
nach Nr. 44 gereinigte Korinthen, sowie 2 ganze Eier und 2
Eidotter, zusammen klein geschlagen, daran und gießt endlich
$1\frac{1}{4}$ Pott Bouillon hinzu. Hierauf rührt man das Ganze
mindestens $\frac{1}{2}$ Stunde lang tüchtig mit einander durch und
formt Klöße daraus, die nach $\frac{1}{4}$ stündigem Kochen in gesalzenem
Wasser gar sind. Außer zu Obst kann man dieselben auch
zu gekochtem Schinken oder Rauchfleisch reichen.

100. Markklöße mit Aepfeln.

Man schneidet $\frac{1}{2}$ ℔ Ochsenmark und $\frac{1}{2}$ ℔ gereinigten
Rindsnierentalg, nöthigenfalls auch von Letzterem allein 1 ℔,
in Würfel und schmilzt es an einem langsamen Feuer, thut
2 ℔ geschälte und in Würfel geschnittene Aepfel, die in Stücke
geschnittene und in etwas Wasser eingeweichte, sodann aber
sorgfältig wieder ausgedrückte Kruste von $\frac{1}{2}$ ℔ Semmel, mit

1 ℔ Weizenmehl vermischt, 2 Eidotter und 6 ganz klein ge=
schlagene Eier und gut ½ Pott warme Milch hinzu, und
rührt Alles tüchtig mit einander durch.   Während des Rüh=
rens giebt man 1 Eßlöffel voll Salz, 1 Theelöffel voll ge=
stoßenen Kanehl, ½ geriebene Muskatnuß, die abgeriebene
Schale einer halben Citrone und ½ ℔ nach Nr. 44 gereinigte
Korinthen zu der Masse und mengt Alles mit derselben ge=
hörig durch, worauf man die davon abgestochenen Klöße in
gesalzenem Wasser gar kocht und mit einer Frucht= oder Wein=
sauce anrichtet.

V. Fleisch= und andere Suppen, auch Kalteschalen.

A. Fleisch- und Fischsuppen.

101. Allgemeine Anweisungen.

Ueber das zu einer guten Fleischsuppe nöthige Quantum
Fleisch ist oben, S. 16, das Nähere angegeben und soll hier
nur noch vorweg bemerkt werden, daß man jenes Quantum
noch ein wenig vermindern kann, wenn das Fleisch selbst nicht
für den Tisch bestimmt ist, also der Suppe wegen rein aus=
gekocht werden darf. Zum Kochen wähle man, wo die Wirth=
schaft es irgend gestattet, einen irdenen Kochtopf, die Suppe
kocht sich darin stets am klarsten und wird wohlschmeckender,
als bei der Bereitung in andern Gefäßen.   Unter Letztern
sind wieder die emaillirten Geschirre allen andern vorzuziehen,
nur hüte man sich, daß die Emaille erheblich gelitten habe,
die Suppe würde dadurch an Geschmack und Farbe verlieren,
was noch mehr der Fall ist, wenn man in einer kupfernen
Kasserole kocht, deren Verzinnung schadhaft ist.

Soll das Fleisch nicht auf den Tisch gebracht werden, so ist das beste zur Bouillon zu verwendende Stück das Kluft- oder Schwanzstück; es wird dasselbe aber für die meisten Haushaltungen zu theuer sein, und da wähle man die Schulterblätter, das Nackenstück oder die Beine, namentlich Letztere, in welchen aber vorher die Knochen der Länge nach aufgeschlagen werden müssen. Befinden sich viele Knochen unter dem Suppenfleische, so ist selbstverständlich das S. 16 angegebene Gewicht verhältnißmäßig zu vergrößern.

Soll das Fleisch nach der Suppe gericht werden, wie dies in den meisten Privat-Wirthschaften Regel ist, so wähle man irgend ein mit Fett durchwachsenes Stück, namentlich ein Stück aus der Kernbrust (Schammbrust), oder aus dem Bauche oder ein Rippenstück. Man darf das Fleisch in diesem Falle aber nur grade so lange kochen, bis es gar ist, sonst wird auch das beste Fleisch trocken; die Suppe freilich wird weniger kräftig.

In manchen Wirthschaften ist es Sitte, das Fleisch vor dem Kochen auszuwässern. Dies ist durchaus falsch, indem es ihm einen Theil grade derjenigen Bestandtheile raubt, welche die Bouillon kräftig machen. Man wasche vielmehr das Fleisch nur tüchtig in kaltem Wasser und setze es dann ohne Weiteres auf das Feuer. Nur wenn ein Nackenstück verwandt werden soll, welches regelmäßig sehr blutig ist, wird das Auswässern nothwendig, ohne dasselbe würde man eine Suppe von dickem, trübem Aussehen erhalten.

102.   Klare Bouillon.

Man bringt Rindfleisch in demjenigen Verhältniß zu dem Quantum der zu bereitenden Bouillon, wie dasselbe S. 16 angegeben ist, und zwar, wenn das Fleisch nicht mit als Gericht dienen soll, in kaltem Wasser — einem Viertheil mehr, als man Bouillon zu erhalten wünscht — auf das Feuer und salzt das Wasser sofort. Beim Salzen sei man indessen sehr vorsichtig, da keine Suppe leichter versalzen wird, als grade Bouillon, man gebe z. B. zu 8 ℔ Fleisch nur etwa 1 kleine Hand voll Salz; stellt sich beim Kosten kurz vor dem Garwerden des Fleisches heraus, daß es noch an Salz fehlt, so ist das Nachsalzen sehr leicht. Man bringe nun das Wasser möglichst schnell in's Kochen, schäume sorgfältig und unausgesetzt, so lange sich Schaum auf der Oberfläche bildet, gebe Suppenwurzeln (Abschn. I. 5) daran, verschließe den Topf möglichst dicht und lasse jetzt die Bouillon ganz langsam weiter kochen, bis sie sich um ein Viertheil eingekocht hat, was in der Regel in etwa 4 Stunden der Fall sein wird. Nachdem sodann das Fleisch herausgenommen worden, gießt man die Bouillon durch das Suppensieb und läßt sie in einer Schüssel stehen, bis sie sich vollständig geklärt hat, bringt sie wiederum auf das Feuer und läßt sie auf demselben, bis sie einmal überkocht.

Zu Einlagen in die Bouillon verwendet man in der Regel Suppenwurzeln, welche sorgfältig gereinigt, nach Abschn. I. 4. blanchirt, in zierliche Formen geschnitten und in einem besondern Geschirre in Bouillon gar gekocht sind. Sonstige Einlagen können bilden Spargel oder Blumenkohl, ferner Klöße von Kalb- oder Rindfleisch (Nr. 36 a. b.), oder von der Nr. 36 i. angegebenen Farce, so wie endlich Mehl-, Gries-, Reis-, Kartoffel-, Eier- oder abgerührte Klöße, blanchirte Maccaroni oder Nudeln, Sago oder Reis. Als Beilagen giebt man Croutons, gefüllte Milchbrode, Bouillon-Reis und steif gekochte Maccaroni.

Anm. 1. Wegen der Bereitung sämmtlicher angegebenen Ein- und Beilagen vgl. Abschn. IV. A.

Anm. 2. Soll das Fleisch mit auf den Tisch gebracht werden, so muß beim Einlegen desselben in das Wasser Letzteres nothwendig bereits kochen. Wollte man hier wie oben angegeben verfahren, so würde aller Fleischsaft verloren gehen.

Anm. 3. Will die Bouillon sich durch bloßes Stehen in der Schüssel nicht klären, was mitunter trotz der größten Sorgfalt durch die Beschaffenheit des Fleisches herbeigeführt wird, so muß man sie in folgender Art mit Eiweiß behandeln. Man nimmt zu 5 Pott Bouillon das Weiße von 3 Eiern, quirlt dasselbe zunächst mit ein wenig Bouillon und dann diese mit dem ganzen Quantum tüchtig durch und läßt die Bouillon hierauf schnell aufkochen und dann eine Viertelstunde ganz langsam weiter kochen. Hierauf gießt man

dieselbe durch ein leinenes Tuch. — Vom Wohlgeschmacke geht
indessen durch solches Klären stets etwas verloren.

Anm. 4. Will man die Bouillon braun haben, so brät man auf 4 ℔
Rindfleisch ½ ℔ in Butter, oder noch besser, in Bratenfett gut
braun und giebt dieses zusammen nach dem Abschäumen in die
Suppe, mit welcher es bis zu Ende kocht. — Einfacher ist es
freilich, bloß Zuckerfarbe (Nr. 34) zu verwenden.; jedoch verliert
die Bouillon dadurch etwas an Wohlgeschmack.

103. Abgequirlte Bouillon.

Man kocht klare Bouillon durchaus nach Nr. 102, nur
nicht ganz so kräftig, und quirlt sie dann nach Nr. 26 mit so
viel Eidottern ab, daß sie seimig wird. Es ist indessen nicht
nöthig und selbst nicht räthlich, nur Eidotter zu verwenden,
da die mit ihnen allein gebundene Suppe leicht gerinnt, man
giebt deshalb auch gern ein wenig Mehl hinzu. Dies Abquirlen erhöht zugleich den Wohlgeschmack und die Nahrhaftigkeit der Suppe, welche noch schmackhafter wird, wenn man
während des Quirlens ein wenig Butter oder süße Sahne
oder ein Glas Weißwein hinzuthut.

Als Ein- und Beilagen wählt man dieselben, welche nach
Nr. 102 zur klaren Bouillon gehören, gern auch s. g. Wiener
Gries, welchen man, nachdem er vorher mit Wasser genäßt
worden, unter unausgesetztem Quirlen an die Suppe thun
muß, in welcher er dann vollends gar kocht.

Anm. Sollten sich beim Abquirlen kleine Klößchen in der Suppe
bilden, so muß dieselbe vor dem Hinzuthun der Ein- und Beilagen
durch ein Sieb gegossen werden, was überhaupt geschehen muß,
wo sich beim Verdicken einer Suppe kleine Klößchen in derselben
bilden.

104. Kalbfleischsuppe.
(Vgl. S. 16.)

Man blanchirt das Kalbfleisch in kochendem Wasser und
zerlegt es, nachdem es in kaltem Wasser hinreichend abgekühlt
worden, in passende Stücke. Sodann gießt nan das Wasser,
worin es blanchirt worden, durch ein Sieb und setzt das

Fleisch in demselben wieder auf das Feuer. Weiter verfährt
man ganz wie in Nr. 102 für die Bereitung der klaren
Bouillon angegeben worden; doch ist zu bemerken, daß man
hier mit dem Salzen noch vorsichtiger sein muß, und daß
ferner die Suppe durch Hinzuthun von einem Stücke Butter
bedeutend an Wohlgeschmack gewinnt.

Zu Ein- und Beilagen wählt man mit Ausnahme der
Klöße von Rindfleischfarce und des Bouillon-Reis dieselben,
welche in Nr. 102 aufgeführt sind, außerdem noch das Fleisch
selbst, von welchem die Suppe bereitet worden, nachdem man
es vorher möglichst sauber geputzt hat.

Da es schwer ist, eine ganz klare Kalbfleischsuppe zu erzielen, so liebt man es, dieselbe abzuquirlen, was ganz nach
dem in Nr. 103 angegebenen Verfahren geschieht.

105. Herzschlagsuppe.

Die Lungen und das Herz von einem fetten Kalbe,
denen man wohl auch noch 1 ℔ Fleisch hinzufügt, werden
gründlich gereinigt, in Stücke zerschnitten und in kaltem Wasser
auf das Feuer und schnell ins Kochen gebracht. Nachdem
die Suppe sehr sorgfältig abgeschäumt ist, thut man Suppenwurzeln hinzu und läßt sie langsam weiter kochen, bis Alles
weich ist. Sodann gießt man sie durch ein Sieb auf vorher
in Wasser und mit einem Stückchen Butter 1½ Stunde lang
gekochte Graupen, wobei man auf einen Pott Suppe 2 Loth
Graupen rechnet, kocht sie damit unter Hinzuthun von etwas
gehacktem Peterfilien- und Selleriekraut seimig und quirlt sie
mit Eidottern ab. Als Einlage giebt man kleine, möglichst
rund geschälte Kartoffeln, sowie Scheiben von der Lunge und
dem Herzen.

106. Hammelfleischsuppe.
(Vgl. S. 16.)

Soll die Hammelfleischsuppe wohlschmeckend werden, so
muß man das Fleisch, woraus man sie bereiten will, schon
vorher möglichst entfetten und fernerhin während des Kochens

das ſich auf der Oberfläche anſammelnde Fett unausgeſetzt
rein abnehmen. Im Uebrigen verfährt man, wie in Nr. 102
für die Bereitung der klaren Bouillon angegeben worden, nur
daß man vor dem auf das Abklären folgenden nochmaligen
Aufkochen auf 2 Pott Suppe einen guten Eßlöffel voll Butter
hinzuthut.

Als Ein- und Beilagen verwendet man die in Nr. 102
angegebenen, weniger jedoch die Klöße von Fleiſchfarcen.

107. Hühnerſuppe.
(Vgl. S. 16.)

Man kocht ein nach Nr. 47 u. 48 gut gereinigtes altes Huhn
in leichter Kalbfleiſchſuppe mit ein ganz wenig Salz und
einigen Suppenwurzeln, bis es gar iſt, nimmt es heraus und
gießt die Suppe durch ein Sieb, thut 1 Eßlöffel voll Butter
daran und kocht ſie noch einmal auf. Das Huhn ſelbſt wird
möglichſt ſauber in Stücke geſchnitten und nebſt Spargel,
Blumenkohl, Klößen von einer Farce aus der Bruſt des
Huhnes, oder Schwemmklößen, oder auch gefüllten Krebsnaſen
als Einlage gegeben.

Man liebt es, die Hühnerſuppe mit Eidottern abzuquirlen oder auch mit Mehl und Butter ſeimig zu machen. Zu
dieſem Zwecke knetet man Beides zuſammen, thut es in die
Suppe und läßt es darin kochen, bis ſie ſich gehörig damit
verbunden hat.

108. Taubenſuppe.

Man reinigt die Tauben nach Nr. 47 u. 48, bringt 1 ℔ Kalbfleiſch in kaltem Waſſer mit Suppenwurzeln auf das Feuer
und thut, wenn das Waſſer gehörig kocht, 4 Tauben zu dem
Fleiſche in daſſelbe. Sind die Tauben gar gekocht, ſo nimmt
man ſie mit dem Kalbfleiſche aus der Bouillon, gießt Letztere
durch ein Sieb und giebt $1/4$ ℔ Butter nebſt darin weiß ge-
ſchwitzten 3 Eßlöffeln voll Mehl daran. Hiermit muß die
Suppe ſo lange langſam kochen, bis das Mehl nicht mehr
durchzuſchmecken iſt, worauf man noch eine Priſe geriebene

Muskatnuß als Würze hinzufügt. Die Suppe wird sodann
mit den in Viertel geschnittenen Tauben als Einlage angerichtet.

109. Wildsuppe.

Man zerhackt den gut ausgewässerten Abfall von Wild
nebst den Knochen, brät das Ganze in braun gemachter Butter
oder Bratenfett, bis es gut braun ist, gießt so viel Bouillon
oder Wasser, wie man Suppe haben will, dazu und bringt
es damit ins Kochen. Zu 4 Pott Suppe giebt man sodann
die ausreichenden Suppenwurzeln nebst 2 Lorbeerblättern,
4 mittelgroßen Zwiebeln, 8 Körnern schwarzen und 8 Körnern
Nelkenpfeffer und läßt das Ganze 3 Stunden langsam kochen,
worauf man es durch ein Sieb gießt und zum Klären hinstellt. Nachdem man dann die Suppe entfettet hat, bringt
man sie unter Zurücklassung alles Bodensatzes wieder auf's
Feuer und gießt sie, sobald sie kocht, unter fortwährendem
Rühren zu einer braunen Mehlschwitze (Nr. **20**) von 8 Eßlöffeln voll Mehl, mit welcher sie dann noch etwa eine Viertelstunde weiter kochen muß, während dessen thut man noch
$\frac{1}{4}$ Flasche Rothwein und $\frac{1}{8}$ Flasche Madeira oder Sherry
dazu.

Als Einlage giebt man vorher in Bouillon gar gekochte
Klöße von einer Farce von Wild (Nr. 36 e.) oder auch in
Filets geschnittenen Wildbraten.

110. Eine billigere Wildsuppe.

Man zerhackt zurückgebliebene Wild= und andere Braten=
knochen und behandelt sie, wie vorher, thut jedoch, wenn das
Quantum nicht reichen sollte, noch ein Stück sonst für den
Tisch nicht geeignetes Rindfleisch hinzu. Die weitere Bereitung der Suppe ist dieselbe, welche in der vorhergehenden
Nummer angegeben ist, der Ersparniß wegen läßt man es
aber bei einem Glase Rothwein bewenden, der indessen auch
ganz fehlen kann, und giebt als Einlage Croutons oder Mac=
caronis (Nr. 79 und 85).

111. Suppe à la reine.

Man kocht 4 Pott Bouillon von 6 ℔ Rindfleisch, 2 ℔ Kalbfleisch und einem alten Huhn, klärt sie durch ein Sieb, gießt sie unter fortwährendem Rühren zu einer weißen Mehlschwitze (Nr. 20) von 6 Eßlöffeln voll Mehl und quirlt sie mit 8 Eiern ab; auch kann man einige Eßlöffel Sahne oder nach Belieben ein Glas Weißwein daran thun. Als Einlage giebt man Reiskörner nach Nr. 84, Schwemmklöße nach Nr. 58 und beim Anrichten der Suppe mit in die Terrine das in Filets geschnittene Fleisch des Huhnes.

112. Körbelsuppe.

Man macht zu 2 Pott Bouillon eine weiße Mehlschwitze von 3 Eßlöffeln voll Mehl (Nr. 20). Ist dieselbe fertig, so gießt man unter fortwährendem Rühren über dem Feuer die kochende Bouillon hinzu und streut 3 gehäufte Eßlöffel voll ganz fein gehackten Körbel hinein. Mit demselben läßt man die Suppe dann noch $\frac{1}{4}$ Stunde kochen. Als Beilage zu dieser Suppe giebt man verlorene Eier (Nr. 28).

> Anm. Um die Suppe pikanter zu machen, kann man zum Körbel noch eine Chalotte, etwas Petersilie und Selleriekraut und ein wenig Estragon hacken.

113. Aalsuppe.

Zu 3 ℔ Aal kocht man 4 Pott Bouillon von 6 bis 8 ℔ Rindfleisch. Ist der Aal sehr klein, so zieht man einfach die Haut ab, reinigt ihn inwendig und zerschneidet ihn in Stücke von halber Fingerslänge, aus größerem Aal aber muß man vorher die Gräten auslösen und verhältnißmäßig kürzere Stücke schneiden, worauf derselbe in so viel Wasser und Essig — jedes zur Hälfte —, daß er oben davon bedeckt ist, mit 1 Zwiebel, 3 Gewürznelken und 6 Körnern Nelkenpfeffer, einem Lorbeerblatt und etwas Aalkraut gar gekocht wird. Ferner kocht man 2 Theetassen voll frische grüne Erbsen mit ebenso viel in Würfel geschnittenen Suppenwurzeln (Abschn. I. 5.),

ſo wie davon abgeſondert, fein gehackte Suppenkräuter nebſt
Majoran, Thymian; Salbei und Eſtragon, Beides, Wurzeln
und Kräuter, in Bouillon gar. Endlich zerklüftet man 1
Spint ſorgfältig geſchälte Birnen in Viertel, löſt die Gehäuſe
heraus und kocht die Birnen in ſo viel Rothwein und Waſſer,
daß ſie kaum davon bedeckt ſind, mit Zucker und etwas ganzem
Kanehl, bis ſie weich ſind. Den Aal nebſt ſämmtlichen andern Zuthaten ſchüttet man ſodann in die vorher geklärte,
entfettete, mit einer gelben Mehlſchwitze (Nr. 20) von 8 Eßlöffeln voll Mehl ſeimig gemachte und mit $\frac{1}{2}$ Flaſche Weißwein ins Kochen gebrachte Bouillon, und läßt das Ganze
noch, mit ein wenig Salz und $\frac{1}{2}$ geriebener Muskatnuß gewürzt, eine halbe Stunde lang ganz langſam kochen. Kurz
bevor es vom Feuer genommen wird, gießt man endlich noch
$\frac{1}{2}$ Flaſche Johannisbeerſaft dazu.

Als Einlage giebt man die Klöße zu Aalſuppen in Nr.
55 oder die Schwemmklöße in Nr. 58.

114. Aalquappenſuppe.

Man kocht Bouillon in demſelben Verhältniß zu den
Aalquappen, wie in der vorigen Nummer für die Aale angegeben worden, jedoch nimmt man dazu halb Rind- und
halb Kalbfleiſch. Die Quappen reinigt man, nachdem man
ſie abgezogen, inwendig gründlich, reibt ſie mit etwas Salz
ein und läßt ſie eine Stunde ſtehen; die ſorgfältig von dem
Eingeweide getrennten und gereinigten Lebern legt man eben
ſo lange in Milch. Dann ſchneidet man die Quappen in beliebige Stücke und kocht ſie in halb Milch und halb Waſſer
mit etwas Salz, 4 mittelgroßen Zwiebeln und 8 Körnern
Pfeffer in $\frac{1}{4}$ Stunde gar, läßt ſie gut abtropfen und legt ſie
in eine Suppenterrine, um die Bouillou darauf zu geben.
Letztere hat man vorher geklärt, entfettet und mit einer weißen
Mehlſchwitze (Nr. 20) ſeimig gemacht, auch in dieſelbe einige
Mohrrüben, Peterſilienwurzeln und 1 kleinen Kopf Sellerie —
Alles in feine kurze Streifen geſchnitten und in dem Bouillon-
fett gar gekocht — ſowie eine fein geſchnittene, in Butter gar

geschwitzte Chalotte, nebst den in Bouillon gar gekochten Lebern hinzugethan.

Als Einlage giebt man die Klöße in Nr. 55.

115. Stuhren= (Kaulbarsch=) Suppe.

Auf 2 Pott rechnet man je nach der Größe 32 bis 40
Kaulbarsche. Dieselben schuppt man sauber ab, löst ihnen Bauch-
und Rückenstacheln ab, nimmt sie aus, wobei man ihnen aber
die Leber und die Milch oder den Rogen läßt, wäscht sie
zweimal sauber ab und legt sie bis zu fernerem Gebrauch
auf einen Teller. Zur Bereitung der Suppe macht man
dann nach Nr. 20 eine weiße Mehlschwitze von 3 Eßlöffeln
voll Mehl, gießt das kochende Wasser unter fortwährendem
Rühren hinzu und streut noch 1 Eßlöffel voll fein gestoßene
Zwieback nebst eben so viel gehackter Peterfilie hinein. Liebt
man die Suppe seimiger, so kann man nach Belieben noch
mehr Zwieback, auch allenfalls einen Eßlöffel voll Mehl, in
Wasser eben gerieben, hinzuthun. Sodann giebt man die
Kaulbarsche nebst dem nöthigen Salz in die Suppe und läßt sie
darin 10 Minuten kochen, worauf die Suppe mit gebratenen
Semmelschnitten oder Würfeln angerichtet wird.

116. Stuhrensuppe anderer Art.

Man reinigt 1½ Schock kleine Kaulbarsche, wie dies zur
vorigen Nummer angegeben worden, jedoch ohne dieselben zu
schuppen, und kocht sie in etwa 1½ Pott Wasser mit einer
halben Hand voll Salz so lange, bis sich das Fleisch von den
Gräten löst. Hierauf schlägt man das Fleisch mit der Brühe
zusammen durch ein Haarsieb, so daß nur Schuppen und
Gräten zurückbleiben. In der erhaltenen Suppe kocht man
sodann etwas — jedoch nur sehr wenig — junges Gemüse,
z. B. etwa 1 bis 2 Mohrrüben nebst 3 bis 4 Spargeln, gar,
niemals aber Gemüse, welches stark vorschmeckt. Endlich giebt
man Krebsbutter an die Suppe, so viel von den Schalen von
20 Krebsen, unter Zurücklassung der Nasen, nach Nr. 8 bereitet
werden kann, auch macht man die Suppe nöthigenfalls mit
weißer Mehlschwitze (Nr. 20) seimiger.

Als Einlage in die Suppe wählt man am besten die ausgebrochenen Schwänze der Krebse, nebst den mit der Farce
in Nr. 36 o. gefüllten und vor dem Anrichten einmal durchschnittenen Nasen derselben, kann indessen auch bloß Fleisch-
klößchen von der Farce in Nr. 36 a. dazu geben, jedoch nicht
zu viel, um nicht den eigenthümlichen Fischgeschmack zu verderben.

117. Fischsuppe.

Man säubert einen oder mehrere größere Süßwasser-
Fische gehörig, nimmt sie aus und zerschneidet das Fleisch in
kleine Filets. Die Ueberreste der Fische, sowie, je nach Bedürfniß, noch andere kleinere, vorher gleichfalls gesäuberte und
ausgenommene Süßwasser-Fische, thut man mit einem guten
Stücke Butter und etwas Wasser in einen Kochtopf, dessen
Boden man vorher mit in Scheiben geschnittenen Suppenwurzeln, Zwiebeln und einem Lorbeerblatt belegt hat. Das
Ganze läßt man auf einem langsamen Feuer kurz einschmoren,
gießt so viel Wasser, wie man zur Suppe braucht, darauf,
salzt, jedoch nicht zu stark, läßt die Suppe eine Stunde langsam kochen und gießt sie durch ein Sieb. Dann schwitzt man
Mehl mit Selleriescheiben in Butter gelb, gießt die inzwischen
entfettete Suppe unter fortwährendem Rühren hinzu, läßt sie
mit fein gehackten Suppenkräutern noch 5 Minuten kochen
und quirlt sie endlich mit Eidottern ab. Diese Suppe richtet
man mit den Fischfilets an, welche man vorher eingesalzen
und zur einen Hälfte mit Salz und Wasser gar gekocht, zur
andern Hälfte nach Abschn. I. 5. panirt und in Butter gelb
gebacken hat. Auch kann man noch Klöße von Fischfarce
(Nr. 36 b.) in die Suppe geben.

Anm. Bei dem vorstehenden Recepte war es nicht möglich, Maße
und Gewichte genau anzugeben, da dieselben nicht nur von der Quantität, sondern auch von der Art der gewählten Fische abhängen.
Uebrigens sollte sich an die Bereitung dieser Suppe nur eine schon
geübtere Köchin machen, die dann leicht auch ohnehin das Richtige
treffen wird.

118. Austernsuppe.

Man kocht für 12 Personen eine Suppe von 6 ℔ Rinds-
und 6 ℔ Kalbsknochen auf folgende Weise. Nach Ablösung
des Fleisches bringt man die zerhackten Knochen mit 1 Petersilienwurzel, 1 Stange Porree und 1 Selleriekopf, Alles zerschnitten, auf das Feuer und bereitet davon eine klare Bouillon
nach Nr. 102. Das Fleisch zerschneidet man und läßt es mit
2 fein geschnittenen Chalotten und etwas Mehl gut durchschwitzen, aber nicht braun werden. Hiezu gießt man auf
einem langsamen Feuer ganz allmälig die Bouillon, läßt dieselbe 3 Stunden kochen, gießt sie durch ein Sieb und läßt sie
sich wieder abklären. Sodann bereitet man eine Brühe, indem
man die Bärte von 1 Schock Austern in etwas mit ein paar
Tropfen Citronensaft vermischtem Wasser auskocht. In dieser
Brühe bringt man ½ Schock Austern auf das Feuer, läßt sie
jedoch nur anziehen, aber nicht kochen, damit steif, aber nicht
hart werden. Die andere Hälfte der Austern panirt man
(Abschn. I. 4) und backt sie möglichst schnell in halbbrauner
Butter. Jetzt bringt man die abgeklärte Bouillon wieder
ins Kochen, gießt das Austernwasser und die Brühe, in welcher
die Austern gar gemacht worden, nebst dem Safte einer halben
Citrone durch ein Sieb hinzu, quirlt sie mit 4 Eidottern ab
und rührt endlich noch 4 hartgekochte, fein zerrührte Eidotter
hinzu. Diese Suppe richtet man mit Croutons (Nr. 79) an,
giebt die Austern aber erst bei Tische dazu, weil sie sonst in
der heißen Suppe leicht hart werden würden.

119. Echte Schildkrötensuppe.

Vorbemerk. Bei dem folgenden Recepte ist immer an eine Schildkröte mittlerer Größe gedacht worden, da die zu großen in der
Regel sehr zähe sind. — Um die Schildkröte zu schlachten, hängt
man sie an den Hinterfüßen auf und haut ihr den Kopf ab, sobald
sie ihn lang genug herausstreckt, oder man erfaßt ihn, aber vorsichtig, um nicht gebissen zu werden, und schneidet ihn ab, wozu
ein starkes scharfes Messer nöthig ist.

Ist die Schildkröte geschlachtet, so läßt man sie vorerst
volle 4 Stunden hängen; so lange braucht sie, um rein

abzubluten; dann schneidet man die untere weiße Platte rund
um heraus und nimmt die Gedärme heraus, wobei man sehr
vorsichtig zu Werke gehen muß, damit die Galle, welche so=
gleich zu entfernen ist, nicht verletzt werde. Ferner trennt
man Leber und Herz von den Gedärmen und legt sie nebst
den etwa sich vorfindenden Eiern in Wasser, ebenso die Ge=
därme selbst, nachdem sie gehörig gereinigt worden sind. Nun
schneidet man die Füße heraus und die Flossen ab, so weit
die Außenhaut geht, setzt den Körper in kochendem Wasser auf
das Feuer und läßt ihn einige Male überkochen, worauf die
Haut sich abziehen läßt. Fleisch und Gedärme werden sodann,
jedoch von einander getrennt, mehrere Stunden in kaltes Wasser
gelegt und letzteres öfters erneuert; man thut dabei gut, das
Fleisch in mehrere Stücke zu zerschneiden, weil dadurch der
Schleim besser entfernt wird, und es nach Herausnahme aus
dem Wasser noch eine Nacht an einer luftigen Stelle hinzu=
hängen, um den strengen Geruch, den es an sich hat, möglichst
verdunsten zu lassen.

Zur weitern Bereitung bringt man dann das Fleisch
nebst dem Herzen in kalter, nicht zu starker Bouillon, zum
Kochen und gießt, nachdem tüchtig und vollständig ab=
geschäumt worden, 1 Flasche Weißwein hinzu. Ferner thut
man noch 1 Theelöffel voll Salz, 4 fein gehackte Zwiebeln
mittlerer Größe, ein ganz wenig Muskatblüthe und eine halbe
Hand voll Estragon und Thymian daran und läßt damit das
Fleisch langsam gar kochen, was, je nach der Größe der
Schildkröte, 1½ bis 3 Stunden erfordert. Die hiedurch ge=
wonnene Suppe klärt man, gießt sie zu einer braunen Coulis
von 2 ℔ Rindfleisch (s. deren Bereitung Abschn. VII.) und läßt sie
damit unter Hinzuthun von einer kleinen Messerspitze voll
Cayennepfeffer, nebst eben so viel fein gestoßenen Nelken, gerie=
benem Ingwer und pulverisirtem Estragon seimig kochen, doch
richtet man dieselbe auch klar an.

Als Einlage giebt man zunächst das Fleisch der Schild=
kröte, nebst der in Butter weichgedämpften Leber, Ersteres in
zierliche Stücke, Letztere in Scheiben geschnitten; ferner Klöße
aus der Farce in Nr. 36 b., oder aus einer Farce von zurück=
gelassenem rohen Schildkrötenfleisch, welches mit fein gehacktem

6

Ochsenmark, 20 Loth auf das Pfund Fleisch, nebst Eiern und
Semmeln, in dem Verhältniß, wie es Nr. 36 b. angegeben
worden, in einem Mörser zu Brei zusammen gestoßen wird.
Als Gewürz giebt man auf 1 ℔ Fleisch 1 Eßlöffel voll Salz,
½ geriebene Muskatnuß, die abgeriebene Schale von ¼ Citrone und eine Messerspitze voll weißen Pfeffer. Die aus
dieser Farce geformten Klöße müssen aber in der Suppe gar
gekocht werden, bevor dieselbe seimig gemacht ist; man kann
von der Farce indessen auch Würste bereiten, indem man sie in
die Gedärme der Schildkröte stopft, wo man dann noch ein
paar fein gehackte und in Ochsenmark geschwitzte Chalotten
ein wenig geriebene Leber und ein kleines Glas Cognac hinzuthut. Die Würste werden für sich gar gekocht und, ehe
man sie beim Anrichten in die Terrine legt, schräg in Stücke
geschnitten. — Als letzte Einlage verwendet man die für sich
gar gekochten Schildkröten-Eier; da man aber deren öfter
nicht vorfindet, so kann man sie auch nachmachen, indem man
8 hartgekochte, geriebene Eidotter mit 6 rohen Eidottern, 2
Loth zu Sahne geriebener Butter, 1 Theelöffel voll Mehl,
½ Theelöffel voll Salz und ¼ geriebener Muskatnuß zu
einem Teige rührt und daraus kleine Eidotter formt, welche
man für sich in Bouillon gar kocht.

Die genannten Einlagen giebt man in eine Terrine und
richtet die Suppe darüber an, nachdem man kurz vorher noch
eine Flasche Madeira zu derselben gegossen hat.

120. Mock-Turtle-Suppe.

Der Kopf von einem recht fetten Kalbe wird gehörig abgebrüht und, wenn noch einzelne Reste von Haaren daran
bleiben, abgesengt, dann sauber abgewaschen und gut getrocknet, worauf man das Fleisch von den Knochen löst und die
Zunge ausschneidet, die Hirnschale spaltet und das Gehirn
herausnimmt. Fleisch und Zunge werden sodann blanchirt
(Abschn. I. 5) und in schwacher, aber fetter Bouillon mit 4
mittelgroßen Zwiebeln, 2 Lorbeerblättern, 8 Körnern schwarzem
Pfeffer, eben so viel Nelkenpfeffer und einigen Suppenwurzeln
gar gekocht und zum Erkalten auf eine Schüssel gelegt.

Sollte die Bouillon noch nicht gesalzen sein, so thut man während des Kochens 1 Eßlöffel voll Salz hinzu, sonst verhältnißmäßig weniger. Die Knochen des Kopfes werden so klein, wie möglich, zerhackt und in einem Kochtopfe mit einigen in Scheiben zerschnittenen Zwiebeln und Suppenwurzeln, einem halben Glase Wasser und einem Lorbeerblatte, so wie Butter nach Belieben, auf langsamem Feuer so lange geschmort, bis sich auf dem Boden des Topfes eine braune Glace gebildet hat. Dann giebt man noch etwa ½ Pott Wasser darauf, läßt das Ganze 2 Stunden zusammen kochen und gießt es durch ein Haarsieb. Ferner bereitet man nach Nr. 20 eine braune Mehlschwitze von 10 Eßlöffeln voll Mehl und gießt unter stetem Rühren sowohl die von dem Kopffleische, als die von den Knochen gewonnene Brühe hinzu, nachdem Beide gehörig entfettet sind. Zu dieser Suppe giebt man sodann 4 Pott Rindfleisch-Bouillon, läßt sie damit zusammen, unter fortwährendem Abnehmen des Fettes, noch eine Stunde langsam kochen und thut während dessen ein wenig Cayenne-Pfeffer, höchstens eine halbe Messerspitze voll, daran. Ist die Suppe nicht braun genug, so kann man sie mit Zuckerfarbe (Nr. 34) färben. Den Kalbskopf nebst der Zunge schneidet man, nachdem sie erkaltet sind, in möglichst zierliche Stücke und kocht dieselben mit Madeira und Bouillon, Beides zur Hälfte, kurz ein. Diese Fleischstücke benutzt man, nachdem sie so bereitet sind, als Einlage, außerdem aber noch die künstlichen, nach der Anweisung in der vorhergehenden Nummer bereiteten Schildkröten-Eier, so wie endlich Klößchen von der Farce Nr. 36 a. oder 36 f. Will man die Suppe besonders fein haben, so giebt man noch eine Einlage von dem Gehirn des Kalbskopfes. Man kocht dasselbe zu dem Zwecke eine Viertelstunde in Essig und Wasser — von Ersterem drei Viertel, von Letzterem ein Viertel — nebst einem Theelöffel voll Salz, läßt es abtrocknen, schneidet es in kleine Stücke und bäckt es, in Ei und geriebener Semmel panirt, in Butter. — Vor dem Anrichten gießt man an die Suppe auf 5 Pott 1 Flasche Madeira.

121. Krebsſuppe.

Man bereitet nach Nr. 8 Krebsbutter, und zwar von ½ Schock Krebſen zu 4 Pott Suppe. In dieſer Butter macht man eine weiße Mehlſchwitze (Nr. 20) von 8 Eßlöffeln voll Mehl und gießt dazu die bei der Bereitung der Krebsbutter verwandte und vorher abgeklärte, ſo wie außerdem noch ſo viel Bouillon, daß man das ausreichende Quantum Suppe erhält. Das Ganze quirlt man gehörig und läßt es unter Hinzuthun von ¼ geriebener Muskatnuß, auch wohl ein wenig Sahne und einer Priſe Zucker eine Viertelſtunde lang kochen. Man kann die Suppe auch mit etwa 4 Eidottern abquirlen, muß aber dann zu der Mehlſchwitze 3 Eßlöffel voll Mehl weniger verwenden.

Als Einlage giebt man die Krebsnaſen, welche mit einer der in Nr. 36 a. und 36 o. angegebenen Farcen gefüllt, im Ofen oder einer Pfanne gar gebacken und vor dem Anrichten der Länge nach durchſchnitten werden. Ferner giebt man noch Klöße von den Farcen in Nr. 36 a. und 36 h., welche man auf einem mit Mehl beſtreuten Brette aufrollt; die Rollen werden ſodann, nachdem man ſie gar gekocht hat, vor dem Anrichten in Scheiben zerſchnitten. Auch kann man noch ein wenig gekochten Reis hineinthun. Endlich werden noch die Schwänze und Scheeren der Krebſe, Beide ausgebrochen, als Einlage benutzt.

122. Muſchelſuppe.

Für 6 Perſonen nimmt man etwa ein Schock Muſcheln (ſog. Kieler Pfahlmuſcheln), wäſcht ſie erſt oberflächlich und im zweiten Waſſer gründlich durch Abſchruppen vermittelſt eines Beſens. Nachdem man ſie noch zum dritten Male nachgewaſchen, läßt man ſie auf einem Durchſchlage abtropfen und giebt drei Viertheile der ganzen Anzahl derſelben in Waſſer, welches vorher mit ein wenig Salz und einer eingekerbten weißen Zwiebel zum Kochen gebracht iſt. Unter öfterm Umrühren läßt man ſie nun kochen, bis ſie ſich alle geöffnet haben und legt ſie wieder mit der Schaumkelle

zum Abkühlen auf einen Durchschlag. In der Zwischenzeit
löst man die rohen Muscheln aus den Schalen, befreit sie von
den Bärten und schwitzt sie mit ein wenig Butter und einer
kleinen weißen Zwiebel. Ferner bereitet man eine Suppe,
indem man 1 Löffel voll Mehl in ½ ℔ Butter weiß schwitzt,
3 mittelgroße feingehackte Zwiebeln, nebst etwas fein gehackter
Petersilie, Majoran und Thymian hinzuthut und unter stetem
Rühren darin gar schwitzt, worauf dann 2 Pott Bouillon
dazu gefüllt und gut damit durchgekocht werden. In diese
Suppe giebt man zuerst die geschwitzten und dann die ge=
kochten Muscheln, nachdem man Letztere gleichfalls von den
Stühlen genommen und vom Barte befreit hat, auch kann
man noch ein wenig Citronensäure kurz vor dem Anrichten
hinzuthun. Als Beilage reicht man am besten Weißbrod in
Würfel geschnitten und in Butter gebraten.

Anm. Das Hineinlegen einer Zwiebel sowohl beim Kochen, als auch
beim Schwitzen der Muscheln ist ganz unerläßlich. Man erkennt
dadurch, ob sich, was mitunter der Fall ist, giftige darunter be=
finden, es wird dann die Zwiebel schwarz und die Muscheln sind
selbstverständlich ungenießbar.

B. Gemüse- und Püree-Suppen.

123. Russische Suppe mit Weißkohl.

Man kocht einen Kopf Weißkohl mittlerer Größe mit 1 ℔
Schweinefleisch und einer Bratwurst von 1 ℔ in gut 1 Pott
Wasser gar und giebt die entfettete Kohlbrühe zu 2 Pott kräf=
tiger Bouillon, läßt sie damit gut durchkochen, macht die
Suppe mit 3 Eßlöffeln voll Mehl seimig und quirlt sie end=
lich mit 3 Eidottern ab. In diese Suppe thut man sodann
den inzwischen auf einem Durchschlage abgetropften Kohl,
nachdem man ihn mehrere Male durchschnitten hat, so wie
das Schweinefleisch und die enthäutete Bratwurst nebst einem
entsprechenden Stücke Rindfleisch aus der Bouillon, Alles in
kleine Stücke zerschnitten.

124. Eine andere Weißkohlsuppe.

Man schneidet und hackt einen Kopf Weißkohl mittlerer
Größe ganz fein und thut ihn in etwa 3 Pott nach Nr. 106
bereitete Hammelfleischsuppe, welche vorher mit einer weißen
Mehlschwitze von etwa 3 Eßlöffeln voll Mehl etwas seimig
gemacht worden ist. In dieser Suppe läßt man den Kohl
gar kochen und würzt dieselbe mit einer Prise fein gehacktem
Kümmel, etwas Salz, einer fein geschnittenen Zwiebel und
einer guten Messerspitze voll fein gestoßenem schwarzen Pfeffer.
Außerdem giebt man, nachdem der Kohl eine Stunde gekocht hat, so viel in Wasser klein gerührtes Reismehl an die
Suppe, daß dieselbe hinreichend seimig wird.

125. Grünkohlsuppe.

Man kocht frisches oder gepökeltes Schweinefleisch nebst
einigen Fleisch- oder Lungenwürsten in sehr reichlicher Brühe.
Von Letzterer gießt man zu leichter Bouillon etwa ein Gleiches
Quantum hinzu, wie diese; sollte sie aber räucherig danach
schmecken werden, weniger. Auf 4 Pott hievon, welche zusammen ins Kochen gebracht sind, giebt man 2 Suppenteller
voll fein gehackten Grünkohl, der vor dem Hacken sorgfältig
verlesen und von den Rippen gestreift werden muß; ihn gar
gekocht in die Brühe zu geben, wie dies häufig geschieht, ist weder
nöthig noch zweckmäßig. Ist die Brühe mit dem Kohl wieder
im Kochen, so streut man unter stetem Rühren 3 Hände voll
vorher gut abgebrühte und in kaltem Wasser nachgewaschene
ganz feine Hafergrütze nebst 1 Eßlöffel voll Zucker und ¼
geriebener Muskatnuß hinzu und läßt die Suppe zwei Stunden lang zugedeckt kochen, muß sie aber während dessen wiederholt umrühren. — Als Beilage giebt man entweder Kastanien, welche vorher gekocht, abgehäutet und in Butter gebraten
sind, oder, wie es bei uns mehr Sitte ist, kleine runde, in
Butter und mit etwas Zucker gleichmäßig hellbraun gebratene
Kartoffeln. Neben denselben wird auch das Schweinefleisch
nebst der Wurst servirt.

Will man einfacher, wie vorstehend angegeben, verfahren,

so bringt man den Kohl nebst sonstigen Zuthaten mit in die Schweinefleischbrühe und läßt ihn mit Fleisch und Wurst zusammen gar kochen.

126. Blumenkohlsuppe.

Zu einer weißen Mehlschwitze von 4 Eßlöffeln voll Mehl (Nr. 20) gießt man unter stetem Rühren 2 Pott kochende leichte Kalbfleischbouillon oder auch nur kochendes Wasser und giebt daran den in möglichst kleine Röschen zerpflückten und von Haut und Blättern gesäuberten Blumenkohl, welcher nun in der Suppe gar kocht, aber nicht zerkochen darf. Wie viel Blumenkohl man nehmen will, hängt vom Belieben ab, doch darf es nicht zu wenig sein, da er der Suppe den eigentlichen Geschmack geben soll. Außer dem Kohl thut man noch eine gute Prise Salz und ¼ geriebene Muskatnuß daran und richtet endlich die Suppe mit Klößen von der Farce in 36 a. oder mit gebratenen Semmelscheiben an.

127. Spargelsuppe.

Man kocht 4 ℔ Spargel in dem nöthigen, jedoch in so wenig Wasser wie möglich, eine halbe Stunde lang, nachdem man sie vorher gehörig gereinigt, geschält und die harten Enden abgeschnitten hat. Die Brühe läßt man abklären, giebt dieselbe unter sorgfältiger Zurücklassung des Bodensatzes zu 3 Pott leichter Kalbfleischbouillon und läßt sie damit eine Viertelstunde lang kochen. Sodann giebt man die Suppe auf eine weiße Mehlschwitze von 4 Eßlöffeln voll Mehl nach Nr. 20, kocht sie damit unter stetem Rühren gehörig durch und quirlt sie endlich mit 4 Eidottern ab, thut auch 1 Theelöffel voll Salz, eben so viel Zucker und eine Messerspitze voll geriebene Muskatnuß hinzu. Die inzwischen in beliebige Stücke geschnittenen Spargel werden in der Suppe vollends gar gekocht; die Köpfe thut man, um sie nicht zu zerkochen, eine Viertelstunde später hinein. Als weitere Einlage kann man Schwemmklößchen nach Nr. 60 geben, auch noch etwas gehacktes Petersilienkraut hinzuthun.

128.   Suppe von jungen Erbsen.

Um 2 Pott Suppe zu erhalten, kocht man 6 Theetassen voll ziemlich reifer aber noch grüner Erbsen, so wie für sich allein eine Hand voll von den gut gereinigten Erbsenschalen, nebst einer halben Hand voll grob geschnittener Petersilie gar. Die Erbsen reibt man durch einen Durchschlag zu so viel leichter Kalbfleischbouillon, wie angegeben worden, hat man indessen solche nicht, so genügt auch das Wasser, in welchem die Erbsen gekocht worden. Dann drückt man die Schalen und die Petersilie gehörig aus, giebt den Seim durch ein Sieb in die Suppe und thut ferner junge recht klein geschnittene Mohrrüben und Petersilienwurzeln, eine gute Prise Salz, einen Theelöffel voll Zucker und endlich einen Eßlöffel voll Butter mit einem Theelöffel voll Mehl durchknetet, daran und läßt Alles kochen, bis die Suppenwurzeln gar sind. Zu Klößen in dieser Suppe wählt man die Schwemmklöße in Nr. 60, auch schmeckt es sehr gut, wenn man kurz vor dem Anrichten ein paar Eßlöffel voll ganz junge für sich allein mit etwas Butter und Zucker gar gekochte Erbsen hineingiebt.

129.   Eine billigere Suppe von jungen Erbsen.

Man pahlt nicht zu alte Erbsen in dem Verhältniß von 6 Theetassen voll zu 2 Pott Suppe, reinigt die Schalen gut, kocht dieselben gar und reibt sie durch einen Durchschlag wieder zu der Brühe. Ist dieselbe wieder ins Kochen gebracht, so giebt man die Erbsen nebst klein geschnittenen Mohrrüben und Petersilienwurzeln, so wie Salz, Zucker und Butter, mit Mehl durchknetet, wie in der voraufgehenden Nummer angegeben worden, auch 1 Messerspitze voll geriebene Muskatnuß daran und läßt dies zusammen kochen, bis Erbsen nebst Suppenwurzeln gar sind. Alsdann giebt man Klöße nach Nr. 75, oder auch in Butter gebratene Semmelscheiben daran.

130. Erbsen=Püree=Suppe.

Vorbemerk. Diese Suppe dient ihrer Nahrhaftigkeit wegen meistens als Hauptgericht und ist dieser Fall auch im Folgenden berücksichtigt worden.

Um Erbsensuppe für 8 Personen zu kochen, wässert man 4 ℔ gepökeltes Schweinefleisch, darunter auch Schnauzen, Pfoten und Ohren, so weit aus, daß die Brühe davon nicht salziger wird, als sie zu der Suppe selber sein muß. Dies Fleisch kocht man für sich in 4 Pott Wasser mit einem Kopfe Sellerie, einer Stange Porree und einigen Mohrrüben gar. Ferner wird 1 Spint Erbsen in kaltem Wasser gut gewaschen und dann gleichfalls in kaltem weichen Wasser auf das Feuer gebracht. Kocht dasselbe, so wird es abgegossen und wieder durch kaltes Wasser ersetzt, welches Verfahren man, um den Erbsen den strengen Geschmack zu nehmen, noch einmal wiederholt. Sind die Erbsen gar, so reibt man sie durch einen Durchschlag in einen Kochtopf, gießt die Fleischbrühe unter Zurücklassung der Suppenwurzeln durch ein Sieb dazu und läßt sie damit so lange kochen, bis sie seimig ist. Sollte dies nicht zu erreichen sein, so rührt man etwas Mehl in Wasser klar oder knetet es auch mit Butter durch und thut dies zur Suppe. In dieselbe giebt man 2 große Köpfe Sellerie, 4 Mohrrüben und 3 Petersilienwurzeln, welche vorher in Würfel geschnitten und für sich in etwas von der Fleischbrühe gar gekocht sind.

Als Beilage giebt man außer dem Fleische noch in Würfel geschnittene und in Butter gebratene Semmel oder auch Bratkartoffeln.

Anm. Viele wählen zur Erbsensuppe sogenannte Splett=Erbsen, d. h. Erbsen, von denen die äußere Haut vorher entfernt worden ist. Es ist dies für die Köchin etwas bequemer, da von ihnen das Wasser nur einmal abgegossen zu werden braucht und sie sich leichter durch den Durchschlag reiben lassen; indessen die Suppe davon ist lange nicht so wohlschmeckend, wie von Erbsen, die mit der Haut gekocht werden. Will man aber doch Spletterbsen nehmen, so genügt 1 Spint davon für 10 Personen.

131.   Bohnen=Püree=Suppe.

Für 8 Personen bringt man 2 ℔ Bohnen in weichem kalten Wasser auf das Feuer und ersetzt es, nachdem es kocht, einmal durch frisches Wasser. Sind die Bohnen weich, so reibt man sie durch einen Durchschlag zu 3 Pott schwacher, aber fetter Rindfleisch=Bouillon und läßt sie damit kochen bis sie seimig ist. Fehlt es an Fett, so muß mit Butter nachge= holfen werden; will die Suppe nicht seimig werden, so ver= fährt man wie in der vorigen Nummer angegeben worden. Während des Kochens giebt man 2 Mohrrüben, 2 Petersilien= wurzeln und 1 mittelgroßen Kopf Sellerie, Alles in Würfel geschnitten und vorher in Bouillon gar gekocht, so wie auch einen Theelöffel voll Zucker an die Suppe, und thut endlich, wenn sie von der Bouillon noch nicht salzig genug geworden sein sollte, vorsichtig noch etwas Salz hinzu. Zu der Suppe reicht man in Würfel geschnittene und in Butter gebratene Semmel.

132.   Bohnen=Püree=Suppe mit Speck.

Von 2 ℔ nicht zu stark geräuchertem, möglichst magerem Bauchspeck kocht man 3 Pott Brühe, bis der Speck weich ist, worauf die Brühe entfettet und durch ein Sieb gegossen wird. Außerdem kocht man 2 ℔ Bohnen so, wie in der vorherge= henden Nummer angegeben worden, reibt eine Hälfte davon durch einen Durchschlag zu der Brühe und kocht dieselbe mit etwas gehackter Petersilie, Körbel und jungem Selleriekraut seimig; will sie es nicht werden, so hilft man mit in Wasser klar gerührtem Mehl nach. Kurz vor dem Anrichten giebt man die übrigen Bohnen, so wie den in beliebige Stücke ge= schnittenen Speck in die Suppe.

133.   Linsen=Püree=Suppe.

Man bringt zu einer Suppe für 8 Personen 3 ℔ Linsen mit weichem Wasser auf das Feuer, läßt sie darin weich kochen und reibt 2 Drittheile davon erst durch einen Durch=

schlag und dann durch ein Sieb zu 4 Pott Rindfleisch= oder
Hammelfleisch=Bouillon, zu welcher man vorher eine Coulis
von 2 ℔ Rindfleisch (s. Abschn. VII.) hinzugegeben hat. Nach=
dem die Suppe sich seimig gekocht hat, wobei man nöthigen=
falls mit in Wasser klar gerührtem Mehl nachhilft, thut man
die noch übrigen Linsen hinzu und richtet mit in Würfel ge=
schnittenen und in Butter gebratenen Semmeln an.

> Anm. Man kann die Coulis indessen auch sparen, dann muß man
> aber 1 Eßlöffel voll Butter, so wie fein zerschnittene Suppenwur=
> zeln, nämlich 1 guten Kopf Sellerie, 4 Mohrrüben und 3 Peter=
> silienwurzeln, nebst etwas fein gehacktem Suppenkraut, Alles vor=
> her in Bouillon gar gekocht, sammt dieser Bouillon daran thun.

134. Wurzel=Püree=Suppe.

Man kocht recht große Mohrrüben, Sellerie= und Peter=
silienwurzeln nebst einigen Kartoffeln in Bouillon oder gesal=
zenem Wasser weich, und rührt Alles zusammen durch einen
Durchschlag zu so viel Kalbfleisch=Bouillon, daß die Suppe
so dünn wird, wie man sie haben will. Hierauf läßt man
das Ganze noch einmal wieder aufkochen und färbt es, wenn
die Suppe noch nicht dunkel genug sein sollte, noch mit etwas
Zuckerfarbe nach Nr. 34.

135. Rüben=Püree=Suppe.

Man kocht 1 Spint gut gereinigte weiße Rüben zuerst
in Wasser halb gar und giebt sie dann in 3 Pott Bouillon
von Hammelfleisch, worin man sie ganz gar kochen läßt. Die
Hälfte der Rüben wird sodann durch ein Sieb gerieben und
nebst ½ ℔ geriebenem und in Butter braun geschwitztem
Weißbrod mit der Suppe seimig gekocht, will dieselbe nicht
seimig werden, so muß man in Wasser klar geriebenes Mehl
hinzuthun. Kurz vor dem Anrichten thut man die noch
übrigen Rüben in die Suppe, wobei noch zu bemerken ist,
daß man immer die größten zum Durchreiben wählt. Als
Einlage giebt man in Butter gebratene Semmelschnitte.

136. Kartoffel=Püree=Suppe.

Gut geschälte Kartoffeln werden in ungesalzenem Wasser
gar gekocht und, nachdem das Wasser abgegossen worden, ge=
hörig zerstampft. Dann giebt man klare Bouillon darauf
und reibt sie mit derselben durch ein Sieb, wobei man gut
thut, nicht gleich zu viel Bouillon zu nehmen, da man davon
noch immer hinzuthun kann. Hat die Suppe die gehörige
Consistenz, so bringt man sie wieder auf das Feuer und giebt,
sobald sie kocht, fein gehackte Suppenkräuter und fein ge=
schnittene Suppenwurzeln, vorher in Bouillon mit einem
guten Stück Butter gar gekocht, nebst dieser Bouillon, auch
wohl ein klein wenig geriebene Muskatnuß daran. Die
Suppe vor dem Anrichten zu pfeffern, ist nicht rathsam, da
nicht Jedermann Pfeffer daran liebt. Als Beilage giebt man
in Butter gebratene Semmelschnitte.

C. Wein=Suppen.

Vorbemerk. Zur Bereitung der Weinsuppen sollte man sich nur
irdener Kochgeschirre bedienen; fehlt es daran, so mag man auch
ganz unversehrte emaillirte eiserne oder messingne nehmen, darf in
ihnen aber die Suppe nicht nach dem Kochen stehen lassen. Kupfer=
geschirre sind durchaus zu vermeiden. Im Uebrigen vgl. das
S. 10—12 über Kochgeschirre im Allgemeinen Gesagte.

137. Weinsuppe mit Perlsago.

Mit 1 Pott kaltem Wasser setzt man 6 Loth nach Nr. 40
gereinigten Perlsago auf das Feuer und thut 12 Loth Zucker,
ein etwa 2 Zoll langes Stück Kanehl und die Schale einer
halben Citrone, unter sorgfältiger Zurücklassung der weißen
Unterhaut daran. Wenn der Sago bei langsamem Kochen
klar ausgequollen ist, gießt man eine Flasche Roth= oder
Weißwein dazu, drückt auch wohl noch den Saft einer halben
Citrone durch ein Sieb daran und läßt die Suppe noch ein=

mal aufkochen. Sollte sie alsdann noch zu seimig sein, so
verdünnt man sie nach Geschmack mit etwas Wein oder
Wasser. Auch kann man zugleich mit dem Weine einige nach
Nr. 44 gereinigte Korinthen dazu geben.

138. Weinsuppe von ostindischem Sago.

Man reinigt 10 Loth ostindischen Sago nach Nr. 40 und
kocht ihn unter wiederholtem Umrühren mit einem Stück Ka=
nehl von 2 Zoll Länge, der Schale einer halben Citrone und
½ ℔ Zucker in 1 Pott Wasser, bis er klar ist. Alsdann giebt
man, jenachdem der Sago roth oder weiß ist, eine Flasche
Roth= oder Weißwein und durch ein Sieb den Saft einer
halben Citrone dazu und läßt das Ganze gut zugedeckt noch
10 Minuten durchkochen.

139. Weinschaumsuppe.

Mit ½ Pott Wasser wird ½ ℔ Zucker, auf welchem die
Schale einer Citrone abgerieben worden, nebst dem Safte der
Citrone ins Kochen gebracht. Alsdann thut man erst 1 Flasche
Weißwein und sodann 8 ganze Eier hinzu und quirlt das
Ganze über gelindem Feuer tüchtig, bis es eben kochen will.
Die Suppe wird alsdann schäumig sein, was sie indessen noch
mehr wird, wenn man zuerst die Eier mit dem Zucker und
der abgeriebenen Citrone zu Schaum schlägt, dann Weißwein,
Wasser und Citronensaft dazu giebt, Alles kalt zu Feuer setzt
und nun bis kurz vor dem Kochen unausgesetzt quirlt. Es
ist dies letztere Verfahren aber des längeren Quirlens wegen
etwas umständlich. — Als Beilage zu dieser Suppe reicht
man Biscuitplättchen oder auch Macronen.

140. Eierwein.

Man kocht 1 Flasche Weißwein mit ¼ Flasche Wasser,
½ ℔ Zucker, der Schale einer halben Citrone und einem zoll=
langen Stücke Kanehl auf, macht ihn mit ein wenig klar ge=
rührtem Kartoffelmehl seimig und quirlt ihn endlich, nachdem

er vom Feuer genommen und Citronenschale und Kanehl
daraus entfernt worden, mit 4 bis 5 Eidottern ab. Auch zu
dieser Weinsuppe reicht man Biscuitplättchen oder Macronen.

141. Weinsuppe mit Reismehl.

Mit 2 Flaschen Wasser, 12 Loth Zucker, der Schale einer
Citrone und ein wenig Kanehl wird ½ Loth vorher mit
Wasser eben gerührtes Reismehl unter fortwährendem Rühren
auf langsamem Feuer gar gekocht, was etwa eine halbe Stunde
erfordert; dann gießt man 1 Flasche Weißwein dazu und läßt
die Suppe unter fortgesetztem Rühren noch einmal aufkochen.
Nachdem sie vom Feuer genommen, quirlt man sie noch mit
2 Eidottern ab.

142. Weinsuppe mit Reis.

Man reinigt 1 ℔ Reis nach Nr. 39 und läßt ihn in 1
Pott Wasser mit der Schale einer halben Citrone, ½ Loth
Butter und 1 Messerspitze voll Salz langsam gar kochen,
was etwa 1 Stunde erfordert. Dann gießt man 1½ Flaschen
Weißwein daran und thut ½ ℔ Zucker hinzu, läßt die Suppe
damit durchkochen, quirlt sie mit einigen Eidottern ab und
giebt für sich allein gekochte Rosinen und Korinthen daran.

143. Weinsuppe mit Graupen.

Acht Loth Perlgraupen werden in 1 Pott Wasser mit 12 Loth
Butter und 1 Messerspitze voll Salz unter fleißigem Rühren
langsam weich gekocht. Dann gießt man ¾ Flaschen Weißwein daran und thut 12 Loth Zucker, die Schale einer halben
Citrone und ein wenig Kanehl hinzu und läßt die Suppe
damit noch eine Viertelstunde lang kochen. Endlich quirlt
man sie mit einigen Eidottern ab und giebt für sich gekochte
Korinthen dazu.

144. Weinsuppe mit Brod.

Man röstet Weißbrodscheiben im Ofen oder in der Pfanne,
jedoch ohne Butter, bis sie bräunlich werden, und kocht davon

mit Wasser nebst der Schale von ¼ Citrone, einem Stückchen
Kanehl und 6 Gewürznelken, und eben so viel geriebenen süßen,
auch 2 bittern Mandeln, unter gutem Umrühren einen Brei.
Diesen reibt man durch ein Sieb und gießt 1 Flasche mit
12 Loth Zucker in einem verdeckten Gefäße aufgekochten Wein
dazu. Nachdem man die Suppe jetzt noch einmal hat aufkochen lassen, quirlt man sie mit einigen Eidottern ab, drückt
den Saft einer halben Citrone dazu und richtet sie mit vorher gar gekochten Rosinen und Korinthen an.

D. Frucht-Suppen.

Vorbemerk. Da die Früchte mit wenigen Ausnahmen, auch wenn
sie derselben Gattung angehören, von Geschmack und Säure sehr
verschieden sind, so hat bei mehreren der nächstfolgenden Recepte
das Gewicht der Gewürze und namentlich auch das des Zuckers
nicht genau angegeben werden können. Es wird hier nur die Regel
wiederholt: nicht zu viel, namentlich nicht zu viel auf einmal; man
überzeuge sich von dem Geschmacke durch Kosten; nachwürzen und
nachsüßen kann man immer noch.

Ueber die zur Bereitung der Fruchtsuppen zu wählenden Kochgeschirre vgl. d. Vorbemerk. zu den Weinsuppen.

145. Aepfelsuppe.

Man schält saure Aepfel, am besten Borsdorfer oder Rei-
netten, zerklüftet sie, nimmt Blume, Stengel und Kerngehäuse
heraus und thut sie mit der Schale von ¼ Citrone und ein
paar Körnern Anis in kochendes Wasser, wobei man auf ½
Spint Aepfel 2 Pott Wasser rechnet. Nach halbstündigem
Kochen rührt man das Ganze durch einen Durchschlag, bringt
es wieder auf das Feuer, thut einige fein zerstoßene Zwieback,
1 Messerspitze voll Salz und eine weiße Schwitze von 1 Eßlöffel voll Mehl (Nr. 20) daran und läßt die Suppe damit
kochen, bis sie seimig ist. Auch einige vorher gar gekochte

Korinthen kann man daran geben. Angerichtet wird die
Suppe mit in Würfel geschnittenen und in Butter gebratenen
Semmeln.

146. Eine feinere Aepfelsuppe.

Man nimmt ¼ Spint Aepfel, zerklüftet sie und sticht
Blume und Stengel heraus; das Schälen und Herausnahme
des Kerngehäuses ist nicht nöthig. Diese Aepfelstücke kocht
man in 2 Pott Wasser so weich, daß sie sich mit demselben
durch ein feines Sieb reiben lassen, wobei selbstverständlich
Schale und Kerngehäuse zurückbleiben. Das Durchgeriebene
setzt man sodann wieder mit der Schale von ¼ Citrone, etwa
1 Zoll von einer feinen Kanehlstange und einer Messerspitze
voll Salz auf das Feuer, thut ¼ Spint kleine Aepfel, von
Schale, Stengel, Blume und Kerngehäuse befreit und in
Scheiben geschnitten, so wie 6 Loth Perlsago dazu und läßt
das Ganze kochen, bis die Apfelscheiben weich sind. Dann
giebt man noch 6 Loth vorher gar gekochte Korinthen und
1 Flasche Weißwein dazu, läßt die Suppe damit noch einmal
aufkochen und zuckert sie während dessen nach Probe.

147. Birnensuppe.

Man reinigt und zerklüftet recht saftige Birnen ganz wie
dies bei Aepfeln angegeben worden und schüttet ½ Spint
davon in 2 Pott kochendes Wasser und läßt sie mit 8 Loth
Zucker, ein wenig Kanehl und der Schale von ¼ Citrone
gar kochen. Dann reibt man die Hälfte der Birnen nebst
4 Loth in Wasser eingeweichter Semmel, oder 8 Stück ein=
geweichten Zwiebacken, durch ein Sieb, gießt ½ Flasche
Weißwein und den Saft einer halben Citrone dazu, läßt es
damit gut kochen und thut nach Probe noch Zucker daran.
Alsdann richtet man die Suppe mit den übrigen Birnen und
in Butter gebratenen Semmelschnitten an.

148. Citronensuppe.

Man schält 3 Citronen recht fein, unter sorgfältiger Zu=
rücklassung aller weißen Haut, und läßt die Schale mit 6 zer=

ſtoßenen Zwiebacken und ¾ ℔ Zucker eine Stunde lang in
1½ Pott Waſſer kochen. Dann reibt man das Ganze durch
ein Sieb, giebt ebenfalls durch ein Sieb den Saft der beiden
Citronen daran, gießt ½ Flaſche Weißwein hinzu und quirlt
endlich die Suppe mit 4 Eidottern ab. Sollte dieſelbe jetzt
nicht ſüß genug ſein, ſo wird ſie noch nachgezuckert. Als
Einlage giebt man in Stücke geſchnittene Biscuitplättchen.

149. Erdbeerſuppe.

Man löſt die Stengel von 4 ℔ Erdbeeren, wäſcht ſie
ſauber und zuckert 1 ℔ davon eine Stunde bevor die Suppe
angerichtet werden ſoll, gut ein. Die übrigen 3 ℔ ſetzt
man in 3 Pott Waſſer mit ein wenig Kanehl und
der Schale von ¼ Citrone auf das Feuer, läßt ſie ganz
weich kochen und reibt Alles durch ein Sieb. Hierauf bringt
man es mit ¾ ℔ Zucker und einer Flaſche Rothwein wieder
zum Kochen, macht die Suppe mit 2 Eßlöffeln voll in Roth=
wein klar geriebenem Kartoffelmehl ſeimig und giebt ſie endlich
in eine Terrine über die eingezuckerten Erdbeeren. Als Ein=
lage giebt man in Stücke geſchnittene Biscuitplättchen.

150. Fliederſuppe.

Man pflückt die Fliederbeeren von den Stengeln, reinigt
ſie und kocht einen gehäuften Suppenteller voll in 3 Pott Waſſer
eine Viertelſtunde lang. Nachdem die Flüſſigkeit mit den Beeren
durch ein Sieb gegeben, kocht man ſie mit ½ ℔ Zucker auf
1 ℔ Beeren wieder auf und beinahe einen Suppenteller voll
Aepfelſchnitte darin weich. Will man die Suppe ſeimig haben,
ſo geſchieht dies am beſten dadurch, daß man feinen Perlſago
— 1 gehäuften Eßlöffel voll auf den Pott — zugleich mit
den Aepfelſchnitten darin gar kocht. Als Einlage giebt man
die Klöße in Nr. 58 oder 67.

151. Hagebuttenſuppe.

Man reinigt 1½ ℔ friſche Hagebutten und kocht ſie in
2 Pott Waſſer recht weich. Sodann reibt man ſie mit 6

Stück in Waſſer eingeweichten Zwiebacken durch ein Sieb,
thut 12 Loth Zucker, worauf die Schale einer halben Citrone
abgerieben iſt, nebſt einem Stückchen Kanehl, dem Safte der
halben Citrone und ½ Flaſche Wein daran, läßt die Suppe
unter gutem Umrühren ſeimig kochen und richtet ſie mit gebackenen Semmelſchnitten an.

152. Heidelbeer= (Bickbeer=) Suppe.

Friſche Heidelbeeren werden gehörig verleſen, gewaſchen
und in Waſſer ¼ Stunde lang gekocht, wobei man auf einen
gehäuften Suppenteller voll Heidelbeeren 3 Suppenteller voll
Waſſer rechnet. Sodann reibt man ſie durch ein Sieb und
kocht ſie mit einem Glaſe Wein, etwas Citronenſchale und
Zucker nach Probe noch einmal auf. Man kann jetzt die
Suppe nach Belieben ſo laſſen, oder noch mit in Waſſer klar
geriebenem Kartoffelmehl ſeimig kochen. In beiden Fällen
giebt man als Einlage entweder geröſtete Semmelſcheiben
oder Klöße nach Nr. 58, 70 oder 75. Man kann aber auch
die Suppe dadurch ſeimig machen, daß man, nachdem ſie durch
das Sieb gerührt worden, recht feinen Perlſago, einen gehäuften Eßlöffel voll auf den Pott, darin gar kocht. In
dieſem Falle reicht man nur Zwieback dazu.

Die Suppe von getrockneten und eingemachten Heidelbeeren wird ebenſo bereitet, nur müſſen erſtere etwas längere,
letztere etwas kürzere Zeit kochen.

153. Himbeerſuppe.

Nachdem die Himbeeren von den Stengeln gepflückt und
diejenigen, welche Würmer enthalten, ſorgfältig herausgeleſen
ſind, bringt man ſie in Waſſer zum Kochen, wobei auf das
Pfund 1 Pott Waſſer gerechnet wird. Sind ſie abgeſchäumt
worden, ſo reibt man ſie durch ein Sieb, thut auf das Pfund
Himbeeren ¼ ℔ Zucker nebſt ein wenig Kanehl daran und
kocht die Suppe mit 2 Eßlöffeln voll Kartoffelmehl auf 3
Pott Suppe, nachdem daſſelbe in Rothwein klar gerieben worden, ſeimig und richtet ſie über zerſchnittene Biscuitplättchen an.

154. Johannisbeersuppe.

Man kocht Johannisbeeren, nachdem man sie von den Stengeln gepflückt und zerquetscht hat, mit Wasser, und zwar mit 1 Pott auf das Pfund, rasch auf und reibt sie durch ein Sieb. Die erhaltene Flüssigkeit wird mit etwas Kanehl und halb so viel Zucker, als das Gewicht der Johannisbeeren betrug, nachdem zu jedem ℔ derselben eine halbe Citrone abgerieben worden, wieder auf das Feuer gebracht und mit in Rothwein klar geriebenem Kartoffelmehl — 1 Eßlöffel voll Mehl auf 1½ Pott Suppe — seimig gekocht. Angerichtet wird die Suppe mit in Stücke geschnittenen Biscuitplättchen.

155. Kirschsuppe.

Man steint saure Kirschen aus, bringt das Fleisch mit kaltem Wasser — einem Pott auf das Pfund — zu Feuer und läßt es eine halbe Stunde lang kochen. Die Steine zerstößt man und kocht sie mit den Kernen gleichfalls in ein wenig Wasser, welches man sodann durch ein Sieb mit an die Suppe thut. Während des Kochens süßt man mit ½ ℔ Zucker auf das Pfund Kirschen und macht die Suppe mit klar geriebenem Kartoffelmehl — 1 Eßlöffel voll auf 1½ Pott — seimig, oder man kocht Sago darin, 1 gehäuften Eßlöffel voll auf den Pott, oder man läßt die Suppe wie sie ist. Als Einlagen giebt man die Klöße in Nr. 58, 67 oder 75, so wie auch die Einlagen in Nr. 77 und 78.

156. Kirschsuppe anderer Art.

Man stößt saure Kirschen mit den Steinen und kocht das Ganze mit dem in voriger Nummer angegebenen Quantum Wasser eine halbe Stunde lang. Dann reibt man Alles durch ein Sieb, stellt es zum Klären hin und kocht es sodann mit einigen Gläsern Wein, ½ ℔ Zucker, woran ein wenig Citronenschale abgerieben ist, auf das Pfund Kirschen und ein wenig Kanehl noch einmal auf. Seimig kann man die Suppe machen, wie in der vorigen Nummer angegeben worden; als Einlagen nimmt man besonders die der Nrn. 77 und 78.

7*

157. Pflaumen= (Zwetschen=) Suppe.

Zwei Pfund von den Stengeln und Steinen befreite und gut gewaschene Zwetschen werden mit 3 Pott Wasser auf das Feuer gesetzt. Wenn sie kochen, giebt man ½ ℔ Zucker, ein zolllanges Stück Kanehl und die Schale von ¼ Citrone daran, rührt 1 Eßlöffel voll Mehl in Wasser klar und kocht die Suppe damit sämig. Als Einlage giebt man die Klöße in Nr. 67, die man gleich in die Suppe stechen kann.

Will man die Suppe feiner haben, so reibt man die Zwetschen mit dem Wasser, worin sie ½ Stunde gekocht haben, bevor man Zucker und Gewürz daran thut, durch ein Sieb, gießt vor dem Anrichten ein paar Gläser Weißwein dazu und wählt als Einlage Schwemmklöße nach Nr. 58.

158. Suppe von geschälten Zwetschen.

Um die Zwetschen zu schälen, gießt man kochendes Wasser darüber und läßt sie eine kurze Zeit damit stehen, worauf sich die Haut leicht abziehen läßt. Dann löst man die Steine aus, zerstößt sie mit den Kernen und kocht sie ½ Stunde in etwas Wasser tüchtig durch. Dies Wasser gießt man zu anderm kochenden Wasser, wobei auf jedes Pfund Zwetschen gut 1 Pott Wasser gerechnet wird, süßt mit ¾ ℔ Zucker auf das Pfund, thut Kanehl und Citronenschale daran und giebt endlich die Zwetschen hinein, kocht sie gut weich und macht die Suppe mit fein gestoßenem Zwieback oder einer weißen Mehlschwitze (Nr. 20) sämig. Kurz vor dem Anrichten gießt man noch etwas Weißwein dazu und giebt Schwemmklöße nach Nr. 58, oder die Einlagen in Nr. 77 und 78 hinein.

E. Bier-Suppen.

Vorbemerk. Zu Biersuppen eignet sich das untergährige Bier weit weniger, als das obergährige, wie man es in größeren Wirthschaften selbst braut, überall in Norddeutschland aber auch aus den Städten als sog. Haustrinken, Kleinbier oder Coventbier beziehen kann. Bei den nachfolgenden Recepten ist immer dies Bier verstanden.

159. Biersuppe von Brod.

Man setzt Bier, etwa ½ Pott für die Person, auf das Feuer, schäumt es, wenn es kocht, gut ab, giebt Schwarzbrod, ein wenig Kümmel und auf 2 Pott Suppe ¼ ℔ Zucker oder Sirup nach Verhältniß, auch, wenn man will, ein wenig Citronenschale und Kanehl daran, und läßt das Ganze ½ Stunde langsam kochen. Findet sich, daß die Suppe alsdann noch klütig ist, so reibt man sie durch ein Sieb und läßt sie noch einmal aufkochen.

160. Biersuppe mit Kartoffelgraupen, Sago, Gries u. s. w.

Zwei Pott Bier werden, wie vorher angegeben worden, gekocht und geschäumt, mit ¼ ℔ Zucker gesüßt und mit ein wenig Kanehl und der Schale von ¼ Citrone gewürzt. Hierauf streut man unter fortwährendem Rühren ¼ ℔ Kartoffelgraupen hinein und läßt die Suppe ½ Stunde kochen, muß sie aber während dessen wiederholt umrühren. Sind die Kartoffelgraupen Hausfabrikat, so sind sie in der Regel von sehr ungleicher Größe und man muß in diesem Falle oft länger kochen, jedenfalls so lange, bis die Graupen alle klar sind. Eine Hand voll Korinthen in dieser Suppe schmecken sehr gut. Statt der Graupen kann man auch Sago, Buchweizengrütze oder Reismehl nehmen, wo dann das Verfahren und die Zuthaten im Uebrigen sind, wie angegeben worden, das Reismehl nur muß vorher mit kaltem Bier angerührt, in das zur Suppe bestimmte kalte Bier gegeben und damit unausgesetzt umgerührt werden, bis die Suppe kocht.

161. Bierfuppe mit in Butter gebratenem Brod.

Man kocht, zuckert und würzt das Bier, wie vorher an=
gegeben worden, kocht auf den Pott eine Hand voll Korinthen
darin und macht es ein wenig seimig, indem man während
des Kochens unter stetem Rühren an 2 Pott Suppe 1 Eß=
löffel voll Kartoffelmehl giebt, welches vorher mit Bier ange=
rührt sein muß. Nach halbstündigem langsamen Kochen wird
das Bier in die Terrine über geriebenes Roggenbrod gegeben,
welches vorher in der Pfanne in Butter unter stetem Rühren
gebraten worden. Von diesem Brode darf man nicht zu
wenig geben.

162. Bierfuppe mit Semmel.

Man kocht und schäumt das Bier, wie in Nr. 159 an=
gegeben worden, giebt auf den Pott 5 bis 6 Loth Semmel,
½ Loth Butter, 6 gestoßene süße Mandeln und ein wenig
Citronenschale. Nach viertelstündigem Kochen reibt man das
Ganze durch ein Sieb, bringt es mit einer kleinen Hand voll
Korinthen wieder auf das Feuer, zuckert nach Probe und
richtet die Suppe, nachdem Alles noch einmal gut durchgekocht
ist, mit Croutons (I. 4) an.

163. Eier=Bier.

Das Bier wird zum Kochen gebracht, geschäumt und mit
¼ ℔ Zucker auf den Pott, nebst ein wenig Kanehl durchge=
kocht. Inzwischen hat man 6 ganze Eier auf den Pott stark
zu Schaum geschlagen, zu welchem man unter unausgesetztem
Schlagen das kochende Bier gießt, worauf die Suppe mit in
Butter gebratenen Semmelschnitten angerichtet wird, oder
man giebt Zwieback dazu. Soll das Eier=Bier in der Kälte
als Erwärmungsmittel in Gläsern gereicht werden, so kocht
man es mit einem Stück Ingwer statt des Kanehls, gießt für
Männer auch wohl ein kleines Schnapsglas voll Rum oder
Cognac dazu.

Fehlt es an Eiern, so kann man eine dem Eierbier ähn=
liche Suppe bereiten, wenn man das, wie angegeben, gekochte
und gewürzte Bier mit Mehl, welches in Milch klar gerührt
worden, seimig kocht.

F. Milch-Suppen.

Vorbem. 1. Unter allen Suppen sind die Milchsuppen der Gefahr des Anbrennens am meisten ausgesetzt, man versäume also, auch wo nicht ausdrücklich darauf hingewiesen wird, fleißiges Rühren nicht.

Vorbem. 2. Bei Milchsuppen kommt als Gewürz vielfach Vanille zur Anwendung. So angenehm der Geschmack ist, welchen dies schöne Gewürz den Suppen giebt, so muß man sich doch sehr in Acht nehmen, davon zu viel zu verwenden. Ist die Vanille gut und ungefälscht, so genügt $1/2$ Zoll völlig für 2 Pott Suppe.

164. Milchsuppe mit Kartoffelmehl.

Man bringt für 6 Personen 2 Pott Milch mit $1/2$ Pott Wasser zum Kochen, thut 1 gehäuften Theelöffel voll Salz, ein zollanges Stück Kanehl und 1 Eßlöffel voll Zucker daran und rührt endlich die Suppe mit Klarmehl (I. 4) von 2 Eßlöffeln voll Kartoffelmehl seimig.

165. Milchsuppe mit geröstetem Mehl.

Man röstet Mehl nach Nr. 21 und rührt es mit Milch oder Wasser zu einer ziemlich flüssigen Masse, wovon man auf 1 Pott Milch 2 Eßlöffel voll rechnet. Die Milch wird mit $1\frac{1}{2}$ Eßlöffeln voll Zucker auf 2 Pott nebst einer Prise Salz und Vanille nach der Vorbemerkung aufgekocht, worauf man den bereiteten Mehlbrei unter fortwährendem starken Rühren dazu gießt, bis die Suppe nach Wunsch dick ist, und schließlich mit 1 Eidotter auf den Pott abquirlt.

166. Klöße in Milch.

Man bringt Milch zum Kochen, sticht in dieselbe von vorher angerührtem Teige Klöße und läßt sie darin kochen, bis sie gar sind. Zu Klößen eignen sich Schwemmklöße, Mandelklöße, Gries- und Reismehlklöße und Mehlklöße nach den Nrn. 58 bis 61, 64 bis 68 und 75.

167. Milchsuppe mit Klüten (Klütergrütze).

Man rührt so viel ganze Eier, wie man Pott Suppe haben will, mit Mehl zusammen, bis daraus eine dickflüssige Masse wird, die eben vom Löffel läuft, und würzt dieselbe mit 1 Messerspitze voll geriebener Muskatnuß und 1 Messerspitze voll Salz. Diese Masse läßt man über einen Quirl oder durch einen Durchschlag in die kochende Milch tropfen, wobei man unausgesetzt langsam umrührt, sonst bleiben die Klüten an einander hängen. (Vgl. Nr. 81.) Auf 2 Pott Suppe giebt man ferner 1 Theelöffel voll Salz, 1 Eßlöffel voll Zucker und 1 Zoll von einer Kanehlstange.

168. Milchsuppe mit Schaumklößen.

Zu einer Mahlzeit für 6 Personen werden 2 Pott Milch mit 1 Eßlöffel voll Zucker, der Schale von ¼ Citrone oder ein wenig Vanille nach der Vorbem. und 1 Theelöffel voll Salz zum Kochen gebracht. Sodann giebt man Klarmehl von 1 Eßlöffel voll Kartoffelmehl daran, läßt die Suppe einige Minuten damit durchkochen, quirlt sie mit 4 Eidottern ab und richtet von dem Weißen der Eier Schaumklöße nach Nr. 63 darauf an. — Diese Suppe wird auch kalt gegeben.

169. Milchsuppe mit Reis.

Man läßt ½ ℔ Reis, nachdem derselbe nach Nr. 39 gereinigt worden, in ½ Pott Wasser auf schwachem Feuer aufquellen, gießt sodann 3 Pott kochende Milch dazu, thut 1 Theelöffel voll Salz, ein 1½ Zoll langes Stück Kanehl und 1 Eßlöffel voll Zucker daran. Nach einstündigem Kochen ist dann die Suppe zum Anrichten fertig.

170. Milchsuppe mit Reismehl oder Gries.

Man rührt ½ ℔ Reismehl mit 1 Pott Milch oder Wasser eben und thut dies unter stetem Rühren zu 3 Pott kochender

Milch, welche mit einem zolllangen Stücke Kanehl oder mit
Vanille nach der Vorschrift in der Vorbemerkung gewürzt ist.
Ferner giebt man 1 Theelöffel voll Salz und 1 Eßlöffel voll
Zucker, auch nach Belieben einige fein gestoßene Mandeln
dazu und läßt das Ganze eine halbe Stunde lang auf
schwachem Feuer kochen. — Milchsuppe mit Gries wird ganz
ebenso bereitet.

171. Milchsuppe mit Nudeln.

Zu 2 Pott Suppe blanchirt man ¼ ℔ Faden- oder Form-
Nudeln (s. Nr. 86) und schüttet sie in die kochende Milch,
salzt, süßt und würzt verhältnißmäßig wie in vorstehender
Nummer und läßt die Suppe noch 10 Minuten bis ¼ Stunde
kochen. Nudeln von besonderer Güte quellen beim Blanchiren
sehr stark an; dann muß man selbstverständlich etwas mehr
Milch nehmen.

172. Milchsuppe mit Mannagrütze.

Zu 2 Pott kalter Milch giebt man 8 Loth in Milch aufgeweichte Manna, thut ½ Loth Butter, ½ Theelöffel voll
Salz, 1 Eßlöffel voll Zucker und ein wenig Citronenschale
oder Vanille (s. Vorbemerk.) hinzu und bringt das Ganze
unter fortwährendem Rühren zum Kochen. Sodann läßt man
die Suppe auf langsamem Feuer weiter kochen, bis sie
seimig ist.

173. Dicke Buchweizengrütze in Milch.

Man kocht in 1½ Pott weichem Wasser ½ ℔ Buchweizengrütze, indem man dieselbe unter stetem Rühren hinein-
streut, 2 Loth Butter hinzu thut und vorsichtig salzt. Nachdem die Grütze ½ Stunde gekocht hat, ist sie gar und wird
als Brei heiß in einer Schüssel angerichtet. Man giebt dazu
gekochte heiße oder ungekochte kalte Milch, auch Buttermilch,
die man mit Sahne wohlschmeckender machen kann.

174. Mehlgrütze in Milch.

In scharf kochendes Wasser streut man, nachdem man
auf den Pott 1 guten Theelöffel voll Salz und 1½ Loth
Butter daran gegeben, unter unausgesetztem starken Rühren
gesiebtes Roggenmehl, bis sich ein dicker Brei bildet, der
weiter gekocht und gerührt werden muß, bis er ganz klar ist.
Man muß dabei sehr vorsichtig verfahren, damit sich keine
Klümpchen bilden, welche stets ungar bleiben. Ungeübten
Köchinnen ist deshalb zu rathen, das Mehl vorher mit kaltem
Wasser zu einem flüssigen Teige zu rühren, das kochende
Wasser daran zu geben und dann gleichfalls weiter zu kochen,
bis der Brei klar ist. Dies Verfahren erfordert freilich weit
mehr Zeit. Zu der Mehlgrütze, welche recht heiß angerichtet
wird, kann man heiße oder kalte Milch geben.

175. Kürbisgrütze.

Ein Kürbis von Kopfgröße wird geschält, und die inwendigen schwammigen Theile nebst den Kernen werden herausgenommen. Dann zerschneidet man ihn in zollgroße
Stücke, kocht ihn mit 1 Theelöffel voll Salz in so viel Wasser,
daß er eben davon bedeckt ist, weich und reibt ihn, jedoch ohne
das Wasser, durch einen Durchschlag. Zu einem Kürbis der
gedachten Größe hat man eine Milchsuppe von 4 Pott Milch
mit ½ ℔ Buchweizengrütze oder Reismehl gekocht; hiezu thut
man den Kürbisbrei und läßt ihn damit nebst 1 Loth Butter,
noch etwas Salz und ¼ geriebener Muskatnuß, unter tüchtigem Rühren noch einmal durchkochen. Da die Suppe etwas
weichlich ist, so lieben Manche gestoßenen schwarzen Pfeffer
daran, es ist jedoch eben so gut, denselben erst bei Tische dazu
zu reichen.

176. Milchsuppe mit Graupen oder Perl-Sago.

Für 6 Personen werden nach vorheriger Reinigung 12
Loth Perlgraupen mit ½ Loth Butter und 1 Theelöffel voll
Salz auf langsamem Feuer etwa 1 Stunde lang gekocht.
Man thut dabei gut, nicht sogleich zu viel Wasser zu nehmen,

ſondern, wenn die Maſſe zu dick werden ſollte, unter ſtetem
Rühren davon nachzugießen. Dann giebt man die Graupen
in 3 Pott Milch und läßt ſie damit noch 1½ Stunde kochen,
nachdem man 1 Eßlöffel voll Zucker und 1 Meſſerſpitze voll
Kanehl dazu gethan hat.

Milchſuppe mit echtem Perlſago wird ganz ebenſo bereitet,
Milchſuppe mit groben Graupen ebenfalls, doch müſſen dieſelben etwa eine Stunde länger kochen.

177. Milchſuppe mit Kartoffelgraupen.

Man bringt für 6 Perſonen 2 Pott Milch mit ½ Pott
Waſſer ins Kochen und ſtreut ſodann 12 Loth Kartoffelgraupen hinein, würzt wie in der voraufgehenden Nummer und
läßt die Suppe kochen, bis die Graupen alle klar ſind. Sollte
die Suppe nicht ſeimig genug werden, ſo hilft man mit 1
Eßlöffel voll Kartoffelmehl, in Milch klar gerührt, nach.

178. Milchſuppe mit Buchweizengrütze.

Zu 3 Pott kochender Milch, der auch etwas Waſſer bei-
gemiſcht ſein kann, giebt man 12 Loth nicht zu feine Buchweizengrütze, 1 Theelöffel voll Salz und ein zolllanges Stück
Kanehl. Iſt die Milch ziemlich mit Waſſer verdünnt, ſo muß
man etwas Zucker hinzuthun, wird aber, was das Beſte iſt,
die Grütze in reiner Milch gekocht, ſo iſt dies nicht nöthig.
Man thut wohl, die Suppe nicht zu lange kochen zu laſſen,
höchſtens eine kleine halbe Stunde, ſonſt wird die Grütze zu
weich.

179. Milchſuppe mit Gerſtgrütze.

Man kocht 10 Loth Gerſtgrütze in 1 Pott Waſſer eine
Stunde lang, gießt dann 2 Pott kochende Milch hinzu und
läßt ſie darin mit 1 Theelöffel voll Salz, 1 Eßlöffel voll
Zucker und einem zolllangen Stück Kanehl weiter kochen, bis
ſie weich iſt.

180. Milchsuppe mit Hafergrütze.

Zu 3 Pott kochender Milch giebt man ½ ℔ Hafergrütze, salzt und würzt, wie bei der Buchweizengrütze und läßt die Suppe 1½ Stunde lang kochen.

181. Milchsuppe mit Hirse.

Man blanchirt die Hirse ganz wie die Nudeln (vgl. Nr. 86), gießt wieder kaltes Wasser — auf ½ ℔ 1 Pott — darauf und läßt sie darin über langsamem Feuer eine Stunde lang aufquellen. Dann gießt man 2 Pott Milch hinzu, giebt ½ Loth Butter, 1 Theelöffel voll Salz, ½ Eßlöffel voll Zucker und ein zolllanges Stück Kanehl daran und läßt die Suppe weiter kochen, bis die Hirse weich ist.

182. Chocoladensuppe.

Man reibt ½ ℔ Chocolade recht fein und streut dieselbe in 2 Pott kochende Milch, giebt 1 Messerspitze voll Salz und 1 gehäuften Theelöffel voll Zucker daran und läßt dies zusammen ¼ Stunde langsam kochen. Inzwischen hat man 8 ganze Eier tüchtig zu Schaum geschlagen, zu welchen die kochende Suppe langsam unter fortwährendem Rühren gegossen wird. Man kann zu dieser Suppe Zwieback als Beilage reichen, oder die Schaumklöße in Nr. 63 hineinthun.

F. Wasser-Suppen.

183. Wassersuppe mit Reis.

Man reinigt den Reis nach Nr. 39 und bringt ihn, je nachdem man die Suppe dünner oder dicker liebt, mit mehr oder weniger Wasser ins Kochen. Für gewöhnlich rechnet man ½ ℔ auf 3 Pott Suppe; auf dasselbe Quantum giebt man etwa 2 Theelöffel voll Salz und 6 Eßlöffel voll Zucker, die Schale von ¼ Citrone, ein zollanges Stück Kanehl, ¼ ℔ Rosinen und kurz vor dem Garwerden 1 Loth Butter. Man kann auch den Saft einer Citrone mit dem Reis kochen, oder vor dem Anrichten ½ Flasche Wein dazu gießen.

184. Wassersuppe mit Reismehl.

Zu 4 Pott kochendem Wasser rührt man ½ ℔ vorher mit Wasser angerührtes Reismehl, wobei man recht vorsichtig zu Werke gehen muß, damit sich keine Klüten bilden. Nachdem die Suppe ½ Stunde gekocht hat, giebt man dieselben Gewürze und sonstigen Zuthaten daran, wie in voriger Nummer und quirlt sie schließlich mit 2 Eidottern ab.

185. Wassersuppe mit Griesmehl.

Man läßt ½ ℔ Griesmehl in 3 Pott Wasser gar kochen, würzt wie bei der Reismehlsuppe unter Hinzuthun von 10 fein geriebenen süßen Mandeln und quirlt die Suppe mit 2 Eidottern ab.

186. Wassersuppe mit Buchweizengrütze.

In 3 Pott kochendes Wasser streut man 12 Loth Buchweizengrütze und giebt 2 Theelöffel voll Salz, 3 Eßlöffel voll Zucker, ein etwa 2 Zoll langes Stück Kanehl und kurz vor dem Garwerden der Suppe 1 Loth Butter daran. Die Suppe darf nicht über ½ Stunde kochen.

187. Hafer= oder Gersteschleim.

Nachdem die Hafergrütze eine gute Stunde mit etwas Kanehl und Citronenschale gekocht hat, reibt man sie durch ein feines Sieb, bringt den erhaltenen Seim wieder ins Kochen, giebt auf den Pott 1 Messerspitze voll Salz, 1 gehäuften Theelöffel voll Zucker, einige Korinthen und nach Belieben etwas Fruchtsaft daran, und quirlt endlich die Suppe

mit einigen Eidottern ab. Soll der Schleim für Kranke zum
Trinken dienen, so würzt man weniger und läßt namentlich
auch Korinthen und Fruchtsaft weg.

188. Mehlsuppe.

Man bereitet eine weiße Mehlschwitze (Nr. 20) von **6**
Eßlöffeln voll Mehl und einem Stück Butter von der Größe
eines Eies. Zu derselben gießt man ganz langsam und unter
fortwährendem Rühren 2 Pott kochendes Wasser, würzt und
salzt die Suppe genau wie die Reismehlsuppe und quirlt sie,
nachdem sie gehörig durchgekocht ist, mit einem Eidotter ab.

189. Brodsuppe.

Man kocht Brod, am besten zur Hälfte Schwarzbrod und
zur Hälfte Weißbrod, bis es ganz weich ist. Dann reibt man
es durch ein Sieb und giebt dieselben Zuthaten, wie bei der
Reismehlsuppe daran.

190. Zwiebacksuppe.

Fein gestoßener Zwieback wird mit Wasser und 1 Messerspitze voll Salz auf den Pott, nebst einer Citronenscheibe,
gekocht, bis die Suppe seimig wird, welche man dann noch
mit einem Eidotter abquirlt.

191. Wassersuppe mit Graupen.

Man bringt ½ ℔ Graupen mit 3 Pott Wasser ins
Kochen, würzt wie in der vorigen Nummer und kocht mit der
Suppe entweder gleichfalls Rosinen oder auch Pflaumen gar.
In letzterm Falle pflegt man die Suppe etwas dicker zu
kochen; sie bildet dann ein unter dem Namen Graupen mit
Pflaumen in Mecklenburg, namentlich auf dem Lande, sehr
beliebtes Gericht. Perlgraupen müssen 2½ Stunden, grobe
Graupen 3½ Stunden kochen.

192. Graupen und Kartoffeln.

Man kocht einen Schinkenknochen in Wasser ½ Stunde lang, giebt dann zu 3 Pott Suppe gut ¼ ℔ Graupen in die Brühe und thut, nachdem dieselben darin 1 Stunde gekocht haben, gut gereinigte Suppenwurzeln und Kräuter und endlich ½ Stunde vor dem Garwerden des Ganzen geschälte und scheibig geschnittene Kartoffeln daran, von Letztern mehr oder weniger, je nachdem man die Suppe dicker oder dünner liebt.

G. Kalteschalen.

193. Bier-Kalteschale.

Auf 2 Pott Bier nimmt man 12 Loth Zucker, worauf die Schale einer Citrone abgerieben ist, eine in Scheiben geschnittene Citrone, 2 Theetassen voll geriebenes Schwarzbrod oder in Stücke zerbrochene sogenannte Kalteschalekringel und 12 Loth Korinthen. Hat man dies Alles in das Bier gethan, so stellt man die Kalteschale, bevor man sie aufträgt, an einen recht kühlen Ort, wenn möglich auf Eis.

Anm. Das zur Kalteschale genommene Bier darf gleichfalls durchaus nicht bitter sein und muß, wenn es zu stark ist, mit Wasser verdünnt werden.

194. Wein-Kalteschale.

Man thut zu 2 Pott Wasser 1 ℔ Zucker, worauf eine Citrone abgerieben worden, die Scheiben der Citrone und ein 2 Zoll langes Stück Kanehl. Das Ganze läßt man einmal zusammen aufkochen und gießt es sodann durch ein Sieb in eine Terrine. Ist es wieder abgekühlt, so gießt man 3 Flaschen Weißwein hinzu, süßt nach, wenn es nöthig ist, und stellt die Kalteschale, wenn möglich, auf Eis. Kurz vor dem Auftragen giebt man noch zerbrochene Zwieback daran.

195. Kalteschale mit Sago.

Man läßt 2 Pott Wasser mit ³/₄ ℔ Zucker, worauf die Schale einer Citrone abgerieben worden, einem zollangen Stück Kanehl, 3 bis 4 Gewürznelken, 1 Messerspitze voll Salz und ¼ ℔ gut gereinigtem Sago kochen, bis letzterer gut weich ist. Dann läßt man das Ganze in einer Suppenschale ab- kühlen, wobei man, damit sich keine Haut bilde, fortwährend rührt; fehlt es an Zeit dazu, so muß man die Haut, welche sich obenauf bildet, abnehmen. Vor dem Anrichten gießt man 1 Flasche Rothwein hinzu und thut einige Citronenscheiben hinein. — Statt des Sago kann man auch Reis nehmen.

196. Wein-Kalteschale mit Eiern.

Man läßt 1 Pott Wasser mit 1 Flasche Weißwein und 10 Loth Zucker, den Scheiben einer halben Citrone und einem zollangen Stück Kanehl aufkochen, quirlt es mit 4 Eidottern ab und gießt es zum Abkühlen in eine Terrine. Die Kalte- schale wird mit Biscuitplättchen angerichtet.

197. Erdbeeren oder Himbeeren in Milch.

Man pflückt die Erdbeeren von den Stengeln, wäscht sie, vermischt sie tüchtig mit Zucker und giebt, nachdem sie damit eine Stunde gestanden haben, kalte Milch darüber. Mit Himbeeren verfährt man ebenso, nur wäscht man sie nicht vorher, verliest sie dagegen recht sorgfältig.

198. Heidelbeeren in Milch.

Man verliest und wäscht die Heidelbeeren gehörig, zuckert sie recht tüchtig und giebt eine Stunde nachher kalte Milch darüber. Oder man kocht mit etwas Wasser, Zucker, Citro- nenschale und Kanehl ein Mus daraus, läßt es vollständig abkühlen und giebt kalte Milch dazu, welche man gleichfalls mit etwas Kanehl und Zucker würzen kann.

199. Erdbeeren- oder Himbeeren-Kalteschale.

Man pflückt die Erdbeeren von den Stengeln, wäscht sie, giebt sie in eine Suppenschale und streut reichlich Zucker darüber. Nach einer Stunde gießt man halb Weißwein, halb Wasser, mit 10 Loth Zucker auf die Flasche Wein, auch mit etwas Kanehl vermischt, darüber und stellt die Bowle, wenn möglich, auf Eis.

Die Himbeer-Kalteschale wird ganz ebenso bereitet, nur werden die Himbeeren auch hier nicht gewaschen, sondern nur sorgfältig verlesen.

200. Kirschen-Kalteschale.

Man steint saure Kirschen aus und kocht den vierten Theil derselben mit Zucker und ein wenig Wasser dick ein. Die übrigen werden mit ¹/₂ Eßlöffel voll gestoßenen Kirschkernen und einem Pott Wasser auf den Suppenteller voll Kirschen recht weich gekocht, durch ein Sieb gerieben und mit dem Saft einer halben Citrone, einem zolllangen Stück Kanehl und Zucker nach Probe gewürzt. Nachdem Alles gut abgekühlt, gießt man noch ¹/₂ Flasche Rothwein hinzu, süßt noch einmal und thut die vorher eingekochten Kirschen hinein. Als Beilage reicht man Zwieback.

201. Aprikosen- oder Pfirsich-Kalteschale.

Man zieht die Haut von den Aprikosen, was leichter geht, wenn man sie vorher einmal mit kochendem Wasser übergießt. Dann löst man die Steine heraus und kocht die Aprikosen mit so viel Wasser, daß sie davon bedeckt sind, nebst ¹/₂ ℔ Zucker auf das Pfund, so wie den Kernen und ein wenig Kanehl. Nach ein paar Minuten nimmt man etwa die Hälfte der Aprikosen wieder heraus und legt sie in eine Suppenschale, die andere Hälfte läßt man ganz weich kochen, reibt sie mit der Brühe durch ein Sieb auf die erste Hälfte, giebt eben so viel Weißwein, wie man Brühe hat, daran, zuckert noch einmal nach Probe und stellt das Ganze zum Abkühlen hin, am besten auf Eis.

Die Pfirsich-Kalteschale wird ganz ebenso bereitet. Beide Kalteschalen richtet man mit Biscuitplättchen an.

202. Apfelsinen-Kalteschale.

Man löst ¾ ℔ Zucker, worauf die Schale von 2 Apfelsinen abgerieben worden, in ½ Pott Wasser auf, drückt den Saft von 4 Apfelsinen durch ein Sieb dazu, gießt 1 Flasche Weißwein daran und richtet die Kalteschale mit in Achtel zerklüfteten gut gezuckerten Apfelsinen und mit Biscuitplättchen an.

203. Citronen-Kalteschale.

Man löst 1 ℔ Zucker, worauf die Schale von 3 Citronen abgerieben worden, in 2 Pott Wasser auf, drückt den Saft der Citronen durch ein Sieb dazu und gießt eine Flasche Weißwein daran. Die Kalteschale wird mit Biscuitplättchen angerichtet.

204. Milch-Kalteschale mit Vanille.

Man läßt eine halbe Stange Vanille mittlerer Größe in Milch eine Stunde lang ausziehen, kocht dann 2 Pott Milch mit 10 Loth Zucker auf, gießt die Milch, worin die Vanille liegt, mit dieser zu der kochenden Milch hinzu, rührt dieselbe mit Klarmehl von 1 Eßlöffel voll Kartoffelmehl (I. 4.) eben und quirlt sie endlich mit 4 Eidottern ab. Von dem Eiweiß bereitet man Klöße nach Nr. 63 und läßt sie, wie dort angegeben, auf der Suppe gar werden, worauf Letztere zum Erkalten in Wasser gestellt wird.

205. Milch-Kalteschale mit Mandeln.

Man kocht 2 Pott Milch mit gestoßenen ¼ ℔ süßen und 4 bitteren Mandeln, nebst einem Pfirsichblatte durch, giebt 10 Loth Zucker, worauf ¼ Citrone abgerieben worden, nebst ein wenig Kanehl hinzu, rührt die kochende Milch, wie in der vorigen Nummer angegeben worden, eben und quirlt sie ebenso mit 4 Eidottern ab. Auch giebt man dieselben Schaumklöße dazu.

206. Buttermilch=Kalteschale.

Man verbessert die Buttermilch nach Belieben durch Hinzu=
thun von Sahne und bröckelt etwas Zwieback hinein. Vorher hat
man Schwarzbrod gerieben, mit halb so viel Zucker wie Brod
ein wenig geröstet und wieder abkühlen lassen. Dies wird
nun in die Buttermilch hineingestreut; wie viel man nehmen
will, hängt ganz vom Geschmacke ab.

VI. Hors d'Oeuvres.

Vorbem. Unter Hors d'Oeuvres versteht man kleine leichte Gerichte,
welche unmittelbar nach der Suppe gegeben werden, eher um den
Appetit zu reizen, als um ihn zu stillen, und die man daher auch
nur in geringen Quantitäten reicht. Es sind dies hauptsächlich
kleine Ragouts, Pastetchen, Croquettes (s. d.) u. s. w., wie aus
den Recepten dieses Abschnitts ersichtlich.

A. Coquillen.

207. Ragoût fin in Coquillen.

Man blanchirt und reinigt Kalbsmilch, wie in Nr. 54
angegeben worden, kocht sie in einer Braise (Nr. 31) gar, was
nicht länger als eine Viertelstunde dauert, und läßt sie darin
erkalten. Ferner kocht und vorbereitet man Kalbszungen auf
folgende Weise. Man reinigt sie gehörig, bringt sie aufs
Feuer, schäumt sie tüchtig, wenn sie kochen, thut etwas Salz
und auf 3 Zungen eine Zwiebel, ein Lorbeerblatt und
6 Körner Nelkenpfeffer daran und läßt sie unter langsamem
Kochen milde, jedoch nicht zu weich werden. Nachdem sie in
der Brühe ziemlich abgekühlt sind, zieht man die Haut ab,
bedeckt sie mit einem feuchten Tuche und läßt sie vollständig
erkalten. Außerdem bereitet man noch eine Fischfarce nach

8 *

Nr. 36 h. und endlich Champignons nach Nr. 1 zu, und schneidet nun Alles in kleine Würfel. Dann kocht man ½ Pott weiße Coulis (Nr. 231 a.) mit einem halben Glase Weißwein unter stetem Rühren zu einer dickflüssigen Sauce ein, quirlt sie mit 3 Eidottern ab, giebt den Saft von ¼ Citrone und 1 Theelöffel voll Sardellenbutter daran und rührt endlich davon so viel zu den Milchfleisch- u. s. w. Würfeln, daß das Ganze eine dicke, aber noch gerade flüssige Masse bildet. Das nun fertige Ragout füllt man in Coquillen, bestreut es ganz wenig mit einer Mischung aus fein zerstoßenem Zwieback und Parmesankäse, träufelt einige Tropfen flüssig gemachte Krebsbutter (Nr. 8) darauf und backt es im Ofen, bis sich eine Kruste obenauf zu bilden anfängt.

Maße: ½ ℔ Milchfleisch, ¼ ℔ Zunge und ¼ ℔ Fisch= farce, 5 Loth frische Champignons oder 3 Loth getrocknete.

208. Ragout von Krebsen in Coquillen.

Man schneidet die ausgebrochenen Schwänze und Schee= ren von Krebsen in Würfel, ebenso Fischfarce, welche man nach Nr. 36 h., und Champignons, welche man nach Nr 1 zube= reitet. Sodann schwitzt man 2 Eßlöffel voll Mehl in 4 Loth Krebsbutter (Nr. 8) und kocht daraus mit Bouillon eine seimige Sauce, die man noch mit 3 Eidottern auf ½ Pott abquirlt und durch Einkochen verdickt, thut 1 Eßlöffel voll Sardellenbutter und den Saft von ¼ Citrone daran und legt die in Würfel geschnittenen Krebsschwänze u. s. w. in so viel von dieser Sauce, daß das Ganze eine dicke, aber noch grade flüssige Masse bildet. Dies Ragout füllt man in Coquillen und verfährt damit weiter, wie am Schluß der vori= gen Nummer angegeben worden.

Maße: ¼ ℔ Krebsschwänze, ¼ ℔ Fischfarce, 5 Loth frische Champignons oder 3 Loth getrocknete.

209. Ragout von Fischen in Coquillen.

Man zerschneidet 1 ℔ Fischfilets (I. 4.), zu welchen man sowohl See= als Flußfische benutzen kann, in nicht zu kleine

Würfel, salzt dieselben und schwitzt sie in Butter und dem
Safte von ½ Citrone gar. Zum erhaltenen Fischfond (I. 4.),
den man durch ein Sieb von den Fischen ablaufen läßt,
gießt man ½ Pott Bouillon, kocht dieselbe mit einer weißen
Mehlschwitze von 2 Eßlöffeln voll Mehl seimig und quirlt
sie, nachdem noch ein Glas Weißwein hinzugethan worden,
mit 3 Eidottern ab, giebt eine Messerspitze voll Pfeffer,
einen Theelöffel voll Sardellenbutter, den Saft von ¼ Citrone, sowie 2 Loth in Butter geschwitzte Champignons, nebst
einigen Krebsschwänzen, Beides in Würfel geschnitten, daran.
Hiemit mischt man die, wie oben angegeben, gar geschwitzten
Fischfilets recht vorsichtig, damit man sie nicht zerrühre, giebt
das Ganze in Coquillen und verfährt damit weiter, wie am
Schluß der vorletzten Nummer angegeben worden.

210. Muscheln in Coquillen.

Man reinigt und kocht ein Schock Muscheln nach Nr. 122
mit nicht zu viel Salz, nimmt sie von den Stühlen und befreit sie von den Bärten. Dann bereitet man eine Sauce,
indem man 2 Eßlöffel voll Mehl weiß schwitzt, ½ Pott von
dem Wasser, worin die Muscheln gekocht werden, dazu gießt,
1 Messerspitze voll Pfeffer und 1 Eßlöffel voll Essig hinzuthut, und dies mit 2 Eidottern abquirlt. In diese Sauce legt
man die Muscheln, füllt sie in Coquillen, bestreut sie mit fein
zerstoßenem Zwieback, träufelt etwas Butter darauf und backt
das Ragout in einem Ofen, bis es obenauf gelb wird.

211. Austern in Coquillen.

Man nimmt die Bärte von 1 Schock Austern ab und
kocht sie tüchtig mit Weißwein durch; die Austern selbst läßt
man in Citronensaft auf schwachem Feuer heiß werden, aber
nicht kochen. Sodann macht man ½ Pott Bouillon mit
einer weißen Mehlschwitze von 2 Eßlöffeln voll Mehl seimig,
gießt den Wein und Citronensaft, nachdem die Bärte der
Austern und letztere selbst herausgenommen worden, dazu und
quirlt die Sauce, an welche man noch höchstens ½ Messe

spitze voll Cayenne-Pfeffer oder ¼ geriebene Muskatnuß thun
kann, mit 3 Eidottern ab. In dieselbe legt man sodann die
Austern, vermischt sie gehörig damit, füllt sie in Coquillen
und verfährt weiter damit, wie am Schluß der vorigen Nummer
angegeben worden.

212. Ein einfaches Ragout in Coquillen.

Man zerhackt Bratenreste und bereitet zu einem Pfunde
davon eine Sauce, indem man ½ Pott Bouillon mit einer
gelben Mehlschwitze von 2 Eßlöffeln voll Mehl seimig kocht,
1 kleines Glas Rothwein dazu gießt und 2 Theelöffel voll gehackte
Cappern und eine halbe Messerspitze voll Cayennepfeffer hinzuthut. In die Sauce legt man den gehackten Braten, rührt
Alles gehörig durch, füllt es in Coquillen, bestreut es mit
zerstoßenem Zwieback, träufelt Butter darauf und backt es in
einem Ofen braun.

B. Kleine Pasteten.

213. Butter- oder Blätterteig.

Bei der Bereitung von kleinen Pasteten verwendet man
am besten nur sogenannten Butter- oder Blätterteig. Soll
derselbe gerathen, so müssen die beiden Hauptbestandtheile,
Butter und Mehl, von guter Beschaffenheit sein. Ist die
Butter zu salzig, so muß man sie vorher gut auswaschen und
dann durchkneten, bis das Wasser rein wieder daraus entfernt
ist. Der Teig wird nun auf folgende Art bereitet. Man
rührt 2 Eidotter klein und vermischt sie nebst einem Löffel
voll Rum mit ¼ Pott Wasser, wovon man sodann immer
nur ganz wenig zur Zeit unter stetem Rühren zu 1 ℔ Mehl
gießt, bis ein Teig entsteht, der ungefähr die Festigkeit
guter harter, aber noch geschmeidiger Butter hat. Diesen Teig arbeitet man auf einem Kuchenbrett mit

beiden Händen tüchtig durch, bis er gleichmäßig klar und glänzend ist. Man bestreut sodann ein durchaus reines und trockenes Kuchenbrett mit Mehl, legt den Teig darauf, bestreut ihn gleichfalls mit Mehl und rollt ihn so dünn, wie möglich, auseinander. Nun schneidet man 1 ℔ gute harte Butter in 3 Theile, einen von ½ ℔, die beiden andern jeder von ¼ ℔. Den größern Theil zertheilt man in kleine Häufchen, mit denen man die eine Hälfte der Teigplatte belegt, die andere Hälfte klappt man darüber und dann den ganzen Teig drei- fach zusammen, kehrt ihn um, streut Mehl darunter und rollt ihn wieder zu einer etwa einen halben Finger dicken Platte aus. Dies eben beschriebene Verfahren wiederholt man zum zweiten und dritten Male unter gleichem Hinzuthun des zweiten und dritten Stückes Butter, worauf man ihn wiederum in drei gleichen Blättern übereinander schlägt und 10 Minuten ruhen läßt. Dann rollt man ihn wieder aus und wiederholt das ganze Verfahren noch zweimal, worauf er zur Verwen- dung fertig ist.

Anm. 1. Um guten, recht grade aufsteigenden Teig zu erhalten, muß man ohne starken Druck und unausgesetzt gleichmäßig rollen; auch muß der Teig stets schnell bei ziemlich starker Hitze gebacken werden; in dem Ofen, den man dazu benutzt, dürfen nicht zugleich andere Speisen braten oder kochen. Will man ganz sicher sein, daß der Teig sich zum Backen eignet, so thut man gut, ein Stückchen davon zur Probe zu backen. Zeigt sich daran, daß er nicht aufgeht, so muß man das dreimalige Zusammenklappen und Ausrollen noch ein paar Mal wiederholen.

Anm. 2. Soll der Teig zu Pasteten verwandt werden, so verfährt man in folgender Weise. Man rollt ihn zur Dicke eines Federkiels aus und sticht mit einem runden Ausstecher von der Weite, wie man die Größe der Pasteten wünscht, doppelt so viel Scheiben, wie man Pasteten bereiten will. Aus der Hälfte derselben sticht man wieder kleine Deckel aus, bestreicht die Scheibe, welche den unteren Boden bilden soll, vermittelst eines Pinsels dünn mit gequirltem Ei, legt den zweiten, nun ringförmigen Boden darauf und bestreicht ihn sowohl, wie den ausgestochenen kleinen Deckel gleichfalls mit Ei. Endlich setzt man die Pastetchen sammt den Deckeln auf einem mit Mehl bestreuten Kuchenbleche in einen heißen Ofen und läßt sie schnell gar backen. Bei dem Bestreichen mit Ei muß man indessen recht vorsichtig verfahren, da die Pasteten nicht aufgehen, wenn der Pinsel die Seitenwände der Böden berührt.

Sollen aus dem Butterteige sog. Florents oder Fleurens zum Garniren feiner Ragouts oder Fricassees bereitet werden, so bestreicht man die ausgestochenen Scheiben mit Ei und klappt dieselben mit den äußern Rändern aufeinander, so daß Halbmonde entstehen. Diese bestreicht man noch einmal auf der obern Seite mit Ei und läßt sie, wie oben erwähnt, gar backen.

214. Pastetchen mit Milchfleisch=Ragout.

Man bereitet ein Ragoût fin nach Nr. 207, nimmt jedoch statt ½ ℔, wie dort angegeben worden, ¾ ℔ Milchfleisch, giebt noch 1 bis 2 Loth Trüffeln daran und schneidet oder hackt das Ganze noch etwas feiner, als das Ragout. Vorher hat man Pastetchen von Blätterteig nach der voraufgehenden Nummer gebacken; die Oeffnungen in denselben füllt man mit möglichst viel von dem Ragout, legt die kleinen Deckel oben darauf und stellt die Pastetchen auf einer flachen Schüssel in einen gut geheizten Ofen, bis sie wieder völlig heiß geworden sind.

Anm. Zu diesen, wie zu allen folgenden Pastetchen, rechnet man für den Butterteig 1 ℔ Mehl und 1 ℔ Butter, und etwa 1 ℔ von der jedesmaligen Füllung auf 40 Stück.

215. Pastetchen mit verschiedenen Farcen gefüllt.

Man bereitet Blätterteig nach Nr. 213, rollt ihn aus und sticht aus ihm Scheiben, wie dort angegeben worden. Zur Füllung der Pastetchen bedient man sich der Farce von Kalbfleisch in 36 a., der Farce von Wild in 36 e., der Farce von Geflügel in 36 f., der Farce von Leber in 36 g. und endlich der Fischfarce in 36 h. Das Verfahren ist dabei folgendes. Man theilt nach der Berechnung in der Anmerkung zur voraufgehenden Nummer die Farce in so viele Theile, als Pastetchen zu backen sind, d. h. also immer 1 ℔ davon in 40 Theile. Sodann bestreicht man die Böden der Pastetchen mit gequirltem Ei, legt die Farcestückchen darauf und drückt sie so darüber, daß man ringsum einen Strohhalm breit vom Rande

entfernt bleibt. In der Mitte der Farce macht man eine
Vertiefung, legt die obern Deckel auf, bestreicht auch sie mit
gequirltem Ei und backt die Pastetchen nach der Anweisung
in Nr. 213 ¼ Stunde bis 20 Minuten.

Sind die Pastetchen gar, so nimmt man zunächst die
Deckel wieder ab und giebt in die vorher in die Füllung gemachten Vertiefungen eine der nachstehenden Saucen:

a. Zu Pastetchen mit Farce von Kalbfleisch oder Geflügel
eine Champignon-Sauce nach folgender Vorschrift. Man
reinigt und bereitet 3 Loth frische Champignons im Uebrigen
ganz, wie im ersten Absatze von Nr. 1 angegeben, nur daß
man sie in möglichst kleine Würfel zerschneidet, giebt sie mit
der Brühe, worin sie geschwitzt sind, nebst 2 Eßlöffeln voll
Wein und 1 Theelöffel voll Citronensaft zu ½ Pott weißer
Coulis (Nr. 231 a.), welche man, nachdem die Champignons
recht weich gekocht sind, mit 2 Eidottern abquirlt. Fehlt es
an frischen, so muß man sich mit eingemachten oder getrockneten Champignons begnügen. (Vgl. Nr. 1.)

b. Zu Pastetchen mit Farce von Wild oder Leber eine
Trüffel-Sauce. Man reinigt dazu 4 Loth Trüffeln nach Nr. 4,
schneidet sie in recht kleine Würfel, giebt sie mit 2 Eßlöffeln
voll Rothwein oder 1 Eßlöffel voll Portwein in ½ Pott
braune Coulis (Nr. 231 b.), läßt sie darin gar kochen und
quirlt die Sauce mit 2 Eidottern ab. — Für Pastetchen mit
Leberfarce genügt es indessen, die Trüffeln, nachdem sie weich
gekocht sind, mit unter die Farce zu hacken.

c. Zu Pastetchen mit Fischfarce eine Cappern-Sauce,
welche im Uebrigen ebenso bereitet wird, wie die Champignon-
Sauce, nur daß man Wein und Citronensaft wegläßt und
statt der Champignons 2 Eßlöffel voll Cappern in die Coulis
giebt, die man damit vor dem Abquirlen 10 Minuten lang
kochen läßt.

Ist Alles so weit zubereitet, so legt man die Deckel
wieder auf die Pastetchen, stellt sie, da sie inzwischen mehr
oder weniger abgekühlt sind, auf einer Schüssel wieder in den
Ofen und servirt sie, wenn sie durch und durch heiß geworden sind.

Anm. 1. Die Saucen müssen recht dickseimig bereitet werden, geht

es nicht anders, so muß zu dem Zweck mit Klarmehl (I. 4.) nach=
geholfen werden.

Anm. 2. Das nach den Anweisungen a bis c erhaltene Quantum
Sauce reicht für 40 Pastetchen.

216. Krebs=Pastetchen.

Man bereitet dieselbe Farce, wie sie in Nr. 55 angegeben
worden, oder auch, wenn man die Pastetchen besser haben
will, das Ragout in Nr. 208, hackt jedoch dann das aus
Schwänzen und Scheeren herausgebrochene Krebsfleisch nebst
den übrigen Zuthaten ganz fein. Die Pastetchen füllt man,
nach der Anweisung in der voraufgehenden Nummer, be=
streicht sie mit Krebsbutter, backt sie ¼ Stunde, nimmt, wenn
die Farce in Nr. 55 verwandt ist, die Deckel wieder ab und
giebt in die Vertiefung in der Füllung noch eine Sauce von
einer weißen Coulis, mit 12 Loth Krebsbutter auf ½ Pott.
Weiter verfährt man dann nach der Vorschrift in der vorigen
Nummer. Wählt man das Ragout in Nr. 208, so legt man
noch einen ausgebrochenen Krebsschwanz darüber, backt die
Füllung in den Pastetchen in ¼ Stunde gar und servirt die=
selben sofort. In den Maßen ist das Verhältniß der Füllung
zu den Pastetchen ganz dasselbe, wie in der voraufgehenden
Nummer.

217. Austern=Pastetchen.

Zu 20 fein zerhackten großen holsteinischen oder verhält=
nißmäßig mehr englischen Austern, von denen man das Wasser
zurückgestellt hat, mischt man 4 gestoßene Zwieback, drückt
durch ein Sieb den Saft einer Citrone dazu und schwitzt dies
zusammen in 8 Loth Butter gehörig durch, wobei es unaus=
gesetzt gerührt werden muß. Außerdem befreit man 40 Austern
von den Bärten, stellt sie einstweilen zurück und bewahrt ihr
Wasser gleichfalls. Sind die geschwitzten Austern u. s. w. ab=
gekühlt, so rührt man von dem Austernwasser mit etwas
Bouillon 3 Eidotter, ¼ geriebene Muskatnuß und die abge=
riebene Schale von ½ Citrone, so wie zuletzt das zu Schnee
geschlagene Weiße der Eier hinzu. Ist Alles gehörig durch=

gerührt, so bestreicht man nach der Angabe in Nr. 215 die
Böden der nach der Vorschrift in Nr. 213 bereiteten Pastetchen
damit, legt die Deckel darauf, bestreicht auch sie mit Ei und
backt die Pastetchen auf einem mit Mehl bestreuten Bleche
schnell gar. Inzwischen hat man die 40 vorhin zurückgestell-
ten Austern in Ei und gestoßenem Zwieback panirt (I. 4.)
und in Butter recht vorsichtig und nicht zu lange gebraten,
damit sie nicht hart werden. Diese Austern legt man nach
Abnahme der Deckel in die Pastetchen und giebt ein wenig
Sauce daran, welche man bereitet, indem man 1 Eßlöffel voll
Mehl in 6 Loth Butter weiß schwitzt, das übrige Austernwasser nebst so viel Bouillon, daß es eine gute Theetasse voll
wird, so wie den Saft einer halben Citrone, Alles durch ein
Sieb gegeben, dazu rührt und die Sauce, nachdem sie eine
Viertelstunde lang langsam gekocht hat, mit 4 Eidottern abquirlt. Sind gebratene Austern nebst Sauce hineingegeben,
so legt man die Deckel wieder auf.

> Anm. Ist es möglich, so verfährt man so schnell, daß die Pastetchen
> nicht wieder erwärmt zu werden brauchen, was ihnen immer
> schadet.

218. Trüffel=Pastetchen.

Man reinigt und kocht 16 Loth Trüffeln nach Nr. 4 und
zerschneidet sie in ganz kleine Würfel. Dann rührt man von
der Bouillon, in welcher die Trüffeln gekocht sind, zu 8 Loth
geschmolzener Butter hinzu und die Trüffeln nebst 8 Loth Leberfarce (36 g.) und dem Saft von ½ Citrone damit durch.
Sollte die Masse zu steif werden, so kann man mit Bouillon
nachhelfen. Das Füllen und Backen der Pastetchen geschieht
sodann ganz nach der Anweisung in Nr. 215.

219. Pastetchen für den gewöhnlichen Tisch.

Man hackt Reste von Kalbs= oder Geflügelbraten, etwa
20 Loth, mit 5 Loth Kalbsnierenfett gehörig durch, thut
5 Loth gut gereinigte Korinthen, 5 Loth zu Sahne gerührte
Butter, 2 Eidotter, ¼ geriebene Muskatnuß und die abge-

riebene Schale einer halben Citrone hinzu und rührt Alles
mit guter Bouillon gehörig durch. Von Letzterer gießt man,
immer in geringen Portionen auf einmal, so lange hinzu, bis
die Farce die gehörige Consistenz hat. Mit dem Füllen derselben in die Pastetchen und dem Backen der Letztern verfährt
man dann nach der Anweisung in Nr. 215.

C. Croquettes oder Fritüren.

220. Croquettes von Fischen.

Man bereitet ein Fischragout im Uebrigen nach der Vorschrift in Nr. 209, nur daß man Fische, Krebsschwänze ꝛc.
fein hackt und zu der Bouillon ein paar Kalbsfüße nimmt,
damit sie sich nach dem Erkalten in eine gallertartige Masse
(Stand) verwandle. Das Ragout muß nun vollständig erkalten und steif werden, worauf man es in Stücke von der
Länge und Dicke eines Daumens zerschneidet, aus welchen
man durch Rollen in geriebener Semmel Würstchen bildet.
Diese panirt man nach Abschn. I. 4. in gequirltem Ei und
zerstoßenem Zwieback und backt sie in abgeklärter Butter
(Nr. 14) gut braun. Beim Anrichten werden sie mit ausgebackener Petersilie garnirt. Um diese zuzubereiten, pflückt man
sie von den dicken Stengeln, wäscht sie und läßt die Stücke,
welche man dazu auf einem Tuche auseinander breitet, schnell
trocknen. Dann kehrt man sie über dem Feuer in heißer
Butter einige Male um und nimmt sie wieder heraus, bevor
sie ihre grüne Farbe verlieret.

221. Croquettes von Kalbsmilch.

Man bereitet ein Ragoût fin nach Nr. 207, jedoch unter
Hinweglassung der Zunge, welche man durch Kalbsmilch ersetzt. Ferner schneidet man sämmtliche Zuthaten recht fein,
hackt sie auch wohl etwas und nimmt endlich statt der weißen

Coulis eine Bouillon, worin Kalbsfüße gekocht sind, damit sich beim Erkalten Stand bilde (vgl. d. vor. Nr.). Im Uebrigen verfährt man bei der Bereitung ganz so, wie für die Croquettes von Fischen in der voraufgehenden Nummer angegeben ist.

222. Croquettes von Geflügel.

Zu ½ Pott Bouillon, welche nach der Vorschrift in Nr. 220 gekocht ist, wird so viel Klarmehl (I. 4.) gerührt, daß eine dicke Sauce entsteht, welche dann noch mit einem Glase Wein und dem Safte von ¼ Citrone durchgekocht und endlich mit 4 Eidottern abgequirlt wird. In diese Sauce rührt man ½ bis ¾ ℔ ganz fein geschnittenes Fleisch von gekochten Hühnern oder Küken, läßt das Ganze erkalten und verfährt dann weiter damit, wie in Nr. 222 für die Croquettes von Fischen angegeben ist.

Will man diese Croquettes billiger bereiten, so kann man dazu beliebige Reste von gekochtem oder gebratenem Kalbs- oder Hammelfleisch oder Geflügel verwenden.

223. Croquettes von Wild.

Man befreit Hirsch-, Reh= oder Hasenbraten von allen Sehnen und hackt das Fleisch fein. Sodann kocht man eine braune Coulis (Nr. 231 b.), vermischt damit einige Eßlöffel voll Stand (Nr. 220), drückt den Saft von ½ Citrone daran und gießt ein Glas Wein hinzu. Nachdem Alles gut zusammen durchgekocht ist, giebt man ½ Pott von dieser Sauce auf ½ bis ¾ ℔ von dem gehackten Wildbraten, läßt das Ganze erkalten und verfährt damit weiter, wie bei den andern Croquettes.

224. Croquettes von Kartoffeln mit Ragout.

Man bereitet aus gekochten kalten Kartoffeln einen festen Teig, indem man 10 Loth Butter zu Sahne reibt und zunächst 2 ganze Eier und 3 Eidotter, sodann aber hinreichend gerie-

bene Kartoffeln dazu rührt; will man es, so kann man auch
mit 1 Messerspitze voll geriebener Muskatnuß würzen. Von
dem erhaltenen Teige streicht man Streifen von der Dicke
eines Messerrückens und beliebiger Größe, am besten von 2
Zoll Länge und 1 Zoll Breite, auf ein Brett, legt Würstchen
von einem der Ragouts zu den vorstehenden Croquettes
darauf und drückt den Kartoffelteig rings darum fest. Sodann
verfährt man weiter, wie bei den übrigen Croquettes.

D. Noch einige andere Hors d'Oeuvres.

225.   Gebackene Kalbsmilchscheiben.

Man blanchirt und reinigt eine Kalbsmilch nach Nr. 54,
kocht sie in Bouillon weich und schneidet sie in Scheiben.
Von der entfetteten Bouillon, welcher man noch 1 Glas
Weißwein und den Saft einer halben Citrone zusetzt, bereitet
man durch Hinzurühren von Klarmehl (I. 4.) eine dickseimige
Sauce, die nach tüchtigem Einkochen mit 4 Eidottern auf ½
Pott abgequirlt wird. Nachdem die Kalbsmilchscheiben nebst
der Sauce abgekühlt sind, taucht man Erstere in Letztere, läßt
sie abtropfen, panirt sie mit gequirltem Ei und feingestoßenem
Zwieback und backt sie endlich in Ausbackbutter (Nr. 14) hellbraun.   Angerichtet werden sie in kleinen Pyramiden, die man
mit ausgebackener Petersilie (Nr. 220) garnirt.

226.   Gebackenes Kalbsgehirn.

Man legt das Gehirn 1 Stunde lang in kaltes Wasser
und kocht es ½ Stunde lang über schwachem Feuer mit
etwas Salz, schwarzem Pfeffer und Zwiebeln in so viel Wasser
und Essig — von Ersterem ¾, von Letzterem ¼ —, daß es
grade davon bedeckt ist. Nachdem es erkaltet ist, schneidet
man es in Scheiben, bereitet von der Brühe eine Sauce nach

der Anweisung in voraufgehender Nummer, taucht die Schei=
ben hinein und verfährt weiter damit, wie mit den Kalbs=
milchscheiben in vorhergehender Nummer.

227. Gebackene Kalbsfüße.

Kalbsfüße werden sauber abgebrüht und nach Heraus=
nahme der großen Knochen in Wasser gekocht, welches ein
wenig gesalzen und mit Zwiebeln nebst einigen Körnern
schwarzem und Nelkenpfeffer gewürzt ist. Sind die Füße gar,
so läßt man sie in der Brühe verkühlen, nimmt sodann auch
die kleinen Knochen heraus, schneidet sie in mittelgroße Stücke
und backt dieselben, nachdem man sie mit Ausbackteig (Nr. 22)
panirt hat, in Butter hellbraun. Von Jüs — d. h. der kräf=
tigen Brühe, welche man durch das Braten verschiedener
Fleischarten, besonders des Rindfleisches und Kalbfleisches ge=
winnt — bereitet man endlich, indem man sie mit einer
braunen Coulis (Nr. 231 b.), unter Hinzuthun der Säure
von ½ Citrone auf ½ Pott, seimig kocht, eine Sauce, die
man dazu giebt.

228. Gebackene Küken.

Man knöchelt die Küken nach Nr. 51 aus und übergießt
sie, wie dort angegeben, mit Essig und Provenceöl nebst etwas
Salz und gestoßenem Pfeffer. Es ist gut, wenn man die
Küken, namentlich im Falle, daß nicht sehr reichlich von der
Marinade vorhanden ist, einige Male darin umkehrt, damit
sich der Geschmack allen Theilen derselben gleichmäßig mit=
theilt. Nach 8 bis 12 Stunden nimmt man sie wieder heraus,
trocknet sie ab, panirt sie mit Ausbackteig (Nr. 22) und bäckt
sie recht hellbraun. Angerichtet werden sie, mit ausgebacke=
ner Petersilie (Nr. 220) garnirt, auf einer flachen Schüssel.

229. Ausgebackene Omelettes mit Milchfleisch.

Man rührt zu einer Omelette 1 ganzes Ei mit 1 Eß=
löffel voll Mehl gut durch und rührt diesen Teig mit ½ Tasse
Bouillon, unter Hinzuthun von 1 Messerspitze voll Salz dünn.

Dann brät man ein Stückchen Butter von der Größe einer
Haselnuß in der Bratpfanne braun, füllt die Omelettemasse
darauf, backt sie auf beiden Seiten recht gleichmäßig hellbraun, wobei, wenn sie sich an die Pfanne ansetzt, noch mehr
Butter darunter in die Pfanne gethan werden muß. Ist die
Omelette herausgenommen, so giebt man auf die Mitte derselben 2 Eßlöffel voll von dem Milchfleisch-Ragout in Nr. 218,
klappt den Ring so darüber, daß ein Dreieck oder Viereck
entsteht und bestreicht die übergeklappten Theile mit Eigelb,
welches sie an der übrigen Omelette festhält, die jetzt ganz
verschlossen ist. Dieselbe wird sodann in Ausbackteig nach
Nr. 22 getaucht und in abgeklärter Butter (Nr. 14) einige
Minuten lang ausgebacken.

230. Kräuter-Omelettes.

Man rührt zu einer Omelette 5 Eier mit 2 Eßlöffeln
voll Bouillon, nebst 1 Messerspitze voll Salz, ferner mit 1
Theelöffel voll gehackter Petersilie und eben so viel gehackten
Chalotten oder Schnittlauch, gut durcheinander und backt
diese Masse nach der Vorschrift in der vorigen Nummer,
jedoch nur auf der einen Seite, hellbraun. Die Omelette
wird dann so aufgerollt, daß die braune Seite nach oben
kommt, und mit einer Jüs (Nr. 227), welche mit etwas
Coulis seimig gemacht ist, angerichtet. — Beim Backen der
Omelette muß man sich sehr in Acht nehmen, daß dieselbe
sich nicht an die Pfanne ansetzt, was bei dieser Omelette noch
weit leichter der Fall ist, als bei der voraufgehenden. Man
schiebt zu dem Zwecke die Masse zu Anfang des Backens
öfters zusammen und fährt sodann, sobald sich unten eine
Kruste zu bilden anfängt, wiederholt mit dem Messer ganz
darunter hindurch.

VII. Warme und kalte Saucen zu Fleisch, Geflügel, Fischen und Gemüsen.

Vorbem. Von äußerster Wichtigkeit für die Ausübung der meisten Theile der Kochkunst ist die Geschicklichkeit in der Bereitung guter Saucen; gutes Fleisch gewinnt dadurch noch bedeutend an Wohlgeschmack, mittelmäßiges, ja schlechtes wird wenigstens genießbar gemacht. Nirgends mehr, als grade bei uns, pflegt man in dieser Geschicklichkeit ein Kennzeichen für die Geübtheit und Tüchtigkeit einer Köchin zu finden und ist daher auch auf die in diesem Abschnitte enthaltenen Recepte von der Verfasserin ganz besondere Aufmerksamkeit verwandt worden. Es wird indessen bemerkt, daß unter der großen Anzahl von Saucen nur diejenigen ausgewählt sind, welche in der norddeutschen Küche wirklich Verwendung finden und ferner, daß die eigentlichen Bratensaucen in diesem Abschnitte noch nicht haben berücksichtigt werden können, sondern, weil sie von der Bereitung der verschiedenen Braten unzertrennlich sind, erst mit diesen in Abschn. XIII. vorkommen werden.

A. Warme Saucen.

231. Weiße und braune Coulis.

a. Weiße Coulis. Man schneidet 10 Loth magern Schinken in mittelgroße Würfel und einen gut blanchirten*) Kalbsfuß, aus welchem der Knochen gelöst worden, in Stücke und schwitzt Schinken- und Kalbsfußstücke mit 2 Zwiebeln mittlerer Größe, 2 Petersilien-Wurzeln und einem kleinen halben Sellerie-Knollen, Alles in Scheiben oder Würfel geschnitten, in ½ ℔ Butter mit so viel Mehl weiß, wie die Butter aufnehmen will. Zu dieser Mehlschwitze gießt man

---

*) Bei häufig vorkommenden Küchenausdrücken, wie z. B. „Blanchiren", „Klarmehl", „Mehlschwitze" u. dgl. wird fernerhin eine Verweisung auf die betreffende Nummer nicht mehr stattfinden, da einmal vorausgesetzt werden darf, daß Diejenigen, welche dies Buch benutzen, sich darüber bereits hinreichend instruirt haben, sodann aber auch das alphabetische Register am Schlusse bequemen Aufschluß giebt.

unter stetem tüchtigen Quirlen, damit Alles Mehl sich gut
auflöse, langsam die kräftige Bouillon von 2 ℔ magerem
Kalbfleisch und 1 ℔ Rindfleisch, und läßt die Sauce, die nun
die Consistenz einer recht seimig gekochten Suppe haben muß,
3 Stunden lang auf langsamem Feuer einkochen, indem man
inzwischen recht sorgfältig schäumt und das Fett abnimmt.
Die dann fertige Coulis gießt man durch ein Sieb und stellt
dieselbe, soweit sie nicht sofort gebraucht wird, an einen kühlen
Ort, wo sie sich etwa 8 Tage lang hält.

    b. Die braune Coulis. Man schwitzt 3 ℔ Rindfleisch
— man kann Abfälle, wenn man deren hat, oder Fleisch von
ordinairer Qualität verwenden —, 1 ℔ Kalbfleisch und ½ ℔
Schinken mit 2 Zwiebeln, 2 Petersilienwurzeln, 3 Mohrrüben
und 1 Selleriekopf mittlerer Größe, das Fleisch in kleine
Stücke, Zwiebeln und Suppenwurzeln in Scheiben geschnitten,
in ½ ℔ auf dem Feuer vorher gebräunter Butter, bis es sich
braun an den Kochtopf ansetzt, ohne jedoch anzubrennen.
Dann rührt man das Ganze wiederholt so lange um, bis
Alles gleichmäßig braun geworden und gießt nun 1½ bis 2
Pott kräftige Bouillon, welche vorher mit einer braunen
Mehlschwitze (Nr. 20) seimig gemacht worden, darüber, thut
etwa 12 Körner schwarzen Pfeffer, eben so viel Nelkenpfeffer,
1 Lorbeerblatt und etwas Salz daran und läßt es unter
sorgfältiger Abnahme des Fettes und Schaumes etwa 3 Stunden lang über schwachem Feuer einkochen. Endlich gießt man
die Coulis durch ein Sieb; was davon nicht sogleich gebraucht
wird, läßt sich an einem kühlen Orte 8 Tage lang aufbewahren.

  Anm. Die Coulis finden bei der Bereitung sehr verschiedenartiger
    Saucen zu Fleisch, Geflügel, Fischen, Pasteten u. s. w. Ver-
    wendung, sie bilden gewissermaßen die Grundlage derselben. Aus
    diesem Grunde sind sie hier voraufgeschickt, obgleich sie selbst nicht
    Saucen im eigentlichen Sinne des Wortes genannt werden können.
    Für manche Haushaltungen wird es zu umständlich sein, Coulis
    zu bereiten; fehlt es daran, so muß man statt ihrer Klarmehl
    mit recht kräftiger Bouillon verwenden und gut mit der Sauce
    durchkochen; zum Färben derselben, wo eine braune Sauce nöthig
    ist, verwendet man Zuckerfarbe (Nr. 34), die übrigens häufig
    auch bei Verwendung der braunen Coulis noch zu Hülfe zu neh-
    men sein wird.

232. Fleisch-Fond.

(Abschn. I. 4.)

Man schneidet Rindfleisch und Kalbfleisch, von jedem gleich viel, in Scheiben, die man oberflächlich durchhackt. Diese Scheiben läßt man langsam auf beiden Seiten in einem möglichst flachen Kochtopfe braun anschwitzen und legt sie sodann in kochende, möglichst kräftige und vorher durch ein Sieb gegossene Hühner-Bouillon. Die Bouillon von einem alten Huhn reicht für 8 ℔ Fleisch aus. Nachdem das Fleisch darin eine Viertelstunde gekocht hat, gießt man die Bouillon wieder durch ein Sieb in den Topf, in welchem das Fleisch vorhin geschwitzt wurde, giebt ein wenig Salz daran und rührt den braunen Ansatz, der sich am Topfe gebildet hatte, los und fährt fort zu rühren, bis die Flüssigkeit zu einem dicken Safte eingekocht ist, den man in einem Glashafen an einem kühlen Orte 14 Tage lang aufbewahren kann. Ein Löffel voll von diesem Fond genügt, einem ganzen Pott Sauce einen kräftigen Geschmack zu geben.

Anm. Auch der Fleischfond gehört allerdings nicht zu den Saucen, seine Bereitung ist aber aus ähnlichen Gründen, wie die der Coulis, gleichfalls hier vorweg angegeben.

233. Die Jüs.

Das Wort Jüs hat eine mehrfache Bedeutung. Man versteht darunter:

a. Den gutem, richtig gebratenem Fleische entfließenden Saft, dessen sich die Engländer als einzige Bratensauce bedienen.

b. Die beim Braten des Fleisches gewonnene Brühe, bevor dieselbe durch sonstige Zuthaten in eigentliche Bratensauce verwandelt ist.

c. Eine Kraftbrühe, welche in ganz ähnlicher Weise bereitet wird, wie die braune Coulis, nur daß man dazu allemal von demjenigen Fleische nimmt, bei welchem sie zur Sauce verwandt werden soll, und daß man sie nicht durch Hinzuthun von Mehl seimig macht. Man verwendet zur

9*

Jüs hauptsächlich die anderweitig nicht wohl zu benutzenden
Fleischtheile und Fleischabfälle; vom Geflügel namentlich die
Hälse, Flügel und Beine unterhalb der Kniee, natürlich Alles
vorher sauber gereinigt und die Knochen gut zerhackt.

234. Rahm=Jüs.

Man schwitzt 1 ℔ Kalbfleisch und ¼ ℔ Schinken,
Beides in Würfel geschnitten, mit 4 feingehackten Chalotten und 2 in Scheiben geschnittenen Petersilien=Wurzeln,
nebst 4 Eßlöffeln voll Mehl, 6 Körnern Pfeffer und
einem Lorbeerblatt in 10 Loth Butter, wobei man unausgesetzt rührt und gut Acht giebt, daß die Masse weiß
bleibt. Sobald das Mehl kraus wird, gießt man 1 Pott
Rahm daran, würzt vorsichtig mit einem Stückchen Muskatblüthe und noch etwas Pfeffer und läßt es damit gut ¼
Stunde lang durchkochen. Dann gießt man die Jüs durch
ein Sieb, bringt sie wieder ins Kochen und quirlt sie mit 4
Eidottern ab.

Auch zu dieser Jüs kann man Kalbfleisch= und Schinken=
Abfälle benutzen, doch müssen Letztere von allem Räucherigen
gesäubert sein.

235. Trüffelsauce zu Geflügel.

Man reinigt Trüffeln nach Nr. 4 und kocht sie in kräftiger Bouillon, unter Hinzuthun von einem Glase Portwein
oder Rothwein auf 1 Pott Bouillon, weich, was etwa eine
Stunde erfordert. Die Trüffeln werden sodann geschält, in
Scheiben geschnitten und nebst der durch ein Sieb gegossenen
Brühe mit eben so viel brauner Coulis seimig gekocht, wobei
man mit einer braunen Mehlschwitze nachhilft. Fehlt es an
der braunen Coulis, so nimmt man eine braune Mehlschwitze
von 4 Eßlöffeln voll Mehl auf den Pott und thut Gewürze,
namentlich Gewürznelken und Nelkenpfeffer, Citronensäure,
ein Lorbeerblatt, auch Suppenwurzeln nebst 4 bis 6 Eßlöffeln

Bratenjüs, an die Sauce, welche damit gut durchgekocht und vor dem Gebrauch durch ein Sieb gegossen wird.

Anm. 1. In letzterm Falle genau das Verhältniß der Gewürze anzugeben, ist nicht wohl möglich, einen Fingerzeig dazu findet man
in der Anweisung zur Bereitung der braunen Coulis.

Anm. 2. Wie später genauer mitgetheilt werden wird, kann man
Trüffeln auch bei der Bereitung fast aller Bratensaucen verwenden.
In diesem Falle giebt man die Trüffeln nebst Brühe zu der
Bratenjüs.

236. Morchelsauce zu Kalbfleisch.

Sind die Morcheln nach Nr. 3 gereinigt, so schneidet man sie in Stücke und schwitzt sie in Butter weich; getrocknete Morcheln werden in so viel Bouillon, daß sie eben davon bedeckt sind, mit etwas Butter gar gekocht. Die erhaltene Brühe wird, nachdem die Morcheln mit einer Schaumkelle herausgenommen worden, vorsichtig, unter Zurücklassung des Bodensatzes, abgegossen, mit dem gleichen Quantum brauner Coulis nebst etwas Bratenjüs vermischt und noch einmal aufgekocht, wobei man, um die Sauce seimiger zu machen, mit einer braunen Mehlschwitze nachhilft. Ist die Sauce wieder ins Kochen gebracht, so giebt man die Morcheln nebst ein wenig geriebener Muskatnuß und etwas Citronensaft hinein und läßt sie noch einmal damit durchkochen. Hat man keine Coulis, so ersetzt man dieselbe nach der Anweisung in vor-aufgehender Nummer.

237. Champignonsaucen zu Fleisch und Geflügel.

Man kann 2 Champignonsaucen bereiten, eine weiße und eine braune.

Frische Champignons werden, wenn sie zu einer weißen Sauce bestimmt sind, genau nach Nr. 1, erster Absatz, be-reitet; trockene muß man vorher in kaltem Wasser auf das Feuer bringen und einmal überkochen lassen. Die Brühe, worin sie geschwitzt worden, benutzt man sodann zur Berei-tung einer weißen Mehlschwitze, welche man zu kräftiger Bouillon rührt, und wobei man auf den Pott 4 Eßlöffel voll

Mehl rechnet. Diese Sauce bringt man ins Kochen, legt die Champignons hinein, thut ein wenig Muskatblüthe, auch wohl 1 Messerspitze voll gestoßenen weißen Pfeffer daran und läßt Alles noch einmal durchkochen.

Zu einer braunen Champignonsauce bereitet man von der Champignonbrühe eine braune Mehlschwitze, mit welcher man gute Bouillon, zu der man halb so viel kräftige braune Coulis nebst ziemlich viel Bratenjüs hinzugesetzt hat, seimig kocht. Die erhaltene Sauce gießt man durch ein Sieb, bringt sie wieder aufs Feuer und läßt sie mit den Champignons, etwas geriebener Muskatnuß und 1 Messerspitze voll fein gestoßenem weißen Pfeffer noch einmal durchkochen. Fehlt es an der Coulis, so ersetzt man dieselbe nach der Anweisung in Nr. 235.

238. Gurkensauce, besonders zu Rind= und Hammelfleisch.

Man kann die Gurkensauce von frischen und von sauer eingemachten oder Senf=Gurken bereiten. Erstere schält man sauber, theilt sie in zwei Hälften, nimmt die schwammigen Theile heraus und zerschneidet sie in Würfel oder längliche Streifen. Auf einen Pott Sauce rechnet man einen tiefen Teller voll geschnittene Gurken, welche man in einer Theetasse voll Bouillon mit 2 Eßlöffeln voll Essig, 2 bis 3 Loth Butter, etwa einem Theelöffel voll gestoßenem Zucker und einem Lorbeerblatt weich schmort; Butter und Zucker werden zuerst braun gemacht, die Gurken darauf gegeben und unter wiederholtem Umschütteln gebräunt. Sobald dieselben weich sind, thut man sie mit der Brühe, worin sie geschmort sind, in 1 Pott mit einer braunen Mehlschwitze von 4 Eßlöffeln voll Mehl seimig gekochter Bouillon, an welche man einige Eßlöffel voll Bratenjüs gegeben hat, und läßt sie damit noch einmal überkochen.

Die sauer eingemachten, sowie die Senfgurken schneidet man in Stücke, thut davon etwa eine gehäufte Theeschale voll auf den Pott in die, wie oben angegeben, vorbereitete Bouillon und läßt sie damit einige Minuten lang durchkochen. Ist die Sauce nicht pikant genug geworden, so giebt man noch von dem Essig, worin die Gurken gelegen haben, daran.

239. Weiße Cappernsauce zu Fleisch und Fischen.

Man bereitet eine weiße Mehlschwitze aus 6 Loth Butter und so viel Mehl, wie dieselbe fassen kann und gießt unter stetem Rühren über schwachem Feuer kochende Bouillon oder auch nur Wasser hinzu, bis eine seimige Sauce entsteht. An dieselbe giebt man 1 gehäuften Eßlöffel voll Cappern, und, sollte die Sauce davon nicht säuerlich genug werden, etwas Citronensaft, ferner ein paar Messerspitzen voll Salz, die abgeriebene Schale von ¼ Citrone und 1 Thee-löffel voll Zucker. Hiemit läßt man die Sauce noch 10 Mi-nuten weiter kochen und quirlt dieselbe, wenn man zu ihrer Bereitung Wasser verwandt hat, noch mit 2 Eidottern ab. Ist sie zu Fischen bestimmt, so thut man gut, etwas von der Fischbrühe dazu zu verwenden, aber nicht zu viel, damit die Sauce nicht versalzen werde.

240. Braune Cappernsauce zu Pasteten, Geflügel und Zunge.

Man bereitet die Sauce von einer braunen Coulis oder nach der in Nr. 235 für die Trüffelsauce gegebenen Anweisung, giebt auf ½ Pott 2 Eßlöffel voll Cappern, 1 Theelöffel voll Zucker, ¼ abge-riebene Muskatnuß und 1 Messerspitze voll Salz daran, und läßt das Ganze 10 Minuten lang über schwachem Feuer durchkochen.

241. Olivensauce zu Pasteten und Geflügel.

Auch diese Sauce bereitet man von einer braunen Coulis oder nach der Anweisung für die Trüffelsauce in Nr. 235. Dann steint man Oliven aus und giebt dieselben entweder ohne Weiteres, oder mit der Farce in Nr. 36 a. gefüllt, hinein, wobei man etwa 4 Oli-ven auf die Person rechnet; ferner auf 1 Pott Sauce 1 Eßlöffel voll Zucker und den Saft einer halben Citrone. Das Ganze läßt man etwa 10 Minuten über schwachem Feuer durch-kochen.

242. Petersiliensauce zu Fleisch, Geflügel und Fischen.

Man hackt eine Hand voll Petersilie, nachdem man sie von den dicksten Stengeln gepflückt und gut gereinigt hat, recht fein und schwitzt sie nebst 2 Eßlöffeln voll Mehl in 12 Loth Butter, bis man nach Nr. 20 eine weiße Mehlschwitze erhalten hat. Zu dieser gießt man unter stetem Umrühren ½ Pott kochende Bouillon, oder auch nur Wasser, und läßt die Sauce seimig kochen, wobei mit Klarmehl nachgeholfen werden kann. Während des Kochens giebt man eine Prise Salz und 1 Messerspitze voll geriebene Muskatnuß daran und quirlt endlich die Sauce, wenn man Wasser dazu ver-wandt hat, mit 2 Eidottern ab.

243. Kräutersauce zu Fleisch und Fischen.

Es werden verschiedene Kräuter, namentlich Petersilien-und Selleriekraut, Kerbel, Estragon, Citronenmelisse und Ma-joranblätter, von allen gleich viel, nebst einer Chalotte fein gehackt und mit 3 Eßlöffeln voll Mehl in 12 Loth Butter weiß geschwitzt. Dann verfährt man weiter nach der vorauf-gehenden Nummer, doch giebt man außer der Bouillon oder dem Wasser noch ein halbes Glas Weißwein, auch wohl ein wenig Sardellenbutter, an die Sauce. Will man Letztere braun haben, so bereitet man statt der weißen eine braune Mehlschwitze.

244. Meerrettigsauce zu Rindfleisch.

Man reinigt guten, nicht holzigen Meerrettig, reibt ihn, nachdem er eine Zeit lang in Wasser gelegen, recht fein und giebt ihn mit feingestoßenem Zwieback, 1 Theil davon auf 4

Theile Meerrettig, nebst etwas Zucker und Butter in kochende
Bouillon. Nachdem er darin ¼ Stunde gekocht hat, thut
man noch gut gereinigte Korinthen und Rosinen, die man
vorher einmal hat überkochen lassen, nebst ein wenig Salz
an die Sauce und läßt das Ganze noch einmal durchkochen.
Zu bemerken ist, daß die Sauce, zu welcher der Natur der
Sache nach die Maße nicht genauer angegeben werden
konnten, recht dick sein und darnach das Quantum Bouillon,
welches man verwendet, eingerichtet werden muß.

245. Meerrettig und klare Butter zu Fischen.

Man reinigt und reibt den Meerrettig nach der Anweisung in voraufgehender Nummer und servirt ihn trocken zu
geschmolzener Butter und Weinessig. Wohlschmeckender wird
er indessen, wenn man ihn vorher in so viel Sahne rührt,
daß er gut davon angefeuchtet wird, auch gleich etwas Weinessig daran giebt.

246. Zwiebelsauce zu Rind= oder Hammelfleisch.

Man zieht die äußere Haut von einer guten Portion
Zwiebeln ab, schneidet sie in dünne Scheiben und kocht dieselben in dem von der Bouillon abgenommenen Fett mit
etwas Salz, bis sie hinreichend weich sind.

247. Zwiebelsauce mit Kümmel zu Hammelfleisch.

Man bereitet die Zwiebeln nach vorstehender Nummer
und kocht sie mit einem gehäuften Theelöffel voll gut geweich-
tem Kümmel in ½ Pott recht fetter Hammelfleisch=Bouillon
weich. Dann macht man die Sauce durch Hinzurühren von
Klarmehl so seimig, wie man sie zu haben wünscht.

248. Eine bessere Zwiebelsauce zu jedem gekochten Fleisch.

Eine Untertasse voll in Würfel geschnittene Zwiebeln
schwitzt man in 8 Loth Butter gelb, giebt 2 Eßlöffel voll

Mehl dazu und läßt dies zusammen weiter schwitzen, bis das Mehl kraus ist. Dann gießt man unter stetem Umrühren so viel Bouillon hinzu, daß eine seimige Sauce entsteht, läßt dieselbe mit dem nöthigen Salz, einer Prise gestoßenem Pfeffer und eben so viel geriebener Muskatnuß durchkochen, bis die Zwiebeln weich sind und quirlt sie mit 2 Eidottern ab. — Man kann nach Belieben auch 1 Eßlöffel voll Essig oder nach Verhältniß Citronensäure an die Sauce geben.

249. Sauerampfersauce zu Fleisch und Fischen.

Zu einer guten Mehlschwitze nach Nr. 20 giebt man eine Hand voll gut gereinigten und klein geschnittenen Sauerampfer, den man ein paar Minuten darin mit weich schwitzt, dann gießt man unter fortgesetztem Rühren so viel Bouillon hinzu, daß eine seimige Sauce entsteht, die man mit einer Prise Salz und ¼ geriebener Muskatnuß auf ½ Pott würzt und mit 2 Eidottern abquirlt.

250. Senfsauce zu Fleisch.

Man kocht ½ Pott Bouillon mit 4 Eßlöffeln voll Senf, 2 Loth Butter, Essig nach Belieben und Klarmehl von 2 Theelöffeln voll Mehl unter starkem Rühren durch und quirlt die Sauce mit 2 Eidottern ab.

251. Senfsauce zu Fischen.

Man bringt 6 Loth Butter mit 6 Loth Senf und so viel Wasser und Fischwasser, von jedem die Hälfte, daß die Sauce für 8 Personen reicht, ins Kochen, giebt 2 Theelöffel voll Zucker, oder nach Geschmack mehr, daran und rührt Klarmehl von Kartoffelmehl hinzu, bis die Sauce dickseimig ist. Endlich quirlt man sie mit 2 Eidottern und einem Stücke kalter Butter ab.

252. Senffauce, zu Fleiſch, Fiſchen und Eiern verwendbar.

Man kocht 6 Loth Butter mit ¼ Pott Waſſer auf, rührt dies mit Klarmehl von Kartoffelmehl ſeimig und endlich ſo viel Senf hinzu, daß die Sauce den gewünſchten Geſchmack erhält. Auch dieſe Sauce wird durch Hinzuthun von ein wenig Zucker angenehmer.

253. Heringsſauce zu Fleiſch und Fiſchen.

Eine mittelgroße Zwiebel wird ganz fein gehackt und mit 2 Eßlöffeln voll Mehl in 4 Loth Butter gelb geſchwitzt. Dieſe Schwitze kocht man mit ½ Pott Bouillon oder Waſſer und, wenn möglich, mit etwas Bratenjüs zu einer ſeimigen Sauce, würzt dieſe mit 1 Meſſerſpitze voll Nelkenpfeffer, eben ſo viel ſchwarzem Pfeffer und dem Safte von ¼ Citrone und quirlt ſie mit 2 Eidottern ab. Nachdem man ſie vom Feuer genommen und ganz aus dem Kochen hat kommen laſſen, rührt man das feingehackte Fleiſch eines Herings daran, welcher vorher eine Stunde lang, am beſten in Milch, ausgefriſcht iſt, und färbt, wenn man die Sauce braun haben will, mit etwas Zuckerfarbe (Nr. 34). Darauf reibt man die Sauce durch ein Sieb und erhitzt ſie wieder über dem Feuer, läßt ſie jedoch nicht ins Kochen kommen, weil ſie dadurch einen thranigen Geſchack annehmen würde.

Anm. Will man der Sauce einen andern Geſchmack geben, ſo kann man ſtatt der vorgeſchriebenen Gewürze auch 1 Eßlöffel voll Senf, 1 Theelöffel voll Peterſilie und halb ſo viel Eſtragon, beides fein gehackt, wählen.

254. Weiße Sardellenſauc.

Zu ½ Pott Sauce ſchwitzt man 2 Eßlöffel voll Mehl in eben ſo viel Butter und mit 4 gehackten Chalotten weiß. Zu dieſer Schwitze rührt man die erforderliche kräftige Bouillon und läßt ſie mit einer Meſſerſpitze voll ſchwarzem Pfeffer, eben ſo viel Nelkenpfeffer und einem Lorbeerblatt ein paar

Minuten lang durchkochen. Mit einigen Löffeln voll von
dieser Sauce rührt man dann 2 gute Eßlöffel voll Sardellen=
butter (Nr. 9) klein, giebt dies nebst einem halben Glase
Weißwein wieder daran und läßt es unter gutem Rühren
eben einmal aufkochen, längeres Kochen würde die Sauce
bitter machen.

255. Braune Sardellensauce.

Hat man braune Coulis, so kocht man damit ½ Pott
Bouillon seimig, giebt den Saft von ½ Citrone nebst 3 Eß=
löffeln voll Sardellenbutter daran und läßt Alles unter gutem
Rühren eben einmal aufkochen.

Ist keine braune Coulis vorhanden, so kocht man die
Sauce im Uebrigen nach dem voraufgehenden Recepte, nur
daß man eine braune Mehlschwitze bereitet und, wenn man
Bratenjüs (Nr. 233 b.) hat, einige Eßlöffel voll davon, so wie
auch einen Löffel voll Cappern daran giebt. Wird die Sauce
nicht braun genug, so hilft man mit Zuckerfarbe (Nr. 34) nach.

256. Krebssauce zu Geflügel und Fischen.

Zu ½ Pott Sauce bereitet man nach Nr. 8 Krebsbutter
von 10 Krebsen, in welcher man 2 Eßlöffel voll Mehl weiß
schwitzt. Hiezu rührt man hinreichend von der Bouillon, von
welcher die Krebsbutter abgefüllt worden und würzt vorsichtig
mit ein wenig Muskatblüthe. Soll die Sauce zu Geflügel
verwandt werden, so nimmt man bei Bereitung der Krebs=
butter die von dem Geflügel gekochte Bouillon und thut gern
noch einige ganz kleine Klößchen von der Farce in Nr. 36 a.
hinein; ist dagegen die Sauce für Fische bestimmt, so drückt
man den Saft von ¼ Citrone daran und legt das Fleisch
aus den Scheeren und die ausgebrochenen Schwänze, Letztere
der Länge nach durchschnitten, hinein.

257. Austernsauce zu Geflügel und Fischen.

Vorbem. Um die Austern zu öffnen, nimmt man sie beim scharfen Ende, die flache Seite nach oben, in die linke Hand, bohrt mit dem Austermesser in die Mitte des hintern stumpfen Theils, des sog. Schlosses, bricht dasselbe auf und fährt mit dem Messer dicht unter der flachen oberen Austernschale entlang. Fehlt es an einem Austermesser, so muß ein starkes gewöhnliches Tischmesser genügen, man umwickelt dann aber die linke Hand mit einem Tuche, um sie nicht zu verwunden, wenn, wie es oft geschieht, das Messer ausgleitet.

Zu ½ Pott Sauce rechnet man 25 Stück holsteinische Austern. Man befreit dieselben von den Bärten, und legt Letztere zum Abkochen auf ein Sieb über ein Gefäß, in welches man das übrige Austerwasser gegossen hat. Ferner schwitzt man 2 Eßlöffel voll Mehl in 4 Loth Butter, rührt zu dieser Schwitze die nöthige Bouillon mit dem Safte von ½ Citrone und läßt Alles seimig kochen. Dann nimmt man die Sauce vom Feuer und legt die Austern hinein, die nicht darin kochen dürfen. — Man kann auch die eine Hälfte der Austern in klein gerührtem Ei und gestoßenem Zwieback paniren und sie in gelb geschwitzter Butter ein ganz wenig backen; diese Austern kommen alsdann zuletzt und erst kurz vor dem Anrichten in die Sauce.

258. Muschelsauce zu Fleisch= und Fischspeisen.

Man reinige und koche die Muscheln nach der Vorschrift in Nr. 122 und befreie sie von den Bärten. Im Uebrigen verfährt man mit der Sauce nach der Anweisung in der vorigen Nummer, nur daß man nicht Bouillon dazu nimmt, sondern von dem Wasser, worin die Muscheln gekocht sind, und daß man die Sauce mit 2 Eidottern abquirlt.

259. Sauce à la Béchamel (zu vielen Gerichten passend).

Man schwitzt 4 mittelgroße, in feine Scheiben geschnittene Zwiebeln mit einer Schinkenschnitte von 4 Loth in 6 Loth

Butter weich, nimmt dann den Schinken heraus und läßt
noch 2 Eßlöffel voll Mehl in der Butter mit den Zwiebeln
weiß schwitzen. Hiezu rührt man ¼ Pott Bouillon und ¼
Pott Sahne, läßt unter stetem Rühren die Sauce seimig
kochen, gießt sie durch ein Sieb und läßt sie mit einer Prise
Salz noch einmal überkochen.

260. Eine Sauce zu Fricassees.

Zu einer weißen Mehlschwitze von 2 Eßlöffeln voll Mehl
(Nr. 20) rührt man von der Bouillon, welche von dem zum
Fricassee bestimmten Fleische oder Geflügel gekocht ist, ½ Pott
nebst einem halben Glase Weißwein und dem Safte einer
halben Citrone, läßt die Sauce unter stetem Rühren seimig
kochen und quirlt sie mit 2 Eidottern ab.

261. Robert-Sauce zu Cotelettes und Bratwürsten.

Man bereitet eine gelbe Mehlschwitze von 2 Eßlöffeln
voll Mehl und schwitzt 1 Eßlöffel voll gehackte Zwiebeln
darin gelb. Hiezu rührt man ½ Pott Bouillon, 2 Eßlöffel
voll Bratenjüs, eben so viel Weinessig, eben so viel Senf,
eine Prise Salz, 1 Messerspitze voll Pfeffer und 1 gehäuften
Theelöffel voll Zucker. Ist die Sauce seimig gekocht, so giebt
man sie durch ein Sieb, läßt sie noch einmal wieder aufkochen und färbt sie, wenn sie nicht dunkel genug sein sollte,
mit etwas Zuckerfarbe (Nr. 34).

262. Rosinensauce zu Kalbskopf.

Man röstet Mehl nach Nr. 21 und rührt davon so viel
zu 1 Pott Bouillon, oder, wo diese fehlt, zu eben so viel
Brühe von dem Kalbskopf, daß eine seimige Sauce entsteht,
die man noch mit Zuckerfarbe oder Bratenjüs nachfärben
kann. Die Sauce gießt man durch ein Sieb und thut eine
Hand voll gut gereinigte Rosinen, eben so viel Korinthen,
3 Loth geschälte und in Stifte geschnittene Mandeln, so wie
ferner 1 Glas Wein, den Saft einer Citrone, ½ Theetasse

voll Weinessig und endlich 2 Eßlöffel voll Zucker und eine
Prise Salz daran. Dies läßt man zusammen durchkochen, bis
Rosinen und Korinthen weich sind, worauf man die Sauce
kostet und, je nachdem sie für den Geschmack noch zu sauer
oder zu süß sein sollte, mit Zucker oder Citronensäure nachhilft.

Anm. Das angegebene Quantum Sauce reicht für einen ganz
großen Kalbskopf; ist der Kalbskopf nur von mittlerer Größe, so
bereitet man verhältnißmäßig weniger.

263. Citronensauce zu Fleisch= und Fischspeisen.

Zu ½ Pott Sauce knetet man einen Eßlöffel voll Mehl
mit 6 Loth Butter zusammen, rührt dies mit der erforderlichen
Bouillon glatt, bringt es ins Kochen und thut 4 Loth Zucker,
worauf die Schale einer großen Citrone abgerieben worden,
nebst dem Safte von 1½ Citrone, so wie einer Prise Salz
daran. Nachdem die Sauce hiemit einige Stunden gekocht
hat, quirlt man sie mit 2 Eidottern ab und süßt, je nach dem
Geschmacke, noch nach.

264. Buttersauce zu Fleisch, Fisch und Gemüsen.

Man läßt 6 Loth Butter über dem Feuer zergehen, rührt
zunächst 2 Eßlöffel voll Mehl und dann je nach der Bestim-
mung der Sauce zu Fleisch, Fisch oder Gemüse, ½ Pott
Bouillon, Fischwasser oder Wasser allein dazu, und kocht
die Sauce unter Hinzuthun von ¼ geriebener Muskatnuß, oder
1 gehäuften Theelöffel voll fein gehackter Petersilie seimig. Fischwasser allein würde die Sauce zu salzig machen, man muß
es daher mit Wasser vermischen. Ist die Sauce für gewisse
Fischsorten, z. B. Karauschen, bestimmt, so thut man lieber
etwas Muskatblüthe und Zucker, je nach dem Geschmacke
mehr oder weniger, daran. Zuletzt quirlt man die Sauce mit
2 Eidottern ab.

265. Travemünder Sauce zu Seefischen.

Man bereitet eine weiße Mehlschwitze von 2 Eßlöffeln
voll Mehl und ¼ ℔ Butter, rührt Fischwasser, mit so viel

anderem Wasser vermischt, daß es nicht zu salzig ist, im
Ganzen ½ Pott, dazu, thut 8 Körner schwarzen Pfeffer und
¼ geriebene Muskatnuß, so wie die Säure von ¼ Citrone
daran und läßt das Ganze 10 Minuten lang kochen. Kurz
vor dem Anrichten quirlt man die Sauce mit 2 Eidottern
und einem Stückchen kalter Butter ab.

266. Holländische Sauce zu Fischen und Gemüsen.

Mit 10 Loth zu Sahne geriebener Butter rührt man 4
Eidotter und 2 Eßlöffel voll Mehl recht gut durcheinander.
Hierzu rührt man sodann, wenn die Sauce zu Fischen bestimmt ist, ½ Pott lauwarmes Fischwasser, mit so viel anderem Wasser vermischt, daß die Sauce ja nicht zu salzig
wird, sonst blos ½ Pott lauwarmes Wasser, drückt den Saft
einer Citrone dazu und giebt ½ Eßlöffel voll Zucker und die
Schale von ¼ Citrone daran. Sodann rührt man die Sauce
auf gelindem Feuer so lange, bis sie einmal übergekocht ist.

267. Sauce zu Blumenkohl und Spargeln.

Man rührt einen gehäuften Eßlöffel voll Mehl mit 6
Loth zerlassener Butter zusammen. Hiezu rührt man sodann
½ Pott Blumenkohlwasser und Milch, von Ersterem ¾, von
Letzterer ¼, und bringt die Sauce zum Kochen. Sodann
würzt man mit 1 Messerspitze voll Muskatnuß, und wenn die
Sauce noch nicht salzig genug ist, mit einer Prise Salz und
giebt, wenn man will, 1 kleinen Theelöffel voll Zucker daran und
quirlt vor dem Anrichten die Sauce mit 2 Eidottern ab.

Ist die Sauce zu Spargeln bestimmt, so nimmt man
selbstverständlich Spargelwasser.

Hat man Krebsbutter, so wird die Sauce noch wohlschmeckender, wenn man diese verwendet und der Länge nach
durchschnittene Krebsschwänze, auch ein paar nach der Anweisung in Nr. 3 zubereitete und in Stücke geschnittene Morcheln
daran giebt. Diese Sauce eignet sich jedoch nur zu Blumenkohl.

268. Saucen zu Pellkartoffeln und Hering.

Eine sehr beliebte Sauce zu Pellkartoffeln ist die Speck- und Zwiebelsauce. Man schneidet dazu Speck in recht kleine Würfel und läßt dieselben, indem man hin und her rührt, gelb braten; dann thut man ein gleiches Quantum gleichfalls in kleine Würfel geschnittene Zwiebeln hinzu, mit welchen die Sauce unter fortgesetztem Hin- und Herrühren weiter brät, bis die Zwiebeln gelb sind; nicht länger, sonst verlieren sie ihren Wohlgeschmack. Gesalzen wird die Sauce, indem man während des Bratens das nöthige Salz auf den Rand des Bodens der Pfanne legt und ein wenig heißes Wasser darauf gießt; unterließe man Letzteres, so würde das Salz entweder gar nicht, oder doch nur theilweise aufgelöst werden. Je kleiner namentlich die Speckwürfel geschnitten sind, desto besser wird das Aussehen und der Geschmack der Sauce.

Eine andere wohlschmeckende Sauce erhält man, wenn man in Würfel oder auch in dünne Scheiben geschnittene Zwiebeln in Butter leicht braun brät, wobei gleichfalls noch gesalzen werden muß. — Diese Sauce läßt sich auch noch in der Weise verändern und dadurch billiger herstellen, daß man nach Belieben Mehl in der Butter röstet und so viel Bouillon oder Wasser hinzurührt, daß die Sauce die gewünschte Seimigkeit erhält; auch kann man die Sauce bereiten, indem man die Zwiebeln in Butter oder Bratenfett unter Hinzuthun von hinreichend Bouillon oder Wasser weich kocht.

Endlich schmeckt auch die Senfsauce in Nr. 252 zu Pellkartoffeln sehr gut.

B. Kalte Saucen.

269. Citronensauce.

Man bereitet diese Sauce ganz, wie für die Citronensauce in Nr. 263 angegeben worden, hat aber dabei zu beachten, daß man sie während des Erkaltens fortwährend

rühren muß. Man kann aber auch eine weiße Coulis
(Nr. 231 a.) verwenden, welche man mit so viel Bouillon
vermischt, daß eine seimige Sauce entsteht. Im Uebrigen
verfährt man weiter nach Nr. 263, quirlt jedoch die Sauce
nicht mit Eidottern ab.

270. Mayonnaisen=Sauce.

Vorbem. Von dieser in sehr verschiedener Weise bereiteten Sauce,
die man fast zu allen kalten Fleisch= und Fischspeisen verwenden
kann, folgen im Nachstehenden die hauptsächlichsten Arten.

Man zerreibt die hartgekochten Dotter von 4 Eiern und
rührt damit 4 rohe Eidotter nebst einer guten Prise Salz so
lange durch, bis sich eine ebene gleichartige Masse gebildet
hat. Dann rührt man 12 bis 15 Loth feines Provence=Oel,
oder die eine Hälfte Oel, die andere guten Rahm, tropfenweise
und so langsam hinzu, daß man wenigstens eine halbe Stunde
darauf verwendet. Hiezu giebt man unter fortgesetztem Rüh=
ren den Saft einer halben Citrone, ½ Tasse Estragon=Essig
(Nr. 6), in welchem ein Stück Zucker aufgelöst worden, nach=
dem man darauf die Schale von ¼ Citrone abgerieben hat,
⅙ Flasche Madeira und 1 Tasse kräftige Bouillon, nebst einer
Prise Salz. Soll die Sauce zu Fleischspeisen verwandt wer=
den, so würzt man sie noch mit einer Messerspitze voll ge=
stoßenem Pfeffer, ist sie zu Fischen bestimmt, so giebt man
½ Theelöffel voll Ingwer daran. Auch kann man ein paar
Theelöffel voll Senf und einige Cappern zusetzen.

Anm. Man muß unausgesetzt, und zwar immer nach derselben Seite
hin, rühren, damit die Sauce nicht gerinne. Sollte dies dennoch
geschehen, so rührt man 2 bis 3 Eidotter eben und gießt die
Sauce unter fortwährendem starken Rühren allmälig hinzu; hie=
durch wird der Fehler sicher gehoben.

271. Mayonnaisensauce anderer Art.

Man bereitet eine weiße Mehlschwitze (Nr. 20) von 1 Eß=
löffel voll Mehl und 4 Loth Butter oder Provence=Oel.
Hiezu rührt man eine Tasse kräftige Bouillon nebst 2 Eßlöf=
feln voll Stand von Kalbsfüßen (Nr. 220) und läßt dann

dies zu einer seimigen Sauce verkochen. Ist dieselbe wieder abgekühlt, so stellt man sie auf Eis, giebt unter stetem Rühren nach derselben Seite hin 4 Eßlöffel voll Estragon=Essig und 6 Eidotter daran, würzt mit einer Messerspitze voll gestoßenem Pfeffer und einer kleinen Prise Salz, und rührt endlich nach der Anweisung in der vorigen Nummer 10 Loth Provence=Oel dazu.

272. Mayonnaisensauce mit Kräutern.

Man hackt verschiedene Kräuter, namentlich Petersilie, Estragon, Majoran und Schnittlauch, in gleichen Mengen, recht fein, reibt eine Chalotte dazu und rührt ein Glas Weißwein dazwischen. Diese Mischung rührt man allmälig zu 4 hartgekochten zerriebenen Eidottern, welche mit 4 rohen Eidottern recht eben gerührt sind, und rührt endlich 4 Eßlöffel voll Weinessig und nach der Anweisung in Nr. 270 10 Loth Provence=Oel hinzu, indem man mit ¼ geriebener Muskatnuß und einer Prise Salz würzt. Ist Alles gut durcheinander gebracht, so wird ¼ Pott braune Coulis dazu gerührt und das Ganze durch ein Sieb gerieben. Von den Kräutern ist so viel zu nehmen, daß die Sauce ein grünliches Aussehen erhält.

273. Eine einfache Mayonnaisensauce.

Man reibt 8 Loth Butter zu Sahne und rührt 8 Eßlöffel voll Weinessig und darauf 8 Eßlöffel voll Provenceöl nach der Anweisung in Nr. 270, so wie endlich die geriebenen Dotter von 4 hartgekochten Eiern, nachdem sie vorher mit ein wenig Essig recht eben gerührt worden, dazu. Endlich würzt man mit einer guten Messerspitze voll gestoßenem Pfeffer und einem halben Theelöffel voll Zucker. Die Sauce muß so lange gerührt werden, bis sie gleichmäßig seimig ist.

274. Remoladensauce.

Man reibt die Dotter von 3 hartgekochten Eiern fein und rührt sie mit 2 rohen Eidottern eben. Hiezu mischt man

10*

1 Theelöffel voll gehackte Petersilie, halb so viel Schnittlauch, auch, wenn man will, eine geriebene Chalotte, rührt es mit einander durch und giebt unter fortgesetztem Rühren 6 Eßlöffel voll Provence-Oel, ¼ Pott Essig, ½ Weinglas Madeira, 1 Eßlöffel voll Zucker und 1 Messerspitze voll Pfeffer daran. Ist Alles gut durcheinander gerührt, so reibt man es durch ein Sieb. — Ist die Sauce zu Wildschweinskopf bestimmt, wozu sie sich besonders eignet, so giebt man kurz vor dem Anrichten noch ein paar Eßlöffel voll Johannisbeersaft daran.

275. Einfache Sauce zu kaltem Rindfleisch.

Man rührt drei fein geriebene Dotter von hartgekochten Eiern mit etwas Essig eben, und giebt sodann ganz allmälig unter stetem Rühren 3 Loth Provenceöl, 3 Eßlöffel voll Essig, ein paar feingehackte Chalotten, ein paar Messerspitzen voll Pfeffer und so viel Bouillon dazu, daß die Sauce die richtige Consistenz erhält; ein Theelöffel voll Zucker macht sie noch wohlschmeckender.

276. Einfachste kalte Sauce.

Diese bereitet sich Jeder selbst bei Tische aus dem Inhalte der Plattmenage. Man giebt auf seinen Teller etwa einen Theelöffel voll Senf, ein paar Messerspitzen voll Pfeffer, 3 bis 4 Theelöffel voll Essig und 2 Theelöffel voll Provence-Oel. Dies rührt man gehörig durcheinander und zuckert dabei ein klein wenig. Diese Sauce, so einfach sie ist, schmeckt sehr gut zu kaltem Kalbs- und Rinderbraten und namentlich auch zu Aal in saurer Gelee.

277. Saucen zu Endivien-Salat.

Will man den Salat nicht einfach mit Oel und Essig bereiten, wobei man nie versäumen sollte, etwas Zucker hinzuzuthun, so giebt man entweder eine Sahne-, Eier- oder Speck-Sauce darüber. Erstere bereitet man, indem man ausreichend dicke saure Sahne mit einem Quirl tüchtig schlägt und dabei Essig und etwas Zucker dazu giebt. Zur Eiersauce rührt man drei hartgekochte feingeriebene Eidotter mit ein wenig Essig eben und giebt unter stetem Rühren 6 Eßlöffel voll Provenceöl, 1 Glas Rothwein und so viel Essig daran, daß die Sauce so dünn wird, wie man sie zu haben wünscht. Endlich macht man dieselbe durch Hinzuthun von ein wenig Zucker wohlschmeckender. — Um die Speckauce zu bereiten, schneidet man Speck in recht kleine Würfel und brät ihn in einer Bratpfanne, bis er eben hellgelb wird; dann giebt man unter fortwährendem Rühren 4 Eßlöffel voll Sirup und eine Theetasse voll Essig, mit einem Drittheil Wasser vermischt, dazu und macht endlich die Sauce mit etwas Klarmehl von Kartoffelmehl seimig. Man muß sich hüten, den Speck zu Anfang zu braun zu braten, weil sonst die Würfel beim Hinzuthun des Sirups und Essigs leicht schwarz werden. Vor der Verwendung muß man die Sauce vollständig erkalten lassen.

VIII. Entrees von Fleisch und Geflügel und sonstige Saucen-Gerichte.

278. Allgemeine Unterweisungen in Betreff des Fleisches und Geflügels.

Zu Fleischgerichten jeder Art sollte man stets nur Fleisch von bester Qualität wählen, da solches nicht allein das wohlschmeckendste, sondern, wovon sich die aufmerksame Hausfrau gar bald selbst überzeugen wird, auch das billigste ist. Fleisch von altem mageren Vieh kann oft durch die sorgfältigste Behandlung und die besten Saucen kaum genießbar gemacht werden; statt locker aufzuquellen, kriecht es in sich zusammen und verdichtet sich zu einer harten Masse, die oft selbst gute Zähne kaum bewältigen können. Der Natur der Sache nach kauft man bei solchem Fleische stets auch unverhältnißmäßig viel mehr Sehnen und Knochen, so daß endlich, bei rechtem Lichte besehen, man durch scheinbare Ersparniß von kaum einem Drittheil des Preises an obendrein unschmackhaftem Fleische nur etwa die Hälfte erhält. Anders steht die Sache freilich, wenn das Fleisch nur zu Bouillon verwandt und zu diesem Zwecke ganz ausgekocht werden soll; hier thut man sogar gut, Fleisch von einem älteren Thiere zu nehmen, da dasselbe mehr von den Stoffen enthält, welche die Bouillon kräftig machen. Die Kennzeichen für die Güte des Fleisches und Geflügels sind in Abschn. I. Nr. 7 enthalten.

Aber auch das beste Fleisch kann durch unrichtige Behandlung seinen ganzen Werth verlieren, indem es, wenn man nicht alle darauf bezüglichen Unterweisungen beachtet, bei aller Güte doch unschmackhaft und zähe oder hart und trocken auf den Tisch kommen wird.

Vor allen Dingen verwende man kein ganz frisch geschlachtetes Fleisch; wie dasselbe auch bereitet werden mag, es ist ihm eine gewisse Festigkeit und Härte der Fleischfaser nicht zu nehmen; namentlich gilt dies für Rindfleisch. Alles Fleisch und Geflügel muß bei seiner Verwendung im Sommer mindestens 2 bis 3 Tage, im Winter kann es 8 Tage und darüber alt sein. Damit es nicht verderbe, muß man es freilich im Sommer auf Eis legen, oder, wenn es daran fehlt, an einem kühlen schattigen Orte, wenn irgend möglich in Zugluft, aufhängen. Ist auch dies nicht zu erreichen, so hänge man das Fleisch eine Nacht hindurch in möglichst scharfen Zug, schlage es sorgfältig in ein Tuch und vergrabe es in der Frühe an einer schattigen Stelle, lasse das Kalbfleisch jedoch nicht länger als 2 Nächte, Rindfleisch oder Wild nicht länger als 3 Nächte in der Erde; für Geflügel genügt in der Regel schon eine Nacht. Dies letztere, wohl seiner Umständlichkeit wegen im Ganzen nur selten angewandte

Verfahren ist unbedingt das beste, weil das Fleisch dadurch mehr, als durch irgend ein anderes, an natürlicher Mürbigkeit gewinnt.

Viel hängt für die Güte eines Fleischgerichts endlich davon ab, daß man in Betreff der Zeit und der Art und Weise des Kochens und Bratens das Richtige treffe; zu langes Kochen und Braten entkräftet das Fleisch, zu schnelles Kochen und Braten macht es von außen hart und läßt es inwendig roh und zähe. Solches Fleisch wird sehr verkehrter Weise häufig mit durch und durch garem, dabei aber rothem und so saftigem Fleische verwechselt, daß ihm beim Durchschneiden eine hellröthliche Jüs entfließt, eine Eigenschaft, die namentlich gebratenem Fleische, soll es anders seinen vollen Wohlgeschmack haben, nie fehlen darf. Man erreicht dies dadurch, daß man das Fleisch gleich zuerst scharf anbrät, sodann aber dasselbe bei ermäßigter Hitze ganz langsam weiter braten läßt. Ueber die Dauer des Kochens und Bratens der verschiedenen Fleischarten bindende allgemeine Regeln zu geben, ist nicht wohl möglich, es hängt dieselbe nicht von den Fleischarten allein, sondern auch von dem Alter des Thieres, von welchem das Fleisch genommen wird, von der Größe des Stückes, auch von der Art der Geschirre und bei Fleisch, welches zu Braten bestimmt ist, namentlich von den Küchen-Anstalten ab, indem es einen großen Unterschied macht, ob das Fleisch am Spieße, im Bratofen oder in der Bratpfanne gebraten wird. Bei den folgenden einzelnen Anweisungen wird diese Frage thunlichste Berücksichtigung finden und soll hier nur noch bemerkt werden, daß es bei der Bereitung von Braten durchaus verkehrt ist, sich durch Hineinstechen mit einer Gabel von dem Grade der Mürbigkeit überzeugen zu wollen; den durch die Gabel gemachten Löchern entfließt stets ein Theil des Fleischsaftes und das Fleisch wird um so viel trockener, als ihm davon entzogen wird; wird das Fleisch aber gekocht, so schadet ihm ein Untersuchen mit der Gabel eben nicht.

A. Entrees rc. von Rindfleisch.

279. Suppenfleisch mit Saucen.

Man wählt von recht saftigem Rindfleisch ein Stück aus der Kernbrust oder der Schammbrust, aus dem Bauche oder ein Rippenstück, wäscht es tüchtig mit kaltem Wasser, wässert es aber nicht aus, und bringt es in so viel bereits kochendes Wasser, daß es gut davon bedeckt ist, auf das Feuer. Dann salzt man sogleich vorsichtig, wobei man auf 8 ℔ Fleisch eine Hand voll Salz rechnet. Kocht das Wasser wieder, so schäumt man es sofort und so lange ab, wie sich noch Schaum bildet, thut Suppenwurzeln daran und läßt es verdeckt langsam weiter kochen, bis es weich ist. Wie lange dies dauert, hängt ganz von dem Alter und der Art des Rindes ab, von welchem das Fleisch genommen worden. Fleisch von einem alten Thiere wird nie weich werden, Fleisch von jungen gemästeten Kühen und Starken schneller, als das von Ochsen. Im Durchschnitt kann man rechnen, daß das Kochen 3 bis 3½ Stunden dauern muß. Ein sicheres Kennzeichen für Fleisch von einem jungen Thiere ist, wenn es nach etwa halbstündigem Kochen stark aufquillt; man muß in diesem Falle besonders vorsichtig sein, weil schon ein nur ein wenig zu langes Kochen dem Fleische bedeutend schaden würde.

Ist das Fleisch gar, so nimmt man es aus der Brühe, legt es auf eine Schüssel und servirt es entweder mit geschälten Kartoffeln allein, oder nebenbei auch mit gestobten Mohrrüben. Ferner reicht man dazu eine Zwiebelsauce nach Nr. 246 und außerdem eine Meerrettigsauce nach Nr. 244, eine Sardellensauce nach Nr. 254 oder 255, eine Heringssauce nach Nr. 253 oder eine Senfsauce nach Nr. 250.

Um übrig gebliebenes Rindfleisch aufzuwärmen, legt man es entweder in die vorher wieder ins Kochen gebrachte Bouillon und läßt es in derselben an einer heißen Stelle stehen, bis es wieder durch und durch erwärmt ist, oder man schneidet es, wenn es an Bouillon fehlt, in Scheiben, erwärmt es sofort in der dazu bestimmten Sauce und servirt es in

derselben. Besonders hiezu geeignete Saucen sind die Zwie-
belsaucen in Nr. 246 und 248, sowie die Heringssauce in
Nr. 253 oder eine der Sardellensaucen in Nr. 254 und 255.

280. Boeuf à la mode.
(Vorzüglich.)

Ein Stück Rindfleisch aus der Keule, am besten eine
sog. Binnenkluft oder sonst auch ein Schwanzstück, von 12 ℔
wird gewaschen und mit dem Fleischklopfer tüchtig geklopft.
Sodann sticht man mit einem spitzen Messer Löcher in das
Fleisch und schiebt in dieselben Speckstreifen von der Länge
und Dicke eines kleinen Fingers, welche vorher in einer
Mischung von gestoßenem schwarzen Pfeffer, Nelkenpfeffer und
Salz — vom schwarzen Pfeffer etwas weniger — gut umgekehrt sind. Dabei rechnet man auf ein Stück Fleisch von
12 ℔ 1 ℔ Speck. Das so zubereitete Fleisch legt man in eine
Mischung von schwachem Bier und Essig, von Ersterem ¾,
von Letzterem ¼, so daß es grade davon bedeckt ist, und läßt
es darin im Sommer 4 bis 5, im Winter 8 Tage lang liegen.
Zur weitern Bereitung macht man ¼ ℔ Butter nach Nr. 13
in einem Schmortopfe braun, legt das vorher mit etwas
Salz bestreute Fleisch hinein, läßt es auf beiden Seiten darin
braun werden und giebt von der Flüssigkeit, worin es gelegen, etwa ein Viertheil daran. In derselben läßt man es
gut verdeckt schmoren, kehrt es von Zeit zu Zeit um und gießt
wiederholt, so oft dies durch das Einschmoren nöthig gemacht
wird, von der Flüssigkeit hinzu, bis dieselbe ganz verbraucht
ist. Sollte indessen, wovon man sich durch Kosten überzeugen
muß, die Sauce hiebei zu sauer werden, so läßt man von
der Flüssigkeit zurück und nimmt dafür Bouillon, oder auch
nur Wasser. Beim jedesmaligen Nachgießen hebt man das
Fleisch ein wenig in die Höhe. Nachdem das Fleisch 2 Stunden geschmort hat, giebt man eine Kruste Schwarzbrod, etwa von
der Größe einer Hand, daran und endlich etwa ¼ Stunde
vor dem Garwerden eine kleine in Scheiben geschnittene
Citrone, woraus man die Kerne sorgfältig entfernt hat. Mit
dem Fleische nimmt man die Brodkruste zugleich aus der

Sauce, gießt ¼ Flasche Rothwein hinzu, läßt sie damit noch
einmal durchkochen und giebt sie endlich durch ein Sieb.
Sollte die Sauce nicht seimig genug gerathen sein, so kann
man während des letzten Durchkochens mit ein wenig Klarmehl nachhelfen. — (Mit Brat= oder Pellkartoffeln.)

281. Boeuf anderer Art.

Ein Stück Rindfleisch nach Angabe in der voraufgehenden Nummer, welches in derselben Art, wie dort vorgeschrie-
ben worden, gespickt ist, wird mit einer Mischung von zwei
Theilen Bieressig und einem Theile Wasser übergossen, die
man vorher mit 6 Zwiebeln mittlerer Größe, 4 Lorbeerblättern und 12 Gewürznelken aufgekocht hat. Der Essig muß
beim Uebergusse kochend heiß und so viel davon vorhanden
sein, daß er das Fleisch bedeckt, welches darin im Sommer 4
bis 5, im Winter 8 Tage oder noch länger liegen bleibt. Aus
dem Essig herausgenommen, wird das Fleisch nach Angabe
in voriger Nummer in Butter gebräunt, und unter Hinzuthun von einer gehörigen Menge Suppenwurzeln, so wie 3
bis 4 in Scheiben geschnittenen Zwiebeln und einer Schwarz-
brodkruste, in einem Viertheile des Essigs, worin es gelegen,
nebst so viel Bouillon, daß es kaum zur Hälfte bedeckt ist,
geschmort. So oft es durch das Einschmoren nöthig wird,
gießt man Bouillon nach, auch, jenachdem man das Gericht
mehr oder weniger sauer liebt, noch von dem Essig. Auch
ein paar Tassen Sahne kann man mit an die Sauce geben,
namentlich wenn dieselbe etwas sauer gerathen sein sollte.
Vor dem Anrichten wird die Sauce scharf durch ein Sieb gerieben und noch einmal eben aufgekocht. — (Mit gekochten oder
Bratkartoffeln.)

282. Geschmorte Rinderbrust mit Trüffeln.
(Vorzüglich.)

Man kocht ein Stück aus der Kernbrust 1 bis 1½ Stunden in möglichst wenig Wasser, wobei man nach Ablauf der
Hälfte der Zeit die untere Seite nach oben kehrt. Alsdann
nimmt man sie heraus, läßt sie ein wenig abkühlen und be-

steckt sie mit Scheiben von nach Nr. 4 geweichten Trüffeln,
was am besten durch Hineinschieben mit einem spitzen Messer
bewerkstelligt wird. So zubereitet bringt man das Bruststück
in einen Schmortopf mit braun gemachter Butter, läßt es
darin recht gleichmäßig hellbraun werden und gießt so viel
von der Brühe, nebst einem Glase bis zu ½ Flasche Roth=
wein, je nach der Größe des Stückes, hinzu, daß es halb
darin liegt. Ist es in dem gut zu schließenden Topfe gar
geschmort, so nimmt man es heraus, entfettet die Brühe, giebt
sie durch ein Sieb, läßt sie mit nach Nr. 4 gar gekochten
Trüffeln noch einmal gut durchkochen und macht sie während
dessen mit ein wenig Klarmehl etwas seimig. — (Mit gekochten
oder Bratkartoffeln.)

283. Schmorbraten.
(Ein Stück von 12 ℔.)

Auch hiezu eignet sich am besten eine Binnenkluft oder
ein Schwanzstück, aus welchem der Knochen ausgelöst wird.
Nachdem man das Fleisch nach der Anweisung in Nr. 278
hat hinreichend alt werden lassen, klopft man es tüchtig, reibt
es mit einer Mischung von feingestoßenem schwarzen Pfeffer,
Nelkenpfeffer und Salz ein und läßt es in braun gemachter
Butter unter fleißigem Umkehren so lange braten, bis es
ringsum gleichmäßig hellbraun ist. Sodann bestreut man es
mit Mehl, legt es auf Scheiben von Nierenfett und Zwiebeln,
welche auf dem Boden des Schmortopfes gleichmäßig ver=
theilt sind, läßt es darauf unter einmaligem Umkehren ½ bis
¾ Stunde schmoren und begießt es während dessen fleißig
mit einer Jüs nach Nr. 233 c., von welcher man sodann so
viel dazu gießt, daß es bis zur Mitte darin liegt. Nachdem
es noch 1½ Stunde geschmort hat, schneidet man unter Ent=
fernung aller Kerne die Scheiben einer kleinen Citrone daran
und läßt es jetzt weich schmoren, wobei man, wenn es nöthig
ist, noch etwas Jüs nachgiebt. Die Sauce wird vor dem
Anrichten durch ein Sieb gerieben. — (Mit gekochten oder Brat=
Kartoffeln.)

284. Ein einfacherer Schmorbraten.
(Ein Stück von 6 ℔.)

Ein nach der Anweisung in voriger Nummer zubereitetes Stück schieres Fleisch wird mit Nierenfett umwickelt, welches man mit einem Bindfaden darauf befestigt. So hergerichtet, wird das Fleisch in einen Schmortopf mit ausreichender, darin gebräunter Butter gelegt und langsam darin ½ Stunde lang unter öfterem Umkehren gebraten. Dann gießt man 1½ Pott Bouillon hinzu, giebt 3 mittelgroße Zwiebeln und einen Selleriekopf in Scheiben geschnitten, so wie ein paar Petersilienwurzeln daran und läßt das Fleisch, welches öfters umgekehrt werden muß, darin weich schmoren. Eine halbe Stunde bevor es gar ist, schneidet man ein paar Citronen= scheiben an die Sauce, welche vor dem Anrichten durch ein Sieb gerieben wird. — (Mit gekochten oder Bratkartoffeln.)

285. Hamburger Rauchfleisch.

Man reinigt ein Stück Rauchfleisch, am besten ein Kluft= stück, durch Bürsten mit lauwarmem Wasser und Nachspülen und stellt es, wenn es schon alt und hart sein sollte, 8 bis 12 Stunden lang in Wasser an eine warme Stelle des Heerdes; bei frischgeräuchertem Fleisch ist dies nicht nöthig. Sodann setzt man es in kaltem Wasser auf das Feuer, bringt es allmälig ins Kochen und läßt es ganz langsam weich kochen, was, je nach der Beschaffenheit des Fleisches, 3 bis 4 Stunden erfordert. Hierauf läßt man es, wenn es als Entree dienen oder zu Gemüsen warm gegessen werden soll, in der heiß zu stellenden Brühe noch ½ bis 1 Stunde nachziehen; soll es kalt gegessen werden, so läßt man es in der Brühe vollständig erkalten. Es wird sodann ringsum von der brau= nen Haut gesäubert, auf eine Schüssel gelegt und mit der Senfsauce in Nr. 250 servirt. Auch die Meerrettigsauce in Nr. 244 kann man dazu geben. — (Als Entree mit gestobten Kartoffeln oder Bratkartoffeln.)

286. In Bier geſchmortes Rindfleiſch.

(Ein Stück von 6 ℔.)

Ein hinreichend alt gewordenes Stück ſchieres Rindfleiſch wird gut geklopft, mit Salz eingerieben und ſodann in einen Kochtopf gelegt, deſſen Boden mit Speckſcheiben, 2 kleinen in Scheiben geſchnittenen Zwiebeln, 2 Lorbeerblättern und 8 Kör= nern Nelkenpfeffer bedeckt iſt. Sodann gießt man ſo viel mit 6 Eßlöffeln voll Eſſig und 1 Eßlöffel voll Sirup vermiſchtes Schwachbier hinzu, daß das Fleiſch zur Hälfte darin liegt, ſchließt den Kochtopf recht dicht und läßt es darin gar ſchmo= ren. Vor dem Anrichten macht man die Sauce, nachdem das Fleiſch herausgenommen worden, mit ein wenig Klarmehl etwas ſeimig. — (Mit Brat= oder Pellkartoffeln.)

287. Rollfleiſch.

Man ſchneidet von ſchierem Rindfleiſch Scheiben etwa von der Größe einer Hand und der Dicke eines kleinen Fin= gers und klopft dieſelben auf beiden Seiten, bis ſie um ein Drittel dünner geworden ſind. Dieſe Scheiben beſtreut man mit ſo viel von einer Miſchung von feingeſtoßenem ſchwarzen und Nelkenpfeffer und Salz, daß man das Gewürz eben darauf ſehen kann, belegt ſie mit dünnen mit dem erwähnten Gewürze ſchwach beſtreuten Speckſcheiben, rollt ſie mit dieſen ſo, daß dieſel= ben inwendig kommen, zuſammen auf und bindet Bindfaden, den man vorher eine Zeit lang in reinem Waſſer hat liegen laſſen, darum. Dabei rechnet man ¼ ℔ Speck auf 2 ℔ Rindfleiſch. Dieſe Rollen beſtreut man auch auswendig noch mit ein ganz wenig von dem Gewürz, ſowie mit etwas Mehl und legt ſie in einen Schmortopf, in welchem ein gutes Stück Butter — zu 2 ℔ Fleiſch etwa ¼ ℔ — braun gemacht worden iſt. Hierin läßt man ſie hellbraun werden und ſchneidet während deſſen 2 mittelgroße Zwiebeln in Scheiben daran, welche in der Butter dunkelgelb ſchwitzen müſſen. Alsdann gießt man ſo viel Bouillon zu den Rollen, daß ſie alle davon bedeckt ſind und läßt ſie darin gar ſchmoren, nachdem man noch ein Lorbeerblatt daran gethan. — Vor dem Anrichten löſt man

die Bänder wieder ab, reibt die Sauce durch ein Sieb und
giebt von derselben ein wenig über das Rollfleisch, den Rest
nebenbei. — (Mit Pellkartoffeln.)

288. Fricandeaus.

Man schneidet Rindfleisch nach der Anweisung in voriger
Nummer in Scheiben, nur müssen dieselben etwa von Daumes-
dicke sein, klopft sie, spickt sie auf der einen Seite und läßt
sie in braun gemachter Butter auf beiden Seiten braun
werden; zugleich läßt man auf 2 ℔ Fleisch 2 mittelgroße in
Scheiben geschnittene Zwiebeln mit hellbraun schwitzen. Sodann bestreut man die Fleischstücke ringsum schwach mit feingestoßenem Pfeffer und Salz, so wie mit etwas Mehl, kehrt sie so, daß
die gespickte Seite nach oben zu liegen kommt, und gießt, bis
sie gut halb davon bedeckt sind, Bouillon hinzu, an welche man
ein Lorbeerblatt und ein paar Scheiben Sellerie gegeben hat.
Sind die Fricandeaus in dieser Sauce unter wiederholtem
Begießen damit gar geworden, so richtet man sie an, indem
man von der Sauce, nachdem sie durch ein Sieb gegossen worden, ein wenig darüber giebt. Den Rest davon servirt man
nebenbei. — (Mit Bratkartoffeln.)

289. Ochsenzunge mit Sauce.

Man wäscht eine frische Ochsenzunge recht sauber und
kocht sie in gesalzenem Wasser mit Suppenwurzeln gar, was
je nach der Größe der Zunge 2½ bis 3 Stunden erfordert.
Von der heißen Zunge zieht man sodann die Haut ab und
servirt sie ganz auf einer flachen Schüssel. Als Saucen reicht
man dazu eine Trüffelsauce, eine Champignonsauce, eine weiße
Cappernsauce oder eine Rosinensauce (Nr. 235, 237, 239, 262),
zu deren Bereitung man von der Bouillon, in welcher die
Zunge gekocht worden, verwendet. Damit die Zunge inzwischen nicht kalt werde, legt man sie, während man die Sauce
bereitet, abgehäutet in die übrige heiß gestellte Bouillon. —
(Mit geschälten Kartoffeln.)

290. Farcirte Ochsenzunge.

(Ein sehr feines Gericht.)

Man bereitet und kocht eine Ochsenzunge sonst nach der vorigen Nummer, nur läßt man sie nicht ganz weich werden, sondern nimmt sie etwa ½ Stunde vorher vom Feuer. Nachdem man die Haut abgezogen, macht man der ganzen Länge der Zunge nach, etwa einen guten Finger breit von einander entfernt, zwei gleichlaufende Schnitte in dieselbe, so tief, daß die Zunge an der entgegengesetzten Seite nur noch gut zusammenhält. Die Schnittlöcher biegt man sodann auseinander und stopft so viel wie möglich von der Farce in Nr. 36 a. hinein, worauf man die Zunge mit ausgewässertem Bindfaden in der Art umwickelt, daß die Farce darin festgehalten wird. So zubereitet, bräunt man sie in einem Schmortopfe in braun gemachter Butter, wobei man sie rundum mit feingestoßenem Zwieback bestreut; gießt sodann von der Bouillon nach und nach so viel hinzu, wie man zur Sauce bedarf, und läßt sie darin völlig weich schmoren, was noch gut ½ Stunde erfordert. Nach Herausnahme der Zunge gießt man ein Glas Rothwein an die Sauce und thut Trüffeln oder Champignons nebst der Bouillon, worin sie gar gekocht worden, daran, macht sie mit Klarmehl seimig und legt, wenn sie kocht, die Zunge wieder hinein, bis sie wieder völlig erhitzt ist. Von der Sauce füllt man ein wenig über die auf eine Schüssel gelegte Zunge, das Uebrige servirt man nebenbei. — (Mit Bratkartoffeln.)

291. Danziger Klopps.

Man hackt Rindfleisch recht fein und befreit es dabei von allen sehnigen Theilen. Ferner hackt man zu 2 ℔ Fleisch ¼ ℔ Nierenfett, 6 nach Nr. 10 von Gräten und Schuppen befreite Sardellen, oder in Ermangelung derselben einen Hering, so wie eine ziemlich große Zwiebel gleichfalls sehr fein und rührt dies zusammen mit dem Fleische, nebst 10 Loth geriebener Semmel, 6 ganzen Eiern und 6 Loth Butter gründlich durcheinander. Aus dem erhaltenen Teige, den man

noch mit höchstens 2 Theelöffeln voll Salz, ½ Theelöffel voll
gestoßenem schwarzen Pfeffer und 1 Messerspitze voll geriebener
Muskatnuß gewürzt hat, formt man Klöße von der Größe
eines Hühnereies und kocht dieselben 10 Minuten lang in
Bouillon. Dann nimmt man sie heraus und bräunt sie
ringsum in einem Schmortopf in braun gemachter Butter,
gießt nach und nach von der Bouillon so viel dazu, wie man
Sauce wünscht und schmort sie darin unter öfterem Umkehren
in ½ Stunde gar. Während des Schmorens streut man so
viel feingestoßenen Zwieback an die Sauce, daß dieselbe schön
seimig wird. — Die Klopps werden in der Sauce servirt. —
(Mit gestobten oder Bratkartoffeln.)

292. Rindfleisch mit Aepfeln.

Man schneidet durchaus mageres Suppenfleisch in kleine
recht feine Scheiben und ebenso geschälte und von den Kernhäuschen befreite Aepfel in etwas dickern Scheiben. Auf
einen Suppenteller voll Fleisch und eben so viel Aepfel giebt
man 2 bis 3 Eßlöffel voll von dem von der Bouillon gefüllten Fette und eine Theetasse voll Bouillon, so wie ferner
2 bis 3 fingerlange in kleine Würfel geschnittene Pfeffergurken,
1 Lorbeerblatt, 1 Gewürznelke und 2 Körner Nelkenpfeffer,
bringt das Ganze in einem Kochtopf auf das Feuer und läßt
es zugedeckt so lange kochen, bis die Aepfel weich sind. Sodann rührt man es mit einer Prise Salz und gestoßenem
Zucker nach Geschmack ein paar Male um, vermeidet dabei
jedoch möglichst, die Aepfelscheiben zu musen. — (Mit gekochten
Kartoffeln.)

293. Beefsteaks.
(Allgemeines.)

Fast bei keinem Fleischgerichte kommt es außer der Bereitung so sehr auf die Güte des Fleisches und die richtige
Wahl des Stückes an, wie beim Beefsteak. Am besten eignen
sich dazu die Mürbebraten (Filets) vom Rinde, dieselben sind
aber schwer zu haben und sehr theuer und Fleisch von der

Kluft genügt auch vollständig, nur muß es durchaus von einem jungen Thiere und im Sommer 3, im Winter 8 Tage alt sein, auch darf man es nicht längere Zeit vor dem Gebrauche von dem großen Stücke geschnitten haben. Endlich hat man beim Zertheilen des Fleisches in die zu Steaks bestimmten Stücke stets darauf zu achten, daß man quer über den Faden schneidet.

294. Hamburger Beefsteak.

Man schneidet das Fleisch nach der Angabe in der vorigen Nummer in fingerdicke Scheiben, klopft dieselben tüchtig auf beiden Seiten, ohne sie jedoch zu zerquetschen, und hackt sie ganz oberflächlich über. Sämmtliche zu bratende Stücke schiebt man mit dem Messer von der Seite, bis sie eine möglichst gleichmäßige Form haben, legt sie auf ein Hackbrett neben einander und bestreut sie mit feingestoßenem Salz und Pfeffer. Es kommt dabei 1 gehäufter Eßlöffel voll Salz auf 2 ℔ Beefsteak, Pfeffer mehr oder weniger, je nach Geschmack, am richtigsten 1 Quentchen auf 1 ℔. Die so zubereiteten Fleischstücke legt man mit der gewürzten Seite nach unten in eine Pfanne, in welcher nicht zu wenig Butter auf starkem Feuer brät, läßt sie darin unter wiederholtem Hin- und Herschieben 5 Minuten lang braten, streut inzwischen auf die andere Seite noch etwas Pfeffer und brät sie endlich auf dieser noch 3 Minuten. Die nun fertigen Beefsteaks legt man auf eine heiße Schüssel und bereitet die Sauce dazu, indem man schnell zu dem Inhalt der Pfanne noch Wasser oder Bouillon rührt. Man gießt die Sauce entweder über die Beefsteaks oder reicht sie nebenbei. — (Mit geschälten, Brat- oder Pellkartoffeln.)

Viele lieben Zwiebeln zum Beefsteak, welche dann entweder in Scheiben, oder in feine Würfel geschnitten, dazu gegeben werden. Man legt dieselben zur Seite mit in die Pfanne, in welcher die Beefsteaks gebraten werden, gleich nachdem dieselben umgekehrt sind, brät sie, wenn letztere herausgenommen worden, vollends gar und richtet sie mit der Sauce über das Beefsteak an.

Auch Spiegel-Eier giebt man auf die Beefsteaks. Man

thut am besten, dieselben in einem abgesonderten Geschirre zu
braten und sie dann, nachdem man sie rundum glatt geschnitten, auf die fertigen Beefsteaks zu legen. Sind Letztere groß,
so gehören zwei darauf, sonst nur eins.

295. Beefsteaks von gehacktem Fleisch.

Dieselben werden in der Regel von älteren Leuten oder
Personen mit geschwächtem Magen den Beefsteaks von ge-
klopftem Fleische vorgezogen. — Um sie zu bereiten, hackt man
2 ℔ Rindfleisch zusammen mit ¼ ℔ Nierenfett so fein, wie
nur möglich und befreit es dabei von allen sehnigen Theilen;
man thut noch besser daran, das Fleisch aus den Sehnen
erst herauszuschaben und es dann mit dem schon feingehackten
Fett durchzuhacken, bis das Ganze eine teigige Masse bildet.
Aus dieser formt man Kuchen von beliebiger Größe und der
Dicke eines kleinen Fingers, mit denen man sonst ganz nach
der Anweisung in der vorigen Nummer verfährt, nur daß
man sie im Ganzen nur 5 Minuten braten läßt, sonst werden die Beefsteaks trocken. Spiegeleier pflegt man nicht auf
dieselben zu geben, Zwiebeln werden dazu gleichfalls nach der
Anweisung in voriger Nummer gebraten. — (Mit Kartoffeln
wie in voriger Nummer.)

296. Schiffs-Beefsteaks.

Bei richtiger Bereitung unzweifelhaft die wohlschmeckend-
sten unter den Beefsteaks. — Man zerlegt dazu 2 ℔ Fleisch aus
einer mehrere Tage alten Kluft in Stücke von der in Nr. 294 angegebenen Größe, jedoch von etwas geringerer Dicke, und
klopft dieselben tüchtig. In einen Schmortopf hat man ¼ ℔
Butter und ¼ ℔ in Würfel geschnittenes Nierenfett, nebst
halb so viel mittelgroßen in Scheiben geschnittenen Zwiebeln,
als Fleischstücke vorhanden sind, gethan. Darauf legt man
die Beefsteaks schichtweise und streut über jede Schicht so viel
Pfeffer und Salz, daß man im Ganzen das in Nr. 294 angegebene Quantum verbraucht; etwas mehr Pfeffer kann nicht
schaden. Sodann verschließt man den Topf so dicht, wie

irgend möglich, und läßt das Fleisch über hellem, jedoch nicht zu reichlichem Holzfeuer $^{1}/_{2}$ bis $^{3}/_{4}$ Stunden in dem Fette und seinem eigenen Safte schmoren. Steaks und Sauce, von welcher Letztern man reichlich erhält, sind sodann zum Anrichten fertig. — (Am besten mit Pellkartoffeln.)

Anm. Ein besseres Geschirr zur Bereitung dieser Art von Steaks ist die sog. Beefsteak=Maschine, welche man in der Cajüte eines jeden Schiffes findet und bei jedem Klempner kaufen kann. Es ist dies ein blecherner oder kupferner, dicht verschließbarer Kochtopf auf ziemlich hohem Fuße, mit einer Spirituslampe unter seinem Boden; der entzündete Spiritus erzeugt die zur Bereitung nöthige Hitze. — Ich bemerke übrigens noch, daß diese Art Steaks eigentlich nur ein Gericht für Herren sind.

297. Rumsteaks.

Eigentlich ein englisches Gericht, welches sich indessen bei uns mit Recht mehr und mehr einzubürgern beginnt. Es gehören dazu Rindsrippen, von welchen das untere Ende so weit abgehauen wird, daß nur das obere mit dem dicken Fleische daran übrig bleibt. Jede Rippe muß 2 Steaks geben und wird zu diesem Zwecke der Länge nach durchgesägt, das daran befindliche Fleisch aber mit einem scharfen Messer durchschnitten, von aller Haut befreit, auf beiden Seiten tüchtig geklopft und leicht übergehackt. Sodann kehrt man die Rippen in kleingerührtem Ei um, welches man vorher bereits mit gehackten Zwiebeln, feingestoßenem Pfeffer, Nelken und Salz gewürzt hat, läßt das überflüssige Ei abtropfen und brät die Steaks über hellem Feuer in reichlicher Butter, mit welcher man sie wiederholt begießt. Die Rumsteaks sind gar, wenn sie auf der einen Seite 3, auf der andern 2 Minuten gebraten haben. Um die Sauce zu bereiten, gießt man, nachdem die Steaks aus der Pfanne genommen, je nach Anzahl derselben mehr oder weniger Bouillon zu der Butter und rührt um, bis sich Beide gut verbunden haben. — (Mit geschälten oder Bratkartoffeln.)

11*

B. Entrees 2c. von Kalbfleisch.

(Vgl. Abschn. I. Nr. 7.)

298.   Farcirte Kalbsbrust.

Aus einer Kalbsbrust löst man Schulterblatt und Knochen, so wie sämmtliche Rippen, letztere, indem man sie am Brustknochen absticht, die Haut darüber aufschlitzt und sie durch die so entstandene Oeffnung vom Fleische losbricht. Befindet sich der Rückgrat mit an der Brust, so muß er vorher weggehauen werden. Die durch Auslösung des Schulterblattes und Knochens entstandene Oeffnung erweitert man noch, indem man nach der Brust zu so weit wie möglich mit dem Messer einschneidet und füllt sie mit einer der Farcen in Nr. 27 a. oder 27 m., worauf man die Oeffnung durch Zunähen wieder verschließt. Sodann läßt man die Brust unter wiederholtem Umwenden, und indem man sie zugleich, jedoch nicht zu stark, salzt, etwa $\frac{1}{2}$ Stunde lang in braun gemachter Butter braten, so daß sie ringsum recht gleichmäßig gebräunt wird. — Inzwischen hat man von den ausgelösten und vorher zerhackten Knochen, nebst 1 ℔ Rindfleisch mit nicht zu wenig Suppenwurzeln, so viel Bouillon gekocht, als man deren nach Berechnung zur Sauce bedarf. Von dieser Bouillon giebt man ein paar Kochlöffel voll unter die Brust und läßt sie darin, indem man wiederholt davon nachgießt und die Brust fleißig mit dem sich bildenden Fond übergießt, weich schmoren, was noch etwa 2 Stunden erfordert. Ist das Fleisch herausgenommen, so macht man die Sauce mit ein wenig Klarmehl seimig und giebt sie durch ein Sieb; auch kann man, will man sie recht wohlschmeckend haben, ein paar Champignons daran thun. — (Mit geschälten Kartoffeln.)

Anm. In ganz ähnlicher Weise bereitet man auch eine farcirte Kalbskeule, bei welcher man, um die Oeffnung zur Farce zu gewinnen, den Beinknochen vom Gelenke an abwärts auslöst. Nach Hineinthun der Farce wird das Loch wieder zugenäht, die Keule in gute Façon gedrückt und auf der Seite, wo sie nicht genäht worden, leicht gespickt.

299. Geschmortes Kalbfleisch.

Hiezu eignet sich jedes beliebige Stück gutes Kalbfleisch, am besten ein Stück aus der Keule. Nachdem man dasselbe sauber abgewaschen hat, bräunt man es nach der Anweisung in voriger Nummer in Butter und salzt dabei ein wenig. Sodann gießt man leichte Bouillon, in welcher vorher einige Suppenwurzeln, eine Zwiebel und ein paar Körner Nelkenpfeffer ausgekocht sind, darunter und läßt das Fleisch unter häufigem Begießen schmoren, indem man nur dann von der Bouillon wieder hinzuthut, wenn der Fond zu kurz eingeschmort ist. Letzterer wird, nachdem das Fleisch herausgenommen worden, durch ein Sieb gegossen und als Sauce dazu gegeben. — (Mit geschälten Kartoffeln.)

300. Fricandeaus von Kalbfleisch.

Man häutet eine Kalbskeule und löst das Fleisch derselben dergestalt von den Knochen, daß man 4 gleiche Stücke erhält, indem man bei dieser Eintheilung der sehr erkennbaren Lage der 4 Muskeln in der Keule folgt. Diese Stücke klopft man tüchtig mit der flachen Seite des Hackmessers über, so daß sie etwas breit und glatt werden, beschneidet sie zu gleichmäßiger Form und spickt sie auf der obern Seite recht dicht. Von der Haut, den Fleischabfällen und den zerhackten Knochen bereitet man eine Jüs nach Nr. 233 c., von welcher man unter die mit der gespickten Seite nach oben liegenden Fricandeaus gießt, nachdem dieselben vorher in einer Schmorpfanne in Butter hellbraun gemacht und gesalzen worden sind. So oft die Jüs zu sehr einschmort, gießt man davon nach und begießt die Fricandeaus recht fleißig damit, wodurch sie das Aussehen erhalten, als ob sie glacirt wären. Nach $1\frac{1}{2}$ bis 2 Stunden sind sie gar und auch die Sauce ist fertig, da sie so viel eingeschmort sein muß, daß sie genügend seimig ist. — (Mit Kartoffel-Püree.)

Anm. Es sind d es die sog. großen Fricandeaus; will man kleine machen, so schneidet man gleichmäßige Scheiben von Fingersdicke, etwa 3 von einem Pfund Kalbfleisch, spickt sie und verfährt im Uebrigen damit ganz nach der obigen Anweisung.

301. Farcirte Rouladen.

Von dem dicken Fleische einer vorher abgehäuteten Kalbskeule schneidet man handgroße und fingerdicke Scheiben, klopft
sie etwas, bestreicht sie mit Ei und legt einen halben Finger
hoch von der Farce in Nr. 36 a. darauf. Damit werden die
Scheiben aufgerollt, mit einem Bindfaden umwickelt, mit
etwas Mehl bestreut und in einem Schmortopfe unter öfterem
Umwenden in Butter braun gemacht. Sodann gießt man
leichte Bouillon, welche mit ein paar Chalotten und Champignons durchgekocht ist, daran und läßt sie unter öfterem
Umwenden in etwa 1 1/2 Stunden weich schmoren, wobei man
von der Bouillon nachgiebt, so oft die Sauce zu sehr eingeschmort ist. Vor dem Anrichten nimmt man die Bindfäden
von den Rouladen und servirt sie in der Sauce, die gut seimig
geschmort sein muß. — (Mit geschälten Kartoffeln oder Kartoffel-
Salat, auch mit Maccaroni nach Nr. 83.)

302. Gespickte Leber in Rahm-Sauce.

Eine frische Leber von einem fetten Kalbe wird sorgfältig
enthäutet und die obere Seite recht fein und gleichmäßig gespickt (Nr. 38), wozu etwa 1/4 Speck gehört. Sodann wird
sie gut gesalzen in einem Schmortopfe in reichlich Butter gebräunt und etwa 1 Theetasse voll Bouillon zum Schmoren darunter
gegeben, nachdem die gespickte Seite nach oben gekehrt ist. Ist
die Bouillon ziemlich verschmort, so gießt man so viel sauren
Rahm hinzu, wie man Sauce zu haben wünscht jedoch ganz
allmälig und nicht mehr als eine halbe Theetasse voll auf
einmal. Während des Bratens, welches etwa eine Stunde
erfordert, muß die Leber sehr fleißig mit der Sauce begossen
werden. Nachdem man sie sodann herausgenommen, rührt
man den Bratensatz von dem Schmortopfe los, worauf die
Sauce, welche jetzt hinreichend seimig ist, durch ein Sieb gegeben wird. Mit einem Theile derselben übergießt man die
Leber, das Uebrige servirt man nebenbei. — (Mit geschälten
oder Pellkartoffeln.)

303. Geschmorte Leber.

Man schneidet ¼ ℔ recht harten Speck in Streifen, halb so lang und halb so dick, wie ein Finger. Die Streifen kehrt man gehörig in einer Mischung von Salz, schwarzem Pfeffer und Nelkenpfeffer und spickt damit die vorher enthäutete Leber in der Art, daß man mit einem spitzen Messer in dieselben Löcher sticht und in diese den Speck hineinschiebt. Die in dieser Art zubereitete Leber wird noch mit ein wenig Salz bestreut und dann im Schmortopfe in reichlich Butter gebräunt, worauf man so viel Wasser darunter giebt, daß sie fast zur Hälfte darin liegt. Als Gewürz giebt man eine kleine Thee-schale voll in Würfel geschnittene Zwiebeln, ein paar Körner Nelkenpfeffer und ein Lorbeerblatt daran, macht kurz vor dem Anrichten die Sauce mit geriebenem Weißbrod seimig, rührt noch 2 Eßlöffel voll Essig nebst 1 Glas Rothwein hinzu und zuckert nach Belieben. Mit der nun seimigen Sauce rührt man den Bratensatz vom Topfe und giebt sie durch ein Sieb. — Das Garmachen der Leber erfordert etwa 1 Stunde. — (Mit geschälten Kartoffeln.)

304. Kalbskopf in Rosinensauce.

Ein Kalbskopf wird gebrüht, abgetrocknet und dann ge-sengt, worauf man ihm die Augen aussticht und die Ohren säubert. Dann wird er unten der Länge nach aufgeschnitten, die Zunge wird ausgelöst, der Schädel durchhauen und das Gehirn herausgenommen, worauf der Kopf noch einmal ge-hörig abgewaschen, blanchirt (Nr. 30) und wieder in kaltem Wasser auf das Feuer gesetzt wird. Wenn das Wasser kocht, schäumt man sehr sorgfältig, giebt eine kleine Hand voll Salz, eine Zwiebel, 8 Körner Nelkenpfeffer, 1 Lorbeerblatt und Suppenwurzeln daran und läßt den Kopf nebst der Zunge darin gar kochen. Aus der Brühe genommen, muß der Kopf sodann erkalten; das Fleisch wird von den Knochen gelöst, nebst der Zunge in möglichst gleichmäßige Würfel geschnitten und endlich in eine heiße Rosinen-Sauce (Nr. 262) gelegt, mit der es noch ein paar Minuten auf schwachem Feuer

durchkocht. — Das Gehirn wird für sich mit Butter, Salz
und einer guten Portion gehackter Zwiebeln nebst feingestoßenem Pfeffer gar gekocht und nebenbei servirt. — (Mit geschälten
Kartoffeln.)

305. Kalbsgekröse.

Das Gekröse eines fetten Kalbes wird so sauber wie
möglich gereinigt, in kaltem Wasser zu Feuer gebracht und
darin bis zum Kochen erhitzt. Nachdem es herausgenommen
und wieder abgekühlt ist, schneidet man es in gleiche kleine
Stücke und kocht dieselben mit einer kleinen Handvoll Salz,
3 Petersilienwurzeln, 2 Zwiebeln mittlerer Größe, 2 Lorbeerblättern und etwa 6 Körnern Nelkenpfeffer 2 Stunden lang.
Von der Brühe giebt man sodann zu einer weißen Mehlschwitze von 4 Eßlöffeln voll Mehl so viel, daß eine seimige
Sauce entsteht, d. h. etwa 1 Pott, fügt 1 Eßlöffel voll feingehackter Petersilie, eine gute Messerspitze voll feingestoßenen
Pfeffer und $1/4$ geriebene Muskatnuß hinzu, thut das Gekröse
hinein, läßt Alles mit einander noch einmal durchkochen und
drückt während dessen den Saft einer halben Citrone daran.
— (Mit geschälten oder Bratkartoffeln.)

C. Entrees 2c. von Hammelfleisch.

306. Gekochtes Hammelfleisch mit Sauce.

Man nimmt ein Stück Hammelfleisch — $1/2$ ℔ auf die
Person — von der Keule, von der Brust oder den Rippen,
wäscht es gut und bringt es in so viel kochendes Wasser, daß
es gut davon bedeckt ist, auf das Feuer. So lange sich
Schaum bildet, entfernt man denselben sorgfältig, salzt vorsichtig und thut auf ein Stück Fleisch von 6 ℔ eine ziemlich
große eingekerbte Zwiebel, 1 Lorbeerblatt nebst 2 Petersilien-

wurzeln daran. Das während des Kochens sich ansammelnde
Fett nimmt man ab und benutzt es nebst einem Theile der
Bouillon zur Bereitung einer Zwiebelsauce nach Nr. 246,
oder besser nach Nr. 247 oder 248, welche nebst geschälten
Kartoffeln zu dem Fleische gereicht wird. Man giebt indessen
noch lieber eine Gurkensauce nach Nr. 238 oder eine Sauce
à la Béchamel nach Nr. 259 dazu. — Soll die Bouillon als
Suppe vorher gegeben werden, so verfährt man damit nach
Nr. 106. — (Mit geschälten Kartoffeln.)

Anm. Es ist hier nur der Fall berücksichtigt, wo das gekochte Hammelfleisch mit einer Sauce zu Kartoffeln allein gegeben wird.
Weit häufiger wird es mit andern Gemüsen, z. B. Weißkohl,
Mohrrüben oder weißen Rüben gegessen; über das alsdann zu
beobachtende Verfahren vgl. den nächsten Abschnitt.

307. Geschmorte Hammelkeule.

Eine Hammelkeule, welche im Sommer 2 bis 3 Tage,
im Winter 4 Tage bis zu einer Woche alt sein muß, wird,
nachdem man das Bein zur Hälfte glatt abgehauen hat, gehörig geklopft und sodann mit der Länge nach durchschnittenen
Chalotten oder kleinen in vier gleiche Theile zerschnittenen
Zwiebeln gespickt, nachdem man dieselben schwach in einer
Mischung von feingestoßenem Salz, sowie schwarzem und
Nelkenpfeffer umgekehrt hat. Das Spicken bewerkstelligt man,
wie in Nr. 282 für das Bestecken mit Trüffeln angegeben
worden; die Chalotten müssen dabei ganz in das Fleisch hin-
eingeschoben werden. So zubereitet, wird die Keule gesalzen,
ringsum in $1/4$ bis $1/2$ ℔ Butter gebräunt und dann in Jüs,
welche man von den Abfällen nach Nr. 233 c. bereitet hat,
gar geschmort, was $2^1/_2$ bis 3 Stunden erfordert. Dabei
darf man nicht mehr, als etwa eine Theetasse voll Jüs auf
einmal daran geben, im Ganzen bedarf man ungefähr 1 Pott.
Ist die Keule herausgenommen, so nimmt man das Fett von
der Sauce, rührt den Bratensatz, allenfalls unter Zuthun von
etwas Bouillon, von dem Schmortopfe los, macht die Sauce
mit Klarmehl seimig und gießt sie durch ein Sieb; ein wenig
davon kommt über die Keule, den Rest reicht man nebenbei. —
(Mit geschälten Kartoffeln.)

308. Geschmortes Hammel-Carré.

Von einem Hammelrippenstücke haut man den Rückgrat behutsam ab, so daß man das Fleisch nicht beschädigt, und knickt die Rippen in der Mitte mit dem Hackbeile ein. Alsdann salzt man es, macht es in Butter braun, wie in der vorigen Nummer angegeben worden, und schmort es endlich in Bouillon oder Wasser mit 2 eingekerbten Zwiebeln, 3 Gewürznelken, 3 Körnern Pfeffer und einem Lorbeerblatt. So oft die Brühe zu kurz einschmort, wird Bouillon oder Wasser nachgegossen. Ist das Carré nach 2½ bis 3 Stunden gar, so tranchirt man es auf einer heißen Schüssel durch Schnitte längs den Rippen und quer hindurch, wo dieselben vorher eingeknickt sind, und giebt etwas von der Sauce darüber, die man nach der Anweisung in der vorigen Nummer bereitet, die übrige Sauce wird nebenbei gereicht. — (Mit geschälten Kartoffeln.)

309. Geschmorte Hammelkeule mit Gurken.

Nachdem man die Keule gehörig geklopft und gesalzen hat, macht man sie ringsum in Butter braun, giebt Bouillon darunter und schmort sie darin allmälig nach Angabe in Nr. 307, unter Hinzuthun von 2 eingekerbten Zwiebeln, einem Lorbeerblatt, 3 bis 4 Körnern schwarzem Pfeffer und 6 Körnern Nelkenpfeffer in 2½ bis 3 Stunden gar. Inzwischen bereitet man auch die Gurken zu. Hat man frische, so schält man sie, nimmt die schwammigen Theile heraus und zerschneidet sie in Würfel oder längliche Streifen. Auf einen Pott Sauce rechnet man dabei einen tiefen Teller voll Gurkenschnitte, welche man zunächst in einen Schmortopf bringt, in welchem 3 Loth Butter mit einem Theelöffel voll Zucker zusammen braun gemacht sind. Hierin bräunt man sie gleichmäßig unter wiederholtem Umschütteln, giebt eine Theetasse voll Bouillon, 2 Eßlöffel voll Essig und 1 Lorbeerblatt daran und läßt sie darin weich schmoren. Die Sauce bereitet man nach Herausnahme der Keule, indem man das Fett abnimmt, den Bratensatz vom Topfe losrührt, die Flüssigkeit mit Klarmehl seimig macht und durch ein Sieb in einen andern Topf thut, hiezu die Gurken mit der Brühe, worin sie geschmort sind, schüttet und das Ganze noch einmal miteinander durch= schmoren läßt. Hat man Pfeffer= oder Senfgurken, so schneidet man einfach eine Theeschale voll davon in die Sauce, nach= dem dieselbe durch das Sieb gegeben worden und läßt sie damit einmal durchschmoren. Während die Sauce bereitet wird, muß man die Keule recht heiß stellen. — (Mit geschälten Kartoffeln.)

310. Geschmorte Hammelkeule mit farcirten Zwiebeln.

Man bereitet und schmort eine Hammelkeule ganz nach der Angabe in der vorigen Nummer, nur daß man die Gur= ken aus der Sauce fortläßt, dagegen aber, nachdem das Fett abgenommen worden, den Bratensatz mit einem Glase Roth= wein vom Topfe losrührt. Man kocht ferner Zwiebeln ge= wöhnlicher Größe, nachdem man die äußerste Haut davon abgezogen, in 10 Minuten bis ¼ Stunde halb weich und höhlt dieselben aus, indem man das Inwendige vom Keim aus abwärts mit dem Finger hinausstößt, was bei einiger Uebung sich sehr leicht machen läßt; den ausgestoßenen Theil kann man in gleicher Weise noch einmal aushöhlen und dies Verfahren noch zum dritten Mal wiederholen. Die Höhlun= gen der Zwiebeln füllt man sodann mit der Farce in Nr. 36 d. und macht jetzt die Zwiebeln in Butter recht gleichmäßig braun. Zu diesem Zweck legt man sie in einen Schmortopf mit braun gemachter Butter, die offenen Enden, wo die Farce hervortritt, nach unten, begießt sie fleißig und kehrt sie sodann um, so daß das andere offene Ende nach unten kommt. Da= bei muß man vorsichtig verfahren, d. h. nur über gelindem Feuer braten, die Zwiebeln nicht zu lange auf dem einen Ende liegen lassen und fleißig begießen, sonst verbrennen sie leicht. Sind sie hinreichend gebräunt, so gießt man von der Sauce, in welcher die Keule schmort, jedoch bevor der Roth= wein an dieselbe gegeben worden, darunter, verschließt den Topf mit einem Deckel, auf welchen man Kohlenfeuer gebracht

hat und läßt die Zwiebeln unter wiederholtem Begießen in
½ Stunde gar schmoren. Beim Anrichten legt man sie als
Garnitur rund um die Keule, über welche man vorher ein
wenig von der Sauce gegeben hat. Die übrige Sauce wird
nebenbei gereicht. — (Mit geschälten Kartoffeln.)

> Anm. Zum Garniren bedient man sich besser nur unserer Zwie-
> beln, die großen portugiesischen giebt man als Gemüse. (Vgl. den
> nächsten Abschn.)

311. Farcirte Hammelbrust.

Man klopfe eine Hammelbrust und knöchle sie aus, ganz
wie dies in Nr. 298 für die Kalbsbrust angegeben worden,
nur daß man die Rippen nicht herausbricht, sondern des
Tranchirens wegen bloß mit dem Hackbeil einknickt. Die entstandene Oeffnung füllt man mit der Farce in Nr. 36 d.,
näht sie mit ausgewässertem Bindfaden wieder zu, salzt die
Brust und bräunt sie recht gleichmäßig im Schmortopfe in
braun gemachter Butter. Dann läßt man sie unter Hinzuthun von einer eingekerbten Zwiebel, 3 Gewürznelken, 3 Körnern schwarzem Pfeffer und 1 Lorbeerblatt in Bouillon gar
schmoren, wovon jedoch nur so viel zur Zeit daran gegeben
werden darf, daß man das Anbrennen am Topfe vermeidet;
auch muß fleißig begossen werden. Besser noch verwendet
man, ohne Hinzuthun weiterer Gewürze, eine Jüs, welche
man nach Nr. 233 c. von den zerquetschten Knochen und den
Fleischabfällen bereitet hat. Ist die in 2½ bis 3 Stunden
weich geschmorte Brust herausgenommen, so rührt man mit
Bouillon den Bratensatz vom Topfe, entfettet die Sauce,
macht sie, wenn es nöthig ist, mit etwas Klarmehl seimiger
und giebt etwas davon durch ein Sieb über die Brust, das
übrige nebenbei. Will man indessen die Sauce recht fein
haben, so giebt man sie durch das Sieb in einen andern Topf
und kocht vor dem Anrichten erst ein Loth in Wein weichgekochte Trüffeln nebst dem Weine damit durch. — (Mit geschälten oder Bratkartoffeln.)

312. Farcirte Lammsbruft.

Man trennt die vordere Hälfte eines Lammes dicht hinter den kurzen Rippen von der hintern, schneidet die häutigen Theile des Halses davon weg, löst die Vorderbeine heraus und knickt das Schulterblatt, den Bruftknochen und die Rippen ein. Dann trennt man vorsichtig das Fleisch von den Rippen, von da ausgehend, wo die Bruft von der hintern Hälfte des Lammes abgetrennt worden, füllt die entstandene Oeffnung ebenso, wie die durch Auslösen der Vorderbeine entstandenen Höhlungen, mit einer der Farcen in Nr. 36 a. oder 36 m. aus und näht Alles mit ausgewässertem Bindfaden wieder dicht zusammen. Mit dem Schmoren der Bruft und dem Bereiten der Sauce verfährt man alsdann ganz so, wie in der voraufgehenden Nummer für die farcirte Hammelbruft angegeben worden. — (Mit geschälten oder Bratkartoffeln.)

————

D. Entrees 2c. von Schweinefleisch.

313. Gebackener Schweineschinken mit Saucen.

Ein geräucherter Schinken von einem jungen Schweine (vgl. Nr. 278) wird, nachdem er sorgfältig gereinigt worden, je nach seiner Größe 8 bis 16 Stunden lang ausgewässert. Ganz große Schinken eignen sich zu diesem Gerichte nicht. Sodann hängt man ihn zum Abtropfen ein paar Stunden auf, schneidet den Speck so weit herunter, daß davon ringsum so gleichmäßig wie möglich 2 Finger dick auf dem magern Fleische sitzen bleibt, und bestreut ihn so viel mit einer gleichmäßigen Mischung aus geriebener Muskatnuß, feingestoßenen Gewürznelken und Nelkenpfeffer, daß das Gewürz gut darauf zu sehen ist. Sodann rollt man Teig von schwarzem Roggenbrod bis zur Dicke von gut 2 Fingern auseinander, schlägt den Schinken hinein, wobei man die Fettseite desselben auf den Teig legt, und läßt ihn in einem Backofen

gar backen, was etwa 3 Stunden erfordert. Ist die Kruste
etwas abgekühlt, so nimmt man sie herunter, glacirt den
Schinken (Abschn. I. 4) und servirt ihn mit einer der Saucen
in Nr. 235, 236 und 237 oder mit einer Madeira-Sauce.
(Abschn. XVI.) — (Mit Bratkartoffeln.)

314.   In Sauer geschmorte Schweinskeule.

Man kocht Bieressig mit 2 Zwiebeln, 6 Körnern Nelkenpfeffer und einem Lorbeerblatt auf den Pott durch und gießt
davon, nachdem er abgekühlt ist, so viel über eine von der
Schwarte befreite und vorher gesalzene Schweinskeule, daß sie
damit bedeckt ist. Man kann auch weniger nehmen, muß
aber dann die Keule, während sie in dem Essig liegt, was 3
bis 4 Tage dauert, täglich mehrere Male umkehren. Die
Keule wird sodann in einen Schmortopf gelegt, noch ein
wenig gesalzen und etwas von dem Essig darunter gegeben.
Das Schmoren geschieht am besten im Bratofen, sonst muß
der Deckel des Topfes mit Kohlen bedeckt werden; immer
aber muß man fleißig begießen und wenn die Brühe zu sehr
wegschmort, von Zeit zu Zeit etwas kochendes Wasser nachgeben. Die weichgeschmorte Keule bestreut man mit einer
Mischung aus Zwieback, Gewürznelken und Zucker, Alles fein
zerstoßen, die Sauce wird nach Abnahme des Fettes bereitet,
indem man mit ihr und etwas Bouillon den Bratensatz losrührt, sie durch ein Sieb giebt und mit etwas Klarmehl seimig
kocht. — (Mit geschälten Kartoffeln.)

315.   Schinken mit Burgundersauce.

Nachdem ein geräucherter Schinken 16 bis 20 Stunden
gewässert worden, putzt man alles Unreine und Schwarze
sorgfältig davon ab und kocht ihn in Wasser mit 2 Zwiebeln,
2 Lorbeerblättern, 4 Körnern Pfeffer und etwas Thymian
zuerst scharf an und läßt ihn dann ganz langsam weiter
brodeln. Es erfordert je nach Beschaffenheit des Schinkens
3 bis 4 Stunden, daß derselbe gar wird, man thut daher am
besten daran, sich durch Hineinstecken mit einer Spicknadel

von seinem Zustande zu überzeugen. Von dem garen Schinken zieht man die Schwarte ab, stutzt ihn rund zu und bringt
ihn auf einer Bratpfanne in den mäßig erhitzten Bratofen.
Inzwischen hat man Bouillon, welche so kurz eingekocht ist,
daß sie sirupsartig erscheint — zu einem Schinken von 16 bis
20 ℔ die Bouillon von 5 bis 6 ℔ Rindfleisch —, mit einer
Flasche Burgunder und 5 bis 6 Loth Zucker aufgekocht. Mit
dieser Brühe übergießt man den Schinken, bis er eine schöne,
gleichmäßige Farbe angenommen hat und wie glacirt erscheint,
nimmt ihn heraus und servirt ihn mit einer Garnitur von
farcirten Zwiebeln, die im Uebrigen ganz nach der Anweisung
in Nr. 310 bereitet werden, nur daß man sie mit der Farce
in Nr. 36 c. füllt, auch zum Schmoren von dem Schinken
Fond nimmt. Zur Bereitung der Sauce entfettet man
Letztern, läßt ihn kurz einschmoren, giebt dabei 4 Eßlöffel voll
braune Coulis (Nr. 231) daran und gießt die Sauce durch
ein Sieb. — (Mit Bratkartoffeln.)

> Anm. 1. Zu Anfang des vorstehenden Receptes findet man die An
> weisung, wie geräucherter Schinken überhaupt zu kochen ist; soll
> derselbe kalt gegeben werden, so läßt man ihn in der Brühe er
> kalten. Vor dem Anrichten bestreut man ihn gut mit einer
> Mischung aus feingestoßenem Zucker, Gewürznelfen und Nelfen
> pfeffer, letztere Gewürze zu gleichen Theilen.
>
> Anm. 2. Hat man keine Coulis, so muß man 1 Petersilienwurzel,
> 1 Mohrrübe, 1 Zwiebel und etwas Thymian in die Pfanne thun,
> auch die Sauce, wenn es nöthig ist, noch mit etwas Klarmehl
> seimig machen. — Ist kein Bratofen vorhanden, so bestreut man
> den Schinken mit Zucker und bräunt ihn ringsum, indem man
> mit einer glühenden Schaufel darüber hinfährt. Dann legt man
> ihn in einen Schmortopf in die oben beschriebene kochende Brühe
> und läßt ihn darin unter fleißigem Begießen ½ Stunde schmoren,
> wo er dann ein schönes glacirtes Aussehen hat.

316. Geschmorte Schweins-Mürbebraten.

Von den beiden Mürbebraten eines Schweines zieht man
auf der einen Seite die Haut ab und spickt sie dort. Sodann salzt
man sie, macht sie in einem Schmortopfe gleichmäßig in Butter
braun, was etwa eine Viertelstunde erfordert, bestreut sie mit

feingestoßenem Zwieback und läßt sie in Schwachbier und
Bouillon gar schmoren. Man gießt davon zuerst eine Theetasse
voll und sodann abwechselnd von Beidem so viel daran, daß die
Sauce nicht zu sehr einschmort. Hat man Bratenjüs, so giebt
man auch davon einige Eßlöffel voll unter das Fleisch und
würzt außerdem mit 6 Körnern Nelkenpfeffer, 1 Lorbeerblatt,
2 Gewürznelken und zwei eingekerbten Zwiebeln. Während
des Schmorens, welches 1½ bis 2 Stunden dauert, muß recht
fleißig begossen werden. Nachdem die Mürbebraten aus der
durch den Zwieback hinreichend seimig gemachten Sauce genommen worden, rührt man mit derselben den Bratensatz los
und giebt sie durch ein Sieb. — (Mit Brat= oder Pellkartoffeln.)

Aum. Die Sauce wird noch feiner, wenn man die Mürbebraten nur
in Bouillon schmort, und den Bratensatz zuletzt mit einem Glase
Rothwein losrührt.

317. Schweinefleisch in Bier geschmort.

Man verwendet dazu junges, gut durchgewachsenes
Schweinefleisch, so viel man davon nach der Personenzahl
(Abschn. I. 5) bedarf und zerlegt es vor dem Schmoren in
passende Stücke. Im Uebrigen verfährt man damit ganz
ebenso, wie in Nr. 286 für das in Bier geschmorte Rindfleisch
angegeben worden. — (Mit Brat= oder Pellkartoffeln.)

318. Schwarzsauer von Schweinefleisch.

Man setzt 6 ℔ Schweinefleisch, am besten in Stücke geschnittenes Bauchfleisch, nebst gut gereinigten Schnauzen, Ohren
und Pfoten in 1 Pott scharfem Bier=Essig, zu welchem man
so viel Wasser gießt, daß das Fleisch davon bedeckt wird, auf
das Feuer, wenn möglich in einem irdenen Kochtopfe. Dazu giebt
man 1 Eßlöffel voll Salz, 1 eingekerbte mittelgroße Zwiebel,
2 Lorbeerblätter, 3 Gewürznelken und 8 Körner Nelkenpfeffer
und kocht das Fleisch darin gut weich. Sodann nimmt man
es mit der Schaumkelle heraus, gießt die Brühe durch ein
Sieb, bringt sie wieder zum Kochen und giebt 2 Pott Schweins=
blut, zu dem vorher etwas Mehl mit Essig gerührt worden,

langsam und unter stetem scharfen Rühren dazu und setzt dies
Rühren so lange fort, bis die Brühe schwarz und seimig ist.
Dieselbe wird endlich über das Fleisch nebst vorher für sich
gar gekochtem frischen oder Backobst und Klößen oder Kartoffeln gegeben und damit zusammen servirt; indessen ziehen
Manche es auch vor, Alles einzeln anzurichten und die Brühe
bei Tische dazu zu reichen. Will man das Schwarzsauer aufbewahren, so legt man von dem Fleische immer so viel, wie zu einer
Mahlzeit nöthig ist, in Töpfe, gießt reichlich Brühe darüber
und über diese, nachdem sie vollständig erkaltet ist, Fett. So
eingemacht, hält es sich an einem kühlen Orte sehr lange;
in angebrochenen Töpfen indessen verdirbt es bald.

319. Schmorwurst.

Es wird 1 ℔ mageres Schweinefleisch (Mett) mit 6 Loth
Fett (Flohmen) in feine Würfel geschnitten und sodann mit
4 geriebenen mittelgroßen Zwiebeln, 4 Loth geriebenem Weißbrod, 1 guten Theelöffel voll Salz, 1 Messerspitze voll gestoßenem schwarzen Pfeffer und einem kleinen Eßlöffel voll
Zucker so lange durchgehackt, bis das Ganze eine teigige Masse
bildet, unter welche man schließlich noch ein Glas Wein,
allenfalls auch Wasser, rührt. Nach Belieben kann man auch
ein wenig Wurstkraut hinzuthun. Von dieser Farce werden
Würste gestopft, welche man in schwachem Bier langsam gar
kocht, worauf man sie herausnimmt und nun die Brühe zuerst
auf starkem, sodann auf schwächerem Feuer soweit einkochen
läßt, daß sie als brauner Bodensatz erscheint, von welchem sich
das Fett abgesondert hat. Letzteres nimmt man ab und rührt den
Bodensatz mit so viel Bier los, daß eine seimige Sauce entsteht, in welcher man die Wurst unter wiederholtem Umkehren
wieder heiß werden läßt. Etwas von der Sauce wird beim
Serviren über die Wurst, das Uebrige nebenbei gegeben. —
(Mit Kartoffel-Püree oder Bratkartoffeln.)

Anm. Sollte man auf diese Weise nicht Sauce genug erhalten, so
kann man die Brühe auch weniger stark einkochen und nach der
Entfettung mit etwas Klarmehl seimig machen.

E. Entrees 2c. von Wild.

320. Geschmortes Wildpret (Hirsch, Reh oder Schwein).

Ein gehörig zurecht gehauenes und gründlich gehäutetes Stück aus der Keule, oder auch die ganze stumpf abgehauene Keule, oder auch das Blatt wird nach der in Nr. 280 für das Boeuf à la mode gegebenen Anweisung mit Speckstreifen und zugleich, je nach der Größe des Stückes, mit 1 bis 2 Hand voll Chalotten gespickt. Das so zubereitete Fleisch übergießt man mit einer heißen Mischung von 2 Theilen Bieressig und einem Theile Wasser, welche für ein Stück Fleisch von 12 ℔ mit 4 Zwiebeln mittlerer Größe, 4 Körnern schwarzem Pfeffer, doppelt so viel Nelkenpfeffer, 12 frischen zerquetschten oder 1 Theelöffel voll gestoßenen getrockneten Wachholderbeeren, einer in Scheiben geschnittenen Citrone und 2 Theelöffeln voll Salz aufgekocht worden. Das Fleisch muß von der Brühe ganz bedeckt sein und mindestens 8 Tage darin liegen bleiben, worauf man es mit Salz bestreut, in einem Schmortopfe ringsum schnell in Butter bräunt, von der Brühe, worin es gelegen, nebst eben so viel Wasser, wiederholt und nicht zu viel auf einmal darunter giebt und es unter fleißigem Be- gießen darin gar schmoren läßt. Ist das Fleisch herausge- nommen, so rührt man recht viel süße Sahne zu der Sauce und macht sie, wenn es nöthig sein sollte, mit etwas leicht geröstetem Mehl (Nr. 21) seimig und giebt davon etwas über das Fleisch, das Uebrige nebenbei. — (Mit geschälten Kartoffeln.)

Anm. Noch besser, als die Keule, würde sich freilich zu solchem Schmorbraten das Ziemer eignen; indessen verwendet man es in der Regel nicht zu Entrees, da es das beste Stück zum Braten liefert.

321. Farcirte Hirschbrust.

Man verfährt mit der Brust genau so, wie in Nr. 312 für die farcirte Lammsbrust angegeben worden, nur daß man zur Füllung sich der Farce in Nr. 36 e. bedient. Von den

Fleischabfällen und den zerhackten Knochen hat man eine Jüs
nach Nr. 233 c. bereitet, von welcher man unter die vorher
gesalzene und in Butter braun gemachte Brust so viel giebt,
daß sie zur Hälfte darin liegt. Ist die Jüs, mit welcher
recht fleißig begossen werden muß, zu sehr verschmort, so giebt
man davon nach; während des Schmorens, welches etwa 2
Stunden erfordert, sind unausgesetzt Kohlen auf dem Deckel
des Topfes zu halten. Nach Herausnahme der Brust rührt
man den Bratensatz mit einem Glase Wein los, gießt die
Sauce durch ein Sieb, macht sie, wenn es nöthig sein sollte,
mit etwas leicht geröstetem Mehl (Nr. 21) seimig und giebt
endlich etwas davon über die Brust, das Uebrige nebenbei. —
(Mit geschälten Kartoffeln.)

322. Mürbebraten vom Hirsch.

Die abgehäuteten und recht sauber gespickten Mürbebraten
vom Hirsch werden bei rascher Hitze in Butter gebräunt und
in einer Jüs oder in mit nicht zu wenig Suppenwurzeln gekochter Bouillon von Hirschfleisch in der Art geschmort, daß
man allmälig, zur Zeit nicht mehr als $\frac{1}{2}$ Theetasse voll,
darunter giebt und fortwährend fleißig begießt. Während
des Schmorens giebt man den Saft einer halben Citrone an
die Jüs, thut auch, wenn man dazu nur Bouillon verwenden
kann, noch ein kleines Lorbeerblatt und 6 Körner Nelkenpfeffer
dazu. Nach Herausnahme der nach einer kleinen Stunde
garen Mürbebraten rührt man den Bratensatz mit Bouillon
los und schmort, wenn man davon vorräthig hat, 1 Eßlöffel
voll Krebsbutter (Nr. 8) mit der Sauce durch, welche endlich
durch ein Sieb gegossen und theils über die Mürbebraten,
theils nebenbei gegeben wird. — (Mit Bratkartoffeln.)

323. Mürbebraten vom Wildschwein.

Die Mürbebraten vom Wildschwein werden im Uebrigen
ganz nach der Anweisung in Nr. 316 bereitet. nur müssen sie
vorher 24 Stunden in folgender Marinade gelegen haben.
Man kocht 2 Pott Wasser und $\frac{1}{2}$ Pott Essig mit einer Hand

voll Salz, 2 eingekerbten Zwiebeln, 6 Gewürznelken und
einer halben Messerspitze voll Cayennepfeffer ½ Stunde lang
durch und gießt sodann noch ½ Flasche Rothwein hinzu. —
Diese Marinade muß die Mürbebraten, während sie darin
liegen, ganz bedecken.

324. Wildschweinskopf.

Soll der Wildschweinskopf nicht als bloßes Schaugericht
auf der Tafel dienen, so thut man gut, einen Kopf vom
Frischlinge zu bereiten, die Köpfe von alten Ebern und
Bachen werden auch durch das andauerndste Kochen nicht ordentlich weich.

Der Schweinskopf wird zunächst — in der Regel vom
Schmied — mit glühendem Eisen abgesengt, mit dem Messer
abgeputzt und rein gewaschen. Sodann schneidet man ihn an
der untern Seite auf und löst vorsichtig und ohne die Haut
zu verletzen, die Hirnschale bis zum Rüsselbein heraus; man
kann auch Letzteres entfernen, es ist das aber sehr umständlich, weshalb man den auszulösenden Knochen dort gewöhnlich
durchhaut. Den Kopf in seinem jetzigen Zustande legt man
auf ein Tuch, mit der Hautseite nach unten, und füllt die
ganze durch die Wegnahme der Hirnschale gewonnene Oeffnung in folgender Art. Zuerst bestreut man den Kopf inwendig gut mit Salz und Pfeffer und streicht in der Dicke
eines Fingers eine Farce darauf, welche sonst ganz nach der
Vorschrift in Nr. 36 a. bereitet ist, nur daß man dazu zur
Hälfte Kalb- und zur Hälfte Schweinefleisch nimmt. Auf
diese Farce legt man längs des Kopfes ½ Zoll dicke Streifen
von Pfeffergurken, Ochsenzunge oder Rauchfleisch und Speck,
streut ein wenig geriebene Muskatnuß und gehackte Chalotten
darüber, streicht wieder Farce, wie vorher, darauf, läßt wieder
eine Schicht Gurken u. s. w. folgen und streicht endlich noch
einmal wieder so viel Farce obenauf, daß der Kopf, wieder
zusammengenäht, seine vorige Gestalt erhält. An der hintern
Seite desselben streicht man die Farce glatt ab und verschließt
sie mit einer Speckschwarte, welche man fest darüber näht
oder bindet. Den so zu bereiteten Kopf näht man in ein

vorher gut ausgewässertes Leintuch und kocht ihn unter gutem
Abschäumen in Wasser mit Salz, 1 Theetasse voll Essig,
1 Kopf Sellerie, 4 Körnern schwarzem und 8 Körnern Nel=
kenpfeffer und 2 bis 3 Lorbeerblättern weich, was bei dem
Kopfe eines Frischlings etwa 3 Stunden, sonst längere Zeit
erfordert. Den zur Hälfte in der Brühe erkalteten Kopf nimmt
man aus dem Tuche, putzt ihn noch einmal sauber, läßt ihn
vollends erkalten, glacirt ihn mit einer Fleischglace (Abschn. I. 4)
und garnirt ihn geschmackvoll mit Aspic (Abschn. XII.), mit
hellen und dunklen andern Gelees und mit Petersilie. Statt
der Augen setzt man ihm Citronenscheiben ein, giebt ihm eine
ganze Citrone in den Rüssel und schneidet eine Scheibe hinten
von der Farce ab, welche dann hübsch marmorirt erscheint.
Er wird sodann auf einer flachen, ringsum mit Petersilie be=
legten Schüssel servirt. Als Sauce giebt man dazu die
Remoladensauce in Nr. 274. — (Mit Bratkartoffeln.)

Anm. Beim Kochen des Kopfes platzt regelmäßig die Haut auf dem
Rüsselbein. Um dies zu verhüten, macht man vorher einen Ein=
schnitt in dieselbe und klebt beim Glaciren mit der Glace ein Stück
Speckschwarte auf die offene Stelle.

F. Entrees ꝛc. von Geflügel.

325. Farcirter Puter mit Champignons= oder Austern=Sauce.

Es wird ein junger Puter nach der Anweisung in Nr. 51
ausgeknöchelt, gereinigt, gesalzen und mit einer der Farcen in
Nr. 36 i. oder v. gefüllt. Nachdem man ihn wieder zugenäht,
ihm auch die gehörige Form gegeben hat, umwickelt man ihn
mit Speckscheiben, legt ihn in einen Schmortopf und gießt so
viel von einer guten Braise (Nr. 31) darunter, daß er gut
bis zur Hälfte darin liegt. Fehlt es an der Braise, so kann
man auch Bouillon nehmen, muß aber dann im Verhältniß

zu der Angabe in Nr. 31 würzen. Der Puter wird im dicht verdeckten Kochtopfe gar gedämpft, die Brühe, wenn sie stark eingekocht ist, mit etwas Bouillon verdünnt, durch ein Sieb gegossen und zur Bereitung einer weißen Champignon-Sauce (Nr. 237) oder besser noch einer Austern-Sauce (Nr. 257) verwandt, welche man dazu reicht. Da der Puter zu groß ist, um ganz tranchirt werden zu können, so durchschneidet man ihn vor dem Anrichten der Länge nach in 2 Hälften, von denen sodann Scheiben geschnitten werden. — (Mit geschälten Kartoffeln.)

326. Farcirter Kapaun mit Champignons- oder Austern-Sauce.

Wird ganz nach der Anweisung in der voraufgehenden Nummer bereitet, nur daß man ihn nicht vor dem Anrichten durchschneidet. — (Mit geschälten Kartoffeln.)

327. Kapaunen oder Hühner in einer Braise gedämpft.

Man bereitet eine Braise nach Nr. 31 und legt in dieselbe die nach Nr. 49 dressirten Kapaunen oder Hühner möglichst dicht gedrängt und so, daß sie von der Braise beinahe bedeckt sind. Vorher salzt man sie und umwickelt sie mit dünnen Speckscheiben, welche man mit ausgewässertem Bindfaden befestigt. Die Kapaunen werden sodann im dicht verschlossenen Kochtopfe gar gedämpft, der Fond wird durch ein Sieb gegeben, mit einem Glase Wein und 2 Eßlöffeln voll Klarmehl, nebst dem Safte einer halben Citrone auf den Pott, durchgekocht und mit 4 Eidottern abgequirlt. Will man die Sauce noch feiner haben, so kann man die Brühe auch zur Bereitung einer Trüffelsauce, einer weißen Champignonsauce oder einer Austernsauce (Nr. 235, 237, 257) verwenden. — (Mit geschälten Kartoffeln oder Bouillon-Reis nach Nr. 82.)

328. Gedämpfte Küken mit verschiedenen Saucen.

Man dressirt die Küken nach Nr. 49, bestreicht sie mit Butter, legt sie dicht gedrängt in einen Kochtopf, salzt sie und belegt sie mit ganz dünnen Speckscheiben. Dann gießt man so viel Bouillon darunter, daß sie gut zur Hälfte darin liegen und dämpft sie darin auf schwachem Feuer unter öfterem Begießen langsam gar, was $3/4$ Stunden bis 1 Stunde erfordert. Die erhaltene Brühe bis auf eine Kleinigkeit, worin die Küken heiß gestellt werden, entfettet man, gießt sie durch ein Sieb und benutzt sie zur Bereitung einer Champignons=, Oliven=, Kräuter-, Krebs=, Austern= oder Muschelsauce (Nr. 237, 241, 243, 256, 257, 258), wovon ein wenig über die Küken gegeben, der Rest nebenbei servirt wird. — (Mit geschälten Kartoffeln.)

Anm. Verwendet man die zu diesem Gerichte besonders gut schmeckende Krebssauce, so giebt man recht reichlich davon, thut auch außer den vorher der Länge nach durchschnittenen Krebsschwänzen und gefüllten Krebsnasen (Nr. 121) gern noch besonders in Bouillon gar gekochte grüne Erbsen, Blumenkohl=Röschen oder zerschnittenen Spargel in dieselbe.

329. Farcirte Ente.

Eine vorher nach Nr. 48 ausgenommene, sauber gereinigte Ente wird nach Nr. 51 ausgeknöchelt, inwendig mit einem trockenen Tuche gereinigt, 6 Stunden in eine Marinade (Nr. 33) gelegt, mit etwa 1 Theelöffel voll Salz und einer guten Messerspitze voll Pfeffer bestreut und mit der Farce in Nr. 36 i. gefüllt und, nachdem sie wieder zugenäht und in gute Form gebracht worden, in einer Braise weich gedämpft, zu deren Bereitung man die Knochen und Abfälle der Ente mit benutzt. Die sodann herausgenommene Ente wird gut warm gestellt, die Brühe wird entfettet, durch ein Sieb gegossen, mit geröstetem Mehl (Nr. 21) seimig gemacht und ein Theil davon beim Anrichten über die Ente, das Uebrige nebenbei gegeben. Man kann die Ente auch mit $1/2$ ℔ Kastanien garniren, welche man, nachdem man die Haut davon abgebrüht hat, in Butter und Entenbrühe weich schmort. — (Mit geschälten oder Bratkartoffeln.)

330. Gedämpfte Ente.

Man bräunt eine nach Nr. 48 und 49 ausgenommene und dressirte Ente recht gleichmäßig im Schmortopfe in Butter, salzt sie und dämpft sie in einer Braise gar. In Ermangelung derselben giebt man 1 Zwiebel, 2 Mohrrüben, ½ Kopf Sellerie, 3 Gewürznelken, 2 Körner Pfeffer und 1 Lorbeerblatt daran, gießt Bouillon, nicht zu viel auf einmal, darunter, und läßt sie unter allmäligem Nachgießen und indem man sie häufig begießt, weich schmoren. Nach Herausnahme der Ente rührt man den Fond vom Schmortopfe los, entfettet ihn, gießt ihn durch ein Sieb und macht mit geröstetem Mehl (Nr. 21) eine seimige Sauce daraus. — (Mit geschälten oder Bratkartoffeln.)

Anm. Ganz ebenso kann man auch Wildenten bereiten.

331. Geschmorte Ente.

Eine nach der vorigen Nummer zubereitete Ente wird inwendig mit Salz ausgerieben, in Mehl umgekehrt, ringsum in Butter gebräunt und nach Angabe in der vorigen Nummer geschmort. Etwa ¼ Stunde vor dem Garwerden gießt man 1 Glas Wein an die Brühe, entfettet dieselbe nach Herausnahme der Ente, rührt den Bratensatz damit los und giebt noch den Saft von ¼ Citrone und 1 Eßlöffel voll Sardellenbutter daran, worauf man die nun fertige Sauce durch ein Sieb gießt. — Will man die Sauce feiner haben, so kann man 1 Loth in dem Rothwein gar gekochte Trüffeln mit daran geben. — (Mit geschälten oder Bratkartoffeln.)

Anm. Obige Bereitung paßt auch für Wildenten, die man indessen auch mit einer braunen Cappern= oder Sardellensauce (Nr. 240 und 255) anrichtet. Bei Bereitung dieser Saucen verwendet man die Brühe mit, in welcher die Ente geschmort ist, ohne jedoch den Rothwein u. s. w. daran gegeben zu haben.

332. Farcirte Tauben.

Man knöchelt nach Nr. 51 die nach Nr. 48 ausgenommenen und gereinigten Tauben aus, trocknet sie mit einem

Tuche ab und legt sie 2 Stunden in eine Marinade (Nr. 33).
Aus derselben herausgenommen, werden sie ein wenig gesal=
zen, mit der Farce in Nr. 36 a. gefüllt, wieder zusammenge=
näht, in richtige Form gebracht, in Butter gebräunt und in
Bouillon, wovon man nur ganz allmälig zugießen darf, etwa
$\frac{1}{2}$ Stunde lang kurz geschmort.   Dann gießt man Rothwein
zu der Brühe und giebt so viel fein gestoßenen Zwieback daran,
daß die Sauce seimig wird, welche man nach Herausnahme
der Tauben vom Topfe losrührt, durch ein Sieb gießt und
noch einmal mit Trüffeln nebst der Bouillon, worin dieselben
weich gemacht worden, aufkocht.   Das Quantum Wein und
Bouillon hängt von der Zahl der Tauben, so wie von der
Größe des Quantums Sauce, dessen man bedarf, ab; für 6
Tauben genügt $\frac{1}{8}$ Flasche Rothwein. — (Mit geschälten oder
Bratkartoffeln.)

333.   Tauben mit Rothweinsauce.

Man nimmt die Tauben aus und dressirt sie nach Nr. 48
und 49, auch kann man die Kröpfe mit der Farce in Nr. 36 m.
füllen oder sie ganz ungefüllt lassen.   Mit den Tauben ver=
fährt man sodann weiter ganz nach der Anweisung in der
vorigen Nummer, giebt aber an die Sauce mit dem Rothwein
zugleich auf 6 Tauben 3 Gewürznelken, eine halbe in Schei=
ben geschnittene Citrone und einen gehäuften Theelöffel voll
Zucker.   Die Trüffeln fallen dagegen weg. — (Mit geschälten
oder Bratkartoffeln.)

334.   Schwarzsauer von Gänseklein.

Unter Gänseklein versteht man Alles von der Gans, was
nicht mit zum Braten benutzt wird, mit Ausnahme der Leber,
also den Kopf, den Hals, die Flügel, die Füße, den Magen,
das Herz und die Lunge.   Der Hals und die Flügel werden
in einige Stucke zerhauen, von den Füßen zieht man, nach=
dem man sie abgebrüht hat, die Haut ab und umwickelt sie
mit den aufgeschlitzten und sauber gereinigten Gedärmen. Um
nun das Schwarzsauer zu bereiten, muß man zunächst beim
Schlachten der Gans das Blut auffangen und sogleich mit

etwas Essig zusammenrühren, wo es sich dann nach der Jah=
reszeit 4 bis 8 Tage hält. Das Gänseklein wird in nicht zu
viel Wasser auf das Feuer gebracht, gesalzen und in kurzer
Brühe gar gekocht, worauf man in derselben Brühe geschälte
frische, zerklüftete und von den Kerngehäusen befreite Birnen
oder auch Backbirnen gar kocht und das Blut nebst feinge=
stoßenen Nelken, Nelkenpfeffer, auch ein paar Körnern schwar=
zem Pfeffer und etwas Zucker dazu rührt. Nachdem diese
Brühe, welche dickseimig werden muß, unter scharfem Rühren
ein paar Mal mit den Birnen aufgekocht ist, richtet man das
Ganze über das in eine Schüssel gelegte Fleisch nebst Kar=
toffeln oder Klößen, welche Letzteren die Meisten vorziehen,
an. Die Klöße bereitet man nach den Anweisungen in
Nr. 61, 66, 68, 71 oder **75.**

Anm. Sollte das Schwarzsauer von dem Blute nicht seimig genug
werden, so muß man mit etwas Klarmehl nachhelfen.

335. Salmi von Fasanen, Waldschnepfen, Reb=
hühnern oder Wildenten.

Zur Bereitung eines Salmi von wildem Geflügel dämpft
man dasselbe in der Art, wie für die Ente in Nr. 330 ange=
geben worden. Dann zerschneidet man es in kleine, zierliche
Stücke und legt es in die Schüssel, in welcher es angerichtet
werden soll. Die Knochen und Abfälle zerstößt man, kocht
sie in Fleischbrühe mit ein paar Chalotten, einem Lorbeerblatt,
einigen Citronenscheiben und einer Messerspitze voll Pfeffer
aus, rührt das Ganze nach halbstündigem Kochen durch ein
Sieb, entfettet es, gießt ein Glas Wein dazu und läßt es
weiter einkochen, bis es seimig ist. Ist Letzteres nicht zu er=
reichen, so muß man mit etwas geröstetem Mehl nachhelfen.
Die nun fertige Sauce wird über die Geflügelstücke gegeben
und mit ihnen durch Hineinstellen in kochendes Wasser erhitzt.
Beim Anrichten garnirt man die Schüssel mit zierlichen in
Butter gerösteten Semmelschnitten, welche man, wenn das
Salmi von Schnepfen bereitet ist, vor dem Rösten mit sog.
Schnepfendreck bestreicht. Dazu werden die Eingeweide der

Schnepfe, mit Ausnahme des Magens und der Galle, fein
gehackt und mit ein wenig geschmolzener Butter, geriebener
Semmel, Salz und Muskatnuß vermischt. Diese Masse muß
dick aufgestrichen werden.

IX. Das Gemüse.

336. Allgemeine Unterweisungen.

Die Bereitung der Gemüse erfordert schon deshalb, weil
es bei einer deutschen Mittags-Mahlzeit selten oder vielmehr
nie daran fehlen darf, besondere Aufmerksamkeit; durch unrich-
tiges Kochen kann auch das beste Gemüse unschmackhaft werden,
sorgfältige Behandlung kann oft manches Fehlerhafte daran
gut machen.

Zunächst suche man das Gemüse, so lange die Jahreszeit
es erlaubt, möglichst frisch zu erhalten; alle Gemüse, namentlich aber diejenigen, welche bis gegen Ende des Sommers
wachsen, leiden durch längeres Aufbewahren. Das Gemüse
muß ferner gut verlesen und sauber geputzt, und, mit Ausnahme der Kartoffeln, im Betreff deren noch besondere Unterweisungen folgen sollen, nicht ausgewässert, sondern nur
tüchtig gewaschen und, ehe man es aufs Feuer bringt, zum
Abtropfen auf einen Durchschlag gelegt werden. Viele Gemüsearten sind, wie schon oben in Nr. 30 bemerkt worden,
zu blanchiren, um ihnen ihre blähenden Eigenschaften und
den strengen Geschmack zu nehmen, andere werden in reichlichem Wasser ganz weich gekocht und Letzteres ist abzugießen,
bevor man zu ihrer weiteren Zubereitung schreitet.

Alle Gemüse, bei denen im Folgenden nicht ausdrücklich
das Gegentheil bemerkt wird, sind in kochendem Wasser auf
das Feuer zu bringen; sollen größere Quantitäten auf einmal gekocht werden, so thut man gut, sie portionsweise, jedes-

mal etwa eine Schaumkelle oder einen Durchschlag voll, in
das Wasser zu legen und nach jeder Portion wieder abzu-
warten, daß dasselbe kocht; bei diesem Verfahren wird das
Gemüse am schnellsten und gleichmäßigsten gar. Auch ist
möglichst gleich zu Anfang das hinreichende Wasser zu
nehmen; ist man dennoch genöthigt, nachzugießen, so darf
man dazu nur kochendes Wasser verwenden.

Gesalzen wird frisches Gemüse am besten erst in der
letzten Hälfte des Kochens; ist Butter daran zu verwenden,
so thut man gut, die Hälfte davon gleich zu Anfang des
Kochens daran zu geben, die andere Hälfte erst, wenn das
Gemüse bereits gar ist, der Buttergeschmack erhält sich dadurch
besser; andere Fettarten, z. B. Schmalz, Oel, Nierenfett u. s. w.
sind schon vor dem Hineinlegen des Gemüse mit dem Wasser
gut durchzukochen. Mit Mehl oder Eidotter darf das Gemüse erst seimig gemacht werden, wenn es völlig gar ist,
eine Mehlschwitze macht es in der Regel wohlschmeckender,
als Klarmehl.

Alle Gemüse müssen kochen, bis sie völlig weich sind,
dürfen aber nie brei- oder grützartig werden, was leicht die
Folge zu starken Umrührens ist. Letzteres kann man, so weit
es nicht zur Verhütung des Anbrennens nöthig ist, ganz vermeiden, wenn man Salz und Fett zu rechter Zeit daran thut.
Die Zeit des Kochens läßt sich nicht allgemein bestimmen, sie
hängt von der Art der Gemüse und deren Beschaffenheit ab;
so weit wie thunlich, wird später bei den einzelnen derselben
davon die Rede sein.

Sollte einmal Gemüse anbrennen, so ist es unter Zurücklassung dessen, was am Boden hängen bleibt, in einen andern
Kochtopf zu schütten und mit neuem Wasser, Salz und Fett
weiter zu kochen; ist es schon gar, so verbessert man den Geschmack durch Herumschwenken in Bouillon, welche vorher mit
einer recht fetten Mehlschwitze seimig gemacht worden ist.

Beim Anrichten werden die aus größeren vereinzelten
Stücken bestehenden Gemüse, z. B. Blumenkohl, Spargel u. s. w.,
sauber mit Gabel und Löffel auf der Schüssel geordnet; andere mehr breiartige Gemüse, wie Spinat, Sauerampfer,
Grünkohl u. dgl., werden mit dem Messer glatt, mit einer

kleinen Erhöhung nach der Mitte zu, gestrichen. Immer aber
ist dafür Sorge zu tragen, daß der Rand der Schüssel keine
Spuren von dem darauf angerichteten Gemüse trage.

Manche Gemüse, namentlich Weißkohl, Grünkohl und
weiße Rüben eignen sich besonders zum Aufwärmen und
werden selbst von Manchen aufgewärmt wohlschmeckender ge=
funden, als frisch gekocht. Es ist zu beachten, daß die Ge=
müse beim Aufwärmen nicht zugedeckt werden dürfen.

337. Das Kochen der Kartoffeln.

Sollen die Kartoffeln als Pellkartoffeln gegeben werden,
so reinigt man sie zunächst mit einem Reisigquaste von Sand
und Erde und wäscht sie sodann unter wiederholter Er=
neuerung des Wassers so lange nach, bis Letzteres nicht mehr
schmutzig wird. Geschälte Kartoffeln wirft man gleich beim
Schälen nach einander in ein Gefäß mit Wasser, wäscht sie
vor dem Kochen noch einmal in frischem Wasser und giebt
sie am besten mit einem Durchschlage in das zum Kochen be=
stimmte Gefäß. Auch für die Kartoffeln gilt sonst als Regel,
daß das Wasser, in welchem sie auf das Feuer gebracht wer=
den, kochen muß, nur werden Frühkartoffeln und auch die
Herbstkartoffeln, so lange man sie noch nicht zu Keller genom=
men hat, wohlschmeckender, wenn man sie in kaltem Wasser
aufsetzt; das Wasser muß sorgfältig abgeschäumt werden.
Im Betreff des Salzens ist zu bemerken, daß Pellkartoffeln
mehr Salz verlangen als geschälte, und daß namentlich die
ersten neuen Kartoffeln (Johanniskartoffeln), welche gewöhn=
lich sehr weich sind, durch scharfes Salzen eine bessere Consi=
stenz annehmen. Das richtige Treffen des Salzes ist reine
Sache der Uebung, es läßt sich dasselbe nicht angeben, da es
allemal von dem zu kochenden Quantum Kartoffeln abhängt;
zu bemerken ist, daß die Kartoffeln sogleich gesalzen werden
müssen. Die Zeit, welche die Kartoffeln zum Garwerden ge=
brauchen, ist nach Art und Alter derselben verschieden. Frisch
aus der Erde genommene Kartoffeln müssen eine Viertelstunde
bis 20 Minuten kochen, nach Weihnachten bedürfen sie eine
halbe bis drei viertel Stunde. Am besten überzeugt man

sich von ihrem Zustande durch Hineinstechen mit einer Gabel. Lassen sie sich leicht durchstechen, so sind sie gut und müssen sogleich abgegossen werden, nach dem Abgießen aber noch einige Minuten an einer heißen Stelle, und zwar leicht — am besten mit einer Serviette — bedeckt, abdampfen.

Die Kartoffel kann sowohl geschält, wie auch als Pellkartoffel zu allen Fleischspeisen und Fischen gegeben werden, ob in der einen oder andern Gestalt, darüber entscheidet Gewohnheit und Geschmack. Zu Wildbraten möchte indessen die Pellkartoffel auf alle Fälle vorzuziehen sein.

Man servirt die geschälten Kartoffeln entweder trocken oder schwenkt sie vorher im Kochtopfe mit einem Stück Butter durch, in beiden Fällen bestreut man sie mit feingehacktem Petersilienkraut. Man kann aber auch verschiedene Saucen daran geben, namentlich die Saucen in Nr. 264 und 268.

338. Bratkartoffeln.

Man zieht Pellkartoffeln die Haut ab und zerschneidet sie in möglichst gleichmäßige Scheiben, etwa von der Dicke eines Messerrückens. Diese Scheiben schüttet man, jedoch nicht zu viel davon auf einmal, in eine Pfanne, in welcher reichlich Butter hellbraun gemacht ist und läßt sie darin, nachdem man sie mit ein wenig Salz bestreut hat, schön gleichmäßig dunkelgelb oder hellbraun braten. Um die Gleichmäßigkeit zu erreichen, ist es nöthig, die Kartoffeln in der Pfanne sehr fleißig mit einem Messer zu kehren.

Sollen die Kartoffeln zu einzelnen Gemüsen, z. B. zum Spinat oder Grünkohl, gegeben werden, so sucht man recht kleine runde Kartoffeln von möglichst gleicher Größe aus, die man vor dem Braten nicht zerschneidet. Während desselben bestreut man sie mit etwas Zucker, wodurch sie ein schönes, glänzendes Aussehen erhalten, und namentlich, wenn sie mit zu Grünkohl angerichtet werden, einen besonders dazu passenden Wohlgeschmack annehmen.

Anm. 1. Zur Ersparniß kann man auch statt der Hälfte Butter anderes Fett, namentlich Schweineschmalz, Bratenfett und gutes Nierenfett, verwenden. Ganz ohne Butter nur in anderem Fett gebratene Kartoffeln schmecken nie besonders.

Anm. 2. Manche ziehen es vor, die Kartoffeln vor dem Braten nur halbgar zu kochen. Es ist wahr, daß die Bratkartoffeln dann schöner schmecken, man bedarf aber eines bedeutend größern Quantums Fett und es ist verdoppelte Aufmerksamkeit nöthig. Nie wolle man indessen die Kartoffeln vor dem Braten zu weich kochen.

339. Gestobte Kartoffeln.

Man bereitet folgende Brühe. Zwei Tassen Bouillon werden mit einem Eßlöffel voll Butter und einer mittelgroßen, in feine Würfel geschnittenen Zwiebel so lange durchgekocht, bis die Würfel weich sind. Dann thut man noch eine Messerspitze voll feingestoßenen schwarzen Pfeffer nebst etwas gehackter Petersilie hinzu, schüttet kleine Pellkartoffeln, denen man die Haut abgezogen hat, hinein und schwenkt dieselben mit der Brühe gut durch, so daß alle gleichmäßig und reichlich angefeuchtet werden. Selbstverständlich darf man nur so viele Kartoffeln nehmen, daß dies möglich bleibt, oder man muß das Quantum der Brühe vergrößern. — (Mit gebratener Leber, Klopps, Preßkopf, Wurst u. dgl.)

340. Heringskartoffeln.

Man bereitet folgende Brühe. Es werden in Würfel geschnittene Zwiebeln mit etwas Mehl in reichlich Butter oder ausgebratenem Speckfett — 4 Loth auf 1 Eßlöffel voll Mehl — gelb geschwitzt, worauf man Wasser, etwas Essig — 1 Eßlöffel auf die Tasse Wasser — und gestoßenen Pfeffer hinzuthut und dies zusammen wieder ins Kochen bringt. Sodann schüttet man in feine Würfel geschnittene Heringe und endlich kleine, frisch gekochte und enthäutete Pellkartoffeln dazu und läßt dieselben unter wiederholtem Durchschwenken in der Brühe, von welcher recht reichlich vorhanden sein muß, auf gelindem Feuer gut heiß werden. — (Mit kaltem oder aufgewärmtem Braten.)

341. Saure Kartoffeln.

Zu einer Mahlzeit für 8 Personen bereitet man von 1/2 ℔ Speck nach Nr. 268 eine Speck- und Zwiebelsauce, in welcher man 6 Eßlöffel voll Mehl gelb schwitzt (Nr. 20). Hieran giebt man unter gutem Umrühren 2 kleine Theetassen voll Essig und 1 Pott Wasser oder besser Fleischbrühe nebst einer Prise Salz, und rührt endlich einige Eßlöffel voll Sirup dazu. Die vorher nach Nr. 337 beinahe gar gekochten und abge= gossenen Kartoffeln schüttet man in diese Sauce, läßt sie darin vollends weich kochen und servirt sie darin. — (Mit geräuchertem Schinken eine gute Hausmannskost.)

342. Milchkartoffeln.
(Ein Löffel=Gericht.)

Man kocht geschälte Kartoffeln nach Nr. 337 recht weich, salzt, aber vorsichtig, da zu starkes Salzen das Gericht ver= derben würde; es kann lieber später noch nachgesalzen werden. Die abgegossenen Kartoffeln schüttet man in so viel kochende Milch, daß sie ein paar Zoll hoch davon bedeckt sind, giebt ein gutes Stück Butter daran und läßt das Ganze noch etwa 5 Minuten kochen, wo dann die Milch seimig ist. Kurz vor dem Anrichten giebt man noch je nach der Quantität eine größere oder geringere Prise Pfeffer daran. — (Mit geräuchertem Schinken oder kaltem Braten, auch mit Hering.)

343. Kartoffeln mit Aepfeln.

Man kocht geschälte Kartoffeln eine kleine Weile ab, gießt sodann das Wasser ab und frisches kochendes Wasser darauf und salzt, jedoch nur schwach. Sind die Kartoffeln gut halb gar, so thut man geschälte, zerklüftete und von den Kern= häuschen befreite saure Aepfel, und zwar etwa halb so viel, wie man Kartoffeln hat, dazu und läßt sie mit den Letztern zusammen weich kochen. Sind die Aepfel sehr sauer, so muß man Zucker zu Hülfe nehmen. Ist das Gericht gar, so rührt man über dem Feuer reichlich Speckfett daran. — (Mit den ausgebratenen Speckschnitten.)

344. Kartoffeln mit frischen Birnen.

Geschälte Birnen werden, wenn sie groß sind, zerklüftet und von den Kerngehäusen befreit; sind sie klein, so nimmt man nur die Blumen heraus, kerbt sie kreuzweis ein und schneidet die Stengel zur Hälfte ab. Alsdann werden sie in so viel Wasser, daß man reichlich Sauce erhält, mit ein wenig Salz gar gekocht, mit Klarmehl seimig gemacht und nach Probe gezuckert. Jenachdem man nun ausgebratene Speck= schnitte oder frisch gekochtes saures Schweinefleisch dazu geben will, giebt man zuletzt reichlich Speckfett oder abgefülltes Schweinefett daran, womit die Birnen noch einmal durch= kochen. Sodann werden sie mit der Sauce über den schon in der Schüssel befindlichen Kartoffeln angerichtet, welche mit nur wenig Salz gekocht sein müssen.

Anm. Giebt man Speckfett an die Birnen, so werden sie wohl= schmeckender, wenn man ein paar saure Aepfel mit ihnen zusam= men gar kocht.

345. Kartoffeln mit Backbirnen oder Backäpfeln.

Man kocht ein Stück durchgewachsenen Speck von der erforderlichen Größe — etwa ¼ ℔ auf die Person — halb= gar und bringt dann zu demselben das vorher durch Reiben und Waschen in heißem Wasser gut gereinigte Backobst auf das Feuer. Es muß so viel Wasser vorhanden sein, daß das Obst einen Finger breit bedeckt ist, auch muß dasselbe ganz langsam weich kochen. Die Kartoffeln kann man entweder in der Brühe mit gar kochen, oder für sich allein, im letztern Falle giebt man sie zum Obst, wenn dasselbe gar ist, und läßt sie noch einmal damit aufkochen. Die Backäpfel müssen etwas gezuckert werden, bei den Backbirnen hängt dies von der Art und dem Geschmacke ab.

346. Kartoffel=Püree.

Gekochte Kartoffeln werden mit der Kelle fein zerstampft und durch einen Durchschlag gerieben. Sodann rührt man so viel Milch oder Milch und Wasser dazu, daß eine teigige Masse entsteht, die man wieder auf das Feuer bringt und unter stetem Umrühren, während dessen man noch ein gutes Stück Butter daran thut, wieder heiß werden läßt. Beim

Anrichten streicht man das Püree glatt und giebt darüber entweder braune Butter nebst darin geröstetem gestoßenen Zwieback oder schwach gebratenen Zwiebeln, oder eine Speck- und Zwiebelsauce nach Nr. 268, die man auch etwas säuerlich machen kann. — (Mit allen säuerlichen Fleischgerichten, besonders Ragouts und Boeufs.)

347. Lapsgausch.

Beliebige Reste von gekochtem, gebratenem und geräuchertem Fleisch werden nebst reichlichem Fett, gleichfalls Resten, wenn man deren hat, ganz fein gehackt und mit geriebenen Kartoffeln, einigen gehackten Zwiebeln und etwas gestoßenem Nelkenpfeffer gehörig vermengt. Dann wird die Masse mit so viel ganzen Eiern, wie Personen zu der Mahlzeit sind, und mit so viel Milch oder Wasser vermengt, daß ein steifer Teig entsteht, welchen man in reichlich Butter auf beiden Seiten braun brät.

348. Gelbe Erbsen.

Man kocht die Erbsen nach dem in Nr. 130 für die Erbsensuppe angegebenen Verfahren in bloßem Wasser weich, was 2 bis 3 Stunden erfordert. Dann giebt man sie mit der Schaumkelle nach und nach in ein Sieb oder einen feinen Durchschlag und reibt sie durch. Das erhaltene Püree bringt man wieder auf das Feuer und thut unter unausgesetztem Rühren das nöthige Salz, ein Stück Butter, sowie nach Belieben eine Prise geriebene Muskatnuß daran. Beim Anrichten streicht man die Erbsen in der Schüssel glatt und giebt eine säuerlich gemachte Speck- und Zwiebelsauce darüber. — (Mit Pökelfleisch oder gesalzenen Heringen.)

349. Graue Erbsen.

Die grauen Erbsen werden die Nacht vor dem Kochen in kaltem weichen Wasser eingeweicht und im Uebrigen ganz nach dem in voriger Nummer angegebenen Verfahren bereitet. Sollten sie, was leicht vorkommt, nicht weich werden wollen, so thut man ein Stückchen Soda in das kochende Wasser. — (Mit Pökelfleisch und dem Boeuf in Nr. 281 nebst Bratkartoffeln.)

350. Weiße Bohnen.

Weiße Bohnen werden wie Erbsen gar gekocht, jedoch
wird das dritte Mal nur so viel Wasser darauf gegeben, daß
es die Bohnen nach Garwerden derselben noch gut anfeuchtet.
Kurz vorher giebt man ein gutes Stück Butter, das nöthige
Salz und eine Prise Pfeffer daran.

Etwas umständlicher ist folgendes Verfahren, es werden
jedoch die Bohnen dabei wohlschmeckender. Sind die Bohnen
gar, jedoch noch nicht teigig, so daß das Wasser noch klar ist,
so läßt man Letzteres durch einen Durchschlag ablaufen. Inzwischen schwitzt man eine in feine Scheiben oder Würfel geschnittene Zwiebel in reichlich Butter weiß und gießt so viel
Wasser oder Bouillon hinzu, als ausreichend ist, die Bohnen
gut anzufeuchten, ohne sie flüssig zu machen. Dann schüttet
man die Bohnen hinzu und läßt sie unter öfterem Umschwenken darin teigig kochen. Endlich salzt man und giebt eine
Prise gestoßenen Pfeffer dazu. — (Mit gebratener Leber, Coteletten, Fricadellen, Bratwurst, saurem Schweinefleisch, Sülze u. dgl.
Auch wird Apfelmus mit herumgereicht.)

351. Bohnen mit Aepfeln.

Es werden Aepfel geschält, in dünne Scheiben geschnitten
und in so viel Wasser, daß eine etwas lange Sauce entsteht,
mit dem nach Probe nöthigen Zucker weich gekocht. Eben so
werden weiße Bohnen, am besten halbreife, mit dem nöthigen
Salz gar gekocht; Letztere brauchen nicht eher abgegossen zu
werden, als bis man sie zu den Aepfeln schüttet, wegen der
ganz reifen vgl. die vorige Nummer. Mit den Bohnen giebt
man etwas Butter zu den Aepfeln, schwenkt sie gehörig damit
durch und läßt sie noch ein wenig damit kochen, bis die
Aepfel etwas musartig werden. — (Mit Spickbrust, Klopfschinken,
Karbonaden u. dgl.)

352. Weiße Bohnen als Suppenessen.

Nachdem das Wasser zum zweiten Male von den Bohnen
gegossen worden, thut man dieselben in einen Topf, in welchem

Hammelfleiſch auf's Feuer gebracht iſt, und kocht ſie mit dem=
ſelben in der ausreichend geſalzenen Brühe nebſt einigen
Suppenwurzeln und ziemlich vielen Mohrrüben gar. Vor
dem Anrichten giebt man noch für ſich gekochte Kartoffeln
daran und läßt das Ganze noch einmal durchkochen.

353. Linſen.

Man bereitet entweder von gut verleſenen und gewaſche=
nen Linſen ein Püree ganz nach der Anweiſung, welche für
gelbe Erbſen in Nr. 348 gegeben worden, oder man reibt ſie
nicht durch ein Sieb, ſondern gießt, ſobald ſie ganz weich ge=
kocht ſind, das Waſſer ab und ſtatt deſſen Fleiſchbrühe mit
etwas zerſchnittenen Suppenwurzeln hinzu und läßt ſie damit
noch einmal gut durchkochen. Sodann werden ſie mit einer
weißen Mehlſchwitze, zu welcher reichlich Butter verwandt iſt,
ſeimig gemacht. — (Mit Pökelfleiſch oder ſauer gekochtem Schweine=
fleiſch.)

354. Weißkohl oder Spitzkohl mit Hammelfleiſch oder Rindfleiſch.

Man nimmt die äußern Blätter vom Weißkohl ab, zerklüftet
ihn in Viertel, ſchneidet den Stengel nebſt den dicken Rippen
heraus und bringt ihn in kochendem Waſſer auf das Feuer.
Nach 10 Minuten langem Kochen nimmt man ihn mit der
Schaumkelle wieder heraus und bringt ihn in einen Topf, in
welchen man einen Theil der Brühe, worin das Rind= oder
Hammelfleiſch kocht, nebſt recht reichlich von dem davon abge=
nommenen Fette, dem man auch noch etwas Butter hinzufügen
kann, ſo wie ferner eine in Scheiben geſchnittene Zwiebel und
ein paar Körner ſchwarzen Pfeffer hineingethan hat. Iſt der
Kohl zur Hälfte gar, ſo wird er, jedoch vorſichtig, etwas nach=
geſalzen. Die Zeit des Kochens iſt je nach der Jahreszeit
1½ bis 2 Stunden, zu Anfang des Frühjahrs auch noch
länger: der Kohl muß ſo gekocht werden, daß er einſchließlich
der Rippen durch und durch weich iſt, ohne indeſſen zu zer=

fallen oder gar grützig zu werden; man darf ihn deshalb
während des Kochens durchaus nicht rühren. — (Mit geschäl=
ten Kartoffeln nebst dem Rind= oder Hammelfleisch.)

Anm. 1. Man kann den Kohl auch mit dem Fleische zusammen gar
kochen. Dann blanchirt man ihn und legt ihn in die Brühe zum
Fleische, nachdem dasselbe 1½ bis 2 Stunden gekocht hat.

Anm. 2. Der Spitzkohl wird ganz ebenso gekocht, bedarf indessen
zum Garwerden kürzerer Zeit.

355. Savoyerkohl.

Der Savoyerkohl wird im Uebrigen nach der Anweisung
in der vorigen Nummer gekocht, jedoch nicht mit Bouillonfett,
sondern mit Butter, und statt der ganzen Pfefferkörner wird
kurz vor dem Garwerden, wozu nur 1 Stunde nöthig ist, ein
wenig gestoßener Pfeffer und geriebene Muskatnuß darüber
gestreut. — (Mit Suppenfleisch oder auch mit Roastbeef, geschmorter
Ente, Cotelettes, Bratwurst u. dgl.)

356. Rother Kohl.

Man säubert den rothen Kohl nach der Anweisung in
Nr. 354 und zerschneidet ihn in dünne, recht lange Streifen.
Alsdann wird er in Bouillon — nicht zu viel, damit die
Sauce nicht zu lang wird — mit reichlich Butter, oder, wenn
man davon hat, mit Bratenfett und einigen Körnern Kümmel
gekocht. Nach einstündigem Kochen gießt man Essig, ½ Theetasse auf den Kopf, und 1 Glas Rothwein hinzu, salzt, jedoch
recht vorsichtig, und zuckert nach Probe. Ist der Kohl gar,
so wird er mit etwas Klarmehl durchgerührt und beim Anrichten mit nicht zu großen Aepfeln garnirt, welche man in
folgender Art geschmort hat. Man zerschneidet sie in Hälften,
welche man mit der flachen Seite nach unten in ein flaches
Geschirr setzt, worauf man Zucker darüber streut und etwas
Wasser, Rothwein und Kirschsaft darunter gießt. Hierin läßt
man sie weich schmoren, legt sie auf den Rothkohl und gießt
die Brühe darüber. — (Mit Schweinebraten, Bratwurst, Mürbe=
braten, Rollfleisch, Fricadellen, namentlich aber auch mit Wildbraten.
Außerdem mit geschälten oder Bratkartoffeln.)

357. Sauerkohl.

Sollen zum Sauerkohl dieſelben Beilagen gegeben werden, wie zum Rothkohl in der vorigen Nummer, ſo bereitet man ihn im Uebrigen auf dieſelbe Weiſe, nur giebt man etwas mehr Kümmel daran, läßt ihn noch kürzer einkochen und den Zucker, bevor man ihn hinzuthut, in einer Pfanne halbbraun werden; liebt man den Kohl ſehr dunkel, ſo muß man mit etwas Zuckerfarbe (Nr. 34) nachhelfen. Auch kann man, was ſehr wohlſchmeckend iſt, etwas Apfelmus dazwiſchen rühren, muß aber dann weniger Eſſig nehmen.

358. Sauerkohl auf andere Art.

Den nach Angabe in Nr. 356 feingeſchnittenen Weißkohl bringt man in kochendem Waſſer auf das Feuer und gießt während des Kochens von der Brühe und dem darauf ange- ſammelten Fette von gleichfalls ins Kochen gebrachtem Schweinefleiſch hinzu. Man kann den Kohl aber auch gleich in der Brühe auf das Feuer ſetzen. Iſt derſelbe halbgar, ſo giebt man etwas gut gereinigten Kümmel und kurz vor dem Garwerden noch Salz daran, wenn er von der Brühe nicht ſalzig genug ſein ſollte; ferner nach dem Garwerden den nöthigen Eſſig, Zucker oder Sirup nach Probe, und endlich ſo viel Klarmehl, daß der Kohl recht eben wird. Trocken darf derſelbe nicht gekocht werden. — (Mit friſchem Schweine= fleiſch.)

359. Eingemachter (Magdeburger) Sauerkohl.

Iſt ſo viel Sauerkohl, wie man zum Verbrauche beſtimmt hat, aus dem Gefäße, worin er eingemacht iſt, herausgenom- men worden, ſo wird der zurückbleibende Kohl zunächſt wieder mit Kohlblättern bedeckt, auf dieſe legt man ein ſauberes mit etwas Salzwaſſer angefeuchtetes Tuch und verſchließt endlich das Gefäß recht dicht durch den mit Steinen beſchwerten Deckel. — Sollte ſich beim Koſten des Kohls, welches vor dem Kochen geſchehen muß, herausſtellen, daß er zu ſalzig iſt,

so muß man ihn erst waschen, sonst löst man ihn nur aus=
einander und giebt ihn in nicht zu wenig recht fette kochende
Fleischbrühe. Ist er weich gekocht, was etwa 2 Stunden er=
fordert, so kann man, wenn die Brühe zu lang sein sollte,
davon abfüllen, sodann thut man Zucker nach Probe daran
und macht ihn mit einer weißen Mehlschwitze eben. —
(Man reicht dazu Bratkartoffeln und gekochtes Schweinefleisch.)

360. Milchkohl.

Man zerschneidet oder zerhackt Weißkohl, jedoch nicht zu
fein, und kocht ihn mit einer gleichfalls zerhackten Zwiebel,
welche man in reichlich Butter weichgeschwitzt hat und wenig
Salz in Fleischbrühe weich, wobei, damit die Sauce nicht zu
lang werde, die Brühe ganz kurz einkochen muß. Zwischen
diesen Kohl rührt man eine Sauce von Milch, welche mit
Mehl seimig gekocht und mit ein wenig Muskatnuß und
Zucker gewürzt ist, und läßt ihn damit noch einmal gut durch=
kochen. — (Mit Karbonade oder Schinken.)

361. Grünkohl.

Der Kohl wird von Stengeln und Rippen gestreift und
in Wasser ohne Salz gar gekocht. Nachdem das Wasser ab=
gegossen, läßt man den Kohl noch gut auf einem Durchschlage
abtropfen, hackt ihn, jedoch nicht zu fein, und bringt ihn in
reichlichem Fett (Butter, Schweine= oder Gänseschmalz) mit
ein wenig Wasser oder Bouillon wieder auf das Feuer.
Dann thut man das nöthige Salz, etwas geriebene Muskat=
nuß, Zucker und, wenn man will, ein wenig gestoßenen Zwie=
back daran, und läßt das Ganze unter wiederholtem Umrühren
durchkochen. Sollte der Kohl jetzt noch strenge schmecken, so
kann man ihn durch Hinzugießen von einer halben Tasse
Milch oder Sahne verbessern. Beim Anrichten wird er in
der Schüssel glatt gestrichen und mit nach Nr. 125 oder
Nr. 338 gebratenen Kastanien oder Kartoffeln garnirt. —
(Mit Hamburger Rauchfleisch, gepökeltem Schweine= oder Gänsefleisch,
geräuchertem Schweinskopf, Brat= oder Lungenwurst.)

Anm. 1. Das Fett, welches sich beim Kochen auf geräuchertem Fleisch oder Schweinskopf ansammelt, schmeckt mitunter räucherig; dann darf man es nicht verwenden, es würde den Kohl verderben.

Anm. 2. Man kocht den Grünkohl auch, nachdem er wie angegeben abgestreift ist, bloß in Salz und Wasser zur Hälfte und hernach in Bouillon ganz gar und giebt Roastbeef dazu.

362. Rosenkohl.

Man nimmt die äußern losen Blätter von den Kohl-röschen und kocht Letztere mit dem nöthigen Salz, bis sie durch und durch weich sind, ohne jedoch auseinander zu fallen. Dann läßt man sie auf einem Durchschlage abtropfen und schwenkt sie in einer Sauce durch, welche man bereitet, in-dem man zu einer weißen Mehlschwitze Bouillon gießt, dies ins Kochen bringt und mit ein wenig geriebener Muskatnuß und etwas Zucker würzt, auch kann man zur Hälfte Bouillon, zur Hälfte Rahm verwenden. Die Sauce darf aber weder zu lang noch zu dick sein, sondern muß den Kohl grade bin-den. — (Mit Roastbeef, Klopps, Carbonaden, Fricadellen u. dgl.)

Anm. Mit Roastbeef schmeckt der Rosenkohl am besten in Bouillon gar gekocht und ohne alle Sauce angerichtet.

363. Blumenkohl.

Man schneidet die grünen Blätter nebst dem Stengel vom Kohl, den Stengel aber nicht zu kurz, damit die Köpfe ganz bleiben, und kocht ihn dann in Wasser mit nicht zu viel Salz, bis er durch und durch weich ist, ohne jedoch ausein-ander zu fallen. Dies erfordert $1\frac{1}{4}$ Stunde. Sodann giebt man ihn mit der Schaumkelle in eine Schüssel, die Blumen nach oben, gießt das dabei sich in der Schüssel ansammelnde Wasser wieder ab und richtet eine der Saucen in Nr. 267 darüber an. — (Mit gebratenem Geflügel, Carbonaden, geräuchertem Lachs oder Schinken.)

364. Farcirter Kohlkopf.

Je nach der Größe der Tischgesellschaft blanchirt man einen größeren oder kleineren Kopf Weißkohl und löst ihn

in einzelne Blätter auseinander. Dann legt man eine ange-
feuchtete Serviette in ein etwas tiefes Gefäß, etwa in einen
Durchschlag, in der Weise, daß sie Boden und Wände deffel-
ben überall bedeckt. Die Serviette bedeckt man mit einer Schicht
Kohlblätter, streicht auf diese eine Schicht von der Farce in
Nr. 36 a., verwendet bei Bereitung derselben jedoch zur Hälfte
Schweinefleisch, läßt wieder eine Schicht Kohl, dann wieder
eine Schicht Farce und so weiter folgen, bis der Raum aus-
gefüllt ist; oben bedeckt man das Ganze wieder mit einer
Schicht Kohlblätter. Sodann bindet man das Tuch mit
einem Bindfaden zu und läßt das Gericht in Bouillon gar
kochen, was 2 Stunden erfordert. Wieder aus dem Tuche
genommen, wird der Kopf mit einer Sauce servirt, indem
man eine in Würfel geschnittene Zwiebel mit etwas Mehl
in Butter schwitzt, hiezu von der Bouillon rührt und das
Ganze mit ein paar Eidottern abquirlt. — (Ohne Beilage.)

365. Farcirte Zwiebeln.

Sollen farcirte Zwiebeln als Gemüse gegeben werden,
so wählt man dazu die großen portugiesischen. Ihre Bereitung ist genau so, wie für die zum Garniren geschmorter
Hammelskeule bestimmten in Nr. 310 angegeben worden, nur
daß man sie vor dem Aushöhlen etwa 20 Minuten kochen
lassen muß. — (Ohne Beilage oder mit geschmorter Hammelskeule
oder Schinken.)

366. Kohlrabi.

Man zerklüftet die geschälten Kohlrabi etwa in 8 Theile
oder schneidet sie in Scheiben, wobei die etwa darin befindlichen stockigen Stellen herausgeschnitten werden müssen.
Sind sie sodann nebst den von den Stielen gepflückten und
zerhackten zartesten grünen Blättern in fetter Fleischbrühe
weich gekocht, so wird die Brühe abgegossen und mit einer
weißen Mehlschwitze unter Hinzuthun von etwas feingestoßenem Pfeffer oder geriebener Muskatnuß seimig gemacht,

worauf die Kohlrabi mit der Brühe noch einmal durchkochen müssen. — (Mit Rind= oder Hammelfleisch; auch mit Klopps, Karbonaden oder Fricanbeaus.)

367. Weiße Rüben mit Hammel= oder Schweine=Fleisch.

Man kocht das Hammel= oder Schweinefleisch entweder für sich allein oder mit den Rüben zusammen. Im ersteren Falle kocht man die gut geschabten und ganz kochend gewaschenen Rüben in einem Theil der Brühe weich, welche man nach 1 bis 1½stündigem Kochen vom Fleische gefüllt hat, und die beim Hinzuthun der Rüben in vollem Kochen sein muß. Sollen die Rüben mit dem Fleische zusammen gar werden, so giebt man sie an dasselbe, nachdem es eine gute Stunde lang gekocht hat. Man richtet sodann die Schüssel entweder als Löffelgericht mit Kartoffeln darin an, oder man macht die Brühe mit etwas Klarmehl seimig und reicht Kartoffeln nebenbei.

368. Weiße Rüben, braun gekocht.

Man kocht die Rüben nach Angabe in voriger Nummer in so viel Fleischbrühe, daß sie gerade davon bedeckt sind, mit etwas Butter und Salz weich. Sodann gießt man die Brühe zu einer braunen Mehlschwitze, thut ein wenig Zuckerfarbe, etwas Zucker und nach Belieben eine Prise Pfeffer hinzu und läßt Alles zu einer seimigen Sauce verkochen, in welcher man die Rüben gut umschwenkt. — (Mit geschmorter Hammelkeule, geschmorter Ente, Bratwurst, auch sehr gut mit gekochtem Hecht.)

369. Mohrrüben (gelbe Wurzeln).

Man reinigt die Mohrrüben durch gehöriges Schaben und Waschen und zerklüftet sie, wenn sie alt sind; die jungen läßt man ganz. Sodann kocht man sie in fetter Fleischbrühe oder besser noch in Fleischbrühe mit einem guten Stück Butter weich, macht die Brühe mit Klarmehl seimig, thut etwas ge-

hackte Petersilie nebst ein wenig Zucker daran und läßt die
Mohrrüben, indem man sie etwas umschwenkt, damit noch
einmal durchkochen, Man richtet sie über Kartoffeln an oder
reicht Letztere dazu. — (Mit gekochtem Hammelfleisch, geräuchertem
Schinken, gebratener Leber oder Karbonade.)

370. Spargel.

Man wähle möglichst weiße Spargel von ziemlicher
Dicke, schäle sie sorgfältig, bis alle zähe Haut entfernt ist,
wasche sie und bringe sie, in Bünde von 10 bis 12 Stück
gebunden, in kochendem, nur schwach gesalzenem Wasser auf
das Feuer. Sind sie weich gekocht, was je nach ihrer Beschaffenheit 10 bis 20 Minuten erfordert und stets an den
Köpfen probirt werden muß, so richtet man sie nach Abnahme
der Bänder auf einer runden Schüssel im Kreise, die Köpfe
nach inwendig, an. Ueber Letztere giebt man etwas von einer
nach Nr. 267 bereiteten Sauce, die übrige wird nebenbei
gereicht.

Man kann aber das Gericht für den Familientisch auch
dadurch verlängern, daß man die, wie oben angegeben, gereinigten
Spargelstangen in 3 bis 4 Stücke zerschneidet und dieselben,
nachdem sie gar gekocht worden, in der etwas lang gekochten
Sauce servirt. Endlich kann man auch einige für sich gar
gekochte, recht junge Mohrrüben, ganz oder in Streifen geschnitten, dazu mischen. — (Mit geräuchertem Lachs oder Schinken,
gebratenen Küken, Karbonaden u. dgl.)

Anm. In Blechdosen eingemachte Spargel werden ganz ebenso gekocht, wie frische, doch ist zu beachten, daß sie mit dem in der
Dose darauf befindlichen Wasser auf das Feuer zu bringen sind.

371. Junge Erbsen.

Die ausgepahlten und gut gewaschenen jungen Erbsen
bringt man in kochendem Wasser auf das Feuer und thut
Salz, aber nur ein wenig, daran. Zu ganz jungen Erbsen
muß man auch nur wenig Wasser nehmen; etwas mehr, wenn
sie schon reifer sind. Ist das Gericht nur von mittlerer

Größe, so knetet man etwas Butter mit Mehl zu einem Kloße — etwa 1 Eßlöffel voll Butter mit 1 Theelöffel voll Mehl auf 1 Pott Erbsen — und legt denselben gleich zu den Erbsen, damit er sich allmälig auflöse und die Brühe seimig mache. Kocht man dagegen eine größere Menge Erbsen, so thut man besser, die Brühe von den weichgekochten Erbsen zu einer weißen Mehlschwitze — Butter und Mehl nach obigem Verhältniß — zu geben und daraus eine seimige Sauce zu bereiten, mit welcher man die Erbsen unter mehrmaligem Um- schwengen noch einmal durchkocht. Kurz vor dem Anrichten thut man ein wenig gehackte Petersilie, so wie nach Beschaf- fenheit der Erbsen und eigenem Geschmack etwas mehr oder weniger Zucker daran. — (Mit denselben Beilagen, wie in voraufs gehender Nummer.)

  Anm. Wegen der in Blechdosen eingemachten Erbsen vgl. d. Anm. z. d. vor. Nr.

372. Junge Erbsen und Wurzeln.

  Recht junge Wurzeln (Mohrrüben) werden nach gehöriger Reinigung in kurze feine Streifen, oder besser noch in Würfel von der Größe der Erbsen zerschnitten und mit letztern nach der Anweisung in voriger Nummer gar gekocht. Es ist dabei nur zu beachten, daß man zuerst die Erbsen allein auf das Feuer bringen und die Wurzeln erst hinzuthun muß, wenn das Wasser wieder kocht. — (Mit Beilagen wie in Nr. 370.)

373. Brechbohnen.

  Nachdem die Fäden von den Bohnen gezogen sind, werden diese in 2 oder 3 Stücke zerbrochen, gewaschen und einige Minuten blanchirt, worauf das Wasser abgegossen und frisches, oder besser noch Bouillon darauf gegeben wird. Bei recht jungen Bohnen genügt es, sie mit kochendem Wasser einzuwaschen. Nach halbstündigem Kochen salzt man die Bohnen, kocht sie völlig gar und macht sie seimig, wozu man entweder eine weiße Mehlschwitze nach Nr. 20 benutzt, oder man knetet Butter und Mehl zu einem Kloße, giebt diesen an die Bohnen und läßt sie damit durchkochen. Nach dem Seimigmachen, welches unter wiederholtem Umschwenken geschieht, schwenkt man sie noch einmal mit einer Prise Pfeffer und ein wenig gehackter Peterfilie durch. Die Bohnen werden entweder mit Kartoffeln in abgesonderten Schüsseln angerichtet, oder in derselben Schüssel über die Kartoffeln gegeben. — (Mit Karbonaden, Fricabellen, geräuchertem Schinken oder Aal und gesalzenem Hering. Auch mit Bratfisch.)

Anm. 1. Wegen der in Blechdosen eingemachten Brechbohnen vgl. d. Anm. zu Nr. 371.

Anm. 2. Eingesalzene Brechbohnen werden am besten, wenn man sie gut gewaschen in kaltem Wasser auf das Feuer setzt, das Wasser, nachdem es ein paar Minuten gekocht hat, wieder abgießt und dies Verfahren wiederholt, bis sie nüchtern genug sind. Dann kocht man sie weiter, wie oben angegeben.

374. Schnittbohnen.

Die von den Fäden befreiten Bohnen zerschneidet man in gleichmäßige längliche Streifen und verfährt dann damit ganz nach der Anweisung für die Brechbohnen in der vorigen Nummer; ebenso auch mit den in Blechdosen eingemachten und den gesalzenen Schnittbohnen. — (Mit den in voriger Nummer angegebenen Beilagen.)

375. Schnittbohnen in Milch.

Man kocht die Schnittbohnen nach Anweisung in Nr. 373 und 374 weich und giebt sie zum Abtropfen auf einen Durchschlag. Inzwischen bereitet man eine Sauce, indem man Milch zu einer weißen Mehlschwitze gießt (auf $\frac{1}{2}$ Pott Milch 2 gute Eßlöffel voll Mehl) und dieselbe unter stetem Umrühren zum Kochen bringt. Man würzt mit einer Prise geriebener Muskatnuß, einer Prise Salz und nach Geschmack mit etwas Zucker, schüttet die Bohnen zu der Sauce und läßt sie unter tüchtigem Umschwenken einmal damit durchkochen. Auf eine Mahlzeit für 4 Personen rechnet man $\frac{1}{2}$ Pott Milch.

Anm. In Betreff der Beilagen und des Verfahrens mit eingemachten und mit gesalzenen Bohnen vgl. Nr. 370.

376. Schnittbohnen und Wurzeln.

Mit den Schnittbohnen, die nach der Anweisung in den vorigen Nummern vorbereitet werden, bringt man in längliche Scheiben geschnittene Mohrrüben zu Feuer; sind indessen die Bohnen schon etwas alt, so giebt man die Mohrrüben erst etwa ½ Stunde später dazu. In einem andern Topf kocht man ein Stück durchgewachsenen geräucherten Schweinespeck gar und giebt von dem darauf sich ansammelnden Fette, auch etwas von der Brühe zu den Bohnen. Sind Letztere gar, wobei die Brühe kurz einkochen oder sonst zum Theil abgegossen werden muß, so gießt man Essig dazu (½ Theetasse zu einem Gericht für 4 Personen), zuckert bis die Bohnen einen süßsäuerlichen Geschmack angenommen haben und macht sie unter gutem Umschwenken mit Klarmehl seimig. Kartoffeln werden nebenbei angerichtet und der gekochte Speck wird als Beilage gereicht.

377. Große Bohnen.

Die Bohnen, welche noch nicht zu alt sein dürfen, pahlt man aus der Schale und befreit sie sorgfältig von den Keimen. Sodann wäscht man sie mit kochendem in kochendes Wasser und kocht sie darin weich, was je nach dem Alter der Bohnen 1 bis 1½ Stunde erfordert. Außerdem bereitet man eine weiße Mehlschwitze, welche man mit Wasser zu einer dickseimigen Sauce verdünnt; an dieselbe thut man das nöthige Salz, etwas feingestoßenen Pfeffer und gehackte Petersilie. Mit dieser Sauce kocht man die Bohnen, nachdem das Wasser davon abgegossen worden, unter wiederholtem Umschwenken noch einmal durch. — (Mit Hammel = Coteletten oder kalten Beilagen.)

378. Gefüllte Gurken.

Man schält recht große halbreife Gurken, schneidet sie durch, nimmt alle schwammigen Theile heraus, füllt sie mit der Farce in Nr. 36 a. und bindet sie wieder zusammen. Sodann macht man in einem Schmortopfe etwas Zucker und

Butter braun, legt die Gurken hinein und giebt nebſt ein
paar Gewürznelken und einem Lorbeerblatte ſo viel Bouillon
darauf, daß ſie zur Hälfte darin liegen. Während des
Schmorens thut man ſo viel Eſſig oder Citronenſäure dazu,
daß ein ſäuerlicher Geſchmack entſteht und ſtreut etwas Zucker,
auch ſo viel zerſtoßenen Zwieback daran, daß ſich eine ſeimige
Sauce bildet. Sind die Gurken auf der einen Seite gar,
ſo kehrt man ſie vorſichtig, damit ſie nicht aus der Façon
kommen, um. Nach Abnahme der Bänder richtet man die
Gurken auf einer flachen Schüſſel an, ſchneidet ſie in Stücke
und giebt etwas von der Sauce darüber, den Reſt nebenbei.
— (Ohne Beilage oder mit geſchmorter Hammelkeule.)

379. Geſtobte Gurken.

Geſchälte Gurken, aus denen man die ſchwammigen
Theile entfernt hat, ſchneidet man in längliche Streifen, kocht
ſie und bereitet die Sauce ganz nach der Anweiſung in der
voraufgehenden Nummer.

380. Sauerampfer.

Man ſtreift den gut verleſenen Sauerampfer von den
Stengeln, wäſcht ihn ſehr ſorgfältig und bringt ihn in kochendem Waſſer mit etwas Salz auf das Feuer, worin er in
etwa 10 Minuten weich kocht. Dann läßt man ihn auf
einem Durchſchlag abtropfen, wobei man ihn gut auspreßt,
und hackt ihn fein. Ferner thut man etwas Butter, reichlich
Zucker, ſo daß der Sauerampfer davon ſüßſäuerlich wird,
etwas Weißwein, ein wenig geſtoßenen Zwieback und recht
viele vorher in Waſſer weichgekochte Korinthen in einen Topf,
giebt den gehackten Sauerampfer dazu und läßt ihn unter
gutem Umrühren damit durchkochen. Der Sauerampfer wird
beim Anrichten auf der Schüſſel glatt geſtrichen und mit
halbhart gekochten in Viertel geſchnittenen Eiern garnirt. —
(Mit Karbonaden oder gebratenen Fiſchen.)

.381. Spinat.

Der Spinat wird nach der Anweisung für den Sauer=
ampfer in der vorigen Nummer gereinigt, abgekocht und ge=
hackt. Sodann thut man etwas Bouillon und nicht zu viel
Butter, mit ein wenig geriebener Muskatnuß und zerstoßenem
Zwieback in einen Kochtopf und verfährt wieder nach der
Anweisung in voriger Nummer. Im Betreff des Quantums
Bouillon muß man vorsichtig sein; wird der Spinat zu dünn,
so bedarf man zu vielen Zwiebacks, um ihn wieder zu binden,
wodurch er dann zu weichlich wird. Garnirt wird der Spinat
mit aufgerollten und in Scheiben geschnittenen Omelettes.
(Vgl. Abschn. XVIII.) — (Mit Karbonaden oder geräuchertem
Schinken, auch kaltem Rauchfleisch oder Mettwurst.)

X. Warme und kalte Beilagen zu Gemüse.

382. Entrecôtes von Rindfleisch.

Man schneidet und klopft Rindfleisch=Scheiben ganz nach
den Anweisungen für die Beefsteaks in Nr. 293 und 294.
Diese Scheiben überzieht man mit Eigelb, welches mit etwas
Milch klein gerührt ist, kehrt sie in fein zerstoßener Semmel,
bestreut sie mit einer Prise Salz, Pfeffer und ein ganz wenig
geriebener Muskatnuß und legt sie in eine Bratpfanne, in
welcher Butter braun gemacht ist. Nachdem sie 4 bis 5 Mi=
nuten auf der einen Seite schnell gebraten haben, wendet
man sie um und läßt sie auch auf der andern braten. Dabei
muß fleißig mit der Butter begossen werden. Inzwischen hat
man Petersilie, Estragon, Schnittlauch und ein wenig Majoran
fein gehackt, wovon man den einen Theil in Butter schwitzt,
den andern mit frischer Butter und etwas Citronensaft durch=
knetet. Von der letztern Butter formt man Scheiben, mit
welchen man die Entrecôtes belegt, die geschwitzten Kräuter

verwendet man nebst etwas Mehl zu der Jüs, rührt damit den Bratensaß von der Pfanne los und giebt diese Sauce in einer Saucière nebenbei.

383. Kalbssteaks.

Von einer Kalbskluft werden alle häutigen Theile abge= löst, so daß nur das schiere Fleisch übrig bleibt. Dieses schneidet man ähnlich, wie in Nr. 293 für die Beefsteaks ge= zeigt worden, in Scheiben, klopft dieselben ein wenig, hackt sie leicht über, überzieht sie mit Eigelb, welches mit etwas Milch klein gerührt ist, kehrt sie in gestoßenem Zwieback und bestreut sie mit einer Prise Salz und Pfeffer. Sodann legt man sie recht schnell neben einander in eine Bratpfanne und brät sie unter öfterem Hin= und Herschütteln derselben ein paar Minuten erst auf der einen, dann auf der andern Seite, jedoch nicht zu lange, damit sie das Saftige nicht verlieren. Sind sie auf die Schüssel gelegt, so giebt man etwas von der klaren Butter aus der Pfanne darüber, den Rest rührt man in derselben unter Hinzuthun von etwas Mehl mit Jüs, Bouillon oder auch Wasser zu einer seimigen Sauce, die nebenbei gegeben wird.

384. Entrecôtes von Kalbfleisch.

Hiezu wählt man dieselben Stücke, wie zu den Kalbs= steaks in voriger Nummer, oder auch Karbonadenstücke ohne die Rippen und verfährt damit ganz nach der Anweisung der Entrecôtes von Rindfleisch in Nr. 381.

385. Kalbskarbonade.

Auch hiezu kann man Scheiben aus der Kluft verwenden, man wählt jedoch in der Regel das Rippenstück von den Nieren bis zum Blatt, welches zunächst zu einem langen Stücke ausgehauen wird. Hievon trennt man durch Quer= schnitte die Stücke zu den Karbonaden, so daß an jeder eine Rippe sitzen bleibt; will man sparsamer verfahren, so kann man auch so schneiden, daß auf 2 Stücken mit einer Rippe eins ohne Rippe kommt; Letzteres muß aber alsdann doch

14

einen Rückenwirbel erhalten. Sodann zieht man die Haut
von den Rippenknochen, schiebt das Fleisch etwa um ein
Drittel der Länge davon hinauf und schabt das dabei etwa
hängen Bleibende ab, so daß der Knochen ganz weiß wird.
Die Karbonaden werden nun auf beiden Seiten mürbe geklopft, leicht übergehackt, erst in Eigelb, welches mit Milch
klein gerührt worden, und dann in reichlich feingestoßenem
Zwieback umgekehrt und bis zur weitern Bereitung auf ein
mit Zwieback bestreutes Brett gelegt. Sind alle fertig, so
legt man sie in eine Bratpfanne, in welcher Butter hellbraun
gebraten ist, indem man mit der einen Hand den Knochen
faßt, mit der andern ein Messer unter die Karbonade schiebt
und sie so hineinhebt. Nun braten sie über langsamem Feuer
erst auf der einen, dann auf der andern Seite etwa 5 Minuten, während welcher Zeit man salzt und sie fleißig mit
Butter begießt; beim Umkehren wird dasselbe Verfahren angewandt, wie beim Hineinlegen in die Pfanne. — Die garen
Karbonaden servirt man neben einander auf einer flachen
Schüssel, die Knochen nach auswärts; die Sauce bereitet
man, indem man Jüs, Bouillon oder Wasser zu der Butter
in der Pfanne rührt, nachdem man etwas Mehl dazu gethan
hat. Etwas davon giebt man durch ein Sieb über die Karbonaden, den Rest nebenbei.

386.   Gebratene Kalbsnieren.

Die, wenn möglich in einer Braise (Nr. 31), oder sonst
in Bouillon gar gekochten Kalbsnieren schneidet man in
Scheiben von der halben Dicke eines kleinen Fingers, bestreut
sie mit einer Prise Salz und Pfeffer, kehrt sie zuerst in Eigelb, dann in gestoßenem Zwieback um und brät sie auf
beiden Seiten hellbraun. Um die Sauce zu bereiten, rührt
man etwas Mehl zu der Butter in der Pfanne und giebt
unter fortgesetztem Rühren Bouillon und etwas Citronensäure
oder Weinessig dazu, bis die Sauce eben ist, oder man reicht
auch eine Robertsauce (Nr. 261) dazu.

387. Gebratene Kalbsleber.

Die enthäutete Leber zerschneidet man in Scheiben von halber Fingersdicke, salzt dieselben und läßt sie eine Zeit lang stehen, damit das Salz einziehe. Sodann panirt man sie mit kleingerührtem Eigelb und gestoßenem Zwieback, und läßt sie in hellbrauner Butter auf jeder Seite 5 Minuten braten. Will man Sauce dazu geben, so giebt man etwas Mehl zu der Butter in die Pfanne und rührt Bratensauce dazu; hat man davon aber nicht, etwas Bouillon oder auch nur Wasser.

388. Kleine Rouladen von Kalbfleisch.

Man schneidet aus der Keule Scheiben von halber Fingersdicke oder verwendet Karbonaden-Stücke, jedoch ohne die Rippen, und klopft dieselben mit der flachen Seite des Hackbeils, bis sie nicht dicker sind, als ein guter Messerrücken; sie dürfen aber dabei nicht zerreißen. Diese Scheiben salzt man ein wenig, bestreicht sie in derselben Dicke mit der Farce in Nr. 36 a., rollt sie auf und umwindet sie mit einem ausgewässerten Bindfaden. Sodann werden sie im Schmortopfe in Butter gebräunt und in Fleischbrühe langsam gar geschmort. Vor dem Anrichten nimmt man die Bindfaden davon und glacirt sie (I. 4). Will man Sauce dazu geben, so bereitet man die Trüffelsauce in Nr. 235 oder die braune Champignonsauce in Nr. 237.

389. Fricadellen von rohem Kalbfleisch.

Man hackt 1 ℔ feingeschabtes mageres Kalbfleisch mit ½ ℔ in Würfel geschnittenem Nierenfett, nebst zwei mittelgroßen Zwiebeln gut durch. Hiezu giebt man das nöthige Salz, 2 gute Messerspitzen voll Pfeffer, ½ Messerspitze voll geriebene Muskatnuß, 10 Loth gestoßene Semmel und 2 bis 4 ganze Eier und rührt das Ganze gut durcheinander, wobei man so viel Milch hinzugießt, daß ein steifer Brei entsteht. Man kann aber auch die Semmel in Wasser einweichen, gut ausdrücken und so dazwischen rühren, dann erhält der Brei ohne Hinzugießen von Milch grade die nöthige Consistenz. Aus dem Brei formt man nun auf einem mit Mehl bestreu-

14*

ten Brette Fricadellen von beliebiger Größe, die man in
braun gemachter Butter gar brät, was etwa eine Viertelstunde
erfordert. Zur Bereitung der Sauce, welche über den Fricadellen angerichtet wird, rührt man etwas Mehl zu der Butter
und giebt unter fortgesetztem Rühren noch etwas Jüs,
Bouillon oder Wasser daran.

390. Ausgebackene Kalbsmilch.

Man blanchirt und reinigt eine Kalbsmilch nach Nr. 54,
schneidet sie in Scheiben von der Dicke eines halben Fingers,
bestreut diese schwach mit Salz, ein ganz wenig geriebener
Muskatnuß und feingestoßenem Pfeffer, panirt sie recht dick
mit klein gerührtem Eigelb und gestoßenem Zwieback und
backt sie in abgeklärter Butter (Nr. 14.) aus, oder brät sie
in der Pfanne hellbraun. — (Ohne Sauce zierlich in Kranzform
anzurichten und mit Petersilie zu garniren.)

391. Hammelsteaks.

Zu Hammelsteaks eignen sich am besten Stücken aus
einer altgeschlachteten Keule, welche man, nachdem vorher die
Muskeln sorgfältig enthäutet worden, quer über den Faden,
wie die Fleischstücke zu Beefsteaks, ausschneidet. Sodann
klopft man mit dem Fleischklopfer oder der flachen Seite des
Hackbeils die Fleischstücke recht mürbe, ohne sie indeß zu zerquetschen, und verfährt weiter damit ganz nach der in Nr. 294
für Beefsteaks enthaltenen Anweisung, nur daß man die Zeit
des Bratens noch um 1 oder 2 Minuten abkürzt.

392. Hammel-Coteletten.

Man nimmt dazu dasselbe Stück, wie zur Kalbskarbonade
(Nr. 385), haut die Rückgratknochen dicht an den Rippen
ab, schneidet das Fett möglichst herunter und trennt die
Coteletten ab, indem man das Stück von zwei zu zwei Rippen durchschneidet und die eine der Rippen von jedem abgeschnittenen Stücke ablöst. Dann verfährt man weiter, wie
für die Kalbskarbonaden angegeben worden, nur daß man
beim Paniren gleich das nöthige Salz nebst einer Prise

Pfeffer darauf streuen kann. Die Sauce bereitet man gleichfalls ganz nach der Anweisung in Nr. 385.

393. Lamms-Coteletten.

Da das Lammfleisch auf der Rippenlage nicht so stark
ist, daß sich Coteletten daraus schneiden lassen, so schabt man
das Fleisch von den Rippen, so wie auch von andern Theilen
des Lammes, namentlich von den Blättern aus den Häuten
und Sehnen heraus, hackt es fein, mischt ziemlich Butter
darunter und dressirt es in Coteletteform an die vorher sauber
geputzten Rippen. Diese Coteletten bestreut man mit Salz
und Pfeffer, panirt sie, brät sie und bereitet die Sauce, wie
bei den Hammel-Coteletten.

394. Geröstete Lammsbrust.

Eine Lammsbrust wird unter Hinzuthun von einigen
Suppenwurzeln, einer Zwiebel und etwas Salz in nicht zu
viel Wasser mit etwas Butter weich gedämpft. Nachdem man
sie hat kalt werden lassen, schneidet man das Fleisch in Scheiben herunter, bestreut diese mit Salz und ein wenig Pfeffer,
panirt sie mit klein geriebenem Eigelb und gestoßenem Zucker
und brät sie in Butter hellbraun.

395. Schweinskarbonaden.

Die Schweinskarbonaden werden aus demselben Stücke
ebenso geschnitten und werden ebenso vorbereitet, wie die
Kalbskarbonaden, doch muß man das daran befindliche Fett
abnehmen und thut gut, sie etwas schärfer zu hacken, namentlich, wenn sie nicht von einem ganz jungen Schweine sind.
Nachdem man sie mit dem nöthigen Salz bestreut und mit
kleingerührtem Eigelb und geriebenem Weiß- oder Roggenbrod panirt hat, brät man sie in der Pfanne in hellbraun
gemachter Butter gar. Es erfordert dies für jede Seite der
Karbonaden etwa 8 Minuten, sie müssen dabei zuerst über
hellem Feuer schnell anbraten und nachher auf Kohlen langsam weiter braten. Die Sauce wird ganz so bereitet, wie für
die Kalbskarbonaden angegeben worden, man kann aber auch

eine braune Champignons- oder Cappernsauce (Nr. 237 und 240) dazu reichen.

396. Steaks und Coteletten von Wild.

Will man vom Wilde (Hirsch oder Reh) Steaks oder Coteletten bereiten, so verfährt man nach den dafür bisher beim Rind-, Kalb- und Hammelfleisch gegebenen Anweisungen. Diejenigen, welche für das Rindfleisch gegeben sind, laffen sich ganz so auch auf Hirschfleisch anwenden, Steaks und Coteletten vom Reh werden bereitet, wie Steaks und Coteletten vom Kalbe oder vom Hammel. Auch für die Herstellung der Saucen gilt das in den betreffenden Nummern Gesagte.

397. Panirtes Fleisch.

Fleisch- und Bratenreste laffen sich zu Beilagen zu Gemüsen sehr gut verwenden, wenn man damit nach folgender Anweisung verfährt. Man schneidet davon möglichst gleichmäßige Scheiben, hackt sie leicht über und panirt sie. Letzteres geschieht auf die bekannte Weise durch Ueberziehen mit klein gerührtem Eigelb und Bestreuen, wozu man bei Rind-, Kalb- und Hammelfleisch am besten gestoßenen Zwieback mit etwas gehackter Petersilie wählt, für Schweinefleisch eignet sich mehr geriebenes Roggenbrod mit gestoßenem Nelkenpfeffer vermischt, für Wild geriebenes Weißbrod mit gestoßenen Gewürznelken. Das so panirte Fleisch brät man in hellbrauner Butter auf beiden Seiten, bis es durch und durch heiß ist. Man giebt die braune Butter allein darüber oder bereitet eine Sauce, indem man sie mit etwas Bratensauce von der Pfanne losrührt.

398. Panirte Ochsenzunge.

Von einer weich gekochten und in der Brühe etwas verkühlten Ochsenzunge zieht man die Haut ab und schneidet sie in Scheiben von der halben Dicke eines Fingers. Diese panirt man mit klein gerührtem Eigelb und gestoßenem Zwieback und brät sie in hellbrauner Butter auf beiden Seiten,

bis die Panirung recht kroß ist. Man giebt die braune
Butter allein darüber oder rührt sie erst mit etwas Bratensauce von der Pfanne los.

399. Ausgebackenes Huhn.

Man zerschneidet ein Suppenhuhn in möglichst gleich-
mäßige Stücke, etwa in acht, wobei man den Hals- und
Rückgratknochen zurückläßt. Diese Stücke panirt man recht
dick mit klein gerührtem Eigelb und gestoßenem Zwieback, mit
feingehackter Petersilie vermischt, und backt sie in abgeklärter
Butter (Nr. 14) aus. Man kann sie indessen auch in der
Pfanne braten, bis sie durch und durch heiß sind. —
(Anzurichten wie die ausgebackene Kalbsmilch in Nr. 389.)

400. Fricadellen von Fleisch- und Fischresten.

Man hackt beliebige Reste von gekochtem oder gebratenem
Fleische — es können auch verschiedene Fleischsorten sein —
recht fein durcheinander. Ist nicht so viel Fett daran, daß
auf 1 ℔ mageres Fleisch ¼ ℔ davon kommt, so muß man
das fehlende Fett durch anderes ergänzen. Ferner mengt
man auf das Pfund Fleisch eine große geriebene Zwiebel,
zwei gute Messerspitzen voll gestoßenen Pfeffer, eine halbe
Messerspitze voll geriebene Muskatnuß und das nöthige Salz
darunter. Hiezu thut man 6 Loth in Wasser eingeweichte
und gut wieder ausgedrückte Semmel, so wie 4 Eier, und
rührt das Ganze mit dem Kochlöffel tüchtig durcheinander,
wodurch es zu einem Teige wird, welcher grade die zu den
Fricadellen nöthige Consistenz hat. Letztere formt man auf
einem mit Mehl bestreuten Hackbrette in beliebiger Größe und
brät sie in brauner Butter über hellem Feuer auf beiden
Seiten, bis sie rundum recht kroß sind. Die Sauce bereitet
man entweder, indem man Bratensauce mit der Butter in
der Pfanne durchrührt, oder man macht etwas Mehl in der
Butter braun, giebt eine Prise Salz daran und rührt so viel
Bouillon oder Wasser dazu, daß eine seimige Sauce entsteht.

Die Fricadellen werden noch wohlschmeckender, wenn man
Fischreste zu den Fleischresten mengt; in welchem Verhältniß,

ift gleichgültig; man kann auch Fischrefte allein nehmen; die Bereitung ift in allen Fällen dieselbe.

401. Kalte Beilagen zum Gemüse.

Als folche reicht man besonders geräucherte Sachen, namentlich Hamburger Rauchfleisch, Schinken, Gänsebruft, Lachs, außerdem auch Häringe und geräucherten Aal. Vom Rauchfleisch und Schinken schneidet man zierliche Scheiben, nachdem man sorgfältig alles Räucherige und Harte, vom Schinken auch das Fett bis auf einen schmalen Streifen ent= fernt hat. Eben so verfährt man bei der Gänsebruft, die man am besten nicht längs des Knochens, sondern quer über denselben in Stücke von der halben Dicke eines kleinen Fin= gers tranchirt. Sehr zierlich auf der Schüssel und sehr be= quem zum Tranchiren ift die sogenannte Wickelbruft, die man bereitet, indem man den Bruftknochen auslöft, die beiden Hälften der Bruft ringsum mit Salz und Salpeter einreibt, sie zusammennäht und vor dem Räuchern preßt. Der Lachs wird gleichfalls in dünne Scheiben geschnitten und von dem Hartgeräucherten befreit; dem Häring endlich zieht man die Haut ab, indem man auf beiden Seiten dicht am Rücken vom Kopfe bis zum Schwanze hinab in dieselbe einen Schnitt macht, ebenso rund um den Kopf, an welcher letzteren Stelle man sie mit dem Messer faßt und nach unten zieht. Sodann schneidet man, unmittelbar über dem Bauche beginnend, in schräger Linie die Kiemen vom Kopfe, auch die Bauchhaut mit den daran befindlichen Flossen weg und theilt endlich den Häring mit einem sehr scharfen Messer durch rasche Schnitte, parallel demjenigen, durch welchen die Hälfte des Kopfes ent= fernt wurde, in zierliche Stücke. Die Bauchhaut mit den Flossen legt man oben darauf. Den geräucherten Aal endlich durchschneidet man mit der Haut schräge in Stücke von be= liebiger Größe. — So lange irgend grüne Blätter, nament= lich Weinblätter zu haben sind, sollte man nie versäumen, dieselben unter die kalten Beilagen auf die Schüssel zu legen, auch eine Garnitur von Petersilie darum erhöht das gute Aussehen und mithin die Appetitlichkeit derselben bedeutend.

XI. Fische und Schalthiere.

402. Allgemeines.

Woran man erkennt, ob todte Fische noch in frischem brauchbaren Zustande sich befinden, ist Abschn. I. Nr. 7 gesagt worden; hier soll noch einiges Nähere über die Fische erfolgen, dessen Kenntniß für die Küche von Interesse ist.

Zunächst sei bemerkt, daß keine Fischart während der Laichzeit für die Küche besonders brauchbar ist, ja einzelne Sorten sind um diese Zeit der Gesundheit gradezu schädlich; ferner sind aber auch außer der Laichzeit die Fische und Schalthiere keineswegs immer gleich wohlschmeckend. Ich gebe hier also zunächst die Zeit an, in welcher die am häufigsten bei uns vorkommenden Fische laichen und ferner die Zeit, wo sie und die Schalthiere am tauglichsten für die Küche sind.

Der Aal. Laichzeit unbekannt, ist immer gut, am besten im Herbst.

Der Aland laicht im April und Mai, ist am besten von September bis März.

Die Barbe laicht im Mai und Juni, ist am besten von September bis Ende März.

Der Barsch laicht von Anfang März bis Mitte Mai, ist am besten von Anfang September bis Mitte Februar.

Der Brachsen laicht im Mai und Juni, ist im ganzen übrigen Jahre gut.

Der Dorsch laicht von Mai bis Ende August, ist nur von Ende September bis Ende Februar gut.

Die Forelle laicht von October bis December, ist am besten von Mai bis September.

Der Gründling wie die Barbe.

Der Hecht laicht je nach der Witterung von Februar oder März bis Ende Mai, ist sonst immer gut, am besten in den Herbst- und Wintermonaten.

Der Häring laicht von October bis Ende März. Er ist zu jeder Jahreszeit, wo er gefangen wird, zum Essen gut.

Die Karausche laicht im Juni, ist im ganzen übrigen
     Jahre gut.

Der Karpfen laicht im Mai und Juni, ist am besten
     von October bis April.

Der Kaulbarsch laicht im April und Mai, ist am besten
     von September bis Februar.

Der Lachs laicht von September bis November, ist
     immer gut.

Die Lachsforelle wie der Lachs.

Die Muräne laicht im November und December, ist im
     ganzen übrigen Jahre gut.

Die Marene (kleine Muräne) wie die Muräne.

Das Neunauge laicht im März und April, ist immer gut.

Der Plötz wie der Aland.

Die Quappe laicht im December, ist im ganzen übrigen
     Jahre gut.

Das Rothauge wie der Aland.

Die Schleihe laicht im Juli, ist am besten von October
     bis April.

Die Scholle laicht von December bis Ende April, ist
     nur in den Sommermonaten gut.

Die Steinbutte wie die Scholle.

Der Stint laicht im März und April, ist am besten von
     September bis Februar.

Der Stör laicht von April bis Juni, ist im ganzen übrigen
     Jahre gut.

Der Wels laicht im Juni und ist gut von September
     bis Mai.

Der Zander ganz wie der Kaulbarsch.

Der Hummer laicht von December bis April, ist gut von
     Mai bis September.

Der Krebs wie der Hummer.

Die Krabbe wie der Hummer.

Austern sind von Ende September bis zum April gut.

Pfahlmuscheln (Kieler) wie die Austern.

403. Die Zubereitung der Fische.

Alle noch lebenden Fische sollte man vor weiterer Zubereitung durch einen derben Schlag auf den Kopf tödten oder
doch betäuben. Sämmtliche Fische, mit Ausnahme einiger Sorten, welche die Meisten lieber ungeschuppt essen, werden vor
dem Ausnehmen sorgfältig von den Schuppen befreit, das
Neunauge erfordert eine besondere, unten angegebene
Zubereitung, vom Aal wird die Haut abgezogen. Dies
bewerkstelligt man am besten, indem man unmittelbar
unter dem Kopfe ringsum in die Haut einen Einschnitt macht
und die Haut von da nach unten mit dem Messer ein wenig
löst. Dann ergreift man mit einem groben Tuche in der
einen Hand den Kopf, mit einem Tuche in der andern fährt
man über die gelöste Hautstelle, bis die Haut sich weiter und
zuletzt mit Leichtigkeit ganz hinunter schiebt. Großen Aalen
bindet man auch wohl einen Bindfaden dicht unter dem
Kopfe fest um den Leib und hängt sie an einem starken
Nagel auf.

Um Fische leicht zu schuppen, faßt man sie mit einer
Hand an den Kopf, setzt mit der andern ein Messer fest auf
den Schwanz auf und reckt nun den Körper so, daß der Rückgrat knackt. Einzelne Fischsorten, namentlich Barsche und
Schleihe, sind aber auch dann noch nicht auf die gewöhnliche
Art, nämlich mit dem Messer von unten nach oben zu schuppen; bei Barschen wendet man dazu das Reibeisen an und
putzt nur mit dem Messer nach, die scharfen Rückenflossen
haut man mit dem Hackbeil ab; die Schleihe legt man vor
dem Schuppen 3 bis 4 Secunden in kochend heißes Wasser,
dann geht es auf die gewöhnliche Weise ganz leicht.

Um das Ausnehmen der Fische zu bewerkstelligen,
schneidet man ihnen den Bauch auf und zieht die Eingeweide
nebst der am Rückgrat sitzenden zähen Haut vorsichtig daraus
hervor; dabei muß man sich besonders hüten, die Galle zu
verletzen, da der bittere Geschmack, welchen hiedurch Theile
des Fisches annehmen, durch Waschen nicht wieder zu besei-
tigen ist. Rogen und Milcher nebst der Leber, von welcher
man die Galle abgetrennt hat, werden sodann wieder zu dem

gereinigten Fische gelegt, oder wenn derselbe ganz gekocht werden soll, in ihn hineingestopft. Flußfische bringt man in der Regel in kochendem Wasser auf das Feuer, Seefische in kaltem.

Das richtige Salzen der Fische, welches auf den Wohlgeschmack derselben von größtem Einflusse ist, hat für den Ungeübten um so mehr Schwierigkeiten, als dasselbe nicht nur von der Größe des Gerichts, sondern auch von der Art der Fische abhängt. Fische mit weichem zarten Fleische, wie Karpfen, Forellen, Schollen, vertragen weit weniger Salz als andere und können sehr leicht gäuzlich versalzen werden, während andererseits ein zu nüchterner Fisch widerlich und ungesund ist. Eine Angabe des jedesmal nöthigen Quantums Salzes ist selbstverständlich unmöglich, eine ungeübte Köchin thut gut, nicht zu stark zu salzen und kurz vor dem Garwerden sich durch Kosten von dem Geschmacke zu überzeugen; es kann dann noch nachgesalzen werden und schadet es den Fischen eben nicht, wenn sie noch 5 Minuten in dem heißen Fischwasser stehen bleiben.

Von dem Garsein der Fische überzeugt man sich am besten durch Herausziehen der Flossen; sobald dieselben sich leicht vom Körper lösen, hat der Fisch genug gekocht und ist vom Feuer zu nehmen. Zu langes Kochen macht jeden Fisch weichlich.

Anm. 1. Da der Fisch bei der Herausnahme aus dem Wasser leicht zerbröckelt, so thut man gut, sich beim Kochen desselben des sog. Hebers zu bedienen, d. h. eines durchlöcherten Bodens, mit Griffen versehen, auf welchen man ihn aus dem Wasser hebt.

Anm. 2. Zu allen warm angerichteten Fischen reicht man geschälte Kartoffeln.

A. Flußfische.

404. Blau abgekochter Lachs.

Für einen Lachs von 6 Pfd. bereitet man eine Brühe, indem man 1 Pott Essig mit 4 Pott Wasser, 6 Zwiebeln, 20 Körnern schwarzen Pfeffer, 4 Lorbeerblättern und dem

nöthigen Salz eine Viertelstunde lang durchkocht. Den aus=
genommenen nicht geschuppten Lachs zerschneidet man vom Kopfe
abwärts in 1 bis 2 Finger dicke Stücke, thut dieselben in ein
Kochgeschirr, gießt die Brühe durch ein Sieb darüber und
läßt ihn unter wiederholtem Abschäumen darin ganz langsam
eine Viertelstunde lang an der Seite des Feuers kochen.
Man richtet den Lachs sodann zierlich auf der Schüssel mit
grüner Petersilie an und reicht dazu eine der Saucen in
Nr. 239, 242, 256, 257 oder 266; auch kann man klare ge=
schmolzene Butter nebst einem Teller gehackter Petersilie dabei
geben. — Soll der Lachs kalt gegessen werden, so läßt man
ihn in der Brühe verkühlen, richtet ihn, wie angegeben an
und reicht eine Remoladensauce nach Nr. 274 dazu.

405. Gebratener Lachs in Marinade.

Soll der Lachs gebraten werden, so wird er vorher ge=
schuppt und in passende Stücke geschnitten, mit Salz einge=
rieben und mit Citronensaft beträufelt. So bleibt er eine
Stunde lang stehen, wird dann in Mehl und fein gestoßenem
Zwieback umgekehrt und in Butter oder in halb Butter und
halb Schmalz gar gebraten. Nachdem er erkaltet ist,
übergießt man ihn, bis er grade davon bedeckt ist, mit einer
Marinade aus $\frac{1}{3}$ Essig, $\frac{1}{3}$ Wein und $\frac{1}{3}$ Wasser, welche
man mit etwas Salz, einigen Chalotten, einigen Gewürz=
nelken, etwas Pfeffer und ein wenig Estragon gut durchge=
kocht hat. Vor dem Aufgießen muß die Marinade erkalten,
sonst wird der Lachs trocken, auch muß sie auf denselben durch
ein Sieb gegossen werden. Man servirt den Lachs in der
Marinade und reicht nebenher geriebene hartgekochte Eidotter
und feingehackte Petersilie; auch giebt man Bratkartoffeln dazu.

406. Marinirter Lachs auf andere Art.

Man schneidet den gehörig gereinigten Lachs in beliebige
Scheiben oder Stücke, welche man eine Stunde eingesalzen liegen
läßt. Ferner kocht man Wasser und so viel Essig, daß ein stark
saurer Geschmack vorhanden ist, mit einigen Chalotten oder

Zwiebeln, einigen Körnern schwarzen Pfeffer, Lorbeerblättern und etwas Salz eine Viertelstunde lang. In diese Marinade, von der so viel vorhanden sein muß, daß der Lachs eben davon bedeckt ist, legt man denselben, nachdem man ihn wieder abgewaschen und kocht ihn darin ganz langsam gar. Sodann läßt man ihn auf einer Schüssel erkalten, legt ihn in einen Steintopf oder Glashafen, gießt die gleichfalls kalt gewordene Marinade darüber und verschließt den Topf.

407. Blau abgekochte Lachsforellen.

Man bereitet eine Brühe nach der Anweisung in Nr. 404, kocht darin die nicht geschuppten Lachsforellen ab und servirt sie ganz wie dort angegeben; sie bedürfen jedoch zum Garwerden nur 10 Minuten und werden vor dem Hineinlegen in die Brühe in der Art dressirt, daß man ihnen die Schwanzspitze an das Maul näht. Man reicht dazu eine holländische Sauce nach Nr. 266 oder auch klare geschmolzene Butter nebst einem Teller voll Petersilie. Soll der Fisch kalt servirt werden, so läßt man ihn in der Brühe verkühlen und giebt dabei eine der Mayonnaisen-Saucen in Nr. 271—273 oder die Remoladensauce in Nr. 274.

408. Blau abgekochte Bachforellen.

Die Forellen werden ganz nach Angabe in voriger Nummer dressirt und abgekocht, man schneidet sie indessen, wenn sie groß sind, auch vor dem Einlegen in die Brühe in Stücke, und kocht sie etwa 5 Minuten länger. Auch die Saucen sind dieselben, sie mögen warm oder kalt gereicht werden.

409. Gebratene Forellen in Marinade

werden ganz nach der Anweisung für den gebratenen Lachs in Marinade zubereitet, gekocht und servirt.

410. Gestobter Aal.

Der nach Angabe in Nr. 403 zubereitete Aal wird ausgenommen, in Stücke geschnitten und gesalzen. Sodann kocht man eine Brühe von dem nöthigen Wasser mit einigen Petersilienwurzeln, ein paar Lorbeerblättern und Chalotten oder einer Zwiebel, in welche man den Aal, nachdem er eine Stunde lang gesalzen gelegen hat, hineinthut und in $1/4$ Stunde bis 20 Minuten gar kocht. Ferner bereitet man nach Nr. 20 eine weiße Mehlschwitze mit gehackter Petersilie, zu welcher man durch ein Sieb von der Aalbrühe so viel hinzurührt, daß eine semige Sauce entsteht, die man mit Eidottern abquirlt; man rechnet dabei auf einen halben Pott Brühe einen gehäuften Eßlöffel voll Mehl, zwei Eidotter und einen Löffel voll Petersilie. Mit dieser Sauce läßt man den Aal noch einmal aufkochen und rührt ihn während dessen einige Male darin um.

Anm. Zu diesem Gerichte eignen sich nur kleinere Aale, große würden zu wehrsam sein.

411. Marinirter Aal.

Die abgezogenen, gereinigten und in Stücke geschnittenen Aale werden mit Salz bestreut, worin man sie eine Stunde lang liegen läßt. Sodann giebt man sie in ein Gefäß mit ziemlich viel Zwiebeln, ein paar Lorbeerblättern und etwas Nelkenpfeffer und gießt so viel Essig darauf, daß sie davon bedeckt sind. Hierin kocht man sie in $1/4$ Stunde bis 20 Minuten gar und servirt sie entweder warm oder thut sie zum Erkalten mit der Brühe in einen Glashafen, den man bis zum Gebrauche zudeckt.

412. Gebratener Aal.

Der gehörig zubereitete Aal wird mit Salz bestreut und bleibt darin eine Stunde stehen. Sodann panirt man die Aalstücke und brät sie in hellbrauner Butter in einer Pfanne gar, was nach der Größe der Aale 10 bis 20 Minuten erfordert. Man richtet dieselben entweder mit der Butter an oder reicht eine braune Cappernsauce nach Nr. 240 dazu oder legt die Aale, nachdem sie erkaltet sind, in Essig, welchen man mit Nelkenpfeffer und Lorbeerblättern aufgekocht hat und wieder hat kalt werden lassen.

413. Gebratener Aal auf andere Art.

Man kocht die gehörig gereinigten, in Stücke geschnittenen
und eine Stunde lang eingesalzenen Aale erst in der in Nr. 411
angegebenen Brühe 10 Minuten lang, so daß sie beinahe,
jedoch nicht ganz gar sind; sodann panirt man sie, wobei man
unter den gestoßenen Zwieback feingehackte Petersilie und
Schnittlauch mengt, und brät sie in brauner Butter, da sie
beinahe gar sind, einmal über. — Zum Aufbewahren in Essig
eignet sich diese Art Brataal nicht.

414. Karpfen, blau gekocht.

Die Karpfen werden nicht geschuppt, aber vor dem Kochen
aufgerissen und in portionsmäßige Stücke geschnitten; nur bei
ganz kleinen Karpfen, die aber nie recht schmackhaft sind, geschieht dies nicht. Man kann nun zwar vorher die Eingeweide herausnehmen, es ist aber besser, wenn man dies erst
nach dem Aufreißen thut, wo man sie offen vor sich liegen hat.
Das Aufreißen geschieht nun, indem einen Finger breit oberhalb der Schwanzflosse ein rundlicher Einschnitt in den Fisch
gemacht wird; in diesen faßt man mit der Messerschneide und
fährt mit derselben unmittelbar oberhalb des Rückgrats quer durch
den Fisch bis zum Kopfe in die Höhe, welchen man sodann
mit dem Hackbeil spaltet; dann schneidet man Schwanz und
Bauchflossen zur Hälfte ab. Jetzt nimmt man die Eingeweide
heraus und entfernt davon nur die Galle sorgfältig, da alles
Uebrige mitgekocht wird. Manche lieben es, auch das Blut
mitzukochen und waschen daher die Stücke, in welche der
Karpfen zerlegt wird, nicht mehr; die Meisten ziehen indessen
das Gegentheil vor; die abgewaschenen Stücke taucht man in
Essig, ohne sie darin liegen zu lassen und bringt sie in vorsichtig gesalzenes kochendes Wasser, in welches man auf einen
Karpfen von 3 Pfd. eine mittelgroße eingekerbte Zwiebel gethan hat. Man gießt noch eine halbe Theetasse voll Essig
hinzu, thut aber gut, alles weitere Würzen zu unterlassen, da
dies dem Karpfen nur einen Theil seines natürlichen Wohlgeschmackes nimmt. Die Köpfe werden zuerst beim Hinzu-

gießen des Essigs in das Wasser gelegt; erst wenn dasselbe wieder kocht, die übrigen Stücke. Sobald diese alle oben schwimmen, sind sie gar und werden nun sorgfältig mit dem Eingeweide in der Mitte auf einer flachen Schüssel servirt; man reicht aber auch das Eingeweide nebenbei und als Sauce geschmolzene klare Butter nebst Meerrettig nach Nr. 245, und Essig.

415. Karpfen in Bier.

Man kann hiezu die Karpfen schuppen, oder auch nicht; Letzteres ist jedenfalls vorzuziehen. Die nach Angabe in voriger Nummer zerlegten Karpfen bringt man in einen Kochtopf und thut auf einen Karpfen von 3 Pfd. eine eingekerbte mittelgroße Zwiebel, ein kleines Lorbeerblatt, 6 Körner Nelkenpfeffer, das nöthige, nicht zu reichlich Salz, eine Brodkruste und $1/4$ Pfd. Butter dazu. Dann übergießt man das Ganze mit so viel schwachem Bier, daß die Fischstücke eben davon bedeckt sind und gießt 2 Eßlöffel voll Essig daran. Wenn die Karpfen kochen, giebt man noch ein paar Citronenscheiben, sowie etwas Zucker nach Probe dazu. Die garen Karpfen nimmt man vorsichtig mit dem Schaumlöffel aus der Sauce, reibt Letztere durch ein Sieb, macht sie mit ein wenig Klarmehl eben und thut die Karpfen wieder hinein. Sobald dieselben darin wieder durch und durch heiß geworden sind, richtet man Alles mit einander in einer tiefen Schüssel an.

416. Karpfen in Wein.

Die nach obigen Angaben zerlegten Karpfen bestreut man mit etwas Salz, tröpfelt ein wenig Citronensäure darauf und läßt sie damit eine Stunde zugedeckt stehen. Inzwischen hat man auf einen Karpfen von 3 Pfd. 1 Pott Wasser mit 3 Gewürznelken, 1 Lorbeerblatt, ein ganz wenig Muskatblüthe und einer kleinen Petersilienwurzel eine halbe Stunde lang durchgekocht, durch ein Sieb gegeben und mit einer halben Flasche Wein wieder auf das Feuer gesetzt. Dies macht man mit einer gelben Mehlschwitze von 1 Eßlöffel voll Mehl und

15

¼ Pfund Butter seimig, giebt die Karpfenstücke nach Anweisung in Nr. 414 hinein, thut, sobald Alles wieder kocht,
einige Citronenscheiben, sowie etwas Zucker nach Probe hinzu
und verfährt dann weiter nach der Anweisung in voriger
Nummer.

417. Brachsen, blau gekocht,

sowie

418. Brachsen in Bier,

werden genau nach den in den Nummern 414 u. 415 für die
Karpfen gegebenen Anweisungen bereitet, indessen ziehen
Manche beim Brachsen in Bier statt der Brodkruste ein
Stück Honigkuchen vor.

419. Gekochter Sandart.

Man schuppt und reinigt die Sandarte nach Anweisung
in Nr. 403 und bringt sie in kochendem Wasser, an welches
man eine Zwiebel und eine Hand voll Salz auf den Pott
gethan hat, auf das Feuer. Kleinere läßt man ganz, größere
zerschneidet man, die ganz großen reißt man auf und zerschneidet man nach der Anweisung für die Karpfen in Nr. 414.
Bevor man die Sandarte in das Wasser legt, taucht man
sie in Essig, ohne sie jedoch darin liegen zu lassen. Sie werden in etwa einer Viertelstunde gar, man läßt sie jedoch noch
10 Minuten in der Brühe stehen, damit das Salz besser einziehe, worauf man sie, mit feingehackter Petersilie bestreut,
servirt und zerlassene Butter mit Meerrettig oder eine Senfsauce nach Nr. 251, oder auch eine Krebs- oder Austernsauce
(Nr. 256 u. 257) dazu reicht.

420. Gekochte, auch marinirte Muränen.

Die echte Muräne, welcher außer in den italienischen Ge-
wässern nur noch im Schal-See bei Ratzeburg vorkommen
soll, wird ganz nach der in der vorigen Nummer für den
Sandart gegebenen Anweisung gekocht; auch reicht man die-

selben Saucen dazu. — Besonders gut eignet sich der Fisch auch zum Mariniren. Zu diesem Zweck werden die Muränen, wie angegeben, gar gekocht, mit dazwischen gelegten Citronenscheiben und Lorbeerblättern in einem Glashafen aufgeschichtet und mit einer Marinade übergossen. Man bereitet dieselbe, indem man eine Mischung von ²/₃ Weinessig und ¹/₃ Wasser mit zerschnittenen Suppenwurzeln, Zwiebeln, ein wenig Estragon, einigen Körnern Nelkenpfeffer und etwas Salz ¹/₄ bis ¹/₂ Stunde durchkocht. Vor dem Aufgießen muß die Brühe erkalten.

421. Gekochte Karauschen.

Die geschuppten, ausgenommenen und gereinigten Karauschen bringt man mit einer Zwiebel in kochendem Wasser mit Salz, wovon sie aber nicht allzuviel vertragen können, auf das Feuer, kocht sie, bis sie oben schwimmen und servirt sie zierlich auf einer flachen Schüssel. Zur Bereitung der Sauce thut man recht frische Butter mit Mehl und Fischwasser, oder, wenn durch dies allein der Geschmack zu salzig werden sollte, mit noch etwas anderem Wasser auf das Feuer. Wie viel Butter man nehmen will, hängt vom Belieben ab; jedoch rechnet man auf 3 Pfd. Fische nicht weniger als ¹/₄ Pfd. Butter; auch muß man es immer so einrichten, daß bei fortwährendem Rühren eine dickseimige Sauce entsteht. Während des Rührens zuckert man die Sauce nach Probe, giebt auch ein Stück Muskatblüthe daran, welches aber sogleich herauszunehmen ist, wenn die Sauce zu scharf danach schmecken werden sollte.

422. Gekochte Barsche.

Man schuppt und reinigt die Barsche auf die in Nr. 403 angegebene besondere Weise, nimmt sie aus und wäscht sie. Die kleineren läßt man ganz und kerbt sie ein, größere durchschneidet man ein- bis zweimal. Sodann bringt man sie in ziemlich stark gesalzenem, mit einer Zwiebel kochendem Wasser auf das Feuer, oder man salzt sie auch vorher eine Stunde

15*

lang ein, wobei jedoch immer noch nachgesalzen werden muß. Da der Barsch durch zu langes Kochen stets weichlich wird, so hat man dies mit besonderer Aufmerksamkeit zu vermeiden. Das vorherige Einsalzen macht ihn stets fester und blättriger, indessen wird das richtige Salzen dadurch schwieriger. Man reicht zum Barsch zerlassene Butter mit Meerrettig und ge= hackter Petersilie oder auch eine der Saucen in Nr. 239, 242, 254 oder 263.

> Anm. Manche kochen den Barsch auch ungeschuppt; es ist indessen davon abzurathen, da dies den Wohlgeschmack des Fisches wenig oder gar nicht erhöht und das Abnehmen der kleinen Schuppen bei Tische sehr unangenehm ist.

423. Gestobte Barsche und Kaulbarsche.

Man wählt dazu entweder kleine Barsche oder auch Kaul= barsche, so groß sie zu haben sind. Dieselben werden nach Angabe in voriger Nummer geschuppt, gereinigt, und entweder eine Stunde vorher eingesalzen oder in gesalzenem, mit einer Zwiebel kochendem Wasser auf das Feuer gesetzt. Ferner bereitet man eine weiße Mehlschwitze, wobei man auf die Person 1 Loth Butter und auf $\frac{1}{4}$ Pfd. Butter 1 Eßlöffel voll Mehl rechnet, und thut an dies Quantum einen gehäuften Eßlöffel voll gehackte Petersilie, nach Belieben eine Prise gestoßenen Pfeffer, und unter gutem Umrühren so viel Fischwasser, daß eine seimige Sauce entsteht, zu der man schließlich noch ein kleines Stück kalte Butter rührt. Diese Sauce wird sodann über die in eine tiefe Schüssel gelegten Fische angerichtet.

424. Blaugekochter Hecht.

Hiezu eignen sich am besten Hechte mittlerer Größe, d. h. von 2 bis 5 Pfd. Dieselben bleiben ungeschuppt, werden aber im Uebrigen nach Anweisung in Nr. 403 gereinigt. Die kleinen bleiben ganz und man biegt ihnen den Schwanz in das Maul, größere theilt man durch Querschnitte in Stücke, ganz große reißt man vorher nach der Anweisung in Nr. 414 auf, nach welcher sodann beim Kochen und Anrichten über=

haupt weiter verfahren wird. Auch der Hecht verträgt nicht allzuviel Salz, nur eine kleine Hand voll auf den Pott Wasser. Als Sauce reicht man zerlaffene Butter und Meerrettig nebst Essig oder auch eine Peterfilienfauce nach Nr. 242.

425. Geftobter Hecht.

Man schuppt den Hecht, nimmt ihn aus, schneidet ihn in Stücke, wäscht ihn und läßt ihn eingesalzen eine Stunde stehen. Inzwischen läßt man so viel Wasser als nöthig ist, daß der Hecht davon bedeckt werde, mit einer Zwiebel und einem kleinen Lorbeerblatt durchkochen, salzt ein wenig, legt die Hechtstücke, nachdem man sie abgetrocknet hat, hinein und läßt sie in 10 Minuten bis $\frac{1}{4}$ Stunde darin gar kochen. Ferner bereitet man eine weiße Mehlschwitze, indem man dabei auf 3 Pfd. Hechte $\frac{1}{4}$ Pfd. Butter und einen gehäuften Löffel voll Mehl rechnet, womit man einen Löffel voll gehackter Peterfilie durchschwitzen läßt. Hiezu giebt man von dem Fischwasser, rührt, bis eine seimige Sauce entsteht, legt in dieselben die Fische nebst Klößen von der Fischfarce in Nr. 36h und läßt Beides gut darin heiß werden, worauf man Alles zusammen in einer tiefen Schüssel anrichtet.

426. Gespickter Hecht.

Man nimmt die Kiemen aus dem Hechte und aus der dadurch entstehenden Oeffnung das Eingeweide, nachdem man das Darmende durch einen Einschnitt unter den unteren Bauchfloffen gelöst hat. Das Ausweiden muß vorsichtig geschehen, damit der Fisch nicht gegällt werde. Sodann stutzt man die Floffen, schuppt den Hecht und häutet ihn ab, indem man die Haut mit dem Messer faßt und zur Zeit immer so viel davon abzieht, wie sich löst. Jetzt wird der Hecht in drei Reihen auf jeder Seite vom Kopfe nach unten zu sauber gespickt und ihm der Schwanz an's Maul befestigt. Inzwischen hat man, wenn der Hecht im Ofen bereitet werden soll, in einer Bratenpfanne, sonst in einer Tortenpfanne Butter braun gemacht. In diese legt man den Hecht mit dem Bauche nach

unten und bräunt ihn unter fleißigem Begießen. Dann giebt
man ein wenig Bouillon oder Waſſer darunter, thut ein paar
kleine Zwiebeln, 1 Lorbeerblatt und ein paar Körner Nelkenpfeffer dazu und läßt den Hecht darin unter fortgeſetztem
Begießen gar ſchmoren. So oft die Brühe zu ſehr einſchmort,
muß Bouillon oder Waſſer nachgegoſſen, auch, wenn man
eine Tortenpfanne anwendet, auf dem Deckel derſelben Kohlenfeuer unterhalten werden. Iſt der Hecht gar, ſo macht man
die Sauce mit Klarmehl ſeimig und übergießt ihn damit noch
mehrere Male, damit er ein ſchönes glänzendes Ausſehen erhalte. Er wird auf einer runden Schüſſel ſervirt, etwas von
der Sauce durch ein Sieb darüber, das andere daneben gegeben. — Die Leber wird mit dem Hechte zuſammen gar ge-
ſchmort; auch kann man die Sauce noch mit ein wenig Wein
oder Citronenſäure abſchärfen.

427. Schüſſelhecht.

Man ſchuppt einen nicht zu kleinen Hecht, reißt ihn auf,
nimmt Eingeweide und Rückgrat heraus, ſchneidet ihn in
Stücke und ſtreut Salz über dieſelben, nachdem man ſie ſauber gewaſchen. Dann legt man auf eine halbtiefe Schüſſel
kleine Häufchen Butter, und auf jedes derſelben ein Hechtſtück,
dieſe beſtreut man mit Zwieback, Peterſilie, Cappern, Chalotten,
Pfeffer und Muskatnuß, Alles feingeſtoßen und feingehackt,
und giebt Sardellenbutter dazu, legt auf jedes Fiſchſtück wieder ein Klümpchen Butter und auf jedes derſelben wieder
ein Fiſchſtück, beſtreut dieſelben wie vorher und wiederholt
dies Verfahren, wenn noch Hechtſtücke vorhanden ſein ſollten.
Butter, Zwieback und Gewürze müſſen dabei recht gleichmäßig
vertheilt werden, ſo daß alle Hechtſtücke davon gleichmäßig
erhalten. Zu 3 Pfd. Hecht gehören ½ Pfd. Butter, 3 Eßlöffel voll Zwieback, 1 guter Eßlöffel voll Cappern, eben ſo
viel Sardellenbutter, ½ Eßlöffel voll Chalotten, eben ſo viel
Peterſilie, 2 Meſſerſpitzen voll Pfeffer und 1 Meſſerſpitze voll
Muskatnuß. Iſt Alles ſo weit fertig, ſo gießt man ſo viel
Bouillon oder Waſſer nebſt einem Glaſe Weißwein und dem
Safte von 2 Citronen darunter, daß der Fiſch bis zur Hälfte

darin liegt und macht ihn in der dicht verschlossenen Schüssel unter öfterm Begießen auf Kohlenfeuer oder im Ofen gar. Sollte die Sauce zu sehr einschmoren, so muß man etwas Bouillon oder Wasser nachgießen. Der Hecht wird in derselben Schüssel servirt.

Anm. In derselben Art kann man auch Karpfen, Sandarte und Barsche auf der Schüssel dämpfen.

428. Farcirter Hecht.

Es eignet sich hiezu nur ein größerer Hecht von etwa 6 bis 8 Pfd. Man schuppt denselben, schneidet den Bauch zur Herausnahme der Eingeweide auf und führt den Schnitt bis etwa 1 Zoll oberhalb der Schwanzflosse fort. Nach gehöriger Reinigung trennt man, durch die gemachte Oeffnung mit dem Messer hindurchgehend, vorsichtig, damit die Haut nicht verletzt werde, den Rückgrat unmittelbar hinter dem Kopfe los, schneidet die Rippen der Länge nach vom Rückgrate und durchschneidet den Letztern noch einmal am Schwanze an derjenigen Stelle, wo die Fortsetzung des Bauchschnittes endet. Es wird der so vollkommen gelöste Rückgrat, nebst so viel Rippen, wie man, ohne den Fisch zu verletzen, fassen kann, herausgenommen, Schwanz- und Brustflossen werden gestutzt und die Kiemen entfernt. Sodann nimmt man von dem dicken Rückenfleische und ebenso von dem Fleische unterhalb des Bauches bis zum Schwanze so viel heraus, daß eine hinreichende Oeffnung zur Aufnahme der Farce entsteht, welche man nach Nr. 36h von diesem Fleische, von dem, welches man noch vom Rückgrat abschabt und von demjenigen eines kleineren Hechtes bereitet. Der eine Stunde vorher inwendig mit Salz eingeriebene Hecht wird mit dieser Farce gefüllt und zugenäht, der Schwanz wird ihm in's Maul gegeben und er wird, mit dem Bauche nach unten, in eine Braten- oder Tortenpfanne mit gebräunter Butter gelegt und mit geriebener Semmel und etwas Salz bestreut. Nachdem er unter häufigerem Begießen braun gemacht worden, giebt man etwas Wasser oder Bouillon darunter und läßt ihn langsam gar schmoren. Man giebt dazu eine Cappernsauce

nach Nr. 239, bei deren Bereitung man die Brühe, in welcher
der Hecht geschmort ist, mit benutzt.

Anm. Benutzt man eine Bratenpfanne, so wird der Hecht darin im
Ofen gar gemacht, bei Verwendung einer Tortenpfanne muß auf
dem Deckel derselben Kohlenfeuer unterhalten werden

429. Gekochte Schleihen

Die nach Angabe in Nr. 403 geschuppten und gereinigten
Schleihen übergießt man mit Essig und reibt sie ein wenig
damit, um sie von allem Schleime zu befreien. Sodann
bringt man sie je nach der Größe entweder ganz oder in
Stücke geschnitten, auch, wenn sie groß sind, vorher gerissen
in kochendem Wasser auf das Feuer. Das Wasser muß reich=
lich gesalzen sein und vorher $1/4$ Stunde mit einer Zwiebel
und ein paar Körnern schwarzen Pfeffer gekocht haben. Die
in etwa 10 Minuten gar gewordenen Fische läßt man noch
etwa eben so lange in der Brühe stehen, damit sie mehr Salz
an sich ziehen. Man reicht dazu zerlassene Butter mit Meer=
rettig und Essig oder eine der Saucen in Nr. 242, 264, 266.

430. Gekochter Wels.

Der Wels wird geschuppt und ungeschuppt gekocht. Man
bringt ihn in kaltem Wasser auf das Feuer, giebt Zwiebeln,
Lorbeerblätter und Nelkenpfeffer nebst reichlichem Salz daran,
läßt ihn darin gar kochen und nachher, damit er mehr Salz
anziehe, noch 10 Minuten darin stehen. Als Sauce giebt man
Butter und Meerrettig oder eine holländische Sauce. (Nr. 266.)

431. Gekochter Stör.

Das Fleisch des Stör hat bekanntlich mit mehreren an=
dern Fleischarten Aehnlichkeit; das Mittelstück, dessen Ge=
schmack dem des Kalbfleisches nahe kommt, ist das beste.
Nachdem man Sehnen und Knorpel von den Fischstücken
entfernt hat, werden dieselben gewaschen und in kaltem
Wasser auf das Feuer gebracht. Kurz vor dem Kochen wird

das Waffer abgegoffen und neues kaltes mit etwas Effig und
Zwiebeln, Pfeffer, einem Lorbeerblatt und hinreichend Salz
darauf gegeben, in welcher Brühe der Fisch, nachdem er gar
gekocht ist, noch 10 Minuten stehen bleiben muß. Man giebt
dazu die Saucen in Nr. 251, 252 und 266.

432. Gekochte Quappen.

Die gehörig gesäuberten Quappen bringt man in kochendem Waffer auf das Feuer, welches mit etwas Effig, einer
Zwiebel, ein paar Körnern Nelkenpfeffer und hinreichend Salz
vorher ¼ Stunde gekocht hat. Die Quappen brauchen nur
5 bis 10 Minuten zu kochen bis sie gar sind. Man giebt
dazu am besten eine Senffauce nach Nr. 251 oder 252.

Anm. Ganz vorzüglich sind die Quappenlebern, die als Delicateffe
gelten und auch für sich allein zu Ragouts Verwendung finden.

433. Gekochte Marenen.

Die Marene, ein Fischchen von der Größe eines kleinen
Härings und von sehr festem, kurzem wohlschmeckenden Fleische,
wird, nachdem sie nach Nr. 403 geschuppt, ausgenommen und
gereinigt worden, in gesalzenem Waffer, welches mit einer
Zwiebel kocht, auf das Feuer gebracht und darin recht langsam gar gekocht. Man giebt dazu eine Senffauce oder eine
holländische Sauce. (Nr. 251, 252, 266.)

434. Plötze und andere Weißfische.

Plötze und andere Weißfische schuppt und reinigt man
nach Anweisung in Nr. 403, bringt sie mit einer Zwiebel in
kochendem gesalzenen Waffer zu Feuer und läßt sie darin gar
kochen. Man vermeidet es möglichst, die Plötze, auch wenn
sie groß sind, zu durchschneiden; wegen der Weichheit des
Fleisches fallen sie dann leichter auseinander und werden
unappetitlich aussehen. Eine Sauce bereitet man regelmäßig
aus einer weißen Mehlschwitze mit mehr oder weniger Butter,
welche man mit Fisch= und so viel anderm Waffer, daß sie

nicht zu salzig wird, seimig rührt, und ziemlich stark — ihrer Weichlichkeit wegen — pfeffert; man giebt indessen auch die Petersiliensauce in Nr. 242 dazu. Sind die Fische besonders klein, so pflegt man sie in der Sauce zu serviren.

435. Gebratene Flußfische.

Zum Braten in der Pfanne eignen sich außer den Fisch-sorten, bei welchen in den vorstehenden Nummern das Spe-cielle darüber angegeben ist, besonders kleinere Fische, namentlich kleine Sandarte und Hechte (Grashechte), kleine Forellen, Barsche, Karauschen, Quappen, Marenen, Plötze und alle andern Arten Weißfische. Man verfährt beim Braten aller dieser Fische auf gleiche Weise. Nachdem sie nach der An-weisung in Nr. 403 vorbereitet worden, läßt man sie, ziemlich scharf gesalzen, je nach ihrer Größe eine halbe bis eine Stunde stehen, wäscht sie wieder ab und giebt sie zum Abtropfen auf einen Durchschlag. Sodann kehrt man sie in einer Mischung von Mehl, zerstoßenem Zwieback und ein wenig Salz um, hat man grade etwas Eiweiß vorräthig, so schlägt man das-selbe ein wenig und kehrt sie vorher auch darin um; nöthig ist dies aber nicht. Nachdem sie so panirt worden, brät man sie in hellbrauner Butter in der Art gar, daß man sie zuerst scharf anbraten und hernach langsam nachbraten läßt. Als Sauce giebt man nur die braune Butter, man kann aber für den häuslichen Tisch dieselbe auch dadurch verlängern, daß man etwas Mehl darin braun werden läßt und Wasser dazu rührt, bis eine seimige Sauce fertig ist, die man noch mit etwas Citronensäure oder Weinessig abschärft.

436. Gebratene Neunaugen, marinirt.

Man salzt die Neunaugen mit einer guten Handvoll Salz auf das Schock; sie müssen sich unter öfterem Umrühren darin todt laufen*) und hinterher noch ein paar Stunden einge-

---

*) Es ist dies freilich ein grausames, aber unvermeidliches Ver-fahren, da die Neunaugen ohne dasselbe den der Gesundheit schädlichen Schleim, welchen sie bei sich führen, nicht von sich geben.

salzen stehen. Sodann wäscht man sie und legt sie, nachdem man sie durch Oel oder geschmolzene Butter gezogen, auf einen durch Holzkohlen erhitzten Rost, auf welchem man sie eine halbe Viertelstunde auf der einen, eben so lange auf der andern braten läßt. Während dessen bestreut man sie schwach mit einer Mischung aus gestoßenen Gewürznelken und Pfeffer, und erhält das Feuer, welches nicht im Geringsten rauchen darf, durch Fächeln in Gluth; die Neunaugen gehen dabei stark auf und man muß, damit sie nicht platzen, mit einer Nadel wiederholt in dieselben hineinstechen. Die gar gebratenen und völlig kalt gewordenen Fische legt man in einen Steintopf oder Glashafen und übergießt sie mit einer Marinade von Essig, welcher mit Lorbeerblättern, Nelken und Nelkenpfeffer aufgekocht und gleichfalls völlig kalt geworden ist. Auf 1 Schock rechnet man 2 Pott Weinessig, 4 bis 5 Nelken und 12 Körner Nelkenpfeffer; von der Marinade muß nachgegossen werden, bis die Neunaugen nichts mehr davon aufsaugen, sondern damit bedeckt stehen bleiben; der Hafen ist verschlossen zu halten.

Anm. Will man die Neunaugen frisch verwenden, so kann man sie auch mit Mehl, worunter ein wenig von dem angegebenen Gewürz gemischt ist, panirt, in Butter braten.

B. Seefische.

437. Gekochter Dorsch.

Den nach Anweisung in Nr. 403 vorbereiteten Dorsch schneidet man in Stücke und läßt dieselben, ziemlich scharf gesalzen, 2 Stunden lang stehen. Dann wird er in kaltem Wasser mit einem Schuß Essig, einer Zwiebel und etwas Salz auf das Feuer gesetzt und, so schnell wie möglich, ins Kochen gebracht; er ist, nachdem er 10 bis 15 Minuten langsam weiter gekocht hat, gar, was man auch daran erkennt, daß er nicht mehr schäumt. — Da der Dorsch außerordentlich leicht auseinander fällt, so muß man beim Herausnehmen aus dem Kochgeschirr sehr vorsichtig sein und thut auf alle Fälle gut, beim Kochen den Nr. 403, Anm. 1, erwähnten Heber anzuwenden.

Man reicht dazu eine Senfsauce nach Nr. 251 oder 252 oder eine Travemünder Sauce nach Nr. 265.

> Anm. 1. Das Einsalzen vor dem Kochen sollte man nie unterlassen, der Dorsch wird dadurch härter und blättriger.

> Anm. 2. Liebt man die Senfsauce recht scharf, so kann man sie in folgender Weise bereiten. Man thut 4 Loth Senf, ¼ Pfd. Butter mit ½ Theetasse Wasser zusammen in einen Topf und bringt dies unter sofort beginnendem Rühren ins Kochen, wo dann eine dickseimige Sauce entstehen muß. Sollte dies etwa nicht erreicht werden, so muß eine ganze Kleinigkeit kaltes Wasser nachgegossen und weiter gerührt werden; die Sauce darf bis zur Verwendung nicht zu heiß, sondern muß nur gut warm gestellt werden. Man kann sie überall verwenden, wo im Folgenden Senfsaucen angegeben sind. Statt derselben geschmolzene Butter und Senf zu reichen, ist in Mecklenburg nicht üblich.

438. Gekochter Kabeljau.

Man kann den Kabeljau, nachdem man ihn gereinigt und in Stücke zerschnitten, nach der Anweisung in voriger Nummer vor dem Kochen einsalzen und wieder abwaschen, oder auch ihn eine halbe Stunde lang in scharf gesalzenes kaltes, wenn möglich hartes Wasser legen. Sodann wird er mit reichlich Salz und einer Zwiebel in kaltem Wasser auf das Feuer und schnell ins Kochen gebracht, worauf er noch etwa eine viertel Stunde langsam weiter kochen muß. Der in zwei Theile zerhauene Kopf muß für sich allein gekocht werden, da er mindestens 5 Minuten mehr zum Garwerden bedarf. Man richtet den Kabeljau mit einer Cappern-, Sauerampfer-, Senf- oder Austernsauce an. (Nr. 239, 249, 251, 252, 257.)

439. Gekochter Schellfisch.

Man verfährt beim Schellfisch ganz wie beim Kabeljau, nur läßt man ihn kürzere Zeit, höchstens bis 10 Minuten, kochen; sonst wird er leicht weichlich. Erhält man den Schellfisch eingesalzen, was Zwecks des Versands geschieht, so wird er blos gereinigt und dann auf das Feuer gebracht; in diesem Falle muß man sich durch Probiren vom richtigen Salzen

überzeugen. Am besten reicht man dazu die in der Anm. zu
Nr. 437 beschriebene Senfsauce; jedoch passen auch die Saucen
in Nr. 239, 251 und 252.

440. Gekochte Makrelen.

Man läßt die gereinigten Makrelen entweder ganz und
krümmt ihnen den Schwanz in das Maul, oder man schneidet
sie in Stücke. In beiden Fällen salzt man sie und übergießt
sie mit Essig, läßt sie eine Stunde stehen und kocht sie sodann
ganz nach der in Nr. 419 für den Sandart gegebenen Anweisung gar. Sollen sie warm gereicht werden, so giebt man
dazu eine Senfsauce nach Nr. 251, 252, 437, oder eine der
Saucen in Nr. 257 und 266; sollen sie dagegen kalt auf den
Tisch kommen, so läßt man sie in der Brühe erkalten und
reicht dazu eine Mayonnaisen= oder Remoladensauce nach
Nr. 270 bis 274.

441. Gekochter Steinbutt.

Man reinigt den Steinbutt durch recht gründliches
Schuppen, ohne jedoch die Steine herauszulösen, und nimmt
ihn vorsichtig aus, worauf man ihn, ganz oder in Stücke geschnitten, in kaltem Wasser mit einer Zwiebel und mit einer
Handvoll Salz auf den Pott Wasser zu Feuer bringt. Soll
er ganz gekocht werden, so wendet man den Nr. 403, Anm. 1,
erwähnten Heber an. Der Fisch muß schnell ins Kochen gebracht
werden und langsam gar kochen, was bei der so sehr verschie=
denen Größe des Fisches $\frac{1}{4}$ bis $\frac{1}{2}$ Stunde erfordert. Gar
geworden, muß er noch eine Zeit lang in der Brühe nach=
ziehen. Man giebt dazu eine Sauerampfer=, Krebs=, Austern=
oder Buttersauce. (Nr. 249, 256, 257, 264.)

442. Gekochte Schollen.

Man reinigt die Schollen durch tüchtiges Schaben mit
dem Messer auf beiden Seiten von Schuppen und Schleim,
schneidet erst Bauch= und Schwanzflossen und sodann die
Köpfe ab und nimmt aus der entstehenden Oeffnung die

Eingeweide nebst dem Blute heraus. Die kleinen Schollen läßt man ganz, die großen zerlegt man durch Querschnitte in Stücke, salzt sie ein, gießt etwas Essig darüber, und läßt sie so etwa eine Stunde stehen. Dann setzt man sie in Wasser, welches mit Salz und einer Zwiebel zum Kochen gebracht ist, auf das Feuer, giebt noch einen Schuß Essig daran, läßt sie kochen bis sie nicht mehr schäumen und nachher noch einige Minuten im Wasser nachziehen. Angerichtet werden sie mit einer weißen Cappernsauce, einer Buttersauce oder am besten mit einer holländischen Sauce. (Nr. 239, 264, 266.)

443. Gekochte Seezungen.

Nachdem man den Seezungen die Haut abgezogen hat, bereitet man dieselben vor und kocht sie im Uebrigen wie die Schollen, doch setzt man sie in kaltem Wasser auf das Feuer. Nach viertelstündigem Kochen sind sie gar und werden, nachdem sie noch einige Minuten im Wasser nachgezogen haben, mit einer Krebs=, Butter= oder holländischen Sauce (Nr. 256, 264, 266) angerichtet.

444. Gekochter Stockfisch.

Der Stockfisch wird vor der Bereitung 24 bis 48 Stunden in Wasser, welches während der Zeit mehrere Male durch frisches zu ersetzen ist, eingeweicht, sodann herausgenommen und mit dem Fleischklopfer tüchtig geklopft. Hierauf übergießt man ihn mit einer Lauge von Buchenasche, läßt ihn 12 Stunden darin und endlich noch wieder 24 Stunden in weichem Wasser, welches recht oft durch frisches ersetzt werden muß, liegen. Nach dieser Zeit sind die Fische weich und man zieht ihnen die schwarze Haut ab, stutzt die Flossen, schneidet sie in Stücke und bringt sie in kaltem Wasser mit Zwiebeln, einem Lorbeerblatt und einigen Körnern Pfeffer auf das Feuer und langsam zum Kochen. Sie sind zum Anrichten fertig, nachdem man sie einige Male hat überkochen lassen. Es wird dazu eine Senfsauce nach Nr. 251, 252, 437 oder eine Sauce à la Béchamel nach Nr. 259 gereicht. Sehr gut schmeckt dazu auch noch folgende Sauce: Mit 4 in Scheiben geschnittenen und in 6 Loth Butter weich geschwitzten Zwiebeln kocht man in ½ Pott Bouillon oder Wasser etwa 4 Loth von den Abfällen des Fisches 10 Minuten lang. Dann giebt man die Brühe durch ein Sieb, eine Prise Muskatnuß und Salz daran, macht sie durch Hinzurühren von einer weißen Mehlschwitze von 2 Eßlöffeln voll Mehl seimig und quirlt sie endlich mit einigen Eidottern ab.

445. Gekochte Häringe.

Den nach der allgemeinen Anweisung in Nr. 403 gereinigten Häringen schneidet man, vom Bauche ausgehend, die Köpfe schräg nach oben hin so weit ab, daß man das Auge noch mit fortnimmt und entfernt unter Zurücklassung von Milcher und Rogen die Eingeweide aus der hiedurch entstandenen Oeffnung. Sodann wäscht man sie, stellt sie in kaltem Wasser mit Salz und einer Zwiebel auf das Feuer und bringt sie rasch in's Kochen. Sind sie ganz langsam gar gekocht, so richtet man sie mit einer Senf= oder holländischen Sauce an. (Nr. 251, 252, 437, 266.)

446. Häringe, in Marinade gekocht.

Mit 1 Pott Weinessig und ½ Pott Wasser werden zwei mittelgroße eingekerbte Zwiebeln, 2 Lorbeerblätter, 12 Körner Nelkenpfeffer und so viel, nach der Anweisung in voriger Nummer vorbereitete, Häringe auf das Feuer gesetzt, daß dieselben eben von der Marinade bedeckt sind. Nun salzt man, jedoch nur schwach, bringt sie schnell in's Kochen und läßt sie langsam weiter brodeln, bis sie gar sind. Sind sie etwas verkühlt, so werden sie mit einem Schaumlöffel in einen Hafen gelegt, und die Marinade wird wieder darüber gegossen.

447. Gekochte Stinte.

Die durch Abwaschen in kochendem Wasser gesäuberten Stinte thut man in Wasser, welches mit Salz, einem Schuß Essig, einer Zwiebel und einigen Körnern Nelkenpfeffer zehn

Minuten lang gekocht hat, dann durch ein Sieb gegossen und
wieder in's Kochen gebracht worden ist.   Nach einigen Minuten sind die Fischchen gar.   Sodann rührt man zu einem
Gericht für 6 Personen 4 Eidotter mit einem gehäuften Theelöffel voll Mehl, 4 Loth Butter und $\frac{1}{2}$ Pott Milch zusammen und quirlt dies über dem Feuer bis kurz vor dem Kochen,
wobei man eine kleine Messerspitze voll geriebener Muskatnuß und so viel Weinessig hinzuthut, daß die Sauce eben
einen säuerlichen Geschmack annimmt.   Mit derselben vermischt man endlich die auf einen Durchschlag abgetropften
Stinte, läßt sie darin wieder bis kurz vor dem Aufkochen
heiß werden und servirt sie damit in einer tiefen Schüssel.

448.   Gebackene Stinte.

Die nach Angabe in voriger Nummer gereinigten Stinte
überstreut man gut mit Mehl, wounter etwas feingestoßenes
Salz gemengt worden und schwenkt sie gehörig damit um.
Sodann thut man sie in eine Pfanne mit hellbraun gebra-
tener Butter oder anderem guten Fett, wo sie nach kurzem
Braten so an einander hängen, daß man sie nach Art eines
Pfannkuchens umkehren und auch auf der andern Seite braun
braten kann.   Man läßt sie recht kroß braten.

449.   Gebratene Schollen und Seezungen.

Schollen und Zungen werden nach den Anweisungen in
den Nummern 442 und 443 vorbereitet; doch zieht man den
Schollen die obere schwarze Haut, den Zungen die Haut auf
beiden Seiten ab.   Sodann besprengt man sie stark mit Salz
und ein wenig mit Essig und läßt sie je nach ihrer Größe
1 bis 2 Stunden darin liegen; die kleinen bleiben ganz,
größere durchschneidet man 1 bis 2 Male.   Die wieder
abgewaschenen Fische panirt man durch Umkehren in Mehl,
welches zur Hälfte mit gestoßenem Zwieback und mit ein
wenig feingestoßenem Salz vermischt ist, worauf man sie in
hellbraun gemachter Butter auf hellem Feuer schnell gar brät.
Man giebt entweder blos die Butter darüber oder läßt etwas

Mehl in derselben braun werden und rührt so viel Wasser dazu, daß eine seimige Sauce entsteht, die man noch mit etwas Eitronensäure oder Weinessig abschärft. Auch kann man eine Sauce nach Nr. 239, 254 oder 256 dazu geben.

Anm. 1. Zum Paniren der Schollen ist ausgesiebtes Roggenmehl dem Waizenmehl vorzuziehen.

Anm. 2. Die Zungen sind auf alle Fälle abzuziehen; Manche unterlassen aber das Abziehen der Schollen, und doch werden sie dadurch weit appetitlicher und auch wohlschmeckender. Man bewerkstelligt es ganz leicht, indem man mit einem scharfen Messer unmittelbar über der Schwanzflosse einen Einschnitt macht, welchen man rechts und links nach oben zu ein wenig fortsetzt. Nachdem man hier die Haut gelöst hat, faßt man sie mit dem Messer und wickelt sie unausgesetzt um dasselbe, bis man an den Kopf gelangt ist.

450. Gebratene Häringe, frisch und marinirt.

Die nach der Anweisung in Nr. 403 vorbereiteten Häringe werden gut eingesalzen, nach etwa einer Stunde wieder abgewaschen, in einer Mischung von Mehl und gestoßenem Zwieback nebst ein wenig Salz umgekehrt und in hellbrauner Butter, der man auch gutes anderes Fett beimischen kann, über raschem Feuer gar gebraten. Will man nun die Häringe warm speisen, so bereitet man dazu eine Sauce nach Angabe in voriger Nummer, will man sie mariniren, so verfährt man nach der darüber in Nr. 436 für die Neunaugen enthaltenen Anweisung.

451. Gesalzene Häringe, gebraten.

Den Häringen wird, nachdem sie 24 Stunden in Milch gelegen haben, der Kopf nach Angabe in Nr. 445 abgeschnitten und Milcher oder Rogen wird herausgenommen. Sodann werden sie abgezogen, in eine dickflüssige Mischung, die von etwas Mehl, Eidottern und Wein, Alles gut durcheinander gerührt, bereitet ist, getaucht und in brauner Butter auf beiden Seiten gebraten.

452. Gebratene Häringe, marinirt.

Die Häringe werden 24 Stunden lang ausgewässert, wobei das Wasser öfters durch frisches ersetzt werden muß. Sodann legt man sie schichtweise in einen Steintopf oder Glashafen, einige Citronenscheiben dazwischen, und übergießt sie mit einer Marinade, die man bereitet, indem man zu 12 Häringen einen Pott Essig und Wasser — ⅔ Essig, ⅓ Wasser — mit 6 kleinen Zwiebeln, oder besser noch mit 12 Chalotten, 20 Körnern Nelkenpfeffer und 2 Lorbeerblättern in's Kochen bringt. Nach einmaligem Ueberkochen nimmt man den Essig vom Feuer, läßt Alles mit einander erkalten und giebt es über die Häringe, welche dann nach 24 Stunden zum Gebrauche gut sind.

453. Rohe Häringe eingemacht.

Man schuppt die Häringe, schneidet die Unterkiefern weg und zieht damit die Eingeweide heraus. Nachdem man sie sodann gehörig gewaschen, übergießt man sie mit kochendem Essig und Wasser, welches man, von jedem die Hälfte, mit Zwiebeln, reichlich gestoßenem Nelkenpfeffer und etwas schwarzem Pfeffer aufgekocht hat. Hierin müssen sie 2 bis 3 Stunden liegen, worauf man sie schichtweise in einen Steintopf oder Hafen legt, dessen Boden mit Lorbeerblättern, über die man eine Mischung aus grob gestoßenem Nelkenpfeffer, auch ein wenig schwarzem Pfeffer und gestoßenem Rosmarin nebst etwas Salz gestreut hat, bedeckt ist. Zwischen jede Schicht Häringe kommt wieder ein Lorbeerblatt und wird etwas von dem Gewürze gestreut; man schließt, nachdem man ein wenig von der Brühe, in welcher der Häring gelegen, darüber gegossen hat, mit einer Schicht Lorbeerblätter, legt einen Deckel oben drauf, beschwert ihn mit einem Stein und läßt die Häringe, so verschlossen, 14 Tage stehen, worauf sie zum Essen gut sind. Man reicht sie zum Frühstück mit Essig.

454. Hummer zu kochen.

Man reinigt die Hummer durch tüchtiges Abbürsten und Abwaschen, schließt ihnen die Afteröffnung mit einem zugespitzten Stückchen Holz und bringt sie in scharf kochendem, gut gesalzenem Wasser auf das Feuer. Je nach der Größe läßt man sie sodann **20 bis 40 Minuten** langsam weiter kochen, gießt einen Schuß kaltes Wasser hinzu, nimmt sie vom Feuer und läßt sie noch 10 Minuten im Wasser verkühlen. Hat man sie herausgenommen, so reibt man sie, um ihnen ein glänzendes Aussehen zu geben, mit einer Speckschwarte, streckt sie auf einem Tische aus und beschwert sie bis zum gänzlichen Erkalten mit einem Brette. Um sie anzurichten, löst man die Scheeren vom Rumpfe, zerschneidet Letzteren sammt dem Schwanze, von der Spitze des Kopfes anfangend, der Länge nach in 2 Theile, knickt die Scheeren durch vorsichtiges Klopfen mit dem Hackbeil ein und legt Alles so zusammen, daß der Hummer sein ursprüngliches Aussehen wieder erhält. Der Bequemlichkeit der Gäste wegen kann man auch noch den Rumpf vom Schwanze trennen und Letztern durch Querschnitte in kleine Portionen zerlegen. Man reicht dazu die Mayonnaisensauce in Nr. 272, oder eine Remoladensauce nach Nr. 274.

455. Krebse zu kochen.

Die erst mit einem Quaste geschruppten und hinterher noch durch Abwaschen völlig gereinigten Krebse bringt man in gut, aber nicht allzu scharf gesalzenem kochenden Wasser, an welches man auf das Schock ein Stück Butter von 5 Loth und eine Hand voll Petersilie oder einen halben Eßlöffel voll Kümmel gegeben hat, auf das Feuer. Nach etwa viertelstündigem Kochen sind die Krebse gar und können mit dem Schaumlöffel aus dem Wasser genommen werden, oder auch noch darin stehen bleiben.

Anm. 1. Petersilie ist dem Kümmel vorzuziehen, da Letzterer den Krebsen stets etwas von ihrer Süßigkeit nimmt. Liebt man aber einmal den Geschmack des Kümmels, so muß man doch im Betreff der Quantität vorsichtig sein. Ebenso muß man sich hüten, die Krebse zu versalzen; zwei Hände voll genügen für ein Schock, wenn sie nicht sehr groß sind.

Anm. 2. Manche lieben es, die Krebse in einer Buttersauce gestobt auf den Tisch zu bringen. Man bereitet sie, indem man Butter

mit etwas Mehl, feingehackter Petersilie und Kümmel in einem
Topfe auf das Feuer bringt und so viel Krebswasser dazu rührt,
daß eine schwach seimige Sauce entsteht, mit der man dann die
Krebse durchstobt. Es schmeckt dies ganz gut, bleibt aber immerhin ein etwas schmieriges Essen.

456. Krabben zu kochen.

(Wismarsche Methode.)

Man bringt die gut gewaschenen Krabben in kochendem
Wasser auf das Feuer und läßt sie 5 Minuten kochen. Sodann schüttet man sie auf einen Durchschlag und, nachdem
sie etwas abgetropft sind, in kaltes Wasser, welches in einer
Viertelstunde dreimal durch frisches ersetzt werden muß. Sind
sie jetzt ganz erkaltet, so streut man das nöthige Salz darüber,
schwenkt sie damit durch und wiederholt dies Durchschwenken von
Minute zu Minute fünf bis sechs Male. Man muß vorsichtig salzen, da versalzene Krabben allen Geschmack verlieren
und man bei dem angegebenen Verfahren immer noch nachsalzen kann.

457. Austern zu braten.

Die nach der Anweisung in Nr. 257 geöffneten Austern
befreit man von den Bärten, löst sie vom Stuhl, wozu einige
Uebung gehört, kehrt sie um und pinselt den etwa darauf befindlichen Schmutz mit einem in schwach gesalzenes Wasser
getauchten Pinsel davon ab. Sodann bestreut man sie mit
ein wenig feingestoßenem Zwieback, legt in jede ein Stückchen
Butter und setzt sie in ihrer Schale auf eine glühende Platte.
Sie sind nach kurzem Aufbrodeln in der Butter gut.

458. Kieler Pfahlmuscheln zu kochen.

Man reinigt die Muscheln nach der Anweisung in Nr. 122
und bringt sie in nicht zu scharf gesalzenem kochenden Wasser,
in welches man eine eingekerbte weiße Zwiebel gelegt
hat, auf das Feuer. Nachdem sie sich unter öfterm Umrühren
Alle geöffnet haben, sind sie gar, werden mit dem Schaum-

löffel herausgenommen und in einer tiefen Schüssel servirt. Zur Bereitung der Sauce schwitzt man Mehl in Butter nach Angabe in Nr. 20 — 2 Eßlöffel voll Mehl auf ½ Pott Sauce — gießt unter fortwährendem Rühren das nöthige Muschelwasser dazu, schärft mit ein wenig Essig und quirlt das Ganze mit 2 Eidottern ab. Endlich rührt man noch eine Messerspitze voll feingestoßenen schwarzen Pfeffer dazu.

Anm. Ueber die Nothwendigkeit des Einlegens der Zwiebel vergleiche man die Anmerk. zu Nr. 122.

XII. Fleisch, Geflügel und Fische in Gelee.

459. Die Bereitung der Gelees.

Diejenigen Gelees, deren man sich theils zum Garniren, theils zur Aufbewahrung des Fleisches und der Fische, theils endlich zur Bereitung sogenannter Geleeschüffeln bedient, können auf verschiedene Weise hergestellt werden.

a. Man bringt 6 gründlich gereinigte Kalbsfüße mit 2 Pfd. Rindfleisch, 1 Pfd. Kalbfleisch und ½ Pfd. Schinken, Alles in Stücke geschnitten, mit 6 Pott Wasser in einem emaillirten Kochtopf zugedeckt auf das Feuer. Sobald es zu kochen anfängt, schäumt man sorgfältig, nimmt nach einer Stunde das Fett ab und giebt das nöthige, jedoch nicht zu viel Salz, 1 Kopf Sellerie, 1 Mohrrübe, 1 Petersilienwurzel, 1 Bündchen Suppenkräuter, 1 Zwiebel, 8 Chalotten, 2 bis 3 Lorbeerblätter, 1 Muskatblüthe, einige Gewürznelken und einen Theelöffel voll Pfefferkörner daran. Während die Brühe langsam bis zur Hälfte einkocht, entfernt man alles sich noch ansammelnde Fett, gießt sie durch ein Sieb und läßt sie abkühlen, worauf man die oben entstandene Haut und den unten befindlichen Bodensatz wegschneidet. Hierauf bringt man die Gallerte mit einer halben Flasche Weißwein und, je nachdem man die Gelee mehr oder weniger sauer wünscht, ⅛ bis ¼

Flasche Estragon-Essig (Nr. 6) wieder auf das Feuer und
giebt unter langsamem Rühren das kleingeschlagene Weiße
von 4 Eiern daran, rührt weiter und zieht es öfter in
die Höhe, wodurch die Geleebrühe von trüben Theilen, die
sich noch darin befinden, befreit wird. Zum Schlusse, und
um sie vollständig klar zu machen, gießt man sie durch einen
Geleebeutel. Es ist das ein Beutel von weißem Flanell, der
nach unten spitz zuläuft und oben 2 Oesen hat, die, um ihn
aufzuhängen, auf einen Stock geschoben werden. Fehlt es
daran, so kann man sich auch einer Serviette bedienen, die
vorher in kochendem Wasser ausgerungen werden muß.

> **Anm. 1.** Soll diese Gelee zum Garniren von Braten oder zu großen
> Pasteten verwendet werden, wozu sie sich besser als jede andere
> eignet, so läßt man den Wein und den Essig weg, färbt sie da-
> gegen ganz oder einen Theil derselben mit Zuckerfarbe, Cochenille
> oder Beetensaft braun oder roth.

> **Anm. 2.** Diese von Kalbsfüßen ꝛc. bereitete Gelee führt den Namen
> Aspic.

b. Zur Bereitung der Gelees bedient man sich ferner der
Hausenblase, die freilich die feinsten Gelees liefert, aber
auch das theuerste Bindungsmittel ist; von der besten Sorte
gehören 2 Loth zu einem Pott Gelee. Man zerschneidet sie
in kleine Stücke, nachdem man sie nöthigenfalls vorher weich
geklopft hat, läßt sie etwa 12 Stunden in ein wenig Wasser
weichen und sodann auf ganz schwachem Feuer langsam kochen,
wo sie dann in etwa $1/4$ Stunde aufgelöst ist. Bei den hohen
Preisen der Hausenblase verwendet man jetzt statt ihrer regelmäßig

c. die Gelatine, die im Handel in blaßgelben oder hell-
rothen Tafeln vorkommt. Man erkennt die Güte derselben
an dem Grade der Klarheit; die rothe eignet sich besonders
zu Wein-Gelees. Bei der Verwendung rechnet man auf
1 Pott Flüssigkeit, wenn dieselbe nicht schon von selber mehr
oder weniger geleehaltig ist, wie z. B. Kalbfleischbrühe,
$2^1/_2$ Loth, im Winter etwas weniger. Uebrigens muß man
sich stets durch Probiren überzeugen, ob die Gelee den richtigen Grad der Festigkeit erhalten wird. Es geschieht dies,
indem man von der Brühe ein wenig auf einen Teller gießt

und schnell erkalten läßt. Die Gelatine wird zwecks ihrer Verwendung in kleine Stücke geschnitten und auf einer heißen Platte oder ganz schwachem Feuer in etwas Wasser — eine Theetasse voll auf 2 bis 2½ Loth — aufgelöst. Diese Auflösung gießt man zu derjenigen Flüssigkeit, welche in Gelee verwandelt werden soll und verfährt, um sie zu klären, dann weiter, wie unter a. angegeben ist.

460. Verfahren bei Herstellung einer zierlichen Geleeschüssel.

Von der in dickflüssigem Zustande befindlichen Geleebrühe gießt man ein wenig, so daß der Boden eben davon bedeckt wird, in eine mit Provence- oder Mandelöl bestrichene Geleeform und läßt es völlig erkalten. Sodann legt man darauf eine Verzierung von Citronenscheiben, eingemachten Gurken, Beeten, Petersilie, Cappern und hartgekochten Eiern in Form eines Sterns, einer Rosette, eines Kranzes u. dgl. und giebt hierüber wieder etwas von der Geleebrühe. Nachdem auch dies völlig erkaltet ist, legt man das zur Geleeschüssel Bestimmte darauf, gießt so viel Geleebrühe darauf, daß es ganz damit bedeckt ist, läßt Alles wieder erkalten und stürzt es endlich auf eine Schüssel. Sollte es sich nicht gut aus der Form lösen wollen, so muß man dieselbe erst ein ganz wenig über kochendem Wasser erwärmen.

461. Kalbfleisch in Gelee.

Ein Stück Kalbfleisch — es eignen sich dazu ganz gut die Vorblätter — wird in möglichst gleichmäßige Würfel geschnitten, die man mit ein paar Kalbsfüßen zusammen auf das Feuer und langsam in's Kochen bringt. Nachdem geschäumt worden, giebt man Gewürze nach Nr. 459a, und das Doppelte von dem dort bemerkten Quantum Essig daran, nimmt das gar gewordene Fleisch aus der Brühe und verdickt diese, wenn sie noch keine gute Gelee liefern sollte, durch Einkochen. Sodann klärt man sie gleichfalls nach Anweisung

in Nr. 459 a und verfährt weiter zur Herstellung der Schüssel
nach Nr. 460.

462. Gans und Ente in Gelee.

Man knöchelt die Gans aus und verfährt weiter damit
nach Nr. 51, füllt sie mit einer Farce nach Nr. 36 i, näht sie
zusammen und giebt ihr so viel wie möglich ihre alte Form
wieder. Sodann dämpft man sie in so viel schwacher Fleischbrühe, daß sie fast davon bedeckt ist und unter Hinzuthun der
in Nr. 459 a angegebenen Wurzeln, Kräuter und Gewürze
gar, läßt sie in der Brühe beinahe erkalten, nimmt sie aus
derselben und stellt, nachdem man die Brühe durch ein Sieb
gegossen, Beides für sich bis zum nächsten Tage zum völligen
Kaltwerden hin. Alsdann nimmt man das auf der Brühe
angesammelte Fett ab, gießt sie unter vorsichtiger Zurücklassung
des Bodensatzes in ein anderes Gefäß und bereitet daraus
unter Hinzugießen von $\frac{1}{2}$ Flasche Weißwein und 1 Glas
Estragonessig eine Geleebrühe nach Nr. 459 c. Nach geschehener Klärung derselben (459 a) verfährt man weiter nach
Nr. 460, bereitet aber von der Gans 2 Geleeschüsseln, indem
man sie zu diesem Zweck vorher der Länge nach durchschneidet
und die Hälften mit dem Schnitte nach oben in die Geleeformen legt.

Mit einer Ente verfährt man ganz ebenso, doch liefert
sie nur eine Geleeschüssel. Sie wird in passende Scheiben
geschnitten, welche man vor dem Einlegen in die Geleeform
wieder zu ihrer frühern Gestalt zusammen setzt. Es ist dies
dem Einlegen der ganzen Ente vorzuziehen, da die Schüssel
ihr Ansehen so besser conservirt.

Man reicht zu diesen Geleeschüsseln eine Mayonnaisen-
Sauce nach Nr. 275; hat man dazu keinen Stand von Kalbsfüßen vorräthig, so kann man statt seiner auch von der Geleebrühe nehmen.

463. Puter und Kapaun in Gelee.

Man knöchelt den Puter aus und verfährt weiter damit
nach Nr. 51, bereitet eine Farce nach Nr. 36 i und trägt da-

von in Fingersdicke auf den Puter auf. Vorher hat man geräucherten Schweinespeck, gar gekochte gesalzene Ochsenzunge und Pfeffergurken in möglichst gleichmäßige Streifen von guter Federkielsdicke geschnitten und bedeckt jetzt die Farce mit recht grade nebeneinander laufenden Streifen davon. Auf dieselben trägt man wiederum eine Schicht Farce auf und fährt so abwechselnd fort, schließt aber zuletzt wieder mit der Farce. Ist der Puter wieder zusammen genäht und in die rechte Form gebracht, so behandelt man ihn und verfährt überhaupt weiter nach der in Nr. 462 für die Gans gegebenen Anweisung. — Die dort für die Ente gemachte Bemerkung gilt hier auch für den Kapaun; auch für die Sauce gilt dasselbe.

464. Gebratene Rinderfilets, Wildbraten, sowie gebratene Tauben oder Küken in Gelee.

Man brät obiges Fleisch, Wild oder Geflügel ganz nach der darüber in Abschn. XIV. enthaltenen Anweisung. Nach vollständigem Erkalten schneidet man Filets und Wild in Scheiben, gut von der Dicke eines Messerrückens und legt dieselben so zusammen, daß die Braten ihre frühere Gestalt wieder erhalten. Küken und Tauben zerlegt man durch Längen= und Querschnitt in Viertel, die man gleichfalls wieder zusammensetzt. Aus diesen Filets u. s. w. bereitet man nun mit einer Gelee nach Nr. 459 a, bei welcher jedoch Wein und Essig wegzulassen sind, eine Geleeschüssel nach der Anweisung in Nr. 460. — Man kann dazu eine Citronensauce nach Nr. 269 reichen.

465. Fische in Gelee.

Zum Einlegen in Gelee eignen sich besonders unter den Süßwasserfischen: der Lachs, der Aal, die echte Muräne, die Forelle, der Brachsen und der Karpfen; unter den Seefischen die Makrele. Sämmtliche diese Fischarten werden zunächst so vorbereitet, wie in den betreffenden Nummern des vorigen Abschnitts angegeben worden, nur schneidet man, wenn eine Geleeschüssel bereitet werden soll, die Stücke etwas kleiner, beim bloßen Einlegen in Gelee ist dies nicht nöthig; Brachsen und Karpfen müssen stets geschuppt werden.

Die so vorbereiteten Fische salzt man eine Stunde vorher ein, wäscht sie wieder ab, und bringt sie in eine Brühe, zu deren Bereitung man ganzen Pfeffer, Citronenscheiben, Zwiebeln, ein paar Lorbeerblätter und etwas Salz hat eine Viertelstunde lang in Wasser auskochen lassen. Mit den Fischen zugleich giebt man so viel Essig, wie man Wasser verwandt hat zu der Brühe, von welcher jetzt im Ganzen so viel vorhanden sein muß, daß die Fische gut davon bedeckt sind. Nachdem Letztere bei langsamem Kochen darin gar geworden, nimmt man sie heraus und bereitet von der Brühe eine Gelee nach 459 c; nimmt indessen bei den an sich schon geleehaltigen Brachsen und Karpfen, wenn sie blos eingelegt werden sollen, 1 Loth, wenn sie zur Geleeschüssel bestimmt sind, ½ Loth Gelatine weniger, als dort angegeben worden; auch ist für das bloße Einlegen ein Klären durch Eiweiß nicht nöthig, es genügt, wenn man die Geleebrühe durch ein feines Sieb über die schichtweise, nach Belieben mit einigen Citronenscheiben dazwischen, in Glashäfen oder Fayence-Geschirre gelegten Fischstücke gießt. Sollen dagegen die Fische eine Geleeschüssel liefern, so klärt man die Geleebrühe nach Nr. 459 a und verfährt dann zur Bereitung der Schüssel nach Nr. 460.

———

XIII. Große Pasteten, Ragouts und Fricassees.

466. Der Teig zu Pasteten.

Bei Bereitung der großen warmen und kalten Pasteten kommt außer dem Butter- und Blätterteige, von welchem in Nr. 213 ausführlich die Rede gewesen ist, noch zur Verwendung:

a. Mürber Teig.

Zuthaten dazu sind: 1 Pfd. feines Waizenmehl, ¹/₂ Pfd. Butter, 2 Löffel voll süßer Rahm oder Milch, 3 bis 4 ganze Eier und eine Prise Salz. Zur Bereitung schüttet man das Mehl auf ein Kuchenbrett, breitet es ein wenig aus, thut die Butter in Stücke von der Größe etwa eines Taubeneies zer= theilt darüber, streut Salz darauf, schlägt die Eier daran und sprengt endlich Rahm oder Milch darüber. Sodann mengt man das Ganze mit einer kleinen Kelle gut durcheinander und bearbeitet es mit den Händen, bis Alles mit einander zu einem guten gleichmäßigen Teige verbunden ist; länger aber nicht, zumal nicht im Sommer, weil er sonst beim Aus= rollen zwecks späterer Verwendung leicht bricht. Will man den Teig gern etwas blätterig haben, so kann man ihn auch nach der für den Blätterteig in Nr. 213 gegebenen Anweisung einige Male übereinander schlagen und ausrollen. Bis zu fernerem Gebrauche formt man aus dem Teige einen Klumpen oder eine Rolle.

b. Wasserteig.

Die Zuthaten dazu sind: 1 Pfd. Mehl, 5 Loth Butter, 2 Eidotter, ungefähr ¹/₄ Pott Wasser. — Das anfängliche Verfahren mit Mehl, Butter und Eidottern ist wie das unter a. angegebene, und wird sodann, wenn Alles gut durcheinander gemengt ist, ganz allmälig unter fortwährendem Kneten das Wasser kochend dazu gegossen. Das Kneten wird fortgesetzt, bis der Teig eine völlig gleichartige Masse bildet; ob er die richtige Consistenz habe, erkennt man, wenn man ein wenig davon in der Art zwischen den Fingern kneipt, daß es in die Höhe zu stehen kommt. Bleibt dies dann stehen, so ist der Teig gut, sinkt es wieder zusammen, so ist er zu dünne und es muß noch Mehl dazwischen geknetet werden. Endlich formt man ihn in einen Klumpen, den man vor der weitern Ver= wendung, eingewickelt in ein reines Tuch, kalt werden läßt.

467. Blind gebackene Pastete von Blätterteig (Vol-au-vent).

Den nach der Anweisung in Nr. 213 bereiteten Blätterteig rollt man bis zur Dicke eines halben Zolles aus und
schneidet daraus einen Boden, so groß, wie man die Pastete
zu haben wünscht. Aus diesem Boden schneidet man, je nach
der Größe desselben, 1 bis 2 Zoll von seinem Umringe entfernt, einen zweiten Boden und nimmt ihn heraus, so daß
von dem ersten nur noch ein Ring übrig bleibt. Den herausgenommenen Boden knetet man mit dem sonst vorhandenen
Teige zusammen und rollt das Ganze zu einer Platte von
$1/2$ Zoll Dicke aus, aus welcher man wieder einen Boden von
etwa $1/2$ Zoll größerem Durchmesser schneidet, als der erstere
hatte. Diesen Boden legt man auf ein etwas mit Wasser
befeuchtetes Backblech und bestreicht ihn mit klein gerührtem
Eigelb, legt den Ring darauf, bestreicht auch diesen mit Eigelb
und bringt den Vol-au-vent in einen ziemlich heißen Ofen,
in welchem man ihn in etwa $3/4$ Stunden gar backt. Im
Betreff des Bestreichens mit Ei und des Garbackens beachte
man das in Nr. 213, Anm. 1 u. 2 Gesagte. Vor der Verwendung nimmt man den aufgegangenen Teig aus dem Innern des Vol-au-vent heraus, oder drückt ihn auch darin zusammen; Beides muß mit Vorsicht geschehen, damit der Boden
nicht verletzt werde.

468. Blind gebackene Pastete von mürbem oder von Wasserteig.

Den nach der Anweisung in Nr. 466 a und b bereiteten
mürben Teig oder Wasserteig rollt man bis zur Dicke eines halben
Fingers aus und schneidet daraus einen Boden, so groß, wie
man die Pastete zu haben wünscht. Den Rest des Teiges
rollt man sodann in derselben Dicke zu solcher Länge und
Breite aus, daß man daraus einen 6 Zoll breiten Streifen,
der um etwa einen Zoll länger ist, als der Umfang
des Bodens, ausschneiden kann. Sodann legt man den Boden auf ein mit Butter bestrichenes Kuchenblech und versieht

ihn mit einem zollhohen Rande, was in der Weise geschieht, das man den Teig von der Mitte aus durch Drücken mit der Hand nach dem Umringe zu drängt und den sich dadurch dort ansammelnden Teig mit den Fingern in die Höhe kneipt. Nun schneidet man von dem erwähnten Streifen an beiden Enden den Teig in der Art schräge weg, daß, wenn man die Enden über einander legt, grade die sonstige Dicke des Streifens entsteht, legt denselben um den vorher auswendig mit klein gerührtem Eigelb bestrichenen Bodenrand, bestreicht auch die schrägen Enden des Streifens mit Eigelb, drückt sie gut an einander und endlich den Streifen selbst fest an den Bodenrand, was am leichtesten vermittelst der Zeigefinger geschieht. Die jetzt in ihrer Form fertige Pastete macht man mit einem passenden Instrumente, nöthigenfalls auch durch Kneipen mit den Fingern ringsum bunt und oben am Rande des Streifens zackig, überzieht letzteren auswendig mit klein gerührtem Eigelb, und umgiebt ihn, nachdem dasselbe getrocknet ist, mit gefettetem Papier, welches man mit einem Bindfaden darum befestigt. Endlich füllt man die Pastete mit Erbsen aus und backt sie in einem gut erhitzten Ofen gar, worauf man Papier, Bindfaden und Erbsen wieder entfernt.

A. Warme Pasteten.

469. Pastete von Kalbfleisch.

Man blanchirt eine Kalbsbrust und kocht sie in einer Braise nach Nr. 31 gar, aber nicht zu weich, läßt sie in der Braise etwas abkühlen, nimmt sie heraus, wickelt sie in ein Tuch und läßt sie, zwischen zwei Bretter gepreßt, ganz erkalten. Sodann zerschneidet man sie in möglichst gleichförmige Stücke von etwa 1 Zoll Länge und Breite und der halben Dicke eines Fingers, legt sie in einen emaillirten Kochtopf und fügt Champignons, Klöße von Fischfarce und von Kalbsmilch (Nr. 53 und 54), sowie in Scheiben geschnittene Kalbszungen, Alles vorher nach den betreffenden Anweisungen zubereitet und gar gemacht, hinzu. Ferner bereitet man zur Gewinnung von $^1/_2$ Pott recht dickseimiger Sauce eine weiße

Mehlschwitze von 3 Eßlöffeln voll Mehl und 6 Loth Butter,
gießt von der entfernten Braise das Nöthige durch ein Sieb
dazu, thut 2 Gläser Weißwein daran, rührt dies zusammen
über dem Feuer seimig, quirlt es mit 2 Eidottern ab und
rührt endlich noch etwas Sardellenbutter und Citronensäure
dazwischen. Diese Sauce, von der ein wenig mehr vorhanden
sein muß, als nöthig ist, um Alles gehörig anzufeuchten, giebt
man durch ein Sieb über die Fleischstücke und sonstige Zuthaten, welche man recht behutsam, aber gehörig damit durch-
schwenkt. Inzwischen hat man nach Nr. 36 a auch eine Kalb-
fleischfarce, sowie nach Nr. 213 einen Butterteig und zwar
von 1 Pfd. für 8 Personen angefertigt. Von der Farce trägt
man auf eine flache mit Butter schwach bestrichene Schüssel
so viel auf, daß sie bis dicht unter dem Anfange des Randes
damit angefüllt ist und legt unter möglichst gleichmäßiger
Vertheilung und nach der Mitte zu etwas erhöht, die, wie
oben angegeben, zubereiteten Fleischstücke und sonstigen Zuthaten oben darauf; was sich von der dazu bereiteten Sauce
am Boden des Geschirres etwa angesammelt hat, wird darüber
gegossen. Endlich rollt man Butterteig bis zu halber
Fingersdicke aus und schneidet zunächst einen oder mehrere
Streifen von der Breite von 2 Fingern aus demselben heraus. Da dieselben nachher rund um den äußersten Rand
der Pastete gelegt werden sollen, so hat man die dazu nöthige
Länge des Streifens zu berechnen. Den Rest des Teiges
rollt man sodann weiter bis gut zur Dicke eines Messerrückens
aus, legt ihn über die zur Pastete bestimmte Schüssel, schneidet das Ueberhängende rund um bis unmittelbar an den
Rand ab, bepinselt die ganze Decke leicht mit klein gerührtem
Eigelb und legt endlich ringsum auf den Rand der Letztern
die, wie oben bemerkt, ausgeschnittenen Teigstreifen, welche
mit ihren Enden so an einander gedrückt werden müssen, daß
sie einen zusammenhängenden Ring bilden. Zur Verzierung
der nun zugerichteten Pastete sticht man aus den ganz dünn
ausgerollten Teigresten Figuren, in der Gestalt von Sternen,
Rosetten, Blättern u. s. w., legt diese geschmackvoll auf die
Decke und bepinselt auch sie mit kleingerührtem Eigelb.
Zum Schlusse wird die Schüssel auf einer mit Asche

oder Salz bestreuten Blechplatte in den gut, jedoch nicht zu
stark erhitzten Ofen gebracht und darin in $^3/_4$ bis 1 Stunde
gar gebacken. Sodann servirt man die Pastete in der Schüssel,
welche man, da sie selber zu heiß ist, auf eine zweite Schüssel
stellt. Es wird dazu eine weiße Champignons- oder eine
Austernsauce (Nr. 237 und 257) gereicht.

> Anm. Im Betreff des Bepinselns mit Ei und des Backens beachte
> man das in Nr. 213 Anm. 1 u. 2 Gesagte.

470. Beefsteak-Pastete.

Zu einer für 10 bis 12 Personen reichenden Pastete
nimmt man 2 Rinderfilets mittlerer Größe, schneidet fingerdicke Scheiben davon, bereitet dieselben nach der Anweisung
in Nr. 294 zu Beefsteaks vor und brät sie auf beiden Seiten
in brauner Butter etwa 2 Minuten. Ferner bereitet man
eine Farce nach Nr. 36 b, zu welcher man auch die Abfälle
von den Filets benutzen kann; das Quantum muß das Doppelte von dem dort angegebenen betragen. Endlich schneidet
man Zwiebeln in nicht zu dünne Scheiben und schwitzt sie
in Butter weich. Nun wird der Boden einer flachen Schüssel,
wie in der vorigen Nummer angegeben, mit Butter und dann
mit der Farce bestrichen und die Beefsteaks werden unmittelbar am Rande ringsherum darauf gelegt; den zwischen ihnen
bleibenden Raum füllt man mit der Farce, den Raum in
der Mitte aber mit den Zwiebeln aus, worauf man das Ganze
noch einmal mit so viel Farce, daß Beefsteaks und Zwiebeln
eben davon bedeckt sind, überzieht und dann mit der weitern
Bereitung, namentlich mit dem Butterteige, ganz nach der
Anweisung in der vorigen Nummer verfährt. Ist die Pastete
aus dem Ofen genommen, so löst man den Deckel, indem
man dicht am Rande der Schüssel ringsum unter demselben
einen Schnitt thut, hebt ihn ab und übergießt die Pastete
mit etwas brauner Kräutersauce nach Nr. 243. Von derselben
Sauce reicht man nebenbei.

> Anm. Sollten Beefsteaks übrig bleiben, was leicht möglich ist,
> wenn die Filets etwas groß sind, so legt man dieselben vor dem
> Ueberziehen mit der Teigdecke auf die in der Mitte befindlichen
> Zwiebeln; die Pastete wird dadurch in der Mitte erhöht, was ihr
> ein noch besseres Ansehen giebt.

471. Hühner= und Tauben=Pastete.

Für diese Pastete ist vor allen Dingen nöthig, daß das dazu verwandte Geflügel recht jung ist. (Vgl. Nr. 7.) Dasselbe wird nach Nr. 47 und 48 geschlachtet und gereinigt und nach Nr. 31 in einer Braise gar, aber auf keinen Fall zu weich gekocht. Nachdem es erkaltet, löst man das Brust= und das Keulenfleisch von den Knochen, zieht die Haut davon ab und schneidet es in hübsche, möglichst gleichförmige Stücke. Mit diesen, sowie mit der ganzen weitern Bereitung der Pastete verfährt man durchaus nach der in Nr. 469 für die Pastete von Kalbfleisch enthaltenen Anweisung.

Anm. Man rechnet auf 3 bis 4 Personen ein Huhn und auf jede Person eine Taube.

472. Zungen=Pastete.

Zu einer Pastete für 8 Personen genügt eine große Ochsenzunge. Dieselbe wird in möglichst wenig Wasser mit etwas Salz, 2 Lorbeerblättern, ein paar Gewürznelken und einigen Zwiebeln in 3 Stunden gar gekocht, worauf man sie in der Brühe abkühlen läßt, ihr die Haut abzieht und sie in Scheiben etwa von der Dicke eines Federkiels schneidet. Außerdem bereitet man eine Farce nach Nr. 36 b oder 36 i, (von dem in der letztern Nummer angegebenen Quantum die Hälfte) und von einem Drittheil derselben Fleischklöße nach Nr. 52, kocht auch $\frac{1}{2}$ Pfd. Kastanien, befreit sie von der Schale und der Haut und brät sie leicht in Butter über. Die Hälfte der Farce streicht man auf eine mit Butter leicht bestrichene halbtiefe Schüssel, ordnet in aufrechter Stellung und gleichmäßiger Vertheilung Zungenschnitte, Fleischklöße und Kastanien oben darauf, wobei nach der Mitte zu eine Er= höhung gebildet werden muß, giebt etwas von der unten an= gegebenen Sauce und hierauf die übrige Farce darüber und bedeckt endlich das Ganze mit einem Deckel von Blätterteig nach Nr. 213, den man ringsum mit Streifen, in der Mitte mit einem Stern oder einer Rosette von demselben Teige ver= ziert. Nachdem man diesen Deckel mit kleingerührtem Eigelb bestrichen, bringt man die Pastete in den gut erhitzten Ofen und backt sie in etwa ³/₄ Stunden gar. Die Sauce bereitet man, indem man eine hellbraune Mehlschwitze mit der Zungenbrühe sämig rührt, ein Glas Madeira oder Rothwein daran gießt und mit etwas Citronensäure, ein paar feingestoßenen Nelken und einer Probe Muskatblüthe würzt.

Anm. Liebt man die Kastanien nicht, so kann man sie auch weglassen, hackt dann aber nach Anweisung in Nr. 1 und 4 zubereitete Champignons oder Trüffeln zwischen die Farce, giebt auch davon in die Sauce.

473. Schinken-Pastete.

Man kocht ein Stück geräucherten Schinken, nachdem man es etwa 12 Stunden lang ausgewässert und dabei das Wasser mindestens einmal gewechselt hat, weich, nimmt es aus dem Wasser und läßt es abkühlen. Von diesem Schinken schneidet man 2 Drittheile, und zwar das schierste Fleisch, in möglichst gleiche, etwa zollgroße Stücke, den Rest hackt man und verwendet ihn zu der Farce in Nr. 36 i statt des dort angegebenen magern Schweinefleisches; auch kann man statt des Schweinefetts von dem Fett des Schinkens nehmen. Mit diesen Zuthaten verfährt man zur Herstellung der Pastete weiter nach der Angabe in voriger Nummer und bereitet eine sämige Sauce dazu, indem man zu der entsprechenden Quantität brauner Coulis in Nr. 231 über dem Feuer Bouillon nebst einem Glase Madeira rührt.

Anm. Zu 1 Pfd. Stücken von dem gekochten Schinken gehört nur die Hälfte der für die Farce in Nr. 36 i angegebenen Zuthaten.

474. Pastete von Wild.

Man verwendet dazu das Fleisch von einem Hasen oder ein schönes Stück aus der Keule eines Rehes. Ersteren bereitet man nach Angabe in nächstem Abschnitte vor und löst das Fleisch von den Knochen; die Rehkeule theilt man nach ihren Muskeln, die man einzeln sorgfältig enthäutet. Das so gewonnene Fleisch spickt man leicht über, läßt es ein paar Stunden in einer Marinade nach Nr. 33 liegen, schwitzt

17

es in Butter halb gar, nimmt es heraus und läßt es erkalten.
Ferner kocht man auf einen Hasen oder das gleiche Quantum
Rehfleisch 10 Loth Trüffeln nach Nr. 4 in Wein oder Bouillon
weich und bereitet eine Farce nach Nr. 36 e, zu welcher man
die Fleischabfälle und, statt der dort angegebenen Champignons,
die mit Butter feingestoßenen und durch ein Sieb gestriche-
nen Trüffelschalen verwendet.   Mit dieser Farce bestreicht
man in der Dicke eines Daumens den Boden eines nach
Nr. 472 bereiteten, nur schwach gebackenen Vol-au-vent, legt
von dem in gleichförmige Stücke geschnittenen Wildfleische so
wie von den gleichfalls einmal durchgeschnittenen Trüffeln
darauf, läßt wieder eine Schicht Farce folgen und fährt so
fort, bis der Vol-au-vent bis einen kleinen Finger breit unter
dem Rande gefüllt ist; man muß jedoch mit Farce schließen.
Nun bringt man die Pastete, jedoch ohne das Papier von
dem Vol-au-vent genommen zu haben, in den mäßig erhitzten
Ofen und läßt sie in etwa einer Stunde gar backen.

Man reicht zu dieser Pastete eine Trüffelsauce nach
Nr. 235, bei deren Bereitung man die Bouillon oder den
Wein verwendet, worin die zur Pastete verwandten Trüffeln
gar gekocht sind.   Von letztern hat man darin das zur Sauce
nöthige Quantum zurückgelassen.

475. Pastete von Federwild.
(Fasanen, Birkhühner, Rebhühner, Schnepfen, Krammetsvögel.)

Dem nach Nr. 47 und 48 gerupften und ausgenommenen
Federwilde löst man die Brüste von den Knochen und dämpft
dieselben in Butter halb gar.   Das übrige Fleisch schabt man
von den Knochen, hackt es fein und benutzt es zu einer Farce,
die sonst ganz nach Nr. 46 a bereitet wird, nur daß man
die Lebern und Herzen des Federwildes nebst ein paar Loth
Trüffeln, Alles feingehackt, sowie den Fond, in welchem die
Brüste gedämpft sind, daran giebt.   Die Brüste zerschneidet
man, nachdem sie erkaltet sind, in passende gleichförmige
Stücke und verfährt sodann weiter mit der Bereitung der
Pastete ganz nach der Anweisung in der vorigen Nummer.

Man reicht zu der Pastete eine Trüffelsauce, bei deren Bereitung man eine Jüs aus den abgeschabten Knochen des Federwildes benutzt. Es werden dieselben dazu zerhackt, in Butter braun geschwitzt und in ein wenig Bouillon eine Stunde lang ausgekocht. Vor der Verwendung muß die Jüs durch ein Sieb gegeben werden.

Anm. Verwendet man Krammetsvögel, so sind dieselben ebenso wie das andere Federwild auszunehmen.

476. Fisch-Pastete.

Auf die Person rechnet man $1/2$ Pfd. recht fleischige Fische, z. B. Hechte, Barsche oder Sandarte. Das dicke Fleisch derselben löst man von den Gräten und zerschneidet es in möglichst gleichförmige Filets, legt dieselben eine Stunde lang in eine Marinade von Essig, Oel, Petersilienkraut und ein wenig gestoßenem Pfeffer und schwitzt sie in Butter, bis sie beinahe, jedoch nicht ganz gar sind (d. h. 8 bis 10 Minuten). Außerdem schabt man diejenigen Fischtheile, die sich nicht zu Filets eignen, aus den Gräten und benutzt sie zur Bereitung einer Fischfarce nach Nr. 36 h, zu der man auf 1 Pfd. Fisch noch 2 Eßlöffel voll Sardellenbutter rührt, und giebt nun Fischfilets und Farce durcheinander, jedoch so, daß die Filets möglichst gleichmäßig vertheilt sind und nach der Mitte zu allmälig eine Erhöhung entsteht, auf eine flache, mit Butter leicht bestrichene Schlüssel. Die weitere Bereitung richtet sich nach der Anweisung für die Pastete von Kalbfleisch in Nr. 469. Ist die Pastete gar gebacken, so löst man den Deckel ab, indem man ihn rings um den Rand der Schüssel losschneidet, giebt etwas von einer nach Nr. 243 oder 254 bereiteten Kräuter- oder Sardellensauce über die Pastete, legt den Deckel wieder auf und servirt reichlich von der zum Uebergießen gewählten Sauce nebenbei.

477. Große Austern-Pastete.

Man marinirt und schwitzt Fischfilets nach der Anweisung in der voigen Nummer und bereitet, wie dort angegeben, eine Fischfarce nach Nr. 36 h. Ein Drittel dieser Farce drückt

17*

man auf einem mit Mehl bestreuten Kuchenbrette bis zur Dicke eines Federkiels recht gleichmäßig platt und sticht oder schneidet davon kleine Scheiben von ½ Zoll Durchmesser aus. Die Austern befreit man von den Bärten, panirt sie und brät sie nach Anweisung in Nr. 457; sollte indessen dies Verfahren zu umständlich sein, so kann man sie auf schwachem Kohlenfeuer in Butter weich schwitzen. Gleichfalls panirt und brät man die, wie angegeben, bereiteten Farce-Scheiben, trägt sodann von der Farce einen Finger hoch auf den Boden einer flachen, leicht mit Butter bestrichenen Schüssel auf, legt auf diese Farce in gleichmäßiger Vertheilung die Austern, die Fisch-Filets und die gebratenen Scheiben von Fischfarce, beträufelt sie mit Citronensäure und verfährt dann weiter nach der Anweisung für die Pastete von Kalbfleisch in Nr. 469. Nachdem die Pastete gar geworden, löst man den Deckel durch einen Schnitt unterhalb desselben rings um den Rand der Schüssel, nimmt ihn ab, gießt über die Pastete ein wenig Austernsauce (Nr. 227), legt den Deckel wieder auf und servirt die übrige Sauce nebenbei.

Man rechnet bei dieser Pastete auf die Person 8 Austern, wovon 6 wie angegeben zubereitet, zwei für die Sauce zurückbehalten werden. An Fischen bedarf man zu den Filets und der Farce etwa 2 Pfd. für 5 Personen. Die übrigen Zuthaten nach dem an den betreffenden Stellen angegebenen Verhältnisse.

B. Kalte Pasteten.

Vorbemerk. Alle kalten Pasteten werden mit dem in Nr. 459a beschriebenen Gelee — Aspic — garnirt zur Tafel gegeben.

478. Schinken-Pastete.

Ein Schinken von einem jungen Schweine wird 24 Stunden in lauwarmem Wasser unter wiederholtem Wechsel desselben ausgewässert, sauber abgeputzt und sodann nebst 2 bis 3 Pfd. Rindfleisch und 2 Pfd. Luftspeck unter Hinzuthun von Zwiebeln, Suppenwurzeln, Lorbeerblättern, Nelkenpfeffer und

schwarzem Pfeffer in Wasser nebst 2 Flaschen Wein zu drei
Viertheilen gar gekocht, wobei die Brühe bis zur Hälfte einkochen muß. Nachdem er in derselben abgekühlt ist, schneidet
man das Fett bis zur Dicke eines Fingers davon ab und
den Schinken selbst nach der Länge seiner Muskeln in große
Stücke. Von 2 Pfd. derselben, dem mitgekochten Rindfleische
und Speck nebst 2 Pfd. rohem Kalbfleische bereitet man sodann nach Nr. 36 a, unter Hinzuthun einer verhältnißmäßigen
Quantität der dort erwähnten Gewürze und sonstigen Ingredienzien und in dort angegebener Weise eine Farce. Ferner fertigt man nach Nr. 468 eine blind gebackene Pastete
von Wasserteig an, bestreicht deren Boden mit einem Dritt-
theil der Farce, legt den Schinken darauf, füllt die Zwischenräume und sodann die Pastete selbst so weit mit Farce aus,
daß ein fingerbreiter Rand darüber stehen bleibt, und bedeckt
sie mit einem Deckel, der mit einem Loch in der Mitte und
einem Schornsteine darüber versehen ist. Letzterer, welcher
etwa 2 Zoll hoch sein muß, wird durch Bestreichen mit Ei
an seinem unten umgebenen Rande auf dem Deckel befestigt.
Nachdem die Pastete bunt gemacht, der Deckel mit Sternen,
Rosetten u. dgl. aus dem dünngerollten Teige verziert und
Alles mit klein gerührtem Eigelb bestrichen ist, wird die ganze
Pastete mit Papier, welches mit Butter gefettet ist, umwunden
und zum Festhalten desselben mit Bindfaden bewickelt. In
etwa 3 Stunden ist sie in einem gut erhitzten Ofen gar gebacken und es wird nun von der Schinkenbrühe, die inzwischen
bis zum Safte eingekocht ist, durch den Schornstein darüber
gegossen. Vor dem Gebrauche bestreicht man die Pastete
noch mit Provence-Oel, was ihr ein blankes Ansehen giebt.

479. Wild-Pastete.
(Von Hirsch, Reh oder Hasen.)

Man nimmt vom Hirsche und Rehe Fleisch aus dem
Rücken oder den Keulen, vom Hasen eignet sich nur das
Rückenfleisch zur Pastete. Man schneidet dasselbe in recht
gleichförmige Stücke von halber Handgröße, spickt sie und
dämpft sie in Butter mit etwas Salz halbgar. Dann be-

reitet man eine Farce nach Nr. 36e, zu welcher man gerin-
geres Fleisch, beim Hasen namentlich auch das Keulenfleisch
benutzen kann. Von zerquetschten Wildknochen und sonstigen
Abgängen wird eine Brühe gekocht und dieselbe, nachdem man
sie durch ein Sieb gegossen, mit dem Fond, in welchem das
Fleisch gedämpft ist, ganz kurz eingekocht und nebst gehackten
Trüffeln mit der Farce vermischt. Weiter verfährt man ganz
nach der Anweisung in voriger Nummer, backt jedoch die Pastete nur zwei Stunden und übergießt sie, nachdem der Deckel
vor dem Gebrauche vom Rande losgeschnitten worden, mit
Aspic nach Nr. 459 a.

480. Geflügel-Pastete.
(Von zahmem und wildem Geflügel.)

Man bereitet eine Farce nach Nr. 36 a, nimmt jedoch dazu
nur eine Hälfte Kalbfleisch, die andere Hälfte Schweinefleisch.
Hat man nun großes Geflügel, so knöchelt man es nach Nr. 51
aus, durchzieht es mit Speckfäden, reibt es inwendig mit Salz
ein, füllt es mit Farce nebst Trüffeln, näht es wieder zusammen und giebt ihm möglichst die ursprüngliche Form wieder.
Kleinem Geflügel löst man die Brüste von den Knochen und
dressirt sie zu hübscher, möglichst gleichmäßiger Form. Ist es
so weit vorbereitet, so dämpft man es in Butter, bis es durch
und durch steif ist, läßt es erkalten und befreit sodann die größeren
ausgeknöchelten und mit Farce gefüllten Vögel von den Fäden.
Von den zerquetschten Knochen kocht man eine ganz kurze
Brühe und rührt dieselbe, nachdem man sie durch ein Sieb
gegossen und mit dem Fond, in welchem das Fleisch gedämpft
worden, vermischt hat, nebst den feingestoßenen Trüffelschalen
zu der noch übrigen Farce, welche man, will man die Pastete
recht fein haben, noch einmal durch ein Sieb rührt. Hierauf
verfährt man mit dem Ganzen weiter nach der Anweisung
für die Schinken-Pastete in Nr. 473, bedeckt jedoch die letzte
Schicht Farce, bevor man den Deckel auflegt, mit Speckscheiben. Die Zeit, deren die Pastete bedarf, um gar zu werden,
ist nach Art und Größe des Geflügels sehr verschieden; Tauben oder Rebhühner verlangen $1\frac{1}{2}$ bis 2, Puter $2\frac{1}{2}$ bis

3 Stunden. Kurz vor dem Garwerden gießt man ein Glas Madeira durch die Oeffnung des auf dem Deckel befindlichen Schornsteins auf die Pastete und nach dem Erkalten auf demselben Wege zerlassene Butter oder Schweinefett. — Vor dem Gebrauche schneidet man den Deckel herunter, entfernt Speckscheiben und Fett und übergießt statt dessen die Pastete mit Aspic nach Nr. 459 a.

481. Gänseleber=Pastete.

Zwei recht große oder drei kleinere Gänselebern bestreut man, nachdem man vorsichtig die Galle abgenommen, mit feingestoßenem weißen Pfeffer und legt sie 2 Stunden lang in Milch, welche während dieser Zeit einmal durch frische zu ersetzen ist, und darauf eben so lange in Wein, der aber nicht sauer sein darf. Während dessen kocht man 1 Pfd. nach Nr. 4 gereinigte Trüffeln in Madeira mit 4 Loth Butter und 4 Loth Schmalz weich, nimmt sodann das Fett sorgfältig ab und kocht es nebst noch 12 Loth Schmalz, einer Zwiebel, einigen Chalotten, ein paar Gewürznelken und etwas Estragon gut durch. Die aus dem Wein genommenen Lebern werden in Hälften oder Viertel geschnitten, mit etwa einem Viertheil der vorher in Scheiben geschnittenen und mit fein gestoßenem Salz und weißem Pfeffer bepuderten Trüffeln bespickt, in das Fett gebracht und darin etwa 10 Minuten unter öfterem Umkehren gedämpft, worauf man sie vom Feuer nimmt und in dem Fette verkühlen läßt. Nun bereitet man eine Farce von 1/2 Pfd. Schweins= oder Kalbsleber, welche man nach Angabe in Nr. 36 g blanchirt und mit 5 Loth Gänseflohmen und einem Viertheil der Trüffeln recht fein zusammen hackt. Dazu rührt man einige Löffel des Weines, in welchem die Trüffeln gekocht, sowie das Fett, worin die Lebern gedämpft sind, würzt die Farce mit dem nöthigen Salz, etwas Muskatnuß, Gewürznelken, weißem Pfeffer und Estragon, Alles fein gestoßen und gerieben, und rührt so lange, bis sie dick ist. Mit dieser Farce bedeckt man den Boden eines irdenen, Fayence= oder Porzellantopfes einen Finger dick, giebt darauf eine Schicht von den

Lebern und den noch übrigen, in Scheiben geschnittenen Trüffeln, hierauf wieder eine Schicht Farce und so fort bis Alles eingelegt ist; den Schluß muß Farce bilden. Den gut verschlossenen Topf bringt man in kochendes Wasser, läßt die Pastete eine Stunde lang langsam kochen und sodann in dem Wasser abkühlen. Zeigt sich bei Abnahme des Deckels, daß sie nicht mit Fett bedeckt ist, so übergießt man sie mit dünn gemachtem Schweinefett und verschließt sie zu weiterer Aufbewahrung recht fest mit einer Blase.

482. Fisch=Pastete.

Zu einer kalten Fischpastete eignen sich alle in Nr. 476 angegebenen Fischarten, besonders der Sandart und der Hecht. Man schneidet 2 Pfd. davon aus den Gräten und in Filets von etwa halber Fingerslänge und Fingersbreite und legt sie eine Stunde lang in eine Marinade nach Nr. 33, worauf sie in Butter gedämpft werden, jedoch nur, bis sie hart sind. Ferner bereitet man eine Fischbrühe, indem man die zerhackten Gräten in $1/2$ Flasche Weißwein kocht, bis derselbe bis zur Hälfte eingekocht ist und rührt diese Brühe an eine Fischfarce, die im übrigen nach Nr. 36 h hergestellt wird, nur daß man doppelt so viel Butter und nur halb so viel Semmel als dort angegeben worden, dazu verwendet. Ist so weit Alles vorbereitet, so ordnet man das Ganze abwechselnd, mit der Farce beginnend und wieder damit schließend, in eine mit Butter ausgestrichene Pastetenform und läßt es im mäßig erhitzten Ofen in $1\frac{1}{2}$ Stunden gar werden. Die Pastete wird, mit Aspic nach Nr. 459 a garnirt, auf einer flachen Schüssel angerichtet.

C. Ragouts.

483. Herstellung eines Teigrandes.

Die Ragouts werden häufig in einem Teigrande gegeben, welchen man aus dem Wasserteig, zu dessen Bereitung in

Nr. 466 b Anleitung gegeben ist, in folgender Weise herstellt. Man rollt den Teig in der Dicke eines Federkiels sehr lang aus, d. h. mindestens um ein Drittheil länger als der Umfang der Schüssel ist, welche das Ragout aufnehmen soll. Sodann schneidet man daraus 3 bis 4 daumenbreite Streifen, welche man eng in einander flicht und auf den innern Rand der Schüssel stellt. Der Schüsselrand muß mit klein gerührtem Eigelb bestrichen sein, an welches man die Flechte andrückt; eben so muß man die Enden, so weit sie beim Zusammendrücken über einander reichen, mit Eigelb bestreichen. Sobald der Rand auf der Schüssel steht, füllt man ihn mit Erbsen aus, bestreicht ihn auswendig mit Eigelb, umgiebt ihn, nachdem dasselbe getrocknet ist, mit gefettetem Papier, welches man mit Bindfaden darum befestigt und backt ihn im gut erhitzten Ofen gar. Nachdem er verkühlt ist, nimmt man die Erbsen heraus und Papier nebst Bindfaden ab.

484. Ragout von gekochtem Rindfleisch.

Man bereitet eine reichliche Sauce, indem man auf $\frac{1}{2}$ Pott davon 2 Eßlöffel voll Mehl nach Nr. 20 in Butter, oder, wenn man grade davon vorräthig hat, in Rindfleischfett gelb schwitzt. Hiezu rührt man so viel Bouillon, wie man Sauce haben will, würzt mit einem Lorbeerblatt, einigen Körnern Nelkenpfeffer und, wenn es noch nöthig sein sollte, etwas Salz, gießt auf $\frac{1}{2}$ Pott 1 bis 2 Eßlöffel Essig, am besten Estragon-Essig, dazu und süßt mit Zucker oder Sirup, bis eine dem Geschmack zusagende süßsäuerliche Sauce entsteht. In dieselbe legt man das in möglichst gleichförmige Scheiben geschnittene Rindfleisch und läßt es verdeckt neben dem Feuer gut damit durchziehen, bis es heiß ist. Kochen darf das Fleisch in der Sauce nicht, dies würde es trocken machen.

Uebrigens kann man auch, wie bereits in Nr. 279 erwähnt, ein Ragout bereiten, indem man die Rindfleischstücke in eine Zwiebelsauce nach Nr. 246 oder 248, eine Häringssauce nach Nr. 253, oder eine Sardellensauce nach Nr. 254 oder 255 legt und dann weiter, wie oben angegeben worden, verfährt.

485. Feines Ragout von Kalbsbraten.

Man schneidet einen recht saftigen Nierenbraten in feine, recht gleichförmige Scheiben, hackt dieselben ein wenig über und legt eine Schicht davon in eine mit Butter bestrichene Schüssel, deren Boden man mit kleinen Klümpchen gewöhnlicher Butter, vermischt mit 2 bis 3 Klümpchen Sardellenbutter, kleinen Scheiben von der Braten-Gelee und Viertel von Citronen-Scheiben belegt hat, die man mit feingestoßenem Weißbrod bestreut. Auf die Schicht Bratenscheiben läßt man wieder eine Schicht Butterklümpchen u. s. w. folgen und fährt so abwechselnd fort, bis man hinreichend hat, wobei man mit einer Schicht Butterklümpchen u. s. w. schließen muß. Hierauf deckt man die Schüssel zu und läßt den Inhalt verdeckt $\frac{1}{4}$ Stunde lang auf ganz schwachem Kohlenfeuer durchschwitzen, worauf man die Schüssel, auf eine andere gestellt, servirt.

> Anm. Bei Wahl der Schüssel muß man vorsichtig sein, da dieselbe leicht auf dem Feuer zerspringt. Sie ist dem weniger ausgesetzt, wenn man das Ragout in einem nicht stark geheizten Ofen schwitzen läßt.

486. Gewöhnliches Ragout von Kalbsbraten.

Es wird zu einer Mahlzeit für 8 Personen folgende Sauce bereitet: Man schwitzt 4 Eßlöffel voll Mehl nach Nr. 20 in 8 Loth Butter braun und einen Eßlöffel voll gehackte Zwiebeln darin weich. Hiezu gießt man 1 Pott Bouillon, unter Hinzuthun von einer Messerspitze voll geriebener Muskatnuß, eben so viel fein gestoßener Gewürznelken und einer Prise Salz, wozu man noch den Saft einer halben Citrone durch ein Sieb giebt. Das Ganze wird zu einer seimigen Sauce gerührt, in welche man die nach Angabe in voriger Nummer zubereiteten Bratenscheiben legt und kochend heiß werden, jedoch nicht wirklich kochen läßt. Das Ragout wird mit der Sauce in einer vertieften Schüssel angerichtet.

487. Ragout von Hammelbraten.

Man bereitet nach den Maßverhältnissen in der vorigen Nummer eine Mehlschwitze, in welcher man ebenfalls einen Eßlöffel voll fein gehackte Zwiebeln weich schwitzt. Weiter verfährt man mit der Bereitung der Sauce ebenfalls nach der dortigen Anweisung, nur giebt man statt der Muskatnuß fein gestoßenen Pfeffer und statt der Citronensäure 2 Eßlöffel voll Estragon-Essig nach Nr. 6 dazu. In diese Sauce legt man den in hübsche Scheiben zerschnittenen Braten und läßt ihn ein paar Minuten leicht damit durchschmoren, worauf man das Ganze in einer vertieften Schüssel servirt.

488. Ragout von Hammelbraten anderer Art.

Man bereitet dazu eine Gurkensauce nach Nr. 238, in welche man die Bratenscheiben legt, sobald sie fertig ist. Weiter verfährt man ganz nach der Angabe in voriger Nummer.

Man kann das Ragout auch in einer braunen Champignonsauce nach Nr. 237 oder in einer braunen Cappernsauce nach Nr. 240 bereiten und durch Hinzuthun von gekochten und in Scheiben geschnittenen Hammelzungen feiner machen.

489. Feines Ragout von Kalbszungen.

Man kocht 3 Kalbszungen in Bouillon mit 8 Körnern Nelkenpfeffer, einer Zwiebel und einem Lorbeerblatt beinahe gar, zieht die Haut ab, legt sie wieder in die Brühe, bringt diese auf's Neue zum Kochen und läßt die Zungen, wenn sie vollends gar geworden sind, darin kalt werden. Ferner blanchirt, reinigt und kocht man eine Kalbsmilch nach Nr. 54 und 207. Zungen und Kalbsmilch schneidet man in Scheiben von der Dicke eines Messerrückens. Außerdem bereitet man Fleischklöße von der Farce in Nr. 36 a, oder Fischklöße von der Farce in Nr. 36 h und macht sie nach Anweisung in Nr. 52 in 6 Loth hellbrauner Butter gar. Endlich rei-

nigt und kocht man noch 3 Loth Morcheln nach Nr. 3. Ist
Alles so weit vorbereitet, so schwitzt man 3 Eßlöffel voll Mehl
in der Butter, in welcher die Klöße gar gemacht sind, rührt
davon mit der Bouillon, in welcher die Zungen, nebst derjenigen, in welcher die Morcheln gekocht sind, eine seimige
Sauce, giebt dieselbe durch ein Sieb, würzt sie noch mit einer
Messerspitze voll Muskatnuß und der Säure von $\frac{1}{2}$ Citrone,
legt Klöße, Morcheln, Zungen- und Milchfleischscheiben hinein,
und läßt dies zusammen neben dem Feuer in der Sauce heiß
werden und damit durchziehen. Das Ragout wird auf einer
Schüssel in einem Teigrande nach Nr. 483, oder auch auf
einer tiefen Schüssel servirt und im letztern Falle obenauf
und ringsum mit Florents (Nr. 213 a. E.) garnirt.

490. Feines Ragout von Hirsch oder Reh.

Das zum Ragout bestimmte Hirsch- oder Rehfleisch wird
vom Rücken oder aus der Keule genommen, nach gehöriger
Vorbereitung entweder nach den Anweisungen im nächsten
Abschnitte gebraten, oder in einer Braise (Nr. 31) gar gemacht, und nachdem man es hat erkalten lassen, in recht gleichförmige Stücke geschnitten. Die Zunge wird gleichfalls in
einer Braise gar gemacht, nach dem Erkalten abgezogen und
in schräge Scheiben zerschnitten. Sodann bereitet man nach
Nr. 235 oder 237 eine Trüffel- oder Champignonsauce unter
Zuhülfenahme der Wildfleischabfälle zu der dazu nöthigen
Brühe, schärft sie noch mit etwas Sardellenbutter und einem
Löffel voll Estragon-Essig ab, giebt sie durch ein Sieb zu
den Fleischstücken nebst den Trüffeln oder Champignons und
läßt diese noch ein paar Minuten damit durchkochen. Das
Ragout wird in einem Teigrande oder in einer tiefen Schüssel
servirt und im letztern Falle mit Citronenscheiben garnirt.

491. Einfaches Ragout von Wild.

Dasselbe wird von den Theilen des Wildes bereitet,
welche nach Abnahme des Ziemers, der Keule und der Blätter
noch übrig bleiben. Man zerschneidet jene Theile in möglichst

gleiche Stücke mittlerer Größe, welche man nach gehöriger Reinigung in kaltem Wasser auf das Feuer bringt. Hat man gehörig geschäumt, so gießt man ein paar Eßlöffel voll Essig auf den Pott Wasser dazu, giebt auf dasselbe Quantum eine Zwiebel, 1 Lorbeerblatt, 8 Körner Nelkenpfeffer und ein Bund Suppenkräuter nebst etwas Majoran und Thimian, sowie das nöthige Salz daran, und läßt das Fleisch darin gar kochen, was beim Rehfleisch etwa eine Stunde, beim Hirsch-fleisch etwa 1½ Stunde erfordert. Sodann bereitet man eine braune Mehlschwitze von 2 Eßlöffeln voll Mehl auf den Pott Brühe, giebt letztere, nachdem man das Fleisch her-ausgenommen, durch ein Sieb daran und rührt über dem Feuer eine seimige Sauce daraus, die man noch mit gestoß-enen Gewürznelken und einem Glase Wein verbessern kann. In diese Sauce legt man das Fleisch wieder hinein und läßt es damit noch 10 Minuten lang durchkochen. Das jetzt fer-tige Ragout wird mit der Sauce in einer tiefen Schüssel an-gerichtet.

492. Ragout von Wildschwein.

Das Ragout von Wildschwein wird im Uebrigen nach der Anweisung in der vorigen Nummer bereitet, doch ist es dabei nothwendig, an den Pott Sauce mindestens ein Glas Rothwein zu geben, auch färbt man sie, da sie recht braun geliebt wird, vorsichtig mit ein wenig nach Nr. 34 bereiteter Zuckerfarbe.

493. Mock-Turtle-Ragout.

Man löst nach Anweisung in Nr. 120 von einem Kalbs-kopfe das Fleisch ab, spaltet den Kopf, nimmt das Gehirn heraus, schneidet die Ohren ab, löst die Zunge aus, reinigt Alles und macht es gar, wie dort angegeben worden. Ferner wird eine Kalbsmilch nach Angabe in Nr. 207 gekocht, künst-liche Schildkröten-Eier werden nach Nr. 119 a. E. bereitet, Champignons nach Nr. 1 gereinigt und in Butter geschwitzt, sowie endlich Klößchen von der Farce in Nr. 36 a oder 36 f nebst ½ Pfd. Saucischen, wie sie vom Fleischer kommen, in

Butter hellbraun gebraten. Kopffleisch und Ohren werden
nach gehöriger Erkaltung in entsprechende, recht gleichförmige
Stücke und eben so die Zunge und die Kalbsmilch in Scheiben geschnitten; letztere werden panirt und in Butter hellbraun
gebraten. Ist Alles so weit fertig, so bereitet man, je nach
Größe des Kalbskopfes, von mehr oder weniger brauner
Coulis (Nr. 231) eine Sauce. Man verkocht dazu die
Coulis mit so viel von der durch ein Sieb gegosse-
nen Kalbskopfbrühe nebst $\frac{1}{2}$ bis $\frac{3}{4}$ Flasche Madeira,
ein wenig Zucker und einer Messerspitze voll Cayenne-Pfeffer,
daß die Flüssigkeit dickseimig, jedoch nicht breiig wird. Mit
dieser Sauce vermischt man sämmtliche, oben erwähnte Ingredienzien, macht das Ragout auf schwachem Feuer gehörig
heiß und servirt es in einer tiefen Schüssel, mit einer Garnitur von Florents nach Nr. 213 a. E., von in Scheiben geschnittenen hartgekochten Eiern und von in Scheiben geschnittenen Zwiebeln, welche in kleingerührtem Ei und zerstoßenem Zwieback panirt und in Butter hellbraun gebraten sind.

D. Fricassees.

494. Einfaches Fricassee von Kalbfleisch.

Man blanchirt für 8 Personen ein Stück Kalbfleisch von
4 Pfd., zerlegt es in beliebige Stücke und bringt es mit so
viel kaltem Wasser auf das Feuer, daß es eben davon bedeckt
ist. Nachdem man gehörig geschäumt hat, giebt man ein
Stück Butter, eine Zwiebel, Suppenwurzeln und das nöthige
Salz daran und läßt es 2 Stunden lang kochen. Sodann
gießt man die Brühe durch ein Sieb zu einer weißen Mehlschwitze von 3 Eßlöffeln voll Mehl und 6 Loth Butter, rührt
davon eine Sauce, die man mit etwas Citronensäure abschärft,
giebt das Fleisch wieder hinein und läßt es darin vollends
gar kochen. Manche lieben es, auch die Petersilienwurzeln
und den Sellerie wieder zu dem Fricassee zu legen, auch

kann man, um dasselbe zu verfeinern, es mit vorher gar ge=
kochten Fleischklößen nach Nr. 52 anrichten, oder es mit Flo=
rents nach Nr. 213 a. E. garniren.

495. Besseres Fricassee von Kalbfleisch.

Kalbfleisch, am besten von der Brust, wird in möglichst
gleichförmige Stücke geschnitten, zu welchem Zwecke man es
vorher blanchirt (Nr. 30). Hierauf kocht man dasselbe halb
gar und hält dabei die Brühe, an welche man auf 3 Pfund
Fleisch neben dem nöthigen Salz 2 Zwiebeln, 3 Petersilien=
wurzeln und 1 Kopf Sellerie giebt, möglichst kurz. Inzwischen
bereitet man eine weiße Mehlschwitze von 2 Eßlöffeln voll
Mehl und 6 Loth Butter, und giebt von der entfetteten
Fleischbrühe so viel daran, daß sich eine reichliche seimige
Sauce daraus rühren läßt, in welcher das Fleisch vollends
gar gekocht wird. Letzteres wird sodann herausgenommen,
die Sauce mit dem Saft einer halben Citrone abgeschärft,
mit 2 Eidottern abgequirlt, durch ein Sieb wieder auf das
Fleisch, zu welchem man noch Fleisch= oder Fischklöße nach
Nr. 52 oder 53 gelegt hat, gegeben und damit gehörig ver=
mischt. Das Fricassee servirt man, nachdem man es auf
schwaches Kohlenfeuer, oder besser in kochendes Wasser ge=
stellt und durch und durch hat heiß werden lassen, in einer
tiefen Schüssel und garnirt es mit Florents (Nr. 213).

496. Feines Fricassee von Kalbfleisch mit Blumen= kohl und Spargeln.

Zu einem Fricassee von 4 Pfd. aus einer Kalbsbrust be=
reitet man mit der Brühe, in welcher nach Anweisung in der
vorigen Nummer das zerschnittene und blanchirte Fleisch gar
gekocht ist, nach Nr. 8 Krebsbutter von $\frac{1}{2}$ Schock Krebsen.
In derselben schwitzt man 6 Eßlöffel voll Mehl weiß und
rührt von der bei Bereitung der Krebsbutter benutzten Brühe
so viel dazu, daß eine seimige Sauce entsteht. Ferner be=
reitet man Klöße und gefüllte Krebsnasen nach Nr. 121, kocht
die Röschen, in welche man ein paar Köpfe Blumenkohl zer=

legt hat, so wie in Stücke zerschnittenen Spargel, Beides, nachdem es nach den Anweisungen in Nr. 363 und 370 vorbereitet worden, in Wasser mit nicht zu viel Salz gar, jedoch nicht zu weich, bricht die Krebsschwänze aus den Schalen und legt dies Alles zu den Fleischstücken. Ueber das Ganze giebt man sodann die Sauce, vermischt es gehörig damit und läßt es, über schwaches Kohlenfeuer oder in kochendes Wasser gestellt, durch und durch heiß werden. Das in einer tiefen Schüssel angerichtete Fricassee garnirt man mit Florents (Nr. 213 a. E.), oder mit den zu dem Zweck zurückgelassenen und heiß gehaltenen gefüllten Krebsnasen, die man vorher der Länge nach durchschneidet.

497. Fricassee von Lammfleisch.

Hiezu eignet sich am besten eine Lammsbrust. Man haut dieselbe in portionsmäßige Stücke, welche man ganz schwach mit Mehl bestreut und unter Hinzuthun von ein paar Petersilienwurzeln und zerschnittenen Zwiebeln ringsum, jedoch nur leicht in Butter anschwitzen läßt. Sodann gießt man so viel leichte Bouillon über das Fleisch, daß es eben davon bedeckt ist, thut ein paar Gewürznelken, etwa 2 auf das Pfund Fleisch daran und läßt es gar kochen. Ist es so weit, so bereitet man nach Nr. 20, unter Hinzuthun von etwas Petersilie, eine weiße Mehlschwitze von 4 Eßlöffeln voll Mehl auf den Pott Brühe und rührt davon mit Letzterer eine seimige Sauce, die man noch mit einer Messerspitze voll Muskatnuß würzt. In diese Sauce legt man das Lammfleisch nebst Klößen von der Farce in Nr. 36 a, läßt Alles zusammen auf schwachem Feuer gut heiß werden und durchziehen und richtet es in einer tiefen Schüssel an.

498. Einfaches Fricassee von Geflügel.
(Hühner, Tauben und Küken.)

Vorbem. Wie viel man von obigem Geflügel zu einer Mahlzeit für die Person rechnet, ist im Abschn. I. Nr. 5 angegeben.

Man kocht das Geflügel, nachdem es nach Nr. 47 und 48 vorbereitet worden, mit Suppenwurzeln und dem nöthigen

Salz in recht kurzer Brühe gar, jedoch nicht zu weich, damit es beim Tranchiren nicht zerfalle. Nachdem man es hat abkühlen lassen, zerschneidet man es in folgender Weise: Beim Huhn werden die Brüste von den Knochen gelöst und jede einmal durchschnitten; Keulen und Flügel trennt man vom Rumpfe und durchschneidet sie im mittlern Gelenke, endlich trennt man das untere Ende des Rumpfes, sowie auch den Hals ab, und durchschneidet Letzteren noch einmal. Große Küken schneidet man in Viertel, kleine, sowie auch Tauben, in Hälften. Inzwischen hat man von der Brühe, in welcher das Geflügel gekocht ist, mit einer nach Nr. 20 bereiteten weißen Mehlschwitze von 2 Eßlöffeln voll Mehl auf $\frac{1}{2}$ Pott, unter Hinzuthun von einem halben Glase Weißwein und dem Safte einer halben Citrone, eine seimige Sauce gekocht, in welche man, nachdem man sie noch mit 2 Eidottern abgequirlt hat, die Geflügelstücke legt. Man läßt dieselben auf schwachem Feuer darin gut heiß werden und damit durchziehen und servirt sodann das Ganze in einer tiefen Schüssel. — Will man das Fricassee etwas feiner haben, so kann man auch Klöße von der Farce in Nr. 36 f dazu geben und es mit Florents nach Nr. 213 a. E. garniren.

499. Feines Fricassee von Geflügel.

Man bereitet das Geflügel, zerlegt und kocht es ganz nach Angabe in der vorigen Nummer, nach welcher man auch im Uebrigen weiter verfährt, nur daß man bei einem Hühner-Fricassee von den zugerichteten Fleischstücken vor deren weiterer Benutzung die Haut abzieht und zu dem Fricassee noch Champignons und Austern verwendet, welche Letztere von ihren Bärten befreit und noch vor den Fleischstücken in die Sauce gelegt werden. Von den nach Nr. 1 in Butter eingemachten Champignons schmilzt man vorher die Butter ab und verwendet Letztere bei Bereitung der Mehlschwitze; sind sie in Blechdosen eingemacht, so thut man sie so, wie sie aus der Dose kommen, an das Fricassee. An die Sauce giebt man auch noch etwas Wein oder Bouillon, nachdem die Bärte der Austern darin ausgekocht worden sind. Endlich ist das Hinzuthun von Fleischklößen aus der Farce in Nr. 36 f, die man am besten als Knefß nach Nr. 37 dressirt, unerläßlich. Das Fricassee wird in einer runden Porzellan-Schüssel mit einem hübsch verzierten Deckel von Butterteig servirt, welchen man nach Nr. 213 vorher in entsprechender Größe auf einem runden, mit Butter bestrichenen Bleche gebacken hat.

XIV. Braten.

500. Allgemeine Unterweisungen*).

Zu keiner Fleischspeise ist gutes Fleisch ein dringenderes Erforderniß, als gerade zum Braten; es wird hier deshalb zunächst auf dasjenige verwiesen, was in Abschn. I. Nr. 7 über die Kennzeichen für die Güte des Fleisches gesagt ist.

Man hat nun, von dem bei uns nicht üblichen Braten auf dem Roste abgesehen, 3 Wege, einen Braten zu bereiten: man brät das Fleisch entweder am Spieß, oder im Ofen, oder in einer mit einem Kohlendeckel versehenen Bratenpfanne.

a. Das Braten am Spieße ist sehr aus der Uebung gekommen. Ursachen dazu sind theils, daß bereits seit 30 Jahren an die Stelle der frühern offenen Kochheerde die in Abschn. I. Nr. 1 erwähnten verdeckten Heerde von Kacheln oder die Lyoner Kochheerde getreten und in ihrer jetzigen vorzüglichen Einrichtung wohl in jeder größeren Wirthschaft eingeführt sind; theils, daß das Braten am Spieß weit mehr Feuerungsmaterial als jedes andere erfordert, theils endlich und ganz besonders, daß die Sauce, auf welche die mecklenburgische Küche ganz besonderes Gewicht legt, beim Braten am Spieße wegen des weniger dabei gewonnenen Fleischsaftes

---

*) Ich bitte diejenigen, welche sich dieses Kochbuches bedienen möchten, das folgende, etwas lange, Capitel nicht ungelesen zu lassen, da dasselbe Unterweisungen enthält, welche bei den spätern Angaben für die Bereitung der einzelnen Braten als bekannt vorausgesetzt werden.

nie in der Güte und Reichlichkeit herzustellen ist, wie beim Braten im Ofen oder selbst in der Bratenpfanne. Immerhin aber kann nicht geläugnet werden, daß der Braten selbst bei richtiger Behandlung am Spieße saftiger und wohlschmeckender wird, als bei der Herstellung auf irgend einem andern Wege, und da namentlich in größern Wirthschaften, wo neben dem verdeckten Kochheerde sich noch ein offener befindet, der Spießbraten noch vorkommt, so soll hier das bei dessen Bereitung zu beobachtende Verfahren beschrieben werden.

Nachdem das zur Bereitung bestimmte Stück Fleisch, Wild oder Geflügel in der Weise zugerichtet worden, wie theils schon in frühern Nummern angegeben ist, theils weiter unten bei den einzelnen Arten der Braten gezeigt werden wird, befestigt man es an den Spieß und zwar so, daß es in vollem Gleichgewicht daran steckt, und so sicher, daß es sich im Laufe des Garmachens nicht löst und sich beim Drehen des Spießes etwa plötzlich nach einer Seite hinschwenkt. Das Feuer, vor welches der Spieß gebracht wird, muß schön hell und vollständig und zwar an beiden Enden stärker, als in der Mitte brennen, weil die Hitze von selbst immer mehr nach der Mitte zu schlägt, auch muß Butter zum sofortigen Begießen bereit sein. Ist Selbiges einige Male geschehen, so wird der Braten gesalzen und dabei durch irgend eine Vorrichtung verhütet, daß von dem Salze nichts in die darunter stehende Pfanne komme, weil dies die später zu bereitende Sauce zu salzig machen würde. Man läßt nun, bevor man weiter begießt, das Salz sich erst gehörig dem Braten mittheilen und wendet ihn sodann unter wiederholtem fleißigen und vollständigen Begießen zunächst eine halbe Stunde vor starkem Feuer. Hat er eine schöne Färbung angenommen, so vermindert man das Feuer nach und nach, so daß man während der letzten halben Stunde nur noch vor Kohlenfeuer brät. Die Zeit des Bratens hängt zu sehr von der Größe und Beschaffenheit des Fleischstückes ab, als daß sich darüber Bestimmtes sagen ließe, nur so viel sei bemerkt, daß das Braten am Spieße vor dem Feuer weniger Zeit erfordert, als das Braten im Ofen.

Ist der Braten zur Hälfte gar, so gießt man sauren Rahm — nicht zu viel auf einmal — an die in der Pfanne

befindliche Butter und rührt den Bratensatz damit los, welches Verfahren man wiederholt, bis der Braten gar und hinreichend Sauce vorhanden ist. Selbstverständlich wird das
Begießen des Bratens mit der so allmälig fertig werdenden
Sauce fortgesetzt.

b. Das Braten im Ofen. Es ist bereits in Abschn. I.
Nr. 1 des Bratofens im Allgemeinen gedacht worden; hier
sei nur noch erwähnt, daß manche dieser Oefen mit einem
s. g. Baumelspieße, d. h. einem von der Decke des Ofens
herabhängenden Spieße, welcher sich um sich selbst dreht, andere mit einem gewöhnlichen Bratspieße, welcher quer durch
den Ofen geht und von außen gedreht werden kann, versehen sind. Man findet dergleichen Einrichtungen jetzt aber
nur noch selten, da sich für das Fleisch eine gleichmäßige Hitze,
auch wenn es in der Pfanne gebraten wird, leicht dadurch
erzielen läßt, daß man Letztere auf zwei auf den Boden der
Ofenöffnung gelegte Ziegelsteine stellt. Das Schwierigste ist
das richtige Heizen des Ofens, und es können darüber um so
weniger allgemeine Regeln aufgestellt werden, als der Hitzegrad
in jedem einzelnen Falle durch Größe und Beschaffenheit des
zu bratenden Fleisches, Wildes und Geflügels bedingt wird;
hier muß Uebung helfen, doch läßt sich im Allgemeinen so
viel darüber sagen, daß der Ofen die richtige Hitze hat, wenn
größere Fleischstücke und großes Geflügel in etwa 40 Minuten,
kleine Braten und kleines Geflügel in etwa einer Viertelstunde sich bräunlich gefärbt haben. Nie bringe man die zu
bratenden Stücke in den Ofen, bevor die Hitze desselben die
nöthige Höhe erreicht hat; diesen Hitzegrad erhalte man durch
langsames Nachlegen von Brennmaterial, bis der Braten zur
Hälfte gar ist und vermindere sie dann allmälig, indem man
immer weniger und während der letzten Viertelstunde gar
nichts nachlegt. Auch dies gleichmäßige Erhalten und allmälige
Abmindern der Hitze hat seine Schwierigkeiten und kann nur
durch Uebung erlernt werden.

Der Braten darf, wenn er einmal im Ofen ist, nicht
mehr umgekehrt werden; man legt ihn daher mit derjenigen
Seite nach oben in die Pfanne, welche beim Serviren oben
kommen muß. Bei dem Einlegen vertheilt man darauf mög-

lichst gleichmäßig recht reichlich Butter und übergießt ihn damit fleißig, sobald dieselbe geschmolzen ist; für Braten, welche
sehr viel Fett in sich enthalten, z. B. für Fleischstücke von
fetten Schweinen oder für gemästete Gänse und Enten kann
man mit sehr wenig Butter auskommen, da das zum Begießen nöthige Fett aus dem Fleische selbst herausbrät. Sobald die Butter zu sehr einschmort und zu braun zu werden
anfängt, giebt man schwache Fleischbrühe oder Wasser, jedoch
nur ganz wenig auf einmal, dazu und gießt endlich, eine
halbe Stunde vor dem Garwerden, nach und nach so viel
saure Sahne daran, daß man hinreichend Sauce erhält. Das
Begießen wird fortgesetzt und nach Herausnahme des Bratens
der Bratensatz von der Pfanne losgerührt. Sollte die Sauce
dabei nicht seimig genug werden, so wird möglichst schnell,
damit der Braten nicht erkalte, etwas Klarmehl daran gerührt
und sodann die Sauce durch ein Sieb gegossen und entfettet,
falls sich zu viel Fett darauf zeigen sollte.

c. Das Braten in der Bratenpfanne (Tortenpfanne) steht freilich hinter dem Braten am Spieße und im
Ofen bedeutend zurück; indessen fehlt es in manchen, zumal kleineren Küchen öfters am Bratofen, und man wird auch außerdem
in Fällen, wo Kleinigkeiten zu braten sind, gern der nicht nur
Mühe und Zeit, sondern auch bedeutendes Brennmaterial kosten-
den Heizung aus dem Wege gehen. Bei gehöriger Aufmerksamkeit
kann man übrigens auch in der Tortenpfanne einen ganz schmack-
haften Braten erzielen; vor Allen versäume man nicht, auf dem
Deckel fortwährend Kohlenfeuer zu unterhalten und auch hier
nachdem das Fleischstück zur Hälfte gar ist, die Hitze allmälig
abzumindern. Im Uebrigen unterscheidet sich das Braten in
der Pfanne vom Braten im Ofen nur dadurch, daß man den
zu bereitenden Gegenstand gleich zu Anfang in Butter bräu-
nen und zu dem Zwecke unter fleißigem Begießen einmal
umkehren muß; sobald dies geschehen, bleibt der Braten bis
zum Garwerden in der Pfanne gleichfalls mit derjenigen
Seite nach oben liegen, mit welcher er nach oben zu serviren
ist; das weitere Verfahren, sowie die Bereitung der Sauce
ist ganz ebenso, wie beim Braten im Ofen.

Vorbem. Bei den nachfolgenden Recepten ist nur das Braten im Ofen, als das bei weitem gewöhnlichste Verfahren zur Herstellung eines Bratens, ins Auge gefaßt; die darnach für das Braten am Spieße oder in der Tortenpfanne nöthig werdenden Anweisungen ergeben sich aus dem Vorstehenden.

501. Rinderbraten (Roastbeef).

Zum Roastbeef eignet sich vor Allen das s. g. Braten=
stück, d. h. das Stück zwischen der Keule und den langen
Rippen, in welchem sich das Filet befindet. Dasselbe muß
im Sommer drei, im Winter sechs bis acht Tage in der Luft
gehängt haben, ehe es verwandt wird. Ist es sehr fett, so
schneidet man einen Theil des Talges heraus, bis zur Dicke
eines kleinen Fingers läßt man aber daran sitzen. Bevor
man nun das Fleisch in den Ofen bringt, klopft man es
tüchtig mit dem Fleischklopfer oder der flachen Seite des Hack=
beils und legt es dann so, daß der Mürbebraten nach oben
kommt, in die mit Stücken Nierentalg bedeckte Pfanne, welche,
wie oben bemerkt, damit sie nicht den zu heißen Boden des
Ofenloches berühre, auf 2 Ziegelsteine gestellt ist. Sobald
nun das Fett, mit dem fleißig begossen werden muß, so weit
weggebraten ist, daß es zu braun werden könnte, gießt man
etwa eine kleine Theetasse voll — lieber weniger, als mehr —
Bouillon darunter und wiederholt dies, so oft dieselbe weg=
gebraten ist; statt der Bouillon kann man aber auch nur Wasser
verwenden. Nach 2 bis $2\frac{1}{2}$ Stunden ist der Braten gar
und muß dann zwar bis auf den Knochen durchgebraten,
dennoch aber durch und durch saftig sein. Gesalzen wird am
besten dreimal, zunächst vor dem Einlegen in die Pfanne und
dann nach einer halben Stunde zum zweiten, nach einer wei=
tern halben Stunde zum dritten Male. — Zur Bereitung
der Sauce wird der Bratensatz mit Bouillon und einem
Glase Wein losgerührt, durch ein Sieb gegeben, entfettet und
mit etwas Klarmehl seimig gekocht.

502. Filetbraten.

Man häutet die Filets von einem Rinde ab, klopft sie ein wenig über und spickt sie nach Nr. 38 recht sorgfältig und gleichmäßig auf der einen Seite. Dann bestreut man sie mit Salz, bringt sie mit der ungespickten Seite nach unten in braungemachte Butter und bräunt sie darin unter fleißigem Begießen in etwa einer Viertelstunde. Hierauf gießt man ein wenig Bouillon darunter und wiederholt dies unter fleißigem Begießen bis eine Viertelstunde vor dem Garwerden, wo man die Bouillon durch sauren Rahm ersetzt, mit welchem man weiter begießt und nach Herausnahme der garen Filets den Bratensatz losrührt; sollte man nicht hinreichend Sauce erhalten, so rührt man noch das nöthige Quantum sauren Rahm hinzu. Dann wird von der Sauce durch ein Sieb ein wenig über die Filets, das übrige in einer Sauciere daneben gegeben. — Die Filets werden je nach ihrer Größe in 1 bis 1¼ Stunde gar.

503. Kalbsbraten.

Eine stumpf abgehauene, 3 bis 4 Tage alte Kalbskeule, ein Nieren- oder Rippenstück, wird tüchtig geklopft, abgehäutet und nach Angabe in Nr. 38 recht dicht gespickt, sodann gesalzen und in die Pfanne gebracht; in welcher 10 bis 15 Loth Butter hellbraun gemacht sind. Mit derselben begießt man den Braten zu wiederholten Malen bis er Farbe bekommt, worauf man ihn zum zweiten Male salzt. Nach anderthalb- bis zweistündigem Braten, während dessen man, wenn die Butter zu braun werden sollte, etwas Bouillon oder Wasser, aber immer nur ganz wenig auf einmal, nachgießt, giebt man etwas Sahne und nach und nach so viel davon, wie man Sauce bereiten will, unter den Braten, welcher je nach seiner Größe in 2 bis 3 Stunden gar wird. Ist er aus der Pfanne genommen, so rührt man den Bratensatz mit saurer Sahne und einem halben Glase Wein von der Pfanne los, giebt die Sauce durch ein Sieb, entfettet sie und macht sie, wenn es nöthig ist, mit etwas Klarmehl seimig.

504. Hammelbraten.

Man nimmt zum Hammelbraten eine stumpf abgehauene Keule oder einen Rücken; beide müssen 4 bis 6 Tage alt sein und sehr derbe geklopft werden. Nachdem man die spröde Haut abgezogen und das zu bratende Stück auch sonst sauber geputzt hat, salzt man es und bringt es in die Pfanne, in welcher man Butter hat braun werden lassen. Nach einer halben Stunde, während deren man fleißig begießen muß, salzt man noch einmal und setzt unter allmäligem Hinzuthun von etwas Bouillon oder Wasser das Braten noch 2 bis 2½ Stunden fort. Der alsdann gare Braten wird herausgenommen und heiß gestellt, der Bratensatz mit Bouillon losgerührt und darauf die Sauce durch ein Sieb gegeben, entfettet und mit etwas Klarmehl seimig gekocht.

> Anm. Man kann die Keule auch mit Chalotten oder in Viertel geschnittenen kleinen Zwiebeln, den Rücken aber nach Abnahme des Fettes auf die gewöhnliche Art nach Nr. 38 spicken.

505. Hammelrücken als Rehbraten bereitet.

Einen 2 bis 3 Tage alten Hammelrücken befreit man von Haut und Fett und übergießt ihn mit einer Marinade nach Nr. 33, in welcher man ihn 2 Tage und 2 Nächte liegen läßt. An die Marinade giebt man noch einige Wachholderbeeren. Nachdem man ihn schwach gesalzen, bringt man ihn in die Pfanne, in welcher man 10 Loth Butter hat braun werden lassen, übergießt ihn fleißig damit, salzt nach einer halben Stunde noch einmal ein wenig und giebt von da an von 10 zu 10 Minuten abwechselnd einen Löffel voll Marinade und einen Löffel voll Rothwein darunter, bis er nach etwa 1½ Stunde gar ist. Nachdem man ihn aus der Pfanne genommen, rührt man den Bratensatz mit einem Glase Wein los, macht die Sauce mit etwas Klarmehl seimig und gießt sie durch ein Sieb. Ein wenig davon wird über den Braten, das Uebrige nebenbei gegeben. — Man kann auch eine Rahmsauce nach Nr. 502 dazu bereiten.

506. Lammsbraten.

Hiezu eignet sich am besten das untere Ende des Rückens mit den beiden kurz abgehauenen Keulen daran, für eine kleinere Gesellschaft kann man aber auch nur eine Keule mit dem Nierenstücke daran nehmen. Das Fleisch ist am zweiten Tage, nachdem das Thier geschlachtet worden, zum Braten am geeignetsten. Man legt das dazu bestimmte Stück, nachdem man es gesalzen hat, mit der besten Seite nach oben in die Pfanne, in welcher man ¼ Pfd. Butter hat hellbraun werden lassen, läßt es unter häufigem Begießen in ¼ Stunde Farbe annehmen und dann noch 1 bis 1¼ Stunde langsam weiter braten. Während dessen gießt man, und zwar ehe der Bratensatz in der Pfanne braun wird, nach und nach etwas Bouillon oder Wasser daran, nimmt den Braten heraus und bereitet die Sauce nach der in Nr. 504 für die Sauce zum Hammelbraten gegebenen Anweisung. Die Schüssel, worauf der Lammsbraten servirt wird, garnirt man hübsch mit Petersilie.

Anm. Es ist für den Lammsbraten besonders nothwendig, daß er schnell anbrate, damit die Poren sich zuziehen und der Saft nicht auslaufe. Zu diesem Zweck muß der Ofen während der ersten Viertelstunde recht gut erhitzt sein, sodann aber durch Entfernen von Feuerung so rasch wie möglich abgekühlt werden.

507. Gebratener Schweinsschinken.

Einen recht stumpf abgehauenen Schweinsschinken, am besten einen von 12 bis 14 Pfd., klopft man tüchtig, putzt ihn sauber aus und schneidet die Schwarte mit einem recht scharfen Messer durch Längen- und Querschnitte, die einen Daumen breit auseinander parallel laufen, in Carrees. Den so vorbereiteten Schinken salzt man, bringt ihn, mit der runden Seite nach oben, in den gut erhitzten Ofen, gießt so viel Wasser darunter, daß er zu einem Viertheile darin liegt und läßt dasselbe sich kurz verkochen, was nach ½ bis ¾ Stunde der Fall sein wird. Nachdem man noch einmal nachgesalzen, begießt man das Fleisch mit der Brühe

recht fleißig, indem man sorgfältig Acht giebt, daß das in=
zwischen darauf angesammelte Fett nicht schwarz brenne. Um
dies zu verhüten, gießt man von Zeit zu Zeit Wasser, oder
besser noch leichte Bouillon, jedoch immer nur ganz wenig
auf einmal, dazu; nähme man zu viel, so würde der sich bildende
Dampf das Kroßwerden der Schwarte verhüten, und dadurch
den ganzen Zweck vereiteln, um dessentwillen man dieselbe
auf dem Fleische gelassen hat.   Je nach der Größe ist der
Braten in 2 bis 3 Stunden gar und wird herausgenommen,
worauf man den Satz mit etwas Bouillon oder kochendem
Wasser von der Pfanne losrührt, die Brühe durch ein Sieb
gießt, entfettet und mit Klarmehl seimig macht. Will man
die Sauce feiner haben, so kann man beim Losrühren des
Bratensatzes auch ein Glas Rothwein verwenden.

Eine andere Methode der Bereitung ist, daß man die
Schwarte von dem Fleische nimmt, was sich nach $1/2$ oder $3/4$
Stunden, ehe man zu begießen anfängt, ganz leicht bewerk=
stelligen läßt, ohne daß Fetttheile daran sitzen bleiben.   Im
Uebrigen richtet man sich weiter ganz nach der vorstehenden
Anweisung, nur daß man den Braten eine halbe Stunde vor
dem Garwerden recht dicht mit gestoßenem Zwieback bestreut.

Anm. 1.   Man muß sich beim Einschneiden der Schwarte in Acht
nehmen, daß die Schnitte nicht bis in das Fleisch bringen, es
würden sich dieselben sonst beim Braten zu weit öffnen.

Anm. 2.   Zum Braten eignet sich außer der Keule namentlich auch
das Nackenstück. Das Verfahren dabei ist ganz dasselbe.

508.   Schweinsbraten auf andere Art.

Zu dem folgenden Braten eignet sich besonders ein
Schweinsrücken, doch kann man, wo ein solcher nicht zu ha=
ben ist, auch sehr wohl eine Keule dazu verwenden. Von
dem zu bratenden Fleischstücke nimmt man die Schwarte mit
dem Fette so weit ab, daß von Letzterem eben bis zur Dicke
eines kleinen Fingers stehen bleibt und übergießt es mit einer
Marinade von $3/4$ Essig und $1/4$ Wasser, welche Mischung mit
etwas schwarzem und Nelkenpfeffer und einem Lorbeerblatte abge=
kocht ist.   Die Marinade muß beim Uebergusse kochend sein und

das Fleisch darin 1 bis 1½ Stunde, ganz davon bedeckt, liegen bleiben, oder sonst von Zeit zu Zeit darin umgekehrt werden. Sodann salzt man es, macht es im Ofen in Butter braun und giebt leichte Bouillon oder auch nur Wasser, nie mehr auf einmal, als nöthig ist, damit das Fett nicht schwarz brenne, darunter. Ist der Braten unter fleißigem Begießen in 2 bis 3 Stunden gar geworden, so nimmt man ihn aus der Pfanne und rührt den Satz mit Bouillon oder Wasser, nach Belieben, unter Hinzuthun eines Glases Rothwein, von der Pfanne los, giebt die Sauce durch ein Sieb und macht sie mit Klarmehl seimig.

509. Schweinsrippenbraten.

Man schneidet die Rippen eines Schweins mit dem sie bedeckenden magern Fleische aus dem Speck, putzt sie ringsum sauber ab, knickt sie mit dem Hackbeil zweimal ein und bestreut sie inwendig ein wenig mit Salz. Soll nun der Braten sehr groß werden, so nimmt man dazu die Rippenstücke von beiden Seiten des Schweins und näht sie ringsum mit ausgewässertem Bindfaden zusammen; für einen kleineren Braten genügen die Rippen von der einen Seite, welche man so überklappt, daß die oberste Rippe auf die unterste zu liegen kommt. Vorher hat man gut gereinigte Pflaumen halb gar gekocht und ein gleiches Quantum Aepfelschnitte bereitet, beides mit reichlichem gestoßenen Zwieback vermengt, so viel feingestoßenen Canehl daran gegeben, daß es eben danach schmeckt, und das Ganze gezuckert, jedoch nicht zu stark, damit die Sauce nicht zu süß werde; man kann lieber das Füllsel noch nachzuckern, nachdem es aus dem Braten wieder herausgenommen worden. Mit diesem Füllsel stopft man die zwischen den Rippen bleibende Höhlung vor dem Zunähen aus, bestreut das Fleisch auch auswendig ringsumher ein wenig mit Salz und macht es in Butter braun. Weiter verfährt man im Uebrigen ganz nach Angabe in voriger Nummer, nur daß man nach einstündigem Braten das Fleisch mit so viel gestoßenem Zwieback bestreut, daß die Sauce davon seimig

wird, wodurch das Rühren von Klarmehl an dieselbe selbstverständlich wegfällt.

510. Hirschbraten.

Zum Hirschbraten eignet sich am besten der Rücken, oder
ein Stück daraus, man kann aber auch ein Stück aus der
Keule, oder ein Vorblatt dazu verwenden, Letzteres muß jedoch
von einem ganz jungen Hirsche sein, wenn es einen guten
Braten geben soll. Zunächst nun wird das zum Braten bestimmte Stück gehörig und zwar um so mehr geklopft, je
älter der Hirsch war, von dem es genommen ist, worauf man
es sorgfältig abhäutet und nach Nr. 38 mit Speckstreifen von
der Länge eines kleinen Fingers und der Dicke eines Federkiels über und über spickt. Brät man eine ganze Keule, so
spickt man die Seite, welche nach unten zu liegen kommt, zuerst,
damit nicht durch den Druck auf die hervorstehenden Enden
der Speckstreifen von der Zierlichkeit etwas verloren gehe.
Das so zubereitete Fleischstück wird sodann, und zwar eine
Keule mit der runden Seite nach oben, in reichlich Butter
braun gemacht und unter wiederholtem Hinzuthun von ein
wenig saurer Sahne und fleißigem Begießen mit der sich bildenden Jüs gar gebraten. Hat man nicht Sahne genug, so
kann man statt ihrer sich zuerst auch mit Bouillon oder
Wasser behelfen, in der letzten halben Stunde aber muß,
wenn die Sauce gut werden soll, nothwendig Sahne verwendet werden, mit welcher man, nachdem der Braten herausgenommen worden, den Satz von der Pfanne losrührt. Man
kann dabei auch noch mehr Sahne dazu geben, was nothwendig auch geschehen muß, wenn die Sauce zu dick gerathen
sollte. Die Zeit des Bratens ist nach Art und Größe des
Stücks, sowie nach dem Alter des Hirsches verschieden; eine
ganze Keule vom Spießer muß $2\frac{1}{2}$, ein Rückenstück zwei
Stunden braten; Theile vom Schmalthier brauchen etwas
weniger, Theile vom jagdbaren Hirsche, d. h. vom Achtender
und älteren Hirschen, mindestens eine Stunde mehr.

511. Rehbraten.

Zum Rehbraten nimmt man dieselben Stücke wie zum Hirschbraten und die Bereitung ist im Uebrigen ganz so, wie sie in der vorigen Nummer für den Letztern angegeben worden, nur daß man das zu verwendende Fleischstück weniger klopft und mit kleineren und dünneren Speckstreifen spickt. Die Bratezeit ist um 1/2 Stunde kürzer als beim Hirsche.

512. Wildschweinbraten.

Der Rücken, die Keule und das Blatt sind auch für den Wildschweinbraten die geeigneten Theile; je jünger das Schwein, desto besser der Braten; ein Frischling ist jedem älteren Thiere vorzuziehen. Ein Stück von einem feisten Wildschwein läßt man, nachdem man es von der Schwarte befreit hat, 24 Stunden in einer Marinade von Essig liegen, wovon der Pott mit einer Zwiebel, einem Lorbeerblatt, 10 Körnern Nelkenpfeffer und ein paar Wachholderbeeren gut durchgekocht ist; die Marinade muß vor der Verwendung abgekühlt sein und das Fleisch, falls es nicht ganz von derselben bedeckt werden sollte, öfters darin umgekehrt werden. Das Braten geschieht dann ganz nach der in Nr. 508 für einen Braten vom zahmen Schweine gemachten Angabe; hat aber das zu bratende Stück kein Feist, so spickt man es und verfährt weiter damit nach der in Nr. 510 für den Hirschbraten gegebenen Anweisung; auch die Sauce wird dann ebenso, wie dort angegeben worden, bereitet.

513. Hasenbraten.

Dem Hasen wird zunächst der Balg abgestreift, was man bewerkstelligt, indem man durch unten am Bauche zusammenlaufende Schnitte den Balg an der untern Seite der Hinterläufe auftrennt und rund um die Pfoten, dicht unterhalb derselben, einen diesen Schnitt kreuzenden zweiten Schnitt macht. Von diesem aus zieht man den Balg zunächst von den Hinterläufen ab, faßt dann dieselben zusammen mit der einen Hand, das lose Ende des Balges mit der andern und streift nun durch kräftiges Ziehen den ganzen Balg über den Körper, und zwar bis zum Kopfe, welcher abgehauen wird. Ebenso haut man auch die Pfoten von den Vorderläufen; an den Hinterläufen läßt man sie in der Regel sitzen und umwickelt sie beim Braten mit Papier. Sodann schneidet man, um den Hasen auszuweiden, den Bauch desselben von oben nach unten auf und durchhaut den Schlußknochen zwischen den Hinterläufen; die Leber sondert man von den Eingeweiden, befreit sie von der Galle und legt sie zurück. Endlich haut man auch die Brust und die Weichtheile des Bauches weg, wäscht den ganzen Hasen recht sauber und legt ihn, jedoch nur für kurze Zeit in kaltes Wasser. Ist er gut wieder abgetropft, zu welchem Zwecke er aufgehängt wird, so klopft man ihn, am besten mit der Fläche des Hackbeils, ein wenig über, zieht mittelst Unterschieben eines Messers die feine Haut rein bis auf das Fleisch ab und spickt nun nach Anleitung in Nr. 38 in 2 Reihen den Rücken und die Keulen, von Letzteren auch die untere Seite. Den so vorbereiteten Hasen legt man mit der Bauchseite nach unten in die Pfanne und übergießt ihn fleißig mit Butter, wovon je nach der Größe des Hasen 10 Loth bis $1/2$ Pfd. vorhanden sein muß. Fängt dieselbe an wegzuschmoren, so gießt man leichte Bouillon, immer nur wenig auf einmal, dazu, ersetzt dieselbe 10 Minuten vor dem Garwerden des Bratens durch sauren Rahm, mit dem man auch nach Herausnahme des Hasen den Bratensatz von der Pfanne losrührt. Zum Garwerden braucht ein ganz junger Hase nur 25 bis 30 Minuten, ein älterer $1/2$ bis $1^1/_4$ Stunde.

514. Puterbraten.

Der Puter wird nach Nr. 47 und 48 abgeschlachtet, ausgenommen und gereinigt; die sehr starken, in den Keulen befindlichen Sehnen werden herausgenommen, was man bewerkstelligt, indem man die Haut hinten an den Füßen der Länge nach aufschneidet und dieselben nach einander herauszieht. Ferner dressirt und salzt man den Puter nach Nr. 49 und

füllt auch den Kropf desselben, wie dort angegeben, mit einer
der Farcen in Nr. 361 oder 36 n, worauf man ihn auch auswendig mit Salz bestreut und ihn im gut, jedoch nicht zu stark,
erhitzten Ofen in Butter braun macht. Sollte der Ofen zu heiß
sein, so muß man den Puter mit einem mit Butter bestrichenen
Bogen Papier bedecken. Sobald die Butter weg zu braten
anfängt, gießt man leichte Bouillon oder Wasser dazu und
begießt den Braten fleißig weiter, bis er nach 1½ bis 2 Stunden gar ist. Nachdem er aus der Pfanne genommen worden,
rührt man den Bratensatz mit Bouillon oder Wasser von der
Pfanne los, gießt die Sauce durch ein Sieb, entfettet sie
und macht sie mit Klarmehl seimig. — Man kann indessen
auch eine Rahmsauce nach den Angaben in den voraufgehenden Nummern bereiten.

515. Kapaunen=, Hühner= und Kükenbraten.

Man schlachtet, reinigt und dressirt die Kapaunen, Hühner und Küken nach den Anweisungen in den Nummern **47**
bis **49**, und verfährt dann weiter mit dem Braten derselben
ganz nach der vorigen Nummer. Auch die Bereitung der
Saucen ist, wie dort angegeben worden, doch möge man,
wenn es irgend so einzurichten ist, eine Rahmsauce geben.
Die Bratezeit ist, je nach Alter und Größe, für einen Kapaun
oder ein Huhn 1½ bis 2 Stunden, für ein Küken ½ bis ¾
Stunde.

Anm. Da man zum Braten des obigen Geflügels besonders häufig
Tortenpfannen verwendet, so wolle man das über dieselben in den
allgemeinen Unterweisungen Nr. 500 Gesagte beachten.

516. Taubenbraten.

Den nach Nr. 47 bis 49 vorbereiteten jungen Tauben
füllt man die Kröpfe entweder mit einer der Farcen in
Nr. 361 und 36 m, oder man bereitet dazu eine besondere
Farce aus den Lebern, Herzen und Mägen, nachdem man
von Letztern die auswendige feine und inwendige harte Haut
entfernt hat. Dies Alles hackt man zusammen fein, giebt zu

einer Farce für 6 Tauben einen gehäuften Eßlöffel voll Zwieback, eine kleine Messerspitze voll Muskatnuß und eine Prise
Salz daran und rührt das Ganze mit einem Ei, einem Eßlöffel voll süßer Sahne und einem Stückchen geschmolzener
Butter so lange durch, bis sich ein recht gleichmäßiger Brei
gebildet hat.

Nachdem die Kröpfe verschlossen worden, brät man die
Tauben in 1 bis 1¼ Stunde gar und bereitet eine Rahm-
sauce dazu, Alles nach der in der vorigen Nummer für die
Kapaunen 2c. enthaltenen Anweisung.

517.   Gänse- und Entenbraten.

Die nach Nr. 47 bis 49 vorbereiteten Gänse oder Enten
füllt man, wie in Nr. 509 für den Schweinsrippenbraten
angegeben worden; feiner und wohlschmeckender wird das
Füllsel indessen, wenn man statt der Pflaumen Rosinen nimmt
und einige gestoßene Mandeln daran thut; auch ein kleines
Glas guter Rum trägt zur Erhöhung des Wohlgeschmackes
bei. Nach geschehener Füllung und nachdem sie unten und
oben zugenäht worden, behandelt man magere Gänse und
Enten nach der für die Puter in Nr. 514 gegebenen Anweisung; gemästete dagegen bringt man mit so viel Wasser,
daß sie zu einem Viertheile darin liegen, in den Ofen oder
auf das Feuer und bestreut sie auch von außen mit Salz.
Ist das Wasser verkocht, so begießt man fleißig mit dem aus-
gekochten Fette, verhütet aber dabei das Verbrennen desselben
durch wiederholtes Nachgießen von ein wenig Wasser. Eine
junge Gans muß 2½ bis 3 Stunden, eine junge Ente 2 bis
2½ Stunden braten. Die Sauce bereitet man, indem man
den Bratensatz mit Wasser los rührt, die erhaltene Flüssigkeit durch ein Sieb gießt, entfettet und mit Klarmehl seimig
kocht.

Anm. 1.   Auch für magere Gänse und Enten ist nur die angegebene Sauce geeignet.

Anm. 2.   Sollte zu viel Fett aus der gemästeten Gans oder Ente
kochen und braten, so nimmt man einen Theil davon schon
während des Bratens ab.

Anm. 3. Man kann die Ente auch, nachdem sie halb gar gebraten
ist, mit gestoßenem Zwieback bestreuen, dann wird die Sauce von
selbst seimig und die Behandlung mit Klarmehl überflüssig. Es
ist dies Verfahren sehr zu empfehlen.

518. Fasanen, Rebhühner und Birkhühner.

Obiges nach Nr. 47 bis 49 vorbereitete Federwild umwickelt man mit vorher mit Salz bestreuten Speckscheiben, die
man mit ausgewässertem Bindfaden festbindet. Sodann werden die Vögel in Butter gebräunt und unter wiederholtem
Hinzuthun von ein wenig süßer Sahne fleißig und sorgfältig
begossen. Nach 1 bis 1½ Stunden sind sie gar, werden aus
der Pfanne genommen und von Bindfaden und Speckscheiben
befreit, worauf man dazu eine Rahmsauce in der wiederholt
angegebenen Weise bereitet.

Anm. 1. Für die Fasanen ist zu beachten, daß sie vor der Bereitung
einige Tage in den Federn gehängt haben müssen; es schadet
nichts, wenn dies so lange währt, bis die Haut am Bauche einen
grünlichen Schein erhält, während alles andere Geflügel alsdann
unbrauchbar ist.

Anm. 2. Zur Verzierung des Fasans bedient man sich des Kopfes
und der Schwanzfedern desselben. Ersterer wird zu dem Zwecke
vorher abgehauen, mit den Federn in eine Papiermanschette gesteckt und vor das obere Ende des Bratens gelegt; die Schwanzfedern
legt man an das untere Ende, nachdem man die Kiele mit Papier
umwunden und gleichfalls in eine Manschette gesteckt hat.

519. Gebratene Waldschnepfe und Becassine.

Man verfährt mit den Schnepfen und Becassinen, wie
zu Anfang der vorigen Nummer angegeben worden, bringt
sie mit kalter Butter in den Ofen, oder legt sie in eine Tortenpfanne, in welcher Butter gelb gemacht worden; die Tortenpfanne ist sofort zu verschließen. Unter fleißigem Begießen
mit der Butter, zu welcher man nur, wenn Gefahr ist, daß
sie verbrennen möchte, ein wenig Bouillon gießt, läßt man
nun die Vögel in 1 bis 1¼ Stunde gar braten, nimmt sie
aus der Pfanne und rührt zur Bereitung der Sauce den

den Bratensatz mit etwas Bouillon los. Weiteres wird damit nicht vorgenommen. Die Schüssel, auf welcher der Braten servirt wird, garnirt man mit Schnepfenbroden, d. h. Semmelschnitten, welche mit den, nach Entfernung des Magens, der Gurgel und des Schlundes, unter Hinzuthun von Butter und einer Prise Salz, feingehackten Eingeweiden der Schnepfen bestrichen und in Butter schön hellbraun gebraten sind.

> Anm. Becassinen brät man besser mit den Eingeweiden, muß aber vorher den Magen mit Schlund und Gurgel herausziehen. Alsdann brät man die Semmelschnitte in der Butter, welche zum Begießen des Bratens verwandt wird.

520. Gebratene Wildgans und Wildente.

Man brät die Wildgans und Wildente ganz nach der für die Puter in Nr. 514 gegebenen Anweisung, nur daß man sie nicht füllt. Eine alte Wildgans ist übrigens zum Braten untauglich, da sie nicht nur im Fleische ganz hart ist, sondern auch in der Regel einen, durch keine Mittel ganz zu beseitigenden, thranigen Geschmack besitzt.

521. Gebratene Krammetsvögel und Lerchen.

Die Krammetsvögel, welche man, wie in Nr. 48 angegeben worden, im Herbste nicht ausnimmt, werden nach Nr. 49 dressirt und in eine offene Tortenpfanne gebracht, in welche man Speckscheiben gelegt hat und worin man Butter hat hellbraun werden lassen. Nachdem sie gesalzen worden, läßt man sie, mit der Brust nach unten, in etwa $1/4$ Stunde braun werden, kehrt sie um, verschließt die Pfanne und läßt sie langsam weiter braten. Während dessen begießt man fleißig mit der Butter und wendet die Vögel, falls kein Kohlendeckel vorhanden sein sollte, wiederholt um; sobald die Butter sich verbrät, gießt man etwas Wasser nach, aber nur so viel auf einmal, daß das Verbrennen derselben verhütet wird. Beim Anrichten der Vögel, welche in $3/4$ Stunde gar werden, giebt man zunächst die Butter, in welcher sie gebraten sind, und sodann in Butter hellbraun gebratenes Weißbrod darüber.

Anm. 1. Statt gebratenes Weißbrod über die Krammetsvögel zu geben, kann man auch Semmelscheiben braten, welche man beim Anrichten darunter legt. Die Vögel mit Wachholderbeeren zu braten, wie Manche thun, ist nicht sehr empfehlenswerth; dagegen kann man die Brüste mit Speckscheiben umbinden, statt Letztere in die Pfanne zu legen; die Brüste bleiben alsdann weiß.

Anm. 2. Die Lerchen dressirt und bereitet man ganz wie die Krammetsvögel, nur daß man sie ausnehmen muß.

522. Gebratene Trappen.

Die Trappen werden ganz nach der in Nr. 514 für die Puter gegebenen Anweisung gebraten; es sind jedoch nur junge dazu geeignet. Will man die älteren verwenden, so löst man die Brüste von den Knochen, klopft sie, am besten mit der flachen Seite des Hackbeils, zieht die Haut ab, spickt sie und läßt sie 24 Stunden in einer Marinade nach Nr. 33 liegen, worauf man sie weiter nach der Anweisung für Fricandeaus von Kalbfleisch in Nr. 300 bereitet.

XV. Salate und Compotes.
A. Salate.
523. Mayonnaise von Hühnern in Gelee.

Die Hühner werden nach Nr. 47 und 48 ausgenommen und gereinigt, in Fleischbrühe und mit dem Saft einer Citrone auf 2 Hühner weich gekocht, worauf man sie in kleine Stücke zerschneidet und 2 bis 3 Stunden in einer Marinade nach Nr. 33 liegen läßt. Inzwischen hat man einen Geleering mit Provence- oder Mandelöl bestrichen und mit einer Gelee nach Nr. 459 a gefüllt, welche man, nachdem sie ganz fest geworden, auf eine flache Schüssel stürzt. Sodann legt man die aus der Marinade genommenen Stücke Hühnerfleisch in die Gelee, übergießt sie mit einer Mayonnaisensauce nach Nr. 271 und richtet sie, mit Petersilie, in Stücken geschnittenen Neunaugen und Häufchen Caviar garnirt, an. Auch kann man einige Cappern dazwischen streuen und etwas roth gefärbte Gelee (Nr. 459 a Anm. 1) darauf legen.

524. Häringssalat.

Man wässert 5 Häringe 6 Stunden lang aus, ohne das Wasser zu wechseln, zieht die Haut ab, löst das Fleisch von den Gräten und zerschneidet es in kleine Würfel, oder feine längliche Streifen. Geschälte und von Blume, Stengel und Kerngehäuse befreite Aepfel werden in feine Streifen zerschnitten (das Quantum muß dem der Häringe gleich kommen); dazu giebt man von der Schale befreite und in kleine Würfel zerschnittene Pellkartoffeln, Salzgurken und rothe Beeten, von allen Dreien halb so viel, wie das Quantum Häringe beträgt, sowie eine fein in Würfel geschnittene Zwiebel. Endlich zerschneidet man so viel Kalbsbraten, wie die vorstehenden Zuthaten zusammen betragen, in feine Würfel und mischt Alles gehörig durcheinander. Hierüber giebt man, wenn man den Salat fein haben will, eine Mayonnaisensauce nach Nr. 270, oder man bereitet eine Sauce, indem man ein rohes Eidotter mit einem hartgekochten und geriebenen zusammenrührt, und während dessen 3 Eßlöffel voll Provenceöl, einen Eßlöffel voll Senf, eine Prise Pfeffer, und so viel Essig und Wasser, von Ersterem $^2/_3$, von Letzterem $^1/_3$, daran giebt, daß der Salat gehörig befeuchtet, aber nicht flüssig wird. Endlich garnirt man denselben mit Streifen von geriebenen hartgekochten Eidottern, dem feingehackten Eiweiß, Cappern, Pfeffergurken, rothen Beeten, auch, wenn man will, mit Krabben und in Stücke zerschnittenen Neunaugen.

525. Fischsalat.

Der Fisch, am besten ein Hecht, wird geschuppt und im Uebrigen nach Anweisung in Nr. 424 gar gekocht. Nachdem er ganz erkaltet ist, nimmt man das Fleisch von den Gräten, zerlegt es in ½ Zoll lange Stücke und bereitet folgende Sauce dazu. Auf 2 Pfd. Fische rührt man 2 hartgekochte Eidotter mit einem rohen zusammen und giebt während dessen eine kleine Tasse Bouillon, 3 Eßlöffel voll Provenceöl, 2 Theelöffel voll Senf, eben so viel Zucker und eine Prise Salz und gestoßenen Pfeffer daran. Endlich thut man einige in Würfel geschnittene Zuckergurken und so viel Essig dazu, daß der Fisch gut angefeuchtet wird. Beim Anrichten garnirt man den Salat zierlich mit Krebsschwänzen, Cappern und Citronenscheiben, woraus man Streifen und Rosetten bildet.

Anm. Will man den Salat feiner haben, so kann man auch noch einige nach Nr. 458 gekochte Kieler Pfahlmuscheln darunter mischen.

526. Hummer-, Krebs- und Krabbensalat.

Hummer, Krebse und Krabben werden nach den Anweisungen zu Nr. 454 bis 456 gar gekocht und die Hummer- und Krebsschwänze, sowie die ausgebrochenen Scheeren in passende Stücke geschnitten; die Krabben befreit man einfach von der Schale. Sodann bereitet man eine Mayonnaisensauce mit Kräutern nach Nr. 272, giebt so viel, wie nöthig ist, um Alles gut anzufeuchten, über den Salat und richtet ihn an, indem man ihn mit Scheiben von hartgekochten Eiern bedeckt, Rollen von Sardellenfilets (Abschn. I. Nr. 3) dazwischen und einen Kranz von Kappern ringsum legt. Auch garnirt man den Rand der Schüssel mit Petersilie.

527. Gemischter Salat.

Alle Arten junger Gemüse, so viel deren zu haben sind, werden in kleine Stücke geschnitten, in Wasser und Salz weich gekocht und sodann mit dem gleichen Quantum nach den betreffenden Anweisungen gar gekochter und in ähnliche Stücke zerlegter Fische durch einander gemengt. Ueber das Ganze giebt man eine der Mayonnaisensaucen in Nr. 270 bis 272, oder die Sauce zum Fischsalat in Nr. 525, feuchtet den Salat gehörig damit an und servirt ihn mit rothen Beeten, Blumenkohl und Pfeffergurken, auch, wenn man will, mit in Stücke geschnittenen Neunaugen garnirt.

528. Kartoffelsalat.

Es werden Pellkartoffeln nach Nr. 337 gekocht, von der Schale befreit und in Scheiben geschnitten. Auf ein Gericht für 6 Personen zerschneidet man sodann 3 aus den Gräten gelöste gesalzene Häringe in feine Würfel und hackt 2 mittelgroße Zwiebeln fein. Dies giebt man vermischt in eine Schüssel, thut $1/2$ bis $3/4$ Theetasse voll Provenceöl daran, gießt Essig, mit so viel Wasser verdünnt, daß der Salat eben sauer wird, darüber, schüttet die Kartoffelscheiben dazu und rührt Alles gut durcheinander. Auch kann man noch in Würfel zerschnittene rothe Beeten und Aepfel daran geben. Der Salat wird warm und kalt gereicht; Ersteres ist jedenfalls vorzuziehen.

Anm. 1. Statt des Oels kann man sehr gut auch Gänseschmalz verwenden.

Anm. 2. Obige Portionen sind für den Fall berechnet, daß man den Kartoffelsalat als Gemüse reicht; sonst müssen sie selbstverständlich kleiner sein.

529. Selleriesalat.

Große Sellerie - Knollen werden gut gewaschen und beinahe, jedoch nicht ganz weich gekocht. Nachdem sie abgekühlt sind, werden sie geschält, in recht gleichmäßige Scheiben geschnitten und mit einer Mischung aus Essig, recht reichlich Provenceöl, Pfeffer und ein wenig Salz, oder mit einer Mayonnaisensauce nach Nr. 271 übergossen. Von der Sauce muß so viel vorhanden sein, daß die Selleriescheiben darin schwimmen.

Anm. Man kann an den Salat auch einige rothe Beeten schneiden.

530. Beetensalat.

Die rothen Beeten werden gut gewaschen und weich gekocht, von der Haut befreit und in Scheiben geschnitten. Sodann übergießt man sie mit vorher aufgekochtem Essig und thut in kleine Würfel geschnittenen Meerrettig, ziemlich viel Kümmel und etwas Salz darunter.

531. Spargelsalat.

Gut geschälte Spargel werden in zolllange Stücke geschnitten, in Wasser mit Salz weich gekocht, zum Abtropfen und Abkühlen auf einen Durchschlag gegeben und endlich mit einer Sauce übergossen, die man bereitet, indem man 2 geriebene hartgekochte Eidotter mit einem rohen zusammenrührt und dazu Oel, Essig, Pfeffer, Salz, sowie eine Prise Muskatnuß und etwas Zucker thut.

532. Salat von Gartenkresse.

Die Gartenkresse, welche sich im Winter auch recht gut in Zimmern ziehen läßt, wird bis auf die Wurzeln abgeschnitten und mit einer Mischung aus Essig und reichlich Provenceöl, woran man etwas Pfeffer und eine Prise Zucker giebt, übergossen.

533. Gurkensalat.

Es werden Gurken sauber geschält und in so feine Scheiben geschnitten, wie man dieselben möglicherweise herstellen kann; sollen dieselben gut werden, so muß man sie mittelst eines Gurkenhobels schneiden. Diese Scheiben läßt man, mit ziemlich viel Salz vermengt, $1/2$ Stunde, oder noch länger stehen, wodurch den schwammigen Theilen derselben der unangenehme Saft größtentheils entzogen wird; den Rest davon entfernt man durch starkes Pressen oder Ausringen in einem sauberen Tuche. Die so vorbereiteten Gurkenscheiben übergießt man mit Provenceöl giebt hinreichend Essig, reichlich feingestoßenen Pfeffer, etwas feingehackte Petersilie und endlich etwa so viel Zucker, wie Pfeffer darüber. Hiemit werden die Gurkenscheiben vermittelst Durchrührens mit einem Kochlöffel gut vermischt.

Anm. Das Zuckern sollte man nie unterlassen; der Geschmack des Salats wird dadurch bedeutend angenehmer; sollte derselbe zu süß geworden sein, so kann man Essig nachgießen.

534. Bohnensalat.

Brechbohnen werden von den Fäden befreit, in zollange Stücke zerschnitten und in Wasser mit Salz weich gekocht. Nachdem man sie auf einem Durchschlage hat abtropfen und erkalten lassen, übergießt man sie mit Essig und Oel und giebt gestoßenen Pfeffer und feingehackte Petersilie daran.

535. Kopfsalat.

Man nimmt die äußern harten Blätter von den Salat=köpfen, streift die übrigen Blätter von den Rippen ab, wäscht sie und schwenkt sie, um das Wasser möglichst heraus=zubringen, in einem Tuche aus, welches man bei den vier Zipfeln zusammenfaßt; durch das Ausdrücken mit der Hand erhält der Salat immer ein schlechtes Aussehen. Nun kann man die Blätter einfach mit Oel, Essig, Pfeffer und etwas Salz vermengen, den Salat mit Scheiben von hartgekochten Eiern garniren und dabei für die Liebhaber Zucker umher=reichen; oder man bereitet eine Sauce, indem man 2 gerie=bene, harte Eidotter mit einem rohen eben rührt und giebt hieran Oel, Essig, Pfeffer und Salz und vermischt mit dieser Sauce die Salatblätter; oder endlich, man befeuchtet dieselben leicht mit Provenceöl und giebt Rahm, welcher entweder allein, oder mit Essig und Pfeffer zu Sahne geschlagen ist, darüber.

536. Specksalat.

Man brät in recht feine Würfel geschnittenen Speck gelb und rührt während des Bratens zunächst Sirup und sodann so viel Essig und Wasser dazu, daß eine angenehm süßsäuer=liche Sauce entsteht, welche man noch mit etwas Klarmehl von Kartoffelmehl ein wenig seimig macht. Mit dieser Sauce übergießt man, nachdem man sie hat erkalten lassen, die nach

Angabe in voriger Nummer vorbereiteten Salatblätter, es muß dies aber erst unmittelbar vor dem Anrichten ge=schehen.

B. Compotes.

537. Aepfel=Compote.

Man befreit die Aepfel, wenn sie nicht zu groß sind, nur von Blüthe und Stengel, sticht das Kerngehäuse aus und schält sie; größere reinigt man ebenso und schneidet sie in Hälften oder Viertel, oder auch in Scheiben. Alsdann legt man sie in Wasser, welches man mit Zucker und Citronensaft, auch einem Glase Wein dick eingekocht hat, so hinein, daß sie alle neben einander zu liegen kommen, thut ziemlich viel gut gereinigte Corinthen nebst etwas fein geschnittener Citronen=schale dazu und läßt sie ganz langsam erst auf der einen Seite und, nachdem man sie behutsam umgekehrt, auch auf der andern weich kochen und sodann in der Brühe kalt wer=den. Letztere kocht man zu dickem Sirup ein und gießt sie beim Anrichten über die Aepfel. Die Höhlungen ganz ge=lassener füllt man mit süßen Gelees oder eingemachten Früchten.

538. Aepfelmus.

Geschälte, in Stücke geschnittene und von den Kernge=häusen befreite Aepfel werden in ein wenig Wasser, dem man, wenn das Apfelmus feiner werden soll, auch ein Glas Wein zusetzt, nebst etwas Citronenschale oder Kanehl und dem aus=reichenden Zucker langsam weich gekocht und durch ein Sieb gerieben. Ist das Mus jetzt nicht süß genug, so kann man es noch nachzuckern, auch einige vorher weich gekochte Korinthen daran geben.

539. Birnen=Compote.

Man schält die Birnen recht gleichmäßig, befreit sie von den Blüthen, sticht die Kerngehäuse aus und bringt sie in so viel Waffer, daß sie eben davon bedeckt sind, auf das Feuer. Sodann würzt man mit Kanehl, Citronenschale und **20 Loth** Zucker auf das Spint Birnen; giebt ein Glas Wein und, wenn man das Compote recht fein haben will, einige Löffel Himbeersaft daran, und läßt das Ganze auf schwachem Feuer kochen, bis die Birnen weich sind. Sie müssen dann eine schöne rothe Farbe angenommen haben und die Brühe muß kurz eingeschmort sein.

540. Pflaumen=Compote.

Man brüht die Pflaumen und streift ihnen die Haut ab, oder man schält sie, schneidet sie in Hälften und nimmt die Steine heraus. Sodann bringt man sie in ein wenig Waffer, in welchem auf das Spint Pflaumen 20 Loth Zucker aufgelöst sind und woran man ein paar zolllange Stücke Kanehl nebst der Schale einer halben Citrone gegeben hat, auf schwaches Feuer und kocht sie langsam und recht vorsichtig, damit sie nicht zerfallen, weich. Sollte jetzt zu viel Brühe vorhanden sein, so muß man dieselbe, nach Heraus= nahme der Pflaumen, kurz einkochen und nachher wieder über dieselben geben.

541. Kirschen=Compote.

Man steint die Kirschen (es können sowohl saure, wie süße verwandt werden) mittelst eines Federkiels aus, zerstößt etwa ein Viertheil der Steine und läßt dieselben $\frac{1}{4}$ Stunde in ein wenig Waffer auskochen. An dies Waffer giebt man, nachdem dasselbe durch ein Sieb gegoffen worden, auf 1 Pfd. saure Kirschen $\frac{1}{2}$ Pfd. Zucker, auf süße Kirschen die Hälfte davon, sowie ein zolllanges Stück Kanehl und 3 bis 4 Ge= würznelken und läßt die Kirschen langsam $\frac{1}{4}$ Stunde darin kochen, wobei man sie ein wenig schüttelt und vorsichtig schwenkt. Nachdem sie sodann aus der Brühe genommen sind, wird diese dick eingekocht und wieder darüber ge= geben.

542. Stachelbeer-Compote.

Ganz junge Stachelbeeren befreit man von Blüthen und
Stengeln, setzt sie in reichlich kaltem Wasser auf das Feuer,
welches bis zum Kochen erhitzt und dann durch ein Sieb, auf
welches man es mit den Stachelbeeren schüttet, wieder abgegossen wird. Inzwischen hat man ein wenig Wein und Wasser
mit reichlich Zucker und etwas Citronenschale in's Kochen gebracht; dahinein thut man die abgetropften Stachelbeeren
und läßt sie weich, jedoch nicht zu Mus kochen. Jedenfalls
thut man gut, vor dem Anrichten zu probiren und nöthigenfalls noch Zucker nachzugeben. Zuletzt rührt man noch 1 bis
2 Eidotter daran.

543. Himbeer-Compote.

Man verliest die Himbeeren sorgfältig und sondert namentlich diejenigen aus, in welchen sich Würmer befinden,
zuckert sie gut ein, schwenkt sie mit dem Zucker durch und
läßt sie ein paar Stunden stehen. Sodann nimmt man sie
aus dem inzwischen herausgetropften Safte, kocht Letztern
etwas ein und gießt ihn wieder darüber.

Anm. Man kann die Himbeeren auch mit von den Stengeln gepflückten Johannisbeeren vermischen und sie in Wasser mit reichlich Zucker, einmal aufkochen lassen, worauf man sie herausnimmt, die Brühe dick einkocht und wieder darüber giebt.

544. Johannisbeer-Compote.

Das Johannisbeer-Compote wird ganz nach den Anweisungen für das Himbeer-Compote in vorstehender Nummer
bereitet.

545. Erdbeeren-Compote.

Von sorgfältig verlesenen Erdbeeren wird die eine Hälfte
mit ganz wenig Wasser durch ein Sieb gerieben, das erhaltene Mus stark mit Zucker vermengt und über die andere
Hälfte gegeben. Nachdem dies zusammen eine Stunde zugedeckt gestanden hat, ist das Compote gut.

546. Aprikosen- oder Pfirsich-Compote.

Man schneidet die Aprikosen oder Pfirsiche in Hälften,
steint sie aus, zerstößt die Steine, ohne die Kerne zu verletzen, zieht Letzteren die Haut ab und bringt sie mit den
Früchten und reichlich Zucker in ein wenig kochendes Wasser.
Sobald die Früchte weich gekocht sind, nimmt man sie mit
den Kernen heraus, kocht die Brühe dick ein und gießt sie
darüber.

547. Quitten-Compote.

Die Quitten werden geschält, in Viertel geschnitten und
von Kerngehäuse und Blüthen befreit. Sodann bereitet man
sie ganz nach der in Nr. 530 für Birnen-Compote gegebenen
Anweisung weiter, kocht indessen die Kerngehäuse in ein wenig
Wasser aus und giebt die Brühe an die Quitten, wenn man
sie auf das Feuer setzt.

548. Melonen-Compote.

Man schält eine Melone und schneidet sie in zierliche
Stücke, die man ganz langsam weich kochen und auf einem
Durchschlage abtropfen läßt. Sodann bringt man sie in
ganz wenig Wasser, welches man mit Zucker und etwas
Citronensaft in's Kochen gebracht hat, wieder auf das Feuer,
läßt sie noch einmal aufkochen und darin erkalten. Hierauf
gießt man die Brühe wieder davon ab, kocht sie recht dick
ein und übergießt damit, nachdem man sie wieder hat erkalten
lassen, die inzwischen zierlich angerichteten Melonenstücke.

549. Compote von Heidelbeeren oder Preißelbeeren.

Die Beeren werden gut verlesen und gewaschen, in ganz
wenig Wasser mit reichlich Zucker, nebst einem zollangen
Stücke Kanehl auf den Pott Beeren, übergekocht und auf
einen Durchschlag zum Abtropfen geschüttet. Den abgetropften Saft kocht man kurz ein, vermischt ihn wieder mit den
Beeren und richtet dieselben über einigen in eine Assiette gelegten Zwiebäcken an.

Preißelbeeren werden noch beffer schmecken, wenn man sie mit 10 bis 12 Loth Zucker auf den Pott ganz steif einkocht und sodann kurz vor dem Anrichten mit dickem Schlagrahm vermischt. Auch kann man einige Stückchen Succade daran geben.

550. Compote von Backobst.

Backobst wird in warmem Waffer gut gewaschen und mit so viel kaltem Waffer. daß es gut davon bedeckt ist, nebst einem zolllangen Stücke Kanehl und der ganz dünnen Schale einer halben Citrone auf das Pfund Obst zu Feuer gebracht und verdeckt ganz langsam weich gekocht. Ist es in der Brühe erkaltet, so gießt man diese ab und kocht sie mit Zucker (je nach der Säure des Obstes $1/4$ bis $1/2$ Pfd. auf das Pfd. Obst) zu Sirupsdicke ein, läßt sie erkalten und schwenkt das Obst damit durch, welches man jetzt nach Belieben noch nachzuckern kann.

Anm. Diese Bereitungsweise paßt für jede Art Backobst; Pflaumen werden indeffen besonders schön, wenn man sie in der Brühe vor dem Wiederaufkochen derselben mit Zucker erst 1 bis 2 Tage stehen läßt. Gekocht kann das Backobst selbst mit Zucker nicht werden; es würde dann hart bleiben.

XVI. Saucen zu Puddings und Mehlspeisen.

551. Weißweinsauce.

Man kocht $1/2$ Pott Waffer mit $1/4$ Pfd. Zucker, worauf die Schale einer Citrone abgerieben worden, nebst einem zolllangen Stücke Kanehl auf und läßt dies, unter Hinzurühren von Klarmehl von einem Eßlöffel voll Kartoffelmehl, nebst einer Prise Salz und einem Stückchen Butter langsam weiter kochen, bis die Sauce gut seimig ist. Sodann giebt man $1/2$ Flasche Weißwein und durch ein Sieb den Saft der

Citrone daran, läßt sie damit noch einmal aufkochen und quirlt sie endlich mit 3 bis 4 Eidottern ab.

552. Rothweinsauce.

In ½ Pott Wasser werden 4 zerstoßene Zwiebacke, ein zolllanges Stück Kanehl, 4 bis 6 Gewürznelken und eine Prise Salz nebst ¼ Pfd. Zucker, worauf die Schale einer Citrone abgerieben ist, in's Kochen gebracht und das Ganze, unter Hinzuthun von einem Stückchen Butter und unter fleißigem Rühren, weiter gekocht, bis die Sauce gut seimig ist. Dann gießt man die Sauce durch ein Sieb, giebt 2 Gläser Rothwein nebst dem Safte einer halben Citrone daran und läßt sie damit eben noch einmal aufkochen.

553. Weinschaumsauce.

Man rührt 10 Eidotter und 4 ganze Eier mit einer Flasche Weißwein, worin man ¾ Pfd. Zucker mit der darauf abgeriebenen Schale von 2 Citronen hat schmelzen lassen, nebst dem Safte der beiden Citronen durch ein Sieb. Diese Mischung bringt man auf das Feuer und läßt sie dort unter fortwährendem Schlagen mit dem Quirl sich erhitzen, bis sie aufstößt, d. h. bis ganz kurz vor dem Kochen. Brächte man die Sauce in's Kochen, so würde der Schaum zusammensinken.

Anm. Man kann auch etwas weniger Wein und dafür ein Glas Rum nehmen, was die Sauce, namentlich für Herren, noch angenehmer macht.

554. Rothweinschaumsauce.

Eine halbe Flasche Rothwein bringt man mit ½ Pfd. Zucker, worauf die Schale von 2 Citronen abgerieben ist, in's Kochen. Ferner schlägt man 5 ganze Eier und 5 Eidotter mit ¼ Pfd. Zucker zu Schaum, giebt ½ Theelöffel voll fein gestoßenen Kanehl und 1 Messerspitze voll feingestoßenen Cardamom daran, gießt unter stetem Schlagen erst eine halbe Flasche kalten und dann den kochenden Wein dazu und läßt endlich das Ganze unter fortwährendem starken Schlagen auf dem Feuer wieder bis kurz vor dem Kochen heiß werden.

555. Madeirasauce.

Man kocht 1 Pott Wasser mit 10 Loth Zucker, worauf die Schale einer Citrone abgerieben worden, nebst dem Safte dieser Citrone und einem zolllangen Stücke Canehl $\frac{1}{4}$ Stunde lang durch, rührt es mit Klarmehl von 3 Eßlöffeln voll Mehl eben und läßt es damit gut seimig kochen. Hieran gießt man sodann $\frac{1}{4}$ Flasche Madeira, quirlt die Sauce, nachdem sie damit durchgekocht ist, mit 2 Eidottern ab und giebt endlich, nachdem sie vom Feuer genommen worden, noch $\frac{1}{4}$ Flasche Madeira kalt dazu.

556. Punschsauce.

Nachdem man 2 Citronen an 20 Loth Zucker abgerieben hat, schlägt man die Stücke ab, worauf die Citronenschale sitzt und bringt den übrigen Zucker in 1 Pott Wasser auf das Feuer. Sobald es kocht, rührt man Klarmehl von 1 Eßlöffel voll Mehl dazu, drückt den Saft der beiden Citronen darin und läßt denjenigen Theil Zucker, auf welchem die Citronen abgerieben worden, darin schmelzen. Unter stetem Rühren läßt man die Sauce seimig kochen, quirlt sie mit 4 Eidottern ab und giebt gerade vor dem Abnehmen vom Feuer $\frac{1}{2}$ Flasche feinen Rum daran.

557. Burgundersauce.

Zu $\frac{1}{2}$ Pott Sauce wird die Schale einer Citrone auf 10 Loth Zucker abgerieben, worauf man denselben, um ihn leichter schmelzen zu machen, mit so viel kochendem Wasser übergießt, wie er gut aufsaugen kann. Alsdann giebt man 8 bis 10 Eidotter daran, rührt den Zucker damit, bis er geschmolzen ist und gießt endlich $\frac{1}{2}$ Flasche Burgunder nebst 2 Eßlöffeln voll Pfirsichblüthen-Wasser dazu. Dies Zugießen geschieht über dem Feuer ganz langsam und es muß die Sauce während dessen und weiter unausgesetzt bis kurz vor dem Kochen mit dem Quirl schäumig geschlagen werden.

558. Sagosauce.

Man kocht ¼ Flasche Rothwein mit eben so viel Wasser unter Hinzuthun von ¼ Pfd. Zucker, worauf die Schale von ¼ Citrone abgerieben worden, nebst 4 Gewürznelken und dem Safte einer halben Citrone auf, giebt dies über 4 Loth nach Nr. 40 gereinigten rothen Perl-Sago und läßt denselben darin weich kochen. Sollte die Sauce dabei zu dünn werden, so muß man mit etwas Klarmehl von Kartoffelmehl nachhelfen, im entgegengesetzten Falle Rothwein nachgießen und, so viel wie nöthig, nachzuckern.

Anm. Wünscht man die Sauce kräftiger, so kann man auch Rothwein allein in der angegebenen Weise aufkochen.

559. Himbeersauce *).

Man zerquetscht 1 Pfd. sorgfältig verlesene Himbeeren und bringt sie mit ½ Pott Wasser auf das Feuer, giebt etwas Kanehl, 10 Loth Zucker und 1 Glas Rothwein daran, läßt Alles mit einander aufkochen, reibt es durch ein Sieb, bringt es wieder auf das Feuer und verfährt weiter nach der unter *) gegebenen Anmerkung.

Anm. Will man im Winter die Sauce von Himbeersaft bereiten, so bringt man Saft und Wasser, von Jedem die Hälfte auf das Feuer und verfährt weiter nach obiger Anweisung.

560. Johannisbeersauce.

Man preßt den Johannisbeersaft aus, mischt 1 Pfund davon mit ½ Pott Wasser, giebt 20 Loth Zucker, worauf eine

---

*) Zu dieser, wie zu allen folgenden Fruchtsaucen muß man kurz vor dem Anrichten, aber noch während des Kochens, etwas Klarmehl von Kartoffelmehl rühren. Ein guter halber Eßlöffel voll Kartoffelmehl genügt für ½ Pott Sauce.

halbe Citrone abgerieben ist, nebst einer Prise fein gestoßenem Cardamom daran, läßt Alles zusammen aufkochen, giebt es durch ein Sieb und verfährt weiter nach der Anmerkung *) zu voriger Nummer.

561. Stachelbeersauce.

Auf ¹/₂ Pott Wasser rechnet man 1 Pfd. unreife, noch recht kleine Stachelbeeren, die man von Blumen und Stengeln befreit und mit einem zolllangen Stücke Kanehl, nebst ¹/₂ Pfd. Zucker, worauf die Schale einer Citrone abgerieben ist, auf das Feuer bringt. Sobald die Stachelbeeren weich sind, reibt man das Ganze durch ein Sieb, bringt es mit einem Stückchen Butter wieder zum Kochen, verfährt weiter nach Anmerkung *) zu Nr. 559 und quirlt endlich die Sauce mit 2 Eidottern ab, oder rührt noch ein Stückchen kalte Butter daran.

562. Erdbeerensauce.

Man bringt 1¹/₂ Pfd. gut gereinigte Erdbeeren, nachdem man sie gehörig zerquetscht hat, in einer Mischung von ¹/₂ Pott Rothwein und ¹/₄ Pott Wasser auf das Feuer, giebt 10 Loth Zucker nebst einem zolllangen Stück Kanehl daran und läßt dies zusammen kochen, bis die Erdbeeren weich sind. Dann reibt man das Ganze durch ein Sieb, bringt es wieder in's Kochen und verfährt weiter nach Anmerkung *) zu Nr. 559.

563. Hagebuttensauce.

Man kann dazu sowohl frische wie getrocknete Hagebutten verwenden. Dieselben werden gut gereinigt und 1 Pfd. frische oder ¹/₂ Pfd. getrocknete in ³/₄ Pott Wasser mit einem zolllangen Stücke Kanehl und einem Stückchen Butter gut weich gekocht, was etwa 1 Stunde erfordert. Dann reibt man sie stark durch ein Sieb, bringt sie wieder mit ¹/₂ Flasche Weißwein und 10 Loth Zucker, woran die Schale einer halben Citrone abgerieben worden, in's Kochen und macht die

20

Sauce unter gutem Umrühren mit 4 zerstoßenen Zwieback
seimig.

564. Heidelbeersauce.

Die Heidelbeeren werden gut verlesen und in so viel
Wasser, als zur Sauce nöthig ist, mit einem Stückchen Kanehl und der fein abgeschälten Schale von ¹/₂ Citrone auf
¹/₂ Pott Wasser weich gekocht und durch ein Sieb gerieben.
Dann bringt man sie wieder auf das Feuer, süßt mit Zucker
oder Sirup nach Probe, giebt, wenn man die Sauce verbessern will, noch ein Glas Rothwein daran und verfährt
weiter nach Anmerkung *) zu Nr. 559.

Anm. Man kann statt der frischen auch eingemachte oder getrocknete
Heidelbeeren verwenden

565. Kirschensauce.

Man steint 2 Pfd. Kirschen aus, stößt die Steine und
kocht sie in ¹/₂ Pott Wasser gut aus. Dies Wasser giebt
man durch ein Sieb und läßt das Kirschfleisch, unter Hinzuthun von ¹/₄ Flasche Wein, 10 Loth Zucker, worauf die Schale
einer halben Citrone abgerieben worden, etwas Citronensäure
und einem Stückchen Kanehl darin weichen. Sodann nimmt
man einen Theil des Kirschfleisches heraus, reibt das Uebrige
durch ein Sieb und giebt es, nachdem man es weiter nach
Anmerkung *) zu Nr. 559 zubereitet hat, über das so lange
zurückgesetzte Kirschfleisch.

Anm. Auch zur Kirschensauce kann man eingemachte Kirschen verwenden.

566. Pflaumen= (Zwetschen=) Sauce.

Man steint ¹/₂ Pfd. Pflaumen aus, stößt die Steine, jedoch
nur grob, und kocht sie ¹/₄ Stunde lang in ¹/₂ Pott Wasser
aus. Ferner kocht man noch ¹/₂ Pfd. Pflaumen, zieht ihnen
die Haut ab und schneidet sie, nachdem die Steine herausgenommen worden, in Hälften. In dem Pflaumensteinwasser
werden die zuerst ausgesteinten Pflaumen mit ¹/₄ Pfd. Zucker,

worauf die Schale einer halben Citrone abgerieben worden, nebst einem Stückchen Kanehl weich gekocht, worauf das Ganze durch ein Sieb gerieben und unter Hinzuthun von ¹/₄ Flasche Rothwein mit den in Hälften geschnittenen Pflaumen wieder in's Kochen gebracht wird. Sind die Pflaumenschnitte weich, so werden sie mit dem Schaumlöffel herausgenommen, die Sauce wird weiter nach Anmerkung *) zu Nr. 559 zubereitet und endlich über die so lange zurückgesetzten Pflaumenschnitte gegeben.

567. Sauce von trockenen Pflaumen.

Es wird ¹/₂ Pfd. Pflaumen abgekocht und von den Steinen befreit. Von Letztern zerstößt man die Hälfte und kocht damit das Fleisch der Pflaumen in ¹/₂ Pott Wasser, bis es weich ist. Sodann reibt man das Ganze durch ein Sieb, bringt es mit ¹/₄ Flasche Weißwein, dem Safte und der auf ¹/₄ Pfd. Zucker abgeriebenen Schale einer halben Citrone, nebst einem Stückchen Kanehl wieder auf das Feuer, läßt es noch einmal gut durchkochen und verfährt weiter damit nach der Anmerkung *) zu Nr. 559.

568. Apfelsauce.

Sechs gute Aepfel mittlerer Größe werden geschält, zerschnitten und von Blumen, Stengeln und Kernhäuschen befreit. Sodann läßt man sie in ¹/₂ Pott Wasser mit einem zolllangen Stücke Kanehl und der feinen Schale einer halben Citrone weich kochen, reibt das Ganze durch ein Sieb und bringt es mit ¹/₄ Flasche Weißwein, einem Löffel voll vorher weichgekochter Korinthen und 5 Loth Zucker wieder in's Kochen. Weiter verfährt man mit der Sauce nach der Anmerkung *) zu Nr. 559, oder man quirlt sie mit 2 Eidottern ab.

569. Citronensauce.

Es wird ¹/₂ Pott Wasser mit 10 Loth Zucker, worauf 2 Citronen abgerieben sind und mit dem durch ein Sieb gege=

benen Safte der Citronen aufgekocht und mit etwas Klarmehl von Kartoffelmehl seimig gemacht. Sodann gießt man
gut ¼ Flasche Weißwein dazu, bringt die Sauce noch einmal
in's Kochen und quirlt sie mit 2 Eidottern ab.

570. Milchsauce.

Man bereitet eine Mehlschwitze von 1 Eßlöffel voll Mehl,
rührt ½ Pott Milch dazu, giebt eine Prise Salz und 1 Stückchen Kanehl oder Vanille daran, zuckert nach Probe und quirlt
die Sauce mit einem Eidotter ab.

571. Mandelsauce.

Man zerstößt 1½ Loth süße, nebst 2 Stück bitteren Mandeln und kocht sie mit einem Stücke Citronenschale ¼ Stunde
in ein wenig Milch, reibt dies durch ein Sieb, gießt ½ Pott
Milch dazu und bringt das Ganze ins Kochen, worauf man
es mit Klarmehl seimig macht, nach Probe zuckert und mit
4 Eidottern abquirlt.

572. Schaumsauce.

Man schlägt 3 ganze Eier mit einer halben Flasche Wein,
einem gehäuften Theelöffel voll Mehl und 3 bis 4 Eßlöffel
voll gestoßenem Zucker nebst einem Stücke Kanehl und Citronenschale auf starkem Feuer mit dem Quirl, bis der Schaum
steigt; kochen jedoch darf derselbe nicht. Nachdem die Sauce
vom Feuer genommen ist, schlägt man sie noch kurze Zeit
weiter in dem Geschirr, in welchem sie angerichtet worden.

573. Chocoladensauce.

Man reibt 5 Loth Chocolade fein und läßt sie mit
½ Pott Milch und 5 Loth Zucker, nebst einem zolllangen
Stücke Vanille ¼ Stunde lang kochen. Sodann gießt man
dies langsam zu 2 Eidottern und 3 ganzen Eiern, die man
zusammen klein gerührt hat und quirlt die Sauce während

des Zugießens und weiter, bis sie kurz vor dem Kochen schäu= mig ist. Nachdem sie vom Feuer genommen worden, setzt man das Quirlen noch etwa eine Minute lang fort, um das Gerinnen zu verhüten.

574. Vanilleschaumsauce.

Man schneidet eine Stange Vanille von Mittelgröße in kleine Stücke und läßt dieselben in 1 Pott Rahm eine Stunde lang über schwachem Feuer ausziehen. Dann rührt man 10 Eidotter mit 10 Loth Zucker schäumig, gießt den Rahm dazu und schlägt dies Ganze über dem Feuer, bis kurz vor dem Kochen. Nachdem man es abgenommen, mengt man das zu Schaum geschlagene Weiße von 6 Eiern dazu.

XVII. Puddings und Mehl= speisen.

A. Warme Puddings und Mehlspeisen.

575. Allgemeine Unterweisungen.

Man kocht die Puddings entweder in Leintüchern oder in Formen. Erstere müssen zunächst vor dem Gebrauche gut ausgewässert und ausgerungen werden, um auch die ge= ringste Spur der etwa darin enthaltenen Seife herauszubrin= gen. Ferner hat man darauf zu achten, daß das Tuch nicht zu sehr gefüllt werde, damit der Pudding sich gehörig aus= dehnen könne und nicht etwa das Tuch zerreiße; zu viel Platz muß er indessen auch nicht haben, weil er dann leicht platt wird. Das Wasser muß in vollem Kochen sein, wenn der Pudding hineingegeben wird und darf auch, bis derselbe gar ist, nicht aus dem Kochen kommen; das Geschirr muß zuge= deckt werden, jedoch nicht zu fest, so daß der sich entwickelnde Dampf abziehen kann; endlich hat man noch Vorkehr zu treffen, daß der Pudding während des Kochens nicht fest auf den Boden des Gefäßes zu stehen kommt, weil er sonst leicht anbrennt.

Soll der Pudding in einer Form gekocht werden, so muß man diese inwendig mit Butter gut bestreichen und mit feingestoßenem Zwieback bestreuen; gefüllt darf sie nur zu drei Viertel werden, damit der Pudding Platz behalte sich auszudehnen; um zu verhüten, daß er, falls er so hoch steigen sollte, sich nicht etwa am Deckel festsetze, bestreicht man auch diesen mit Butter.   Der Deckel des Geschirres, in welchem der Pudding kocht, muß dicht schließen, um das Entweichen der Dämpfe möglichst zu vermeiden; die Puddingform endlich beschwert man noch angemessen, damit das kochende Wasser sie nicht aus der Lage bringe.

576.   Plum=Pudding.
(Englisches Recept.)

Zum englischen s. g. Weihnachts=Plum=Pudding nimmt man folgende Zuthaten:

1 Pfd. beste Rosinen (volles Gewicht nach Herausnahme der Kerne), 1 Pfd. Korinthen, 1 Pfd. Ochsentalg, 1 Pfd. Mehl, $^1/_2$ Pfd. geriebenes Brod, $^1/_2$ Pfd. Zucker, 6 Loth candirte Pomeranzenschale, 6 Loth Succade, 1 Theelöffel voll Salz, 1 Theelöffel voll gemischtes Gewürz (Kardamom und Kanehl fein zusammen gestoßen), 8 Eier, 1 Flasche Sherry, $^1/_4$ Flasche Cognac oder Rum.

Die Bereitung des Puddings ist sodann die nachstehende: Der Talg wird so fein wie irgend möglich geschnitten und gehackt, nachdem er von der Haut vollständig befreit worden, und dann zunächst mit den anderen trockenen Zuthaten sorgfältig durcheinander gemischt. Hierauf thut man die Eier, und zwar das Weiße derselben zu Schaum geschlagen, hinzu und beginnt das Ganze zu rühren. Während des Rührens, welches nie zu lange dauern kann, nie aber weniger, als eine Stunde dauern darf, gießt man ganz allmälig, in Portionen von etwa $^1/_{12}$ Flasche auf einmal, den Sherry und Cognac (Rum) hinzu.   Der nun fertige Teig wird in Leinwand ge schlagen und voll 8 Stunden gekocht. Dabei hat man Sorge zu tragen, daß der Beutel nicht von vorne herein zu stark angefüllt wird, weil er dann leicht platzt, und ferner, daß er den Boden des Gefäßes, in welchem er gekocht wird, nicht berührt, weil sonst der Pudding an dieser Stelle anbrennt. Beim Auftragen umgießt man den Pudding mit etwas Cognac, welchen man anzündet, und reicht eine Punschsauce nach Nr. 556 dazu.

577. Plum=Pudding anderer Art.

Man rührt ¼ Pfd. Butter zu Sahne und 6 Eidotter nebst 4 ganzen Eiern damit durch, bis Alles recht glatt und schäumig ist. Hiezu rührt man 10 Loth in Milch einge= weichte und gut wieder ausgedrückte Semmel. Ferner wird ½ Pfd. Ochsentalg mit ½ Pfd. Mehl recht fein zusammen= gehackt, durch einen Durchschlag gerieben, damit die Fasern des Talges zurückbleiben, und sodann nebst einer halben Theetasse voll Rahm und einem Glase Rum, einem Thee= löffel voll feingestoßenem Kaneel, der abgeriebenen Schale einer Citrone, 4 Loth in feine Würfel geschnittener Succade, 5 Loth Korinthen, 5 Loth ausgesteinten Rosinen und einer Prise Salz mit den, wie zu Anfang angegeben, vorbereiteten Zuthaten durchgerührt, bis ein gleichmäßiger Teig entsteht, mit dem man zuletzt noch das zu Schaum geschlagene Weiße der 6 Eier vermischt. Der Pudding wird in einer Form in 3 Stunden gar gekocht und mit Rum übergossen, den man beim Anrichten anzündet. Man reicht eine Weinschaumsauce nach Nr. 553 dazu.

578. Omeletten=Pudding.

Man bereitet von 3 Eiern, 3 Löffeln voll Mehl und der nöthigen Milch, unter Hinzurühren von einer Prise Salz, einen dünnen Pfannkuchen=Teig, aus welchem man 8 recht helle Omeletten von mäßiger Größe backt. Diese bestreicht man gut einen Federkiel dick mit einer Frucht=Marmelade, wickelt sie auf und schneidet jeden in 3 Stücke. Sodann wird

$^1/_2$ Pfd. Butter zu Sahne geschlagen und mit 6 Eidottern nebst 4 ganzen Eiern so lange durchgerührt, bis darin 12 Loth feingestoßener Zucker, den man nebst 10 gestoßenen bittern Mandeln dazu thut, aufgelöst sind. Hierauf giebt man unter fortgesetztem Rühren $^3/_4$ Pott Milch, $^3/_4$ Pfd. geriebene Semmel, $^1/_4$ Pfd. Mehl, die abgeriebene Schale einer Citrone, $^1/_2$ Theelöffel voll Kanehl und eine Prise Salz dazu, und rührt zuletzt noch das zu Schnee geschlagene Weiße der 6 Eier dazwischen. Von diesem Teige streicht man einen Daumen dick in eine Puddingsform, legt Omelettenschnitte darauf, trägt auf diese wieder von dem Teige auf und fährt so fort, bis Alles verbraucht ist; den Schluß muß Teig bilden. Der Pudding muß $1^1/_2$ Stunden kochen; man reicht eine Weinsauce dazu. (Nr. 551.)

579. Semmel-Pudding.

Man reibt $1^1/_2$ Pfd. Semmel, von denen man die Rinde geschält hat, fein; was sich nicht gut reiben läßt, weicht man in 1 Pott zuvor aufgekochter, aber wieder abgekühlter Milch auf. Ferner rührt man 12 Loth Butter zu Sahne und 16 Eidotter damit recht eben, giebt hieran erst 12 Loth feingestoßenen Zucker und sodann die geriebenen und eingeweichten, vorher gut ausgedrückten Semmel und ferner allmälig unter fortgesetztem Rühren die Milch, 2 Loth Mehl, 12 Loth feingestoßenen Zucker, die abgeriebene Schale von einer großen oder 2 kleinen Citronen, 4 Loth ausgekernte Rosinen, 2 Loth Korinthen, 5 Loth gestoßene süße und 6 bittere Mandeln, sowie eine Prise Salz. Endlich rührt man noch das zu Schnee geschlagene Weiße von 8 Eiern leicht darunter. Der Teig wird nach Angabe in Nr. 575 in einer Puddingform in 3 Stunden gar gekocht. — (Mit einer Wein- oder Weinschaumsauce nach Nr. 551 und 553).

580. Semmel-Pudding anderer Art.

Es werden zunächst 12 Loth Butter zu Sahne und 8 Eidotter, sowie 2 ganze Eier, damit gut eben gerührt und unter fortgesetztem Rühren 12 Loth feingestoßener Zucker und sodann ³/₄ Pfd. geschälte und geriebene Semmel, sowie ferner die abgeriebene Schale einer kleinen Citrone, 2 Loth gestoßene süße und 1 Loth bittere Mandeln, ¼ Pfd. Korinthen, ein Glas Rum und eine Prise Salz dazu gegeben. Das Ganze mischt man mit dem zu Schnee geschlagenen Weißen der 8 Eier durch, thut es in eine Form und kocht es in 1½ bis 2 Stunden gar. — (Mit einer Weinschaum= oder Punschsauce nach Nr. 553 und 556.)

581. Kartoffel=Pudding.

Man reibt ¼ Pfd. Butter zu Sahne und rührt zunächst 12 Eidotter, sodann nach einander 12 Loth gestoßenen Zucker, 1 Pfd. geriebene Kartoffeln, den Saft von 2 Citronen, die abgeriebene Schale von 1 Citrone, ¼ Pfd. süße und 1 Loth bittere Mandeln, feingestoßen darunter. Endlich mischt man das zu Schnee geschlagene Weiße der Eier unter den Teig und kocht denselben in 2 Stunden gar. — (Mit einer Wein= oder Weinschaumsauce nach Nr. 551 und 553.)

582. Schwarzbrod=Pudding.

Es wird ½ Pfd. geriebenes Schwarzbrod mit ¼ Pfd. Butter über dem Feuer gut durchgerührt, dann wird ein Glas Rothwein daran gegeben und der Teig muß etwas abkühlen. Hierauf rührt man nach einander 12 Eidotter, ½ Pfd. gestoßene Mandeln, die abgeriebene Schale einer halben Citrone, 1 Theelöffel voll gemischtes Gewürz (Kanehl und Kardamom, fein zusammen gestoßen) darunter und mischt zuletzt das zu Schnee geschlagene Weiße der Eier zu dem Teige, welchen man in der Form in 2 bis 2½ Stunden gar kocht. — (Mit einer Weinsauce nach Nr. 551.)

583. Schwarzbrod=Pudding anderer Art.

Die Dotter von 12 Eiern werden mit 8 Loth zerstoßenem Zucker gut durchgerührt, ferner wird 12 Loth geriebenes Schwarzbrod mit einem Glase Rothwein angefeuchtet, die ab=

geriebene Schale einer Citrone und $\frac{1}{2}$ Theelöffel voll feingestoßenes Gewürz unter fortgesetztem Rühren dazugegeben
und endlich das zu Schnee geschlagene Weiße der Eier darunter gemischt. Der Pudding wird in 2 bis $2\frac{1}{2}$ Stunden
in der Form gar gekocht und mit einer Weinschaumsauce nach
Nr. 553 gereicht.

584. Sago-Pudding.

Man reibt 10 Loth Butter zu Sahne und rührt zunächst
6 Eidotter, 2 ganze Eier und 10 Loth gestoßenen Zucker, sodann $\frac{1}{2}$ Pfd. Perlsago, den man in Milch unter langsamem
Kochen hat gut ausquellen und wieder erkalten lassen; ferner
ein paar Löffel voll gestoßene Semmel, die abgeriebene Schale
einer kleinen Citrone und $\frac{1}{2}$ Theelöffel voll feingestoßenen
Kanehl darunter. Endlich mischt man das zu Sahne geschlagene Weiße der Eier unter die Masse und läßt den Pudding
in $1\frac{1}{2}$ bis 2 Stunden gar kochen. — (Mit feiner Rothweinsauce
nach Nr. 552.)

585. Chocolade-Pudding.

Man reibt 12 Loth Butter zu Sahne und rührt nach
einander 12 Eidotter, 8 Loth Zucker, 10 Loth geriebenes
Schwarzbrod, 6 Loth geriebene Chocolade, $\frac{1}{2}$ Theelöffel voll
gestoßenen Kanehl und ein etwa zolllanges Stück Vanille,
gleichfalls feingestoßen, darunter. Dann mischt man die Masse
mit dem zu Schnee geschlagenen Weißen der Eier durch und
kocht sie in einer Form in $1\frac{1}{2}$ Stunden gar. — (Mit einer
Weinschaum- oder Punschsauce nach Nr. 553 und 556.)

586. Cabinets-Pudding.

Man schneidet 1 Pfd. Biscuit in Würfel von etwa
1 Zoll Durchmesser und mischt ferner $\frac{1}{4}$ Pfd. ausgekernte
Rosinen, $\frac{1}{4}$ Pfd. Korinthen, $\frac{1}{4}$ Pfd. in ganz feine Scheiben
geschnittene Mandeln, $\frac{1}{4}$ Pfd. in kleine Würfel geschnittene
Succade, sowie die recht dünne und fein gehackte Schale einer
halben Citrone gut durcheinander. Endlich schlägt man 11

ganze Eier mit einem Pott Milch und ¼ Pfd. Zucker gut
durch. Von den Biscuit = Stücken wird eine Lage auf den
Boden einer Puddingform gelegt; darüber streut man eine
Schicht von der obigen Mischung, läßt wieder eine Schicht
Biscuitstücke folgen und fährt so fort, bis Alles verbraucht
ist; den Schluß müssen Biscuitstücke bilden. Sodann über=
gießt man das Ganze mit der Eiermilch, verwendet aber da=
von nicht mehr, als eine Tasse voll auf einmal und läßt bis
zum nächsten Uebergusse einige Zeit verstreichen, damit die
ganze Masse gehörig und gleichmäßig durchzogen werde. Die
verschlossene Form setzt man in ein Geschirr mit kochen=
dem Wasser, deckt einen Deckel darüber und läßt den Pud=
ding in der Art darin fest werden, daß man das Kochgeschirr
in einen mäßig erhitzten Ofen, oder an eine heiße Stelle
bringt, wo das Wasser fortwährend kurz vor dem Kochen er=
halten, nicht aber in's Kochen gebracht wird. — (Mit einer be=
liebigen Fruchtsauce, oder mit der Weinschaumsauce in Nr. 553.)

587. Abgerührter Mehl=Pudding.

Man schmilzt ½ Pfd. Butter über dem Feuer, rührt
reichlich ½ Pfd. Mehl damit durch, bis es ein wenig darin
kocht, gießt unter fortgesetztem Rühren 1 Pott Milch dazu
und rührt stark über dem Feuer weiter, bis ein wenig Butter
zum Vorschein kommt und der Teig gut vom Topfe und
Kochlöffel los läßt. Dann nimmt man ihn vom Feuer, läßt
ihn beinahe kalt werden, rührt zunächst 11 Eidotter und
3 ganze Eier und sodann ½ Pfd. gestoßenen Zucker, die ab=
geriebene Schale einer Citrone und 10 bis 12 feingestoßene
Mandeln daran und gut damit durch. Endlich mischt man
das zu Schnee geschlagene Weiße der Eier unter den Teig,
thut ihn in eine Form und läßt ihn in 2 Stunden gar kochen.
— (Mit einer beliebigen Fruchtsauce oder mit einer Weinschaumsauce
nach Nr. 553.)

588. Reis= und Griesmehl=Pudding.

Dieselben werden im Uebrigen ebenso bereitet, wie der
Pudding in vorstehender Nummer, nur daß man beim Reis=

Pudding 1 Eßlöffel voll Reismehl weniger nimmt und es durch 1 Eßlöffel voll Waizenmehl ersetzt. — Die Saucen sind dieselben, wie die in vorstehender Nummer angegebenen, besonders gut schmeckt zu diesen Puddings eine Kirschensauce nach Nr. 565.

589. Citronen= oder Apfelsinen=Pudding.

Man rührt nach Angabe in Nr. 587 einen Teig über dem Feuer ab, nimmt jedoch zu demselben eine kleine Theetasse voll Milch weniger. Auch im Uebrigen verfolgt man das dort angegebene Verfahren, rührt jedoch die Schale von zwei Citronen, die man am besten auf dem Zucker abreibt, dazwischen und giebt vor dem Eiweiß=Schnee, ohne weiter zu rühren, die Säure von 4 Citronen daran. Citronensäure und Eiweiß=Schnee müssen zusammen mit dem Teige durchgemischt werden. — (Mit einer Citronensauce nach Nr. 569.)

> Anm. Statt der beiden Citronen kann man auch eine Apfelsine auf Zucker abreiben und den Saft von drei Apfelsinen an den Pudding geben. In diesem Falle reicht man eine Apfelsinensauce dazu, die man von Apfelsauce nach der Anweisung für die Citronensauce in Nr. 569 bereitet.

590. Fisch=Pudding.

Man schwitzt 1 Pfd. von einem aus den Gräten geschälten Fische, am besten einem Hechte, in Butter mit Salz gar, legt ihn zum Erkalten auf ein Sieb und hackt ihn mit 2 Pfd. rohem Fisch zusammen fein; auch bereitet man $1\frac{1}{2}$ Pfd. einer dicken Sauce von Sahne und Mehl, woran man ein paar gehackte Chalotten giebt. Sodann reibt man $\frac{1}{2}$ Pfd. Butter zu Sahne und rührt nach einander 2 ganze Eier und 8 Eidotter, die Sauce, den Fisch, $1\frac{1}{2}$ Pfd. in Milch aufgeweichte und gut wieder ausgedrückte Semmel, etwas Salz, $\frac{1}{2}$ geriebene Muskatnuß und 4 Loth Parmesankäse darunter. Zuletzt vermischt man das zu steifem Schnee geschlagene Weiße der Eier mit dem Teige und kocht denselben in einer Form $1\frac{1}{2}$ Stunden lang. — (Mit einer weißen Sardellen = Sauce nach Nr. 254.)

591. Fleisch-Pudding.

Man rührt 12 Loth geriebene Semmel mit etwas Milch über dem Feuer zu einem steifen Brei. Nachdem derselbe erkaltet ist, rührt man damit ³/₄ Pfd. Butter, 10 Eidotter, 2 feingehackte Häringe, 1¹/₂ Pfd. gebratenes oder gekochtes, feingehacktes Rindfleisch und ebenso ¹/₂ Pfd. rohes, feingehacktes Kalbfleisch gut durch und würzt die Masse mit ein paar fein-gehackten, in Butter geschwitzten Chalotten, nebst einer Prise Muskatnuß, Salz und Pfeffer. Sollte der Teig zu steif wer-den, so kann man ihn mit etwas Rahm verdünnen; zuletzt mischt man das zu Schnee geschlagene Weiße der Eier dar-unter, kocht den Pudding in 2 Stunden gar und reicht eine Trüffelsauce oder braune Cappernsauce nach Nr. 235 und 240 dazu.

592. Mehl-Auflauf *).

Zuthaten: ³/₄ Pott gute Milch oder Sahne, 10 Loth feines Mehl, 10 Loth Butter, 12 Loth Zucker, 12 Eier, 1 Ci-trone. Das Mehl nebst 2 ganzen Eiern und 2 Eidottern, ein wenig Salz und ein wenig Zucker wird mit der Milch und der Hälfte der Butter klar gerührt und auf einem ge-linden Feuer zu einer dicken Substanz gekocht. Sodann thut man es in eine Schüssel, rührt ein ganzes Ei daran, läßt es abkühlen und rührt hierauf nach und nach die Dotter der übrigen Eier, den Rest der Butter und die abgeriebene Schale der Citrone hinzu. Endlich mischt man das zu Schnee ge-schlagene Weiße der Eier behutsam unter die Masse, füllt sie in die Form und bestreut sie mit Zucker; was dazu nöthig ist, muß man von dem oben unter den Zuthaten angegebenen Quantum zurückgelassen haben. Der Auflauf muß 1¹/₄ Stunde bei ziemlich starker Hitze backen. — (Mit einer Fruchtsauce.)

---

*) Bei Aufläufen und sonstigen Mehlspeisen streicht man die Form gleichfalls mit Butter aus; bestreut sie aber statt mit gestoßenem Weiß-brod mit feinem weißen Zucker.

593. Chocolade-Auflauf.

Zuthaten: 10 Loth Chocolade, 5 Loth Mehl, 5 Loth Butter, 5 Loth Zucker, $3/4$ Pott Rahm, 10 Eier. — Das Mehl wird mit der Sahne und 5 Eidottern recht klar gerührt und die Masse, nachdem man den Zucker, die Butter und die vorher geriebene Chocolade hinzugethan hat, auf dem Feuer zu einem glatten Teige abgerührt. Sobald derselbe unter fortwährendem Umrühren abgekocht ist, vermischt man ihn mit den übrigen 5 Eidottern und zuletzt mit dem zu steifem Schnee geschlagenen Weißen der Eier, füllt ihn in die Form und backt ihn im mäßig heißen Ofen in $3/4$ Stunden gar. Damit der Auflauf von unten nicht zu stark backe, stellt man die Form auf ein paar Ziegelsteine.

594. Vanille-Auflauf mit Makronen.

Zuthaten: 9 Loth Mehl, 9 Loth Zucker, 6 Loth Butter, 12 Eier, 1 Pott gute Milch oder Sahne, 1 Stange Vanille, 6 bittere Makronen. — Man kocht die Vanille 5 Minuten in der Milch aus, läßt die Letztere damit abkühlen, giebt sie durch ein Sieb, rührt damit das Mehl, indem man sie nach und nach hinzugießt, recht klar und fügt 6 Eidotter, den Zucker und die Butter hinzu. Hievon rührt man auf schwachem Feuer einen recht glatten Teig ab, läßt ihn unter öfterem Umrühren abkühlen, giebt die andern 6 Eidotter und die feinzerbröckelten Makronen dazwischen und mischt endlich das zu Schnee geschlagene Weiße der Eier mit dem Ganzen durch. Sodann wird der Auflauf ganz nach der Anweisung in der vorigen Nummer gebacken und, wenn er gar ist, sogleich servirt.

595. Punsch-Auflauf.

Zuthaten: $1/2$ Pott gute Milch oder Sahne, $1/4$ Pott Rum, 8 Loth Mehl, 8 Loth Zucker, 8 Eier, 5 Loth Butter, 2 Citronen. — Mit dem An- und Abrühren des Teiges verfährt man ganz nach Anweisung in voriger Nummer, läßt denselben verkühlen und rührt die zweite Hälfte der Eidotter,

die fein abgeriebene Schale der beiden Citronen, den durch
ein Sieb gegebenen Saft derselben und den Rum dazwischen.
Zuletzt vermischt man das Ganze mit dem zu Schnee geschlagenen Weißen der Eier, füllt es in eine Form, bestreut
es mit Zucker und backt den Auflauf nach der in Nr. 593
für den Chocolade-Auflauf gegebenen Anweisung in einer
Stunde gar.

596. Erdbeer-Auflauf.

Von dem Weißen von 6 Eiern schlägt man einen recht
steifen Schaum, vermischt ihn mit 12 Loth zu Puder gestoßenem Zucker, reibt 1 Pott Erdbeeren durch ein Sieb und
mischt die dadurch gewonnene Masse gleichfalls ganz leicht
mit dem Eiweiß-Schnee durch. Sodann füllt man das Ganze
in eine Form, streut Zucker darüber und backt es in sehr
schwacher Ofenhitze etwa eine halbe Stunde.

597. Reismehlspeise.

Zuthaten: ³/₄ Pfd. ganzer Reis, 12 Eier, 12 Loth Butter,
12 Loth Zucker, 2¹/₂ Pott Milch, ¹/₂ Pfd. Rosinen, ¹/₄ Pfd.
Korinthen, ¹/₄ Pfd. Succade, 1 Citrone, ¹/₂ Loth Kanehl. —
Der Reis wird mit dem Kanehl, der Milch und der Hälfte
der Butter unter späterer Beimischung des Zuckers zu einer
festkörnigen Masse gekocht, hierauf mit 2 Eiern gebunden und
während des Abkühlens mit der übrigen Butter, einer Prise
Salz, einer abgeriebenen Citrone und nach und nach mit
10 Eidottern, den ausgekernten Rosinen, den Korinthen und
der in Würfel geschnittenen Succade gut durchgerührt und
zuletzt mit dem zu Schnee geschlagenen Weißen von 8 Eiern
vermischt. Die Masse wird in einem Kuchenrand, auf einem
Blech oder in einer flachen großen Sturzform mit Papier-
scheibe ohne Wasser 1³/₄ Stunden bei mäßiger Hitze gebacken.
Von der im Rande gebackenen Mehlspeise wird der Rand
abgenommen, im andern Falle wird sie gestürzt, mit Zucker
bestreut und mit der heißen Schaufel glacirt. Kurz vor dem
Auftragen gießt man Rum darunter, zündet ihn an und giebt
die Mehlspeise sofort.

598. Eine andere Reismehlspeise.

In 2 Pott Milch wird ½ Pfd. ganzer Reis mit ½ Pfd. Butter mürbe gekocht. Wenn er erkaltet ist, rührt man damit nach und nach 10 Eidotter, ¼ Pfd. gestoßene Mandeln, 8 Loth Zucker, und die abgeriebene Schale einer Citrone gut durch, vermischt endlich das zu Schnee geschlagene Weiße der Eier mit der Masse, giebt sie in eine Form und läßt sie 1½ Stunde backen. — (Mit einer Fruchtsauce.)

599. Mandel=Mehlspeise.

Man stößt ½ Pfd. Mandeln mit ein wenig Milch recht fein und kocht eine Stange Vanille in ½ Pott Sahne aus. Ferner rührt man 6 Loth Mehl mit 2 ganzen Eiern und 2 Eidottern, auch mit etwas Milch recht klar, giebt die Sahne dazwischen und rührt das Ganze über dem Feuer zu einer dicken Substanz. Ist dieselbe erkaltet, so giebt man 10 Loth Zucker, 10 Loth Butter, die gestoßenen Mandeln und 8 Eidotter daran, rührt Alles gut durch einander und mischt zuletzt das zu Schnee geschlagene Weiße sämmtlicher Eier darunter. Die Masse wird sodann in eine Form oder in eine Randschüssel gefüllt und in 1¼ Stunde gebacken.

600. Biscuit=Mehlspeise.

Aus einem platten, viereckigen Stücke Biscuit schneidet man ¼ Zoll dicke, zolllange Stücke, röstet dieselben ganz schwach und legt eine ovale oder runde Sturzform unten am Boden und an den Seiten so damit aus, daß die Kanten übergelegt werden, oder über einander spielen. Von den Biscuit=Abfällen, 2 ganzen Eiern und 2 Eidottern, ¼ Pfd. Zucker, ½ Flasche Rheinwein und ¼ Pfd. Butter wird über dem Feuer eine dicke Crememasse gerührt und nach dem Verkühlen mit 8 Eidottern und ½ Pfd. Korinthen gehörig durchgerührt. Sodann mischt man das zu Schnee geschlagene Weiße der Eier darunter, füllt die Masse in die mit Biscuitscheiben ausgelegte Form, bedeckt sie oben wieder mit Biscuit=

scheiben und läßt das Ganze ½ Stunde backen. — (Mit einer Weinschaumsauce nach Nr. 553.)

Anm. Die Mehlspeise kann auch kalt gereicht werden.

601. Mehlspeise von Rührei.

Man rührt 10 Eidotter mit 10 Loth Butter und dem Safte einer Citrone über schwachem Feuer zu einem weichen Rührei, zu dem man, ehe es sich verhärtet, 10 Loth feinge= stoßenen Zucker und die abgeriebene Schale von 1½ Citrone thut. Hiermit wird es recht glatt gerührt, nach dem Erkalten mit dem zu Schnee geschlagenen Weißen der Eier durchmischt und in eine Form gegeben. Diese bringt man in ein Gefäß mit kochendem Wasser und damit in einen mäßig heißen Ofen, in welchem sie 1½ Stunden gelassen wird. Man hat dabei zu verhüten, daß das Wasser in's Kochen geräth, muß es aber immer kurz davor erhalten. Die Mehlspeise wird auf eine Schüssel gestürzt und etwas Weinschaumsauce nach Nr. 553 darüber gegeben. Außerdem reicht man von der= selben Sauce daneben.

602. Citronen=Mehlspeise.

Von 5 Eßlöffeln voll Mehl wird mit 1 Loth Butter und ein wenig Milch über dem Feuer ein steifer Brei gerührt. Ferner reibt man ½ Pfd. Butter zu Sahne und rührt all= mälig 16 Eidotter, 16 Loth gestoßenen Zucker, die abgeriebene Schale von 2 Citronen und den inzwischen erkalteten Brei dazu. Nach halbstündigem Rühren giebt man den Saft von 3 Citronen daran und vermischt die ganze Masse mit dem zu Schnee geschlagenen Weißen der Eier. Sodann thut man sie in eine Form und läßt sie 1 Stunde im mäßig erhitzten Ofen stehen.

Anm. Diese Mehlspeise muß gleich nach der Herausnahme aus den Ofen servirt werden; bei längerem Stehen fällt sie zusammen.

603. Mehlspeise mit Aepfeln.

Man schält so viel Aepfel, als nöthig sind, den Boden der Form zu bedecken, schneidet die Blüthen und Kerngehäuse

21

heraus, schmort sie unter einmaligem Umkehren ganz kurz in Wein und Zucker gar, füllt sie mit eingemachtem Kirschfleisch und legt sie in die Form. Nun läßt man 2 Eßlöffel voll Butter über dem Feuer zergehen, thut ¼ Pfd. gestoßenen Zucker, eine Hand voll Mehl und 1 Pott süßen Rahm dazu und rührt dies auf dem Feuer ab. Nachdem es gut zur Hälfte verkühlt ist, mischt man das zu Schnee geschlagene Weiße der Eier darunter, thut den Creme über die Aepfel und läßt das Ganze bei mäßiger Hitze 1 Stunde backen.

604. Eine andere Mehlspeise mit Aepfeln.

Achtzehn große Aepfel werden geschält, von Blume und Kerngehäuse befreit, in Scheiben geschnitten und in etwas Zucker auf Kohlenfeuer langsam gar gedämpft. Ferner reibt man ½ Pfd. Butter zu Sahne und rührt 12 Eidotter, ½ Pfd. Zucker, 4 Loth gestoßene süße und halb so viel bittere Mandeln, ½ Theelöffel voll Kanehl, die abgeriebene Schale und den Saft einer Citrone, sowie endlich 4 Löffel voll fein gestoßenen Zwieback gut damit durch. Zu dieser Masse schüttet man die Aepfelschnitte und mischt sie damit, sowie mit dem zu Schnee geschlagenen Weißen von 6 Eiern vorsichtig durch, giebt das Ganze in eine Form, zerstößt eine Hand voll ungeschälte Mandeln mit etwas Kanehl und Zucker, bestreut damit die Mehlspeise und läßt sie in einem mäßig heißen Ofen in 1½ Stunden gar backen.

605. Makronen-Mehlspeise.

Man bringt ¾ Pott Milch in's Kochen, quirlt 10 Eidotter mit 1 Eßlöffel voll Kartoffelmehl und der abgeriebenen Schale von 2 Citronen, giebt allmälig unter fortgesetztem Quirlen die Milch dazu, quirlt das Ganze über dem Feuer weiter, bis es kurz vor dem Kochen ist und stellt es zum Kaltwerden zurück; außerdem schlägt man von dem Weißen von 5 Eiern einen steifen Schnee und mischt etwas fein gestoßenen Zucker darunter. Nun bedeckt man den Boden einer Form mit süßen Makronen, legt reichlich Kirschfleisch darauf und läßt wieder eine Schicht Makronen und dann wieder eine Schicht Kirschfleisch folgen. Hierüber giebt man zunächst die Creme und sodann den Schnee, den man noch mit etwas Puderzucker bestreut, verschließt die Form und läßt die Mehlspeise in einer Stunde hellbraun backen.

606. Mehlspeise von gemahlenem Reis oder Gries.
(Sehr gut.)

Man bereitet einen Teig ganz nach der Anweisung für den Reismehl-Pudding in Nr. 588 und bestreicht mit der Hälfte davon den Boden eines Tortenrandes. Ferner schält man nicht zu große Aepfel, sticht Blume und Kerngehäuse aus, schmort sie in Wein und Zucker gar, läßt sie erkalten und füllt die Oeffnungen inwendig mit Kirschfleisch aus. Mit diesen Aepfeln belegt man die Teigschicht, füllt die Zwischenräume zwischen ihnen mit andern eingemachten Früchten aus, bedeckt das Ganze mit der zweiten Hälfte des Teiges und backt die Mehlspeise im nicht zu stark erhitzten Ofen in zwei Stunden gar. — (Mit einer der Fruchtsaucen in Abschn. XVI.)

607. Chocoladen-Mehlspeise.

Man bereitet einen Teig ganz nach der für den Reismehl-Pudding in Nr. 588 gegebenen Anweisung, nur daß man 6 Loth fein geriebene Chocolade dazwischen rührt und dagegen 3 Loth Zucker weniger verwendet. Die fertige Masse füllt man in eine Form oder einen Tortenrand und backt sie im gut erhitzten Ofen in 2 Stunden gar. — (Mit einer Vanilleschaumsauce nach Nr. 574.)

Anm. Griesmehl eignet sich für diese Mehlspeise nicht besonders.

B. Kalte Puddings und Mehlspeisen.
608. Wein-Pudding.

Zu einer Flasche gutem Weißwein giebt man die zerquetschten Körner von 10 Cardamomenschoten, 1 Muskatblüthe, $\frac{1}{2}$ geriebene Muscatnuß, 1 Stange Kanehl, 16 grob gestoßene süße und

10 bittere Mandeln und 1 Pfd. Zucker, auf welchem die Schale
einer Pomeranze abgerieben ist. Dies bringt man zusammen
in's Kochen und läßt es ½ Stunde auf dem Feuer ziehen,
worauf man noch 2 auf Zucker abgeriebene Citronen, nebst
dem Pomeranzen- und Citronensafte daran thut und Alles
einmal mit einander durchkochen läßt. Nachdem es vom Feuer
genommen worden, gießt man noch 1 Flasche Madeira dazu
und läßt es damit erkalten. Inzwischen schlägt man 20 ganze
Eier recht klein, rührt ganz allmälig den gewürzten Wein
dazu, giebt die ganze Masse durch ein Sieb und füllt sie in
eine mit Butter ausgestrichene und mit Zucker bestreute Form.
Hierin muß sie so langsam wie möglich kochen, bis sie steif
ist, was in etwa einer Stunde der Fall sein wird und wovon
man sich durch Hineinstechen mit einer Stricknadel überzeugen
kann. Sodann stellt man den Pudding in kaltes Wasser,
läßt ihn darin erkalten, stürzt ihn auf eine Schüssel und übergießt ihn ein wenig mit einer Himbeer- oder Johannisbeer-
Sauce (Nr. 559 und 560), die man überdies daneben reicht.

609. Rum-Pudding.

Man reibt die Schalen von 2 Citronen an 12 Loth
Zucker ab, reibt den Zucker fein, schlägt 18 ganze Eier dazu
und rührt dies zusammen so lange mit einander durch, bis
der Zucker geschmolzen ist und das Ganze sich in eine dickflüssige Masse verwandelt hat. An diese rührt man 1 Pott
mit 10 Loth Zucker und ein wenig Vanille aufgekochte und
wieder erkaltete Sahne, sowie ½ Pott Jamaica-Rum, giebt
das Ganze durch ein Sieb und füllt es in eine mit feinem
Provence- oder Mandelöl ausgestrichene und mit Zucker bestreute Form. Hierin läßt man es so langsam wie möglich
kochen, bis es grade steif ist, wovon man sich nach ¾ bis
1 Stunde durch Hineinstechen mit einer Stricknadel überzeugen kann, worauf der Pudding zum Abkühlen in kaltes
Wasser gestellt, auf eine Schüssel gestürzt, mit verschiedenen
Arten Frucht-Gelee zierlich belegt und mit einer Himbeersauce
nach Nr. 559 servirt wird.

610. Marasquino-Pudding.

Man läßt 1 Pott süßen Rahm mit ½ Pfd. darin auf=
gelöstem Zucker, an welchem die Schale einer Pomeranze ab=
gerieben ist, nebst einem Stückchen Vanille langsam aufkochen,
giebt hieran 3 Loth vorher in ¼ Pott Wasser aufgelöste
Gelatine und fährt mit dem Rühren über dem Feuer fort,
bis die Masse wieder kocht. Ferner hat man 16 Eidotter
mit etwas Puderzucker und 1 Löffel voll kaltem Rahm recht
fein und eben gerührt. Hieran giebt man unter fortgesetztem
Rühren nach und nach etwas von der kochenden Masse, so=
dann aber die Eiermasse in die Letztere und rührt nun Alles
zusammen so lange gut durch, bis es aufstößt. Sodann thut
man diese Puddingmasse in ein Gefäß zum Abkühlen, rührt
sie während dessen wiederholt um und gießt, nachdem sie
lauwarm geworden, 2 Weingläser voll Marasquino daran.
Endlich giebt man das Ganze durch ein Sieb in eine Form,
läßt es vollends darin erkalten und servirt es entweder in
derselben oder stürzt den Pudding auf eine Schüssel, nachdem
man ihn vorher ein paar Minuten in heißem Wasser hat
stehen lassen, damit er sich von der Form löse. Endlich gar=
nirt man ihn mit Gelees nach Angabe in voriger Nummer
und reicht eine Johannisbeersauce dazu.

Anm. Das Auflösen der Gelatine bewerkstelligt man am besten, in=
dem man sie in Wasser (¹⁄₄ Pott auf 3 Loth) unter stetem Rüh=
ren langsam kocht. Es erfordert etwa ¼ Stunde, bis Alles auf=
gelöst und der Stand klar ist.

611. Pudding à la Nesselrode.

Man kocht ½ Pott Sahne mit 25 Loth Zucker und einer
halben Stange Vanille auf und läßt Letztere darin ausziehen.
Nach dem Erkalten rührt man sie zu 10 klein geschlagenen
Eiern und versetzt dies mit einem Glase Marasquino. Gleich=
zeitig werden 10 Loth Rosinen und 10 Loth Korinthen, nebst
2 Loth in kleine Würfel zerschnittener Succade in Wein und
Zucker kurz eingekocht und ½ Pott dicke, süße Sahne wird
zu einem glatten Schaum geschlagen. Alle diese Ingredienzien
werden dann sorgfältig vermischt und mit 3 Loth nach Nr. 610

aufgelöster Gelatine verbunden, worauf man den Creme, mit Himbeergelee schichtweise abwechselnd, in eine mit Mandelöl ausgestrichene Form füllt und nach .dem Erkalten den Pudding auf eine Schüssel stürzt.

612. Mehlspeise à la Polonaise.

Man rührt 10 Eidotter und 4 ganze Eier mit 1 Pfd. Zucker, worauf 3 Citronen abgerieben worden, nebst dem Safte derselben und einer Flasche Weißwein über gelindem Feuer zu einer ebenen Creme ab und vermischt dieselbe, nachdem sie etwas abgekühlt ist, mit 3 Loth nach Nr. 610 aufgelöster Gelatine. Ferner klebt man 10 Loth Biscuitplättchen mit Himbeergelee an einander, befeuchtet sie mit Marasquino und giebt sie schichtweise mit der Creme in eine mit Mandelöl ausgestrichene Form; so jedoch, daß man mit der Creme anfängt und schließt.

613. Chocolade=Mehlspeise.

1 Pott Milch, 1/4 Pfd. Chocolade, 1/4 Pfd. Zucker und 1/2 Stange Vanille werden zusammen aufgekocht, dann werden 8 Eidotter dazu geschlagen und so lange über dem Feuer damit gerührt, bis die Masse aufstößt. Nachdem dieselbe abgekühlt ist, vermischt man sie mit 3 Loth nach Nr. 610 aufgelöster Gelatine und zuletzt mit dem zu Schnee geschlagenen Weißen der Eier. Sodann wird das Ganze durch ein Sieb in eine Form gegeben und zum völligen Erkalten hingestellt.

614. Citronen=Creme.

1 1/2 Pott Milch werden mit 1/2 Pfd. Zucker und einer in Stücke geschnittenen Stange Vanille aufgekocht und sodann mit 7 Eidottern abgequirlt. Nachdem die Masse verkühlt ist, rührt man 4 1/2 Loth nach Nr. 610 aufgelöste Gelatine, sowie 1/4 Pfd. stark getrocknete, fein gebrochene Makronen dazu und mischt zuletzt das zu Schnee geschlagene Weiße der Eier darunter. Darauf wird das Ganze sofort in eine Form gefüllt und zum völligen Erkalten hingestellt.

615. Erdbeer=Mehlspeise.

Bier Theetassen voll recht reife Wald=Erdbeeren reibt man durch ein Haarsieb und rührt so viel feingestoßenen Zucker dazwischen, bis es nach Probe süß genug ist. Ferner schlägt man 1 Pott dicken, süßen Rahm zu Schaum, giebt die Erd= beermasse und 1½ Loth nach Nr. 610 aufgelöste Gelatine dazu, füllt das Ganze in eine Form und stellt es recht kalt. Ist es völlig erkaltet, so giebt man Himbeersaft darüber.

Anm. Im Winter kann man sich eingemachter Erdbeeren bedienen.

616. Himbeer=Mehlspeise.

Es wird ½ Pott Rahm mit ¾ Pfd. feingestoßenem Zucker aufgekocht, nachdem man ihn vom Feuer genommen, mit ¾ Pott Himbeersaft und nach gutem Verkühlen mit 4 Loth nach Nr. 610 aufgelöster Gelatine zusammengerührt. Dann gießt man das Ganze in eine Form und stellt es recht kalt.

617. Apfelsinen=Mehlspeise.

1 Pott Rahm wird mit ¾ Pfd. Zucker, worauf die Schale einer Citrone und einer Apfelsine abgerieben worden, nebst dem durch ein Sieb gegebenen Safte von 3 Apfelsinen und der Citrone aufgekocht. Mit etwas von dieser Sahne rührt man 16 Eidotter klein, giebt dieselben an die übrige Sahne und läßt sie damit noch einmal aufkochen. Ist die Masse vom Feuer genommen, so rührt man sie mit 3½ Loth nach Nr. 610 aufgelöster Gelatine durch und mischt endlich das zu Schnee geschlagene Weiße der Eier behutsam dar= unter. Das Ganze wird sodann in eine Form gefüllt und zum Erkalten hingestellt.

618. Rahmschneesulze.

2 Pott mit einer Stange Vanille und 1½ Pfd. Zucker aufgekochter süßer Rahm wird, nachdem er ziemlich abgekühlt ist, mit 8 Loth nach Nr. 610 aufgelöster Gelatine vermischt,

und sodann mit 2 Pott zu Schaum geschlagener Sahne durchgerührt.   Diese Creme füllt man recht schnell in eine Form,
legt während dessen Biscuitplättchen dazwischen und garnirt
sie auch damit.   Auch kann man dieser Mehlspeise verschiedene
Farben geben.   Man theilt sie zu diesem Zweck, nachdem der
Schlagrahm dazwischen gemischt worden, in 3 Theile, rührt
zu dem einen derselben so viel geriebene Chocolade, daß er
davon braun wird, färbt den andern mit einer Cochenille-
Auflösung nach Nr. 32 roth und läßt den dritten weiß.   Nun
kann man entweder diese 3 Theile einzeln schichtweise in die
Form geben, oder man zieht sie vorher leicht wieder durch
einander, wodurch die Mehlspeise ein marmorirtes Aussehen
erhält.   In beiden Fällen fallen die Biscuitplättchen weg
und die Mehlspeise wird nach dem Erkalten auf eine Schüssel
gestürzt.

619. Rothes Blancmanger.

Man nimmt dazu Himbeer-, Johannisbeer- oder Kirschsaft, welchen man in der Art bereitet, wie in Abschn. XVIII.
für das Einmachen der Früchte angegeben ist.   Zu $^3/_4$ Pott
davon löst man $2^1/_2$ Loth Gelatine nach der Anweisung in
Nr. 610 auf, rührt dieselbe damit, unter Hinzuthun von einem
Glase Franzwein und dem Safte einer halben Citrone, durch,
giebt, wenn es nöthig ist, nach Probe noch Puderzucker dazu,
läßt die Masse unter fortgesetztem Rühren über dem Feuer
lauwarm werden und giebt sie endlich durch ein feines Sieb
in die dazu bestimmte Form, in welcher man sie erkalten läßt.
Will man die Mehlspeise nicht in der Form reichen, so stürzt
man sie auf eine Schüssel, nachdem man die Form vorher
ein paar Minuten in heißes Wasser gestellt hat.

620. Weißes Blancmanger.

Anderthalb Pott süßer Rahm werden mit einer Stange
Vanille und 20 Loth feingestoßenen Mandeln unter beständ-
digem Rühren gut durchgekocht.   Dann giebt man das Ganze
durch ein feines Haarsieb, wobei man die Mandeln gut aus-
drückt, giebt, nachdem es ziemlich verkühlt ist, 4 Loth nach

Nr. 610 aufgelöste Gelatine dazu, gießt es in eine Form und läßt es darin erkalten. Vor dem Anrichten wird die Mehlspeise nach Anweisung in voraufgehender Nummer gestürzt.

621. Roth und weißes Blancmanger.

Dasselbe wird bereitet, indem man die Blancmangers der beiden voraufgehenden Nummern in fingerdicken Schichten in einer Form über einander aufträgt. Dabei ist zu beachten, daß man die jedesmalige Schicht vor dem nächsten Uebergusse erkalten lassen muß, damit sich die beiden Farben nicht vermengen. Sehr hübsch wird diese Mehlspeise in einer Form, an deren Boden eine Krebsfigur ausgehöhlt ist. Dieselbe wird mit dem rothen Bestandtheile des Blancmanger gefüllt; darauf läßt man dann zunächst eine ziemlich dicke Schicht des weißen folgen und fährt dann, mit den Farben abwechselnd, weiter fort.

622. Gebackene Mandel=Mehlspeise mit Früchten.

Es werden ¾ Pfd. süße und 5 Loth bittere Mandeln mit etwas Eiweiß feingestoßen und sodann mit 10 Eidottern recht klar gerieben, worauf man wieder 10 Eidotter dazu thut und das Ganze noch einmal klar reibt. Jetzt giebt man 1 Pfd. feingestoßenen Zucker und zum dritten Male 10 Eidotter nebst der abgeriebenen Schale von 2 kleinen Citronen daran und rührt Alles mit einander noch einmal klar und mischt es zuletzt mit dem zu steifem Schnee geschlagenen Weißen von 20 Eiern durch. Die mit Butter ausgestrichene Form darf mit der Masse nur zur Hälfte gefüllt werden. Nachdem der Teig in 1¼ Stunde im mäßig heißen Ofen gar gebacken worden, wird er herausgenommen und man schneidet von der Torte, welche man vorher hat erkalten lassen, zunächst einen Deckel ab und höhlt sie sodann aus, wobei man von dem Boden, sowie von den Seitenwänden bis zu Fingers Dicke stehen läßt. Auf den Boden legt man eine Schicht eingemachte Früchte, namentlich Kirschfleisch und Hagebutten, hierüber eine Schicht von der herausgenommenen Krume, dann wieder eine Schicht Früchte und fährt so fort, bis die Torte gefüllt ist; endlich schließt man mit dem abgenommenen Deckel. Die Krumenschichten werden dabei mit so viel Rothwein übergossen, daß sie gut davon angefeuchtet werden. Den Deckel übergießt man endlich mit süßem Rahm, der mit gestoßenem Zucker und Vanille zu Schaum geschlagen ist; diesen Schlagrahm reicht man außerdem nebenbei in einer Sauciere.

623. Princess-Royal-Mehlspeise.

Es werden 2 Pott Rahm mit 20 Loth Zucker, 4 Loth süßen gestoßenen Mandeln und einer halben Stange Vanille $\frac{1}{2}$ Stunde lang gekocht und mit 16 Eidottern zusammen geschlagen. Hierauf rührt man 5 Loth nach Nr. 610 aufgelöste Gelatine daran, bringt die Masse bis kurz vor's Kochen und mischt, nachdem man sie vom Feuer genommen, das zu Schnee geschlagene Weiße von 12 Eiern löffelweise darunter. Das Ganze wird sodann durch ein Sieb gegeben und während des Abkühlens öfters umgerührt, damit sich keine Haut setze, worauf man eine zolldicke Schicht von dieser Creme in eine Form füllt, hierauf eine Schicht Biscuitplättchen und auf dieselben eingemachte Früchte, am besten Aprikosen legt. In dieser Weise fährt man fort, bis Alles verbraucht ist; den Schluß muß eine Schicht der Creme bilden.

624. Kalt gerührte Apfelsinen-Mehlspeise.

Man reibt die Schale von einer Apfelsine und einer Citrone auf 1 Pfd. Zucker ab, stößt Letzteren fein, rührt ihn mit 26 Eidottern zusammen und giebt während dessen den Saft von 5 Apfelsinen und der Citrone daran. Ist der Zucker geschmolzen, so wird er mit dem zu Schnee geschlagenen Weißen der Eier vermischt, mit 4 Loth nach Nr. 610 aufgelöster Gelatine durchgerührt, in eine Form gefüllt und mit eingemachten Früchten oder Apfelsinenschnitten garnirt.

625. Apfelsinen=Reis.

Es wird ¹/₂ Pfd. grob gemahlener Reis mit Zucker, woran die Schale von einer Apfelsine abgerieben worden, und ¹/₄ Pfd. gestoßenen Mandeln in 1¹/₂ Pott Milch recht weich gekocht. Nachdem er ziemlich abgekühlt ist, giebt man ihn mit dünnen Apfelsinenkluften schichtweise in eine Form, läßt ihn darin völlig erkalten und stürzt ihn auf eine Schüssel. — (Mit Vanilleschaumsauce nach Nr. 574.)

626. Götterspeise.

Geriebenes Schwarzbrod wird gut mit feingestoßenem Zucker vermischt. Davon legt man eine fingerdicke Schicht in eine Schüssel, läßt hierauf eine Schicht zu Schnee geschlagenen Rahm folgen, dann wieder eine Schicht Schwarzbrod und so weiter, bis die Schüssel gefüllt ist; den Schluß bildet Schlagrahm. Die Mehlspeise wird mit einer Frucht=Gelee garnirt.

Anm. Man kann das Brod auch mit etwas Marasquino oder Malaga anfeuchten, auch statt seiner Baisers verwenden.

XVIII. Milch= und Eierspeisen.
627. Milchreis.

Man bringt ¹/₂ Pfd. nach Nr. 39 vorbereiteten ungemahlenen Reis in 1¹/₂ Pott Milch mit einer Prise Salz recht schnell in's Kochen und läßt ihn sodann auf schwachem Feuer unter öfterm Umrühren langsam ausquellen. Kurz vor dem Garwerden, welches etwa eine Stunde erfordert, giebt man einen Eßlöffel voll Butter und ein wenig Zucker nach Probe daran, richtet ihn in einer tiefen Schüssel an und bestreut ihn stark mit gestoßenem Kanehl und Zucker.

Anm. Der Reis muß zwar weich, doch nicht mußig gekocht sein.

628. Milchreis mit Mandeln.

Es werden 2 Pott Milch mit 12 Loth gestoßenen süßen und ½ Loth bittern Mandeln aufgekocht und eine Viertel= stunde lang ganz schwach, so daß die Milch eben brodelt, weiter gekocht. Dann gießt man das Ganze durch ein Haar= sieb, bringt die Milch wieder auf das Feuer und kocht darin nach Anweisung in voriger Nummer den Reis gar.

629. Milchreis mit Aepfeln.

Man kocht den Reis nach Anweisung in Nr. 39 weich, bereitet Apfelmus nach Nr. 538 und richtet beides zusammen schichtweise in einer tiefen Schüssel an, mit Reis schließend, den man reichlich mit Zucker bestreut und nach Belieben mit einer glühenden Schaufel glacirt.

630. Rahmbrei.

Man schwitzt 6 Eßlöffel voll Mehl in 6 Loth Butter gelb, giebt 1 Pott Rahm, 3 Loth Zucker, ein Stückchen Ka= nehl und eine Prise Salz daran, rührt hievon über dem Feuer einen Brei und läßt denselben unter wiederholtem Umrühren noch etwa 10 Minuten kochen. Sobald er gar ist, giebt man ihn in eine tiefe Schüssel, bestreut ihn reichlich mit Zucker und glacirt ihn mit einer glühenden Schaufel.

631. Gekochte Eier.

Die recht sauber gewaschenen Eier legt man möglichst auf einmal in scharf kochendes Wasser und läßt sie, wenn das Gelbe ganz weich bleiben soll, 4 Minuten, will man es pflaumenweich haben, 5 Minuten, soll es ganz hart werden, 8 bis 10 Minuten kochen. Eier, die zum Garniren von Spei= sen u. dgl. verwandt werden sollen, legt man gleich nach der Herausnahme aus dem Kochtopfe in kaltes Wasser; es be= wirkt dies, daß die Schale sich besser abnehmen läßt.

Anm. Nicht mehr ganz frische Eier läßt man ¼ bis ½ Minute weniger, als angegeben, kochen.

632. Rührei.

Man schlägt ganze Eier mit etwas Salz recht klein und giebt dann auf jedes Ei 1 Eßlöffel voll Milch, auch nach Belieben ein wenig Schnittlauch, daran. Diese Masse gießt man in eine Pfanne, in welcher man so viel Butter hat zergehen lassen, daß auf jedes Ei ein Stück von der Größe einer halben Wallnuß kommt und rührt sie, so bald sie anfängt sich an den Boden der Pfanne anzusetzen, mit einem Kochlöffel strichweise von der einen Seite der Pfanne nach der andern hinüber, bis alles in eine dicke aber lockere Masse verwandelt ist. Das Rührei darf dabei nicht breiig werden, sondern muß in gesonderten Klümpchen auf die Schüssel zu liegen kommen; um zu verhüten, daß es zu steif werde, thut man gut, die Pfanne, bald nachdem man zu rühren angefangen hat, vom Feuer zu nehmen. — Als Beilage wird dazu Schinken oder Lachs gereicht, auch richtet man das Rührei über Filets von Bücklingen oder über Klopfschinken an.

Anm. Man bereitet das Rührei auch so, daß man Speck dunkelgelb brät, das ausgebratene Fett statt der Butter benutzt und die Speckscheiben mit hineinrührt.

633. Spiegeleier.

Man zerläßt Butter in einer Pfanne und schlägt die Eier möglichst schnell nach einander, aber doch behutsam, damit kein Dotter zerreiße, hinein, streut etwas Pfeffer und feingestoßenes Salz darüber und läßt, so bald das Weiße sich verhärtet hat, die nun eine zusammenhängende Masse bildenden Eier aus der Pfanne auf eine Anrichteschüssel gleiten. Des bessern Aussehens wegen schneidet man die ungleichen und zu hart gebratenen Ränder ab.

634. Senfeier.

Man bereitet nach Nr. 28 verlorene Eier, oder es werden Eier nach Nr. 631 pflaumenweich gekocht, abgeschält, der Länge nach durchschnitten und mit der Schnittseite nach oben in eine Schüssel gelegt. Dann überstreut man sie ein wenig

mit feingestoßenem Salz und übergießt sie mit reichlich Senf=
sauce nach Nr. 252 oder Nr. 437 Anm. 2.

635. Eier mit einer Petersilien= oder holländischen Sauce.

Wie die Senfeier in voriger Nummer, jedoch wird dazu
statt der Senfsauce eine Petersiliensauce nach Nr. 242, oder
eine holländische Sauce nach Nr. 266 bereitet.

636. Saure Eier.

Man läßt in einer Pfanne Butter braun werden und
bereitet darin im Uebrigen Spiegeleier nach Nr. 633, läßt
etwas braune Butter, oder besser noch, wenn man davon
gerade hat, etwas gute Bratensauce mit Essig nebst ein wenig
Salz und Pfeffer aufkochen und übergießt mit dieser Sauce
die Eier.

637. Allgemeines über das Backen der Pfann= und Eierkuchen.

Im Betreff des Backens der Pfannkuchen ist im Allge=
meinen zu bemerken, daß man nicht zu wenig Backfett —
nur Butter, oder zur Hälfte Schweineschmalz, zur Hälfte
Butter — in die Pfanne thun muß, dasselbe gelb oder höch=
stens ganz hellbraun werden läßt, die Pfanne vom Feuer
nimmt und dann die Kuchenmasse mit einem Kochlöffel hin=
eingiebt. Dann setzt man die Pfanne wieder auf das Feuer,
läßt, sobald sich die Masse unten verdickt, fortwährend von
dem oberen Dünnen darunter laufen, indem man mit einem
schräg gehaltenen Messer bis auf den Boden der Pfanne
sticht und fährt damit unter wiederholtem Schütteln und
Drehen der Pfanne fort, bis der Teig oben dick geworden ist.
Nachdem die untere Seite des Kuchens hellbraun geworden
ist, läßt man ihn aus der Pfanne auf einen flachen Teller
gleiten, legt ein Stückchen Butter darauf und stülpt ihn nun
auch mit der ungebackenen Seite in die Pfanne.

Bei den nächstfolgenden beiden Recepten ist wegen der besonderen Beschaffenheit der Eierkuchenmasse ein etwas abweichendes Verfahren angegeben.

638. Papendorfer Eierkuchen.

Man rührt ganze Eier mit einer Prise Salz klein und sodann auf jedes Ei einen Löffel voll Rahm dazu, macht Butter in der Pfanne hellbraun und gießt die Eierkuchenmasse hinein. Sobald dieselbe sich unten an der Pfanne ansetzt, holt man die dickgewordene Masse mit dem Löffel nach oben und läßt dafür von dem Dünnen darunter laufen, was fortgesetzt wird, bis Alles dick ist. Dann läßt man den Eierkuchen erst auf der Seite, auf welcher er liegt, und sodann auch auf der andern hellbraun backen.

639. Ein anderer Eierkuchen.

Es werden 6 Eier mit einer Prise Salz klein gerührt, mit einem Eßlöffel voll Kartoffelmehl und $1/4$ Pott warmer Milch tüchtig zusammen geschlagen und in eine Pfanne gebracht, in welcher man Butter hat hellbraun werden lassen. Weiter verfährt man nach voriger Nummer, backt aber den Eierkuchen nur auf der einen Seite braun, schlägt ihn zusammen, bestreut ihn stark mit Puderzucker und reicht süße Gelees oder eingemachte Früchte dazu.

640. Schaum-Omelette.

Zu 3 Omeletten werden die Dotter von 6 Eiern mit einer Prise Salz klein geschlagen und sodann mit 4 Eßlöffel voll Mehl und $1/4$ Pott Milch nebst $1/2$ Pott saurem Rahm gut durchgerührt und kurz vor dem Backen mit dem zu Schnee geschlagenen Weißen der Eier durchmischt. Dann backt man die Omeletten auf beiden Seiten hellbraun.

641. Schaumpfannkuchen.

Man schlägt 6 Eidotter mit einer Prise Salz klein, rührt 2 Eßlöffel voll Mehl und eine gute Obertasse voll Milch dazu, schlägt das Ganze gut durcheinander und vermischt es mit dem zu Schnee geschlagenen Weißen der Eier. Beim Backen verfährt man sodann nach der Anweisung in Nr. 637 (Zu 3 Pfannkuchen.)

642. Schaum=Pfannkuchen von Kartoffelmehl.

Es werden 3 Eidotter mit einer Prise Salz klein geschla= gen, worauf man 3 Loth Kartoffelmehl und ½ Pott Milch gut damit durchrührt und die Masse mit dem zu Schnee ge= schlagenen Weißen der Eier vermischt. Weiter verfährt man nach der Anweisung in Nr. 637, bestreut jedoch den Pfann= kuchen, bevor man ihn umkehrt, mit feingestoßenem Zwiebad. (Zu einem Pfannkuchen.)

643. Semmel=Pfannkuchen.

Man weicht ¼ Pfd. abgeschälte Semmel in ½ Pott Milch ein und giebt 2 Eßlöffel voll Mehl, 6 Eidotter, eine Prise Salz, 3 bis 4 gestoßene bittere Mandeln und einige kleine Rosinen dazu. Das Ganze rührt man zu einer gleich= mäßigen Masse, mischt das zu Schnee geschlagene Weiße der Eier darunter und backt unmittelbar darauf nach der Anwei= sung in Nr. 637 Pfannkuchen davon.

644. Kartoffel=Pfannkuchen.
(Von gekochten Kartoffeln.)

Nach dem Kochen erkaltete und geschälte Pellkartoffeln werden recht fein gerieben, worauf man einen gehäuften Teller voll davon mit 3 Eßlöffeln voll Mehl, 4 Loth Butter, einer Prise Salz und 8 ganzen Eiern vermischt. Hieran giebt man ½ Pott Milch, rührt aus dem Ganzen eine recht gleich= mäßige ebene Masse und backt nach der Anweisung in Nr. 637 Pfannkuchen davon.

645. Kartoffel-Pfannkuchen.
(Von rohen Kartoffeln.)

Man schält rohe Kartoffeln, reibt sie, hält die Schale, worin die Masse sich befindet, schräg und füllt die dann darauf sich ansammelnde Flüssigkeit ab. Zu einem gehäuften Teller voll davon giebt man 4 ganze Eier, etwas Salz, 1 Eßlöffel voll Mehl und 4 Eßlöffel voll sauren Rahm und rührt von dem Ganzen einen recht gleichmäßigen Brei, von dem man nach Anweisung in Nr. 637 über ganz langsamem Feuer Pfannkuchen backt.

Anm. Diese Pfannkuchen muß man heiß, sowie sie aus der Pfanne kommen, serviren, da sie zähe werden, wenn sie eine Zeit lang stehen.

646. Aepfel-Pfannkuchen.

Man bedeckt den Boden einer Pfanne, in welcher man Butter hat gelb werden lassen, mit Aepfelscheiben und läßt sie auf beiden Seiten gelblich braten. Ferner schlägt man 4 ganze Eier mit einer Prise Salz klein, rührt 4 Eßlöffel voll Mehl nebst ¼ Pott Milch und 1 Messerspitze voll Kanehl dazu und giebt von dieser Masse so viel über die Aepfelscheiben, daß sie davon bedeckt sind. Ist der Pfannkuchen nach Anweisung in Nr. 637 gar gebacken, so bestreut man ihn gut mit Zucker und glacirt ihn mit einer glühenden Schaufel.

647. Aepfel-Pfannkuchen anderer Art.

Zwei Teller voll kleingeschnittene Aepfel werden mit Zucker und ein wenig Citronenschale in Wein weich geschmort. Ferner schlägt man 6 Eidotter mit einer Prise Salz klein, rührt 2 Eßlöffel voll Kartoffelmehl, ⅓ Pott sauren Rahm, nebst einer Prise Kanehl daran und mischt das zu Schnee geschlagene Weiße der Eier darunter. Sodann backt man aus dieser Masse 2 Pfannkuchen auf der einen Seite gar, vertheilt auf der obern Seite des zuletzt gebackenen die Aepfelstücke gleichmäßig, legt den ersten Kuchen mit der ungebackenen Seite

22

oben darauf und läßt nun den ganzen Kuchen noch etwas nachbacken, worauf man ihn mit Zucker bestreut und recht heiß servirt.

648. Pfannkuchen mit Kirschen oder Johannis= beeren.

Man bereitet einen Pfannkuchenteig, indem man 4 Eier mit einer Prise Salz klein schlägt und 5 Eßlöffel voll Mehl, ³/₈ Pott Milch, 1 gehäuften Theelöffel voll Zucker und 1 Messer= spitze voll Kanehl daran rührt. Diesen Teig giebt man in eine Pfanne, in welcher Butter gelb gemacht ist, legt einen Teller voll Johannisbeeren oder ausgesteinte saure Kirschen darauf, überstreut dieselben mit ¼ Pfd. feingestoßenem Zwie= back und backt den Kuchen auf beiden Seiten gar. Auf der Schüssel wird er sodann dick mit etwa ¼ Pfd. gestoßenem Zucker bestreut.

649. Kräuter=Omeletten.

Es werden 4 Eier mit einer Prise Salz klein geschlagen und mit 5 Eßlöffeln voll Mehl, ³/₈ Pott Milch, sowie klein= gehackten Champignons, Chalotten und Petersilienkraut durch= gerührt. Hieraus backt man Omeletten nach Nr. 637, rollt sie zusammen und füllt ein wenig Bratensauce darüber.

650. Omelette au Salpicon.

Man bereitet eine Omelette wie in voraufgehender Num= mer, jedoch mit Weglassung der Champignons, Chalotten und Petersilie. Sobald sie nach Nr. 637 gar gebacken ist, füllt man ein Ragoût fin nach Nr. 207 darauf und schlägt sie nach allen Seiten zusammen.

651. Omelette aux confitures.

Man schlägt ganze Eier mit einer Prise Salz recht klein und rührt sodann auf jedes Ei einen Löffel voll Milch und auf 6 Eier einen Löffel voll Mehl darunter, backt von der Masse nach Angabe in Nr. 637 Omeletten auf einer Seite braungelb, läßt dieselben aus der Pfanne auf eine Schüssel gleiten, thut eingemachte Früchte darauf und schlägt sie zusammen, oder rollt sie auf. Alsdann werden sie gut mit Zucker bestreut und mit einer glühenden Schaufel glacirt.

652. Omelette soufflée.

Man schlägt 12 Eidotter mit 12 Loth Zucker, welchen man, nachdem die Schale einer Citrone darauf abgerieben ist, recht fein gestoßen hat, so lange bis der Zucker geschmolzen ist und sich eine dicke gleichförmige Masse gebildet hat. Sodann rührt man 1 Eßlöffel voll Kartoffel= oder feinstes Waizenmehl darunter, vermischt das zu recht steifem Schnee geschlagene Weiße der Eier leicht damit und backt aus der Masse 4 Omeletten nach Angabe in Nr. 637 auf der einen Seite hellbraun. Die Omeletten werden mit der ungebackenen Seite nach unten auf einander gelegt, mit Citronensaft beträufelt, gut mit Puderzucker bestreut und noch $1/4$ Stunde im schwach erhitzten Ofen gebacken; man kann sie aber auch ohne dies Backen zu Tisch geben; in beiden Fällen garnirt man sie obenauf mit Gelee.

Anm. Sind die Eier recht frisch, so daß der Schnee gut steht, so läßt man das Mehl ganz weg. — Hat man eine Pfanne von entsprechender Größe, so werden die Omeletten, wenn man aus obigen Zuthaten nur davon 2 backt, noch besser, da sie alsdann um so schneller gar werden.

653. Omelette mit Reis.

Man kocht Milchreis nach Nr. 627 mit einem gestoßenen Stückchen Vanille und rührt, wenn er gar ist, ein paar Eidotter darunter. Diesen Reis füllt man auf eine Omelette, die nach Nr. 637 bereitet ist und schlägt dieselbe zusammen. — (Mit einer Frucht= oder Vanille=Sauce. — Abschn. XVI.)

654. Omelette zum Garniren.

Es werden ganze Eier mit etwas Salz klein geschlagen und mit Milch (auf jedes Ei 1 Eßlöffel voll Milch) gut eben

22*

gerührt. Davon backt man nach Anweisung in Nr. 637 dünne Omelettes auf einer Seite hellbraun, rollt sie auf und schneidet sie in beliebige Stücke.

655. Gewöhnliche Pfannkuchen.

Man schlägt 3 ganze Eier mit einer Prise Salz klein und rührt 5 Loth Mehl und $1/4$ Pott Milch damit zu einer recht klaren Masse, welche man nach Anweisung in Nr. 637 backt.

656. Arme Ritter.

Man schlägt 2 ganze Eier mit $1/2$ Pott warmer Milch klar und giebt 1 Eßlöffel voll Zucker und $1/2$ Theelöffel voll gestoßenen Kanehl daran. Hierin läßt man geschältes und in fingerdicke Scheiben geschnittenes Weißbrod gut aufweichen, kehrt es in seiner gerösteten und dann feingestoßenen Rinde um und backt es in gelb gemachter Butter über ziemlich starkem Feuer hellbraun. Die Kuchen müssen auswendig recht kroß und inwendig noch weich sein. Man richtet sie recht heiß, mit Zucker bestreut, an und reicht eingemachte Früchte oder Fruchtgelees dazu; auch schmeckt es sehr gut, wenn man sie bei Tische mit ein wenig feinem Rum oder Cognac beträufelt.

657. Reis zu Ragouts.

Ein Pfund Reis wird nach Nr. 39 gereinigt und abgebrüht, in Bouillon gar gekocht und mit einem Glase Wein, einer Tasse Rahm und nach Belieben mit etwas Parmesankäse durchgerührt. Sodann wird er als Rand um ein bereits angerichtetes Ragout gelegt. Der Reis muß selbstverständlich sehr dick gekocht sein.

XIX. Flammeris.

Vorbem. Die Form, in welcher man ein Flammeri erkalten lassen will, muß, damit dasselbe sich stürzen lasse, unmittelbar vor dem Einfüllen in kaltes Wasser getaucht werden.

658. Flammeri von Sago.

Man reinigt ¼ Pfd. Sago nach Nr. 40 und kocht ihn in 1 Pott Milch mit 10 Loth Zucker, einem zolllangen Stücke Kanehl und der Schale von ¼ Citrone zu einem dicken Brei. Nachdem man Kanehl und Citronenschale herausgenommen hat, läßt man das Flammeri erkalten, stürzt es auf eine Schüssel und servirt es mit einer Fruchtsauce. (Abschn. XVI.)

659. Flammeri von Sago mit Rothwein.

Man kocht nach der Angabe in der voraufgehenden Nummer Sago in Rothwein und Wasser zu einem dicken Brei und würzt während dessen mit 1 Pfd. Zucker auf die Flasche Wein, ferner mit der recht dünnen Schale einer halben Citrone, einem 2 Zoll langen Stücke Kanehl und dem Safte einer Citrone. Der so weich gekochte Sago wird nach Herausnahme des Kanehls und der Citronenschale in eine angefeuchtete Form gegeben, nach dem Erkalten auf eine Schüssel gestürzt und mit einer Rothwein- oder Vanillesauce nach Nr. 552 und 574 servirt.

660. Flammeri von Kartoffelmehl.

Ein Pott Milch wird mit ¼ Pfd. Butter, 6 Loth Zucker, 6 Loth gestoßenen Mandeln, der feinen Schale einer Citrone und einem 2 Zoll langen Stücke Kanehl etwa 10 Minuten lang gekocht. Nach Herausnahme der Gewürze rührt man Klarmehl von 6 Loth Kartoffelmehl in etwa 10 Minuten über dem Feuer darin gar, nimmt es vom Feuer, giebt die recht kleingeschlagenen Dotter von 10 Eiern dazu, rührt das Ganze wieder über dem Feuer, bis es aufstößt und mischt endlich 2 bis 3 Minuten nach Wiederabnahme vom Feuer das zu Schnee geschlagene Weiße der Eier damit durch. Weiter verfährt man mit dem Flammeri nach der Vorbemerkung und servirt es mit einer der Fruchtsaucen in Abschn. XVI.

661. Flammeri von Kartoffelmehl mit Makronen.

Man kocht von 1 Pott Milch nebst 10 Loth Zucker, 6 Loth Kartoffelmehl und 6 Eidottern nach Angabe in voriger Nummer eine Flammeri-Masse, rührt 3 Loth bittere, fein zerbröckelte Makronen darunter und vermischt das Ganze mit dem zu Schnee geschlagenen Weißen der Eier. Weiter verfährt man sodann mit dem Flammeri nach der Vorbemerkung. — (Mit einer Himbeersauce nach Nr. 559.)

662. Ein einfacheres Flammeri von Kartoffelmehl.

Es wird 1 Pott Milch mit 8 Loth Zucker, 1 Loth gestoßenen bitteren Mandeln und der feinen Schale einer Citrone 10 Minuten lang gekocht. Nach Herausnahme der Citronenschale rührt man Klarmehl von 6 Loth Kartoffelmehl in etwa 10 Minuten über dem Feuer darin gar, nimmt es ab, rührt es noch 2 bis 3 Minuten und mischt das zu Schnee geschlagene Weiße von 8 Eiern darunter. Weiter nach Angabe in der Vorbemerkung. — (Mit einer der Fruchtsaucen in Abschn. XVI.)

663. Flammeri von Gries oder Reismehl.

Man kocht 1 Pott Milch mit 8 Loth Zucker, 8 Loth Butter, 4 Loth gestoßenen Mandeln und $\frac{1}{2}$ Stange Vanille, oder einem 2 Zoll langen Stücke Kanehl 10 Minuten lang. Nachdem man die Vanille oder den Kanehl herausgenommen, rührt man 8 Loth Gries oder Reismehl über dem Feuer in der gewürzten Milch gar, nimmt die Masse ab, rührt kleingeschlagene 8 Eidotter darunter und darauf das Ganze wieder über dem Feuer, bis es aufstößt. Nach 2 bis 3 Minuten mischt

man endlich das zu Schnee geschlagene Weiße der Eier darunter und verfährt weiter nach der Vorbemerkung. — (Mit
einer der Fruchtsaucen in Abschn. XVI.)

664. Flammeris mit Fruchtsaft.
(Rothe Grütze.)

Man kocht ³/₄ Pott Wasser mit einer 2 Zoll langen
Stange Kanehl auf und 8 Loth Gries oder Reismehl oder
7 Loth Sago darin gar. Hierunter rührt man nach Herausnahme des Kanehls ½ Flasche Fruchtsaft und verfährt weiter
damit nach der Vorbemerkung. — (Mit einer Vanillesauce nach
Nr. 574.)

665. Flammeris mit Fruchtsaft anderer Art.

Sorgfältig verlesene Himbeeren und von den Stengeln
gepflückte Johannisbeeren, von jeden ein kleiner Suppenteller
voll, werden mit 1 Pott Wasser gekocht, worauf man den
Saft durch ein Tuch preßt und mit 10 Loth Zucker und
einigen feingestoßenen bittern Mandeln wieder in's Kochen
bringt. Sodann rührt man 10 Loth Gries oder Reismehl
darin gar, nimmt die Masse vom Feuer, rührt noch ein paar
Minuten, zuckert unterdessen nach Belieben nach und mischt
endlich das zu Schnee geschlagene Weiße von 6 Eiern darunter. Weiter nach Angabe in der Vorbemerkung. — (Mit
einer Milch- oder Vanillesauce nach Nr. 570 und 574.)

666. Kalter Milchreis.

Man reinigt ½ Pfd. Reis nach Nr. 39 und bringt ihn
in 1½ Pott kochende Milch, in welcher man ihn auf ganz
schwachem Feuer unter wiederholtem Umrühren recht langsam,
damit er gut aufquelle, mit einer Prise Salz, ein paar feingestoßenen bitteren Mandeln, einem zollangen Stücke Kanehl
und der Schale von ¼ Citrone weich kocht. Weiter verfährt man damit nach der Vorbemerkung. — (Mit einer Weinschaumsauce nach Nr. 553, oder einer der Fruchtsaucen in Abschn. XVI.)

XX. Rahm= und Eier=Schnee= Cremes.

667. Bereitung des Schlagrahms.

Um Schlagrahm zu bereiten, läßt man dicken süßen Rahm recht kalt werden (wenn möglich auf Eis) und schlägt ihn dann, am besten mit einem Draht=Quirl, bis er sich in festen Schnee verwandelt hat. Am leichtesten geht dies in einem kupfernen oder messingnen Kessel, aus welchem jedoch der Rahm=Schnee wieder entfernt werden muß, wenn er nicht sofortige Verwendung findet. — Auch sauren Rahm kann man in derselben Weise zu Schnee schlagen; doch darf der Rahm nicht zu alt sein.

668. Schlagrahm mit Gewürzen.

Mit 1 Pott zu Schnee geschlagenem Rahm vermischt man entweder 1 kleine getrocknete und mit 10 Loth Zucker feingestoßene Stange Vanille, oder auch die auf Zucker abgeriebene Schale einer Citrone oder Apfelsine, oder endlich ein Glas Marasquino. Das Quantum des zu verwendenden Zuckers bleibt in allen Fällen dasselbe. — (Man reicht Biscuit=Plättchen oder Makronen dazu.)

669. Citronen=Creme.

Man schlägt 14 Eidotter, ½ Pfd. Zucker, worauf die Schale von 2 Citronen abgerieben worden, 1 Flasche Wein, den Saft der Citronen und dazu gerührtes Klarmehl von 1 gehäuften Eßlöffel voll Stärke über dem Feuer bis kurz vor'm Kochen, nimmt die Creme ab und schlägt sie noch einige Minuten, worauf man die Creme in passende Geschirre füllt und zum Erkalten hinstellt. — (Man reicht Makronen, Biscuit=Plättchen u. dgl. dazu.)

670. Vanille=Creme.

Man rührt 8 Eidotter mit 10 Loth Zucker recht glatt, gießt hiezu über dem Feuer langsam 1 Pott Rahm, in welchem man eine Stange Vanille ausgekocht hat und läßt dies unter unausgesetztem Rühren bis kurz vor's Kochen kommen. Alsdann nimmt man die Masse ab, mischt 1½ Loth nach Nr. 610 aufgelöste Gelatine dazu, fährt mit dem Rühren fort, bis die Masse zu erkalten anfängt, giebt ½ Pott Schlagrahm darunter, füllt die Creme in eine passende Form und stellt sie zum völligen Erkalten, wenn möglich auf Eis.

671. Chocolade=Creme.

Es werden 8 Eidotter mit ¼ Pfd. Zucker klein und glatt gerührt. Hiezu mischt man 8 Loth geriebene und mit etwas heißer Milch fein gerührte Chocolade und gießt unter unausgesetztem Rühren über dem Feuer bis kurz vor dem Kochen 1 Pott Rahm oder gute Milch daran. Vom Feuer genommen, wird sodann die Masse mit 1½ Loth nach Nr. 610 aufgelöster Gelatine vermischt, kurz vor dem Erkalten mit ½ Pott Schlagrahm durchgerührt, in eine passende Form gefüllt und zum völligen Erkalten hingestellt.

672. Frucht=Creme.

Man reibt Früchte, Erdbeeren, Himbeeren, Johannisbeeren, Aprikosen, Pfirsiche durch ein Sieb, rührt auf 1 Pott davon 1½ Loth nach Nr. 610 aufgelöste Gelatine und 12 Loth Zucker daran und mischt endlich ½ Pott Schlagrahm darunter, worauf die Cremes in passende Formen gegossen und kalt gestellt werden.

673. Eine andere Frucht=Creme.

Es werden von den obigen Früchten so viele durch ein Sieb gerieben, daß man gut ½ Pott Mus erhält. Ferner rührt man 6 Eidotter mit 12 Loth Zucker und einem gehäuften Eßlöffel voll Mehl recht glatt, giebt ¼ Flasche Weißwein

dazu und rührt dies über dem Feuer, bis es aufstößt. Nach=
dem man es abgenommen, mengt man das Fruchtmus dazu
und läßt es unter fortgesetztem Rühren wieder bis kurz vor's
Kochen kommen, worauf man endlich das zu Schnee geschla=
gene Weiße der Eier darunter mischt, die Creme in ein passen=
des Geschirr thut und zum Erkalten hinstellt.

674. Marasquino=Creme.

Es werden 8 Eidotter mit 8 Loth Zucker und 3 Eßlöffeln
voll Mehl recht glatt und unter allmäligem Hinzugießen von
$\frac{1}{2}$ Pott Sahne über dem Feuer so lange gerührt, bis die
Masse aufstößt.   Dann rührt man auf einer heißen Stelle
1 Glas Marasquino und zuletzt das zu Schnee geschlagene
Weiße der Eier darunter, läßt die Creme in einer Form er=
kalten und garnirt sie mit Makronen und eingemachten
Früchten.

675. Madeira=Wein=Creme.

Es werden 10 Eidotter mit 12 Loth feingestoßenem Zucker,
unter Hinzuthun des Saftes einer Citrone und einer Pome=
ranze recht klar gerührt.   Sodann gießt man $\frac{1}{4}$ Flasche Weiß=
wein daran und rührt das Ganze, nachdem man es durch
ein Sieb gegossen, über dem Feuer weiter, bis es aufstößt,
nimmt es ab, läßt es etwas abkühlen und giebt $\frac{1}{4}$ Flasche
Madeira und 2 Loth nach Nr. 610 aufgelöster Gelatine unter
fortgesetztem Rühren darunter.   Endlich vermischt man die
Creme noch mit dem zu Schnee geschlagenen Weißen von
6 Eiern, giebt sie in eine Form oder Cremebecher und läßt
sie darin völlig erkalten.

> Anm. Statt des Madeira kann man auch Malaga, Cognac oder
> Rum verwenden; von den letztern Spirituosen nimmt man weniger
> und dagegen mehr Weißwein.

676. Apfelsinen=Creme.

Man rührt 8 Eidotter mit 12 Loth Zucker, worauf die
Schale einer Citrone abgerieben worden, 2 Eßlöffeln voll

Mehl, dem Safte von 2 Apfelfinen und einer Citrone, nebst ½ Flasche Weißwein recht klar und bringt das Ganze über dem Feuer, unter unausgesetztem Rühren, bis kurz vor's Kochen. Nachdem man die Masse vom Feuer genommen, mischt man das zu Schnee geschlagene Weiße von 6 Eiern darunter und giebt die Creme zum Erkalten in ein geeignetes Geschirr.

677. Eine andere Apfelfinen=Creme.

Man rührt 8 Eidotter und 2 ganze Eier mit ½ Pfd. Zucker, worauf die Schale einer Apfelfine abgerieben worden, und unter Hinzuthun von ¼ Pott Weißwein, fowie dem Safte von 2 Apfelfinen und einer Citrone glatt, gießt das Ganze durch ein Sieb und quirlt es auf dem Feuer bis kurz vor dem Aufkochen. Nachdem man es abgenommen, giebt man 2 Loth nach Nr. 610 aufgelöste Gelatine daran und mischt das zu Schnee geschlagene Weiße von 6 Eiern darunter, worauf man die Creme in ein passendes Geschirr füllt und zum Erkalten hinstellt.

678. Reis=Creme mit Marasquino=Sauce,

Zu 1 Pott Milch, welche mit einer Stange Vanille in's Kochen gebracht ist, schüttet man 6 Loth nach Nr. 39 gereinigten Reis und läßt ihn damit unter fleißigem Umrühren kochen, bis das Ganze eine feimige Masse bildet. Diese rührt man sodann in einer irdenen Schüssel weiter und thut während dessen ½ bis ¾ Loth nach Nr. 610 aufgelöste Gelatine und ½ Pott Schlagrahm daran und füllt die Creme, sobald sie ziemlich abgekühlt ist, zum gänzlichen Erkalten in eine geeignete Form. Folgende Sauce wird dazu gereicht. Man rührt 6 Eidotter klein und 8 Loth Zucker, sowie 1 Pott Sahne darunter, bringt das Ganze bis kurz vor's Kochen und gießt es hierauf durch ein Sieb. Nach dem Erkalten der Sauce rührt man ein wenig Schlagrahm und ein Glas Marasquino darunter.

Schlußbemerkung zu den Cremes.

Sämmtliche Cremes, bei deren Bereitung Gelatine zur Verwendung kommt, eignen sich auch zum Stürzen auf eine Schüssel. Fruchtcremes werden dann mit einer hübschen Garnitur von Makronen oder Biscuit, andere Cremes mit einer Garnitur von eingemachten Früchten zur Tafel gebracht.

XXI. Backwerk.

679. Allgemeine Vorbemerkungen.

a. Es ist zu beachten, daß unter Butter in den für das Backwerk folgenden Recepten stets geschmolzene Butter zu verstehen ist, welche man vor weiterer Verwendung unter Zurücklassung des Bodensatzes abgegossen hat. Nur wo man ganz gute Butter zur Verfügung hat, genügt es, durch Auswaschen und Kneten die salzigen und wässerigen Theile zu entfernen.

b. Im Betreff des Rührens ist zu bemerken, daß dasselbe unausgesetzt, möglichst rasch und nach derselben Seite hin geschehen muß. Man verwendet dazu am besten einen nur wenig vertieften Kochlöffel und nimmt die Schale, welche ziemlich tief sein muß, entweder auf den Schooß, oder stellt sie auf einen mit einem feuchten Tuche bedeckten Tisch. Das Tuch verhindert das Weiterrutschen der Schüssel, so daß man den Kochlöffel mit beiden Händen fassen und deshalb kräftiger rühren kann; schwaches und langsames Rühren nützt überall nichts, für richtiges Rühren genügt $\frac{1}{4}$ bis $\frac{1}{2}$ Stunde. Man wolle Vorstehendes nicht außer Acht lassen, da von der richtigen Ausführung dieser Unterweisungen das Gerathen des Backwerks hauptsächlich abhängt.

c. Der Rand oder das Tortenblech, dessen man sich beim Backen bedient, ist stets mit Butter zu bestreichen und mit sehr feingestoßenem Zwieback oder Zucker zu bestreuen. Bei

ganz feinem Backwerk bedient man sich außerdem als Unter=
lage noch eines gleichfalls mit Butter zu bestreichenden Papier=
bogens.

d. Es wird zwar bei den einzelnen Kuchen die zum
Backen erforderliche Zeit möglichst genau angegeben werden,
indessen ganz Bestimmtes darüber zu sagen, ist schon um
deßwillen unmöglich, weil die Hitze der Oefen nie ganz genau
controlirt werden kann. Bei größeren Gebäcken, namentlich
Torten, thut man daher gut, sich vom Garsein durch Probiren
zu überzeugen, indem man mit einem Reis aus einem Quirl
oder einem recht steifen Strohhalm an verschiedenen Stellen
in die Torte hineinsticht. Bleibt Nichts von der Masse daran
hängen, so ist die Torte gut. Zu bemerken ist, daß zu langes
Backen den Kuchen zum Nachtheil gereicht.

680. Das Glaciren der Backwerke.

Es ist bereits in Abschn. I. Nr. 4 kurz bemerkt worden,
daß man unter dem Glaciren unter Anderm das Bestreichen
mit einer Zuckerlösung versteht und ist desselben namentlich
in den zunächst voraufgehenden Abschnitten mehrfach gedacht
worden. Bei Weitem am häufigsten kommt es indessen bei
den verschiedenen Backwerken zur Anwendung und sollen hier
daher die verschiedenen Arten des dabei zu beobachtenden Ver=
fahrens genauer beschrieben werden.

a. Wasser=, Citronen= und Punsch=Glasur. Die
Grundlage zu diesen verschiedenen Glasuren bildet eine Zucker=
lösung, welche man bereitet, indem man Zucker, am besten
feinen Puderzucker, mit kaltem Wasser zu einem dickflüssigen
Brei anrührt, oder man rührt einen steifen Brei aus Zucker
und heißem Wasser und verdünnt diesen mit einer flüssigeren
sirupsartigen Lösung, bis er noch eben flüssig, also noch ziem=
lich dicker ist als guter Liverpooler Sirup. Um nun dem
Backwerk eine derartige Glasur zu geben, bestreicht man es
in der Dicke eines Messerrückens damit und stellt es ganz
kurze Zeit, d. h. nicht länger, als bis die Zuckermasse getrock=
net ist, in einen warmen, aber nicht zu heißen Ofen, weil
sonst die Glasur, statt zu trocknen, abfließen würde. Die

angegebene Lösung genügt für eine einfache Wasserglasur,
man wählt indessen für einzelne Kuchen statt des einfachen
Wassers auch Rosen-, Pfirsich- oder Orangenblüthen-Wasser.
Zur Bereitung einer Citronen- oder Apfelsinenglasur
reibt man die Schale einer Citrone oder Apfelsine auf Zucker
ab, bevor man ihn zu Puder stößt, giebt auch den Saft der
genannten Früchte durch ein Sieb mit an das zur Bereitung
des Zuckerbreies nöthige Wasser, für die Punschglasur endlich
ist außer einem entsprechenden Quantum Citronensaft noch
ein Glas Rum erforderlich.

b. Eiweiß-Glasur. Man schlägt das Weiße von
Eiern mit Puderzucker und Citronensaft (dem Safte einer
Citrone auf 1 Pfd. Zucker) so lange, bis die Masse schneeartig
und so steif ist, daß Verzierungen, welche damit vermittelst
einer Tüte auf die Kuchen gespritzt werden, stehen bleiben.
Die Glasur läßt sich auch mit einer Cochenille-Auflösung
nach Nr. 35 roth färben. Mit dem Trocknen der Glasur verfährt man nach a.

c. Chocolade-Glasur. Aufgeweichte Chocolade wird
mit dem gleichen Quantum Puderzucker vermischt und mit
Eiweiß zu einer dickflüssigen Masse gerührt, worauf das damit bestrichene Backwerk nach a. getrocknet wird. Nach einer
andern Methode löst man Chocolade in Wasser auf, fügt das
doppelte Quantum gleichfalls in Wasser aufgelösten Puderzucker hinzu und kocht hiervon unter fleißigem Umrühren einen
steifen Brei, den man, nachdem er vom Feuer genommen
worden, noch weiter rührt, bis er zur Hälfte abgekühlt ist.
Dieser Glasur bedient man sich besonders, um einzelne kleine
Kuchen damit zu glaciren, welches geschieht, indem man Letztere
in die Masse taucht und das Ueberflüssige wieder abtropfen
läßt, worauf mit dem Trocknen nach a. verfahren wird. Es
ist rathsam, an einem der Kuchen vorher zu untersuchen, ob die
Glasur den nöthigen Flüssigkeitsgrad habe; wird sie nach dem
Erkalten nicht trocken, so ist sie zu flüssig, wird sie glanzlos,
so ist sie zu dick. Im erstern Falle kocht man sie noch etwas
ein, im letztern verdünnt man sie mit Wasser und bringt sie
noch einmal in's Kochen.

d. Spiegelglasur. Dieselbe wird hergestellt, indem man den Kuchen noch vor dem Garwerden mit Puderzucker bestreut und den Letztern im heißen Ofen zum Schmelzen bringt.

681. Mürbe-Teig zu Obsttorten.

Derselbe wird im Uebrigen nach der Anweisung in Nr. 466 bereitet, nur daß man auf das dort angegebene Quantum Mehl noch 5 Loth Zucker und die abgeriebene Schale einer Citrone daran giebt.

682. Apfelsinen-Torte.

Man bereitet einen Mürbe-Teig nach vorstehender Nummer, zu welchem man auch noch 3 bis 4 Loth Mandeln verwenden kann, rollt denselben zur Dicke eines Federkiels aus und schneidet ihn auf einer entsprechenden Papierplatte in runde Form. Die Teig-Abfälle rollt man zu einer fingerdicken Walze von solcher Länge aus, daß sie rund um die Teigplatte reicht, bestreicht letztere mit Eigelb, legt die Walze darauf, macht sie mit einem entsprechenden Instrumente, oder durch Kneifen mit den Fingern bunt, bestreicht sie gleichfalls mit Ei und backt sodann diesen Kuchen in einem mäßig heißen Ofen in etwa ³/₄ Stunde auf einem Kuchenbleche gar. Nachdem man ihn aus dem Ofen genommen, füllt man ihn mit einer nach Nr. 675 bereiteten Apfelsinen-Creme, bestäubt dieselbe mit Zucker, läßt die Torte noch ein paar Minuten im Ofen über backen, läßt sie erkalten und garnirt sie mit candirten Apfelsinenschnitten. Das Candiren geschieht dadurch, daß man die Schnitte in dick eingekochten Zucker taucht und, nachdem man das Ueberflüssige hat abtropfen lassen, trocknet. Ist dies Verfahren zu umständlich, so genügt auch bloßes Einzuckern.

683. Aepfeltorte von Mürbe-Teig.

Man schält Aepfel, schneidet sie in Viertel und diese in Scheiben, welche man in Wein und Wasser mit etwas Ci-

schale und Zucker nach Probe recht kurz gar schmort. Diese
Aepfel thut man, mit feingeriebenen Mandeln und einigen
Korinthen vermischt, in einen nach der Anweisung in voriger
Nummer gebackenen Kuchen von Mürbe-Teig, füllt eine Citro-
nen-Creme nach Nr. 669 darüber, streicht dieselbe glatt, bestreut
sie mit Puderzucker und läßt die Torte noch ein paar Minuten überbacken.

684. Apfeltorte von Mürbe-Teig.
(Andere Bereitung.)

Aus einem nach Nr. 681 bereiteten Mürbe-Teig schneidet
man 2 messerdicke runde Platten, von denen die eine
1 Zoll mehr im Durchmesser hält, als die andere. Auf die
kleinere der beiden legt man, ringsum einen fingerbreiten
Rand freilassend, eine dicke Schicht von nach voriger Nummer bereiteten Aepfelschnitten mit geriebenen Mandeln und
mit Korinthen vermischt, bestreicht den Rand mit kleingerührtem
Eigelb, legt den zweiten größern Deckel darüber, drückt ihn
mit seinem Rande fest an den Rand des Bodens, schneidet
ringsum die Unebenheiten ab, macht den Rand der Torte
bunt und backt dieselbe auf einem Kuchenbleche im mäßig
heißen Ofen in $3/4$ Stunde gar.

685. Aepfeltorte von Blätterteig.

Aus einem nach Nr. 213 bereiteten Blätterteige rollt
man eine Platte von halber Fingersdicke, schneidet aus derselben eine Scheibe von der Größe der Torte und aus dieser
einen zollbreiten Ring. Den Rest des Teiges rollt man so
weit aus, daß man davon wieder eine Scheibe von der Größe
der ersten erhält, legt sie auf ein Kuchenblech und nach Nr. 683
bereitete Aepfelschnitte darauf, wobei man aber ringsum Raum
von der Breite des Randes lassen muß. Von den Teigresten
rollt man eine Platte von der Dicke eines Messerrückens, die
man in Streifen von halber Fingersbreite und von solcher
Länge, daß sie über die Torte reichen, schneidet. Die Streifen legt man gitterartig über die Torte, so daß entweder

grabe oder schräge viereckige Oeffnungen dazwischen bleiben, drückt sie an den vorher mit kleingetührtem Eigelb bestrichenen Rand, streicht noch einmal Ei darauf und legt endlich den zuerst geformten Ring darüber. Nachdem man sodann von der Torte ringsum die Unebenheiten abgeschnitten hat, bestreicht man sie ganz mit Ei, bringt sie in einen mäßig erhitzten Ofen und läßt sie etwa eine halbe Stunde backen. Nach dem Garwerden bestreut man sie gut mit Puderzucker.

686. Blättertorte mit Frucht-Marmelade.

Aus einem nach Nr. 213 angefertigten Blätterteige, den man zur Dicke eines Messerrückens ausgerollt hat, schneidet man mehrere gleich große runde Platten und backt dieselben nach Angabe in gedachter Nummer gar, durchsticht sie indessen an mehreren Stellen, damit der Teig sich nicht zu sehr aufblähe. Kurz vor dem Garwerden bestreut man sie gut mit Zucker und läßt sie im Ofen glaciren. Sodann legt man sie gleichmäßig auf einander, wobei man jede Platte, die oberste abgerechnet, mit Fruchtmarmelade (Abschn. XXIII.) bestreicht.

687. Reis-Torte mit Apfelsinen.

Man kocht ½ Pfd. Reis in reichlichem Wasser halb weich, läßt ihn abtropfen und bringt ihn in ein Geschirr, in welchem ½ Pfd. Zucker mit Wein kurz eingekocht ist. Ferner hat man die recht dünne Schale einer Apfelsine in kleine Stifte geschnitten und thut dieselben, in Wasser weich gekocht, nebst dem Safte der Apfelsine und einer Citrone an den Reis, läßt diesen über schwachem Feuer weich werden und füllt ihn nach dem Erkalten in einen Vol-au-vent nach Nr. 467. Die nun fertige Torte garnirt man recht voll und zierlich mit eingemachten Früchten.

688. Wiener Torte.

Man rührt 1 Pfd. Butter zu Sahne und 4 ganze Eier, 14 Eidotter, ¾ Pfd. Zucker, worauf die Schale einer Citrone

23

abgerieben worden und endlich 1 Pfd. Mehl gut damit durch.
Diesen Teig vermischt man noch mit dem zu Schnee geschlagenen Weißen der Eier, theilt ihn in 5 Theile und backt dieselben auf Kuchenblechen im gut erhitzten Ofen gar. Bevor
man sie über einander legt, bestreicht man sie, den obersten
ausgenommen, dick mit Frucht-Marmelade; der oberste Kuchen
erhält eine Citronenglasur nach Nr. 680 a.

689. Eine andere Wiener Torte.

Es werden 16 Eidotter mit 1½ Pfd. Zucker, worauf die
Schale von 2 Citronen abgerieben worden, gut eben gerührt.
Dann rührt man 1½ Pfd. Mehl darunter und das Ganze
eine halbe Stunde scharf mit einander durch. Nachdem man
sodann das zu Schnee geschlagene Weiße der Eier unter die
Teigmasse gemischt hat, verfährt man weiter damit nach der
Anweisung in voriger Nummer.

690. Kirschtorte.

Ein nach Nr. 681 bereiteter Mürbe-Teig wird zu einer
Platte von etwa der Dicke eines Federkiels gerollt und in
der Größe, wie die Torte sie haben soll, rund zugeschnitten.
Die Teigabfälle knetet man wieder zusammen, rollt sie in der
angegebenen Dicke recht lang aus und schneidet daraus einen
zollbreiten Streifen von der Länge, daß er rings um den
Boden reicht, an welchen man ihn nach der Angabe in
Nr. 468 befestigt. Nachdem man ihn mit einem passenden
Instrumente, oder auch durch Kneipen mit den Fingern bunt
gemacht hat, umgiebt man ihn mit Papier, bestreut den Boden
mit Zucker, füllt die Torte zur Hälfte mit ausgesteinten sauren Kirschen, streut wieder gut Zucker darüber und läßt dies
im gut erhitzten Ofen etwa eine halbe Stunde backen. Dabei
hat man zu verhüten, daß Kirschensaft über den Rand koche,
und deshalb nöthigenfalls davon abzufüllen. Kurz vor dem
Garwerden gebe man einen Guß über die Kirschen und zwar
entweder eine Apfelsinen-Creme nach Nr. 676, oder man läßt
die zerstoßenen Kirschensteine im Kirschensaft einmal aufkochen,
gießt den Saft durch ein Sieb und quirlt ihn mit einem

ganzen Ei, zwei Eidottern, Puderzucker, etwas feingestoßenem Kanehl und ein wenig saurer Sahne durch einander, bis die Masse steht. Indessen kann man auch nur einfach Eiweiß mit Zucker zu Schnee schlagen, diesen über die Kirschen geben und Zucker darüber streuen.

691. Pflaumentorte.

Man bereitet nach der Anweisung in Nr. 685 einen Kuchen von Blätterteig, streut Zucker in denselben, belegt den Boden dicht mit Pflaumen, welche ausgesteint und in Hälften geschnitten sind. Nachdem man wieder Zucker, mit ein wenig feingestoßenem Kanehl vermischt, darüber gestreut hat, legt man, gleichfalls nach Anweisung in Nr. 685, ein Gitter von dem Teige darüber und backt die Torte, wie dort angegeben worden, gar.

692. Eine feinere Pflaumentorte.

Nach Anweisung in Nr. 682 bereitet man einen Kuchen von Mürbe - Teig, streut Zucker hinein, belegt den Boden recht dicht und gleichmäßig mit Pflaumen, welche man vorher geschält, ausgesteint und in Hälften geschnitten hat. Hierauf streut man wieder Zucker, mit ein wenig feingestoßenem Kanehl und Cardamom vermischt, darüber, backt die Torte bis kurz vor dem Garwerden und giebt dann einen Guß über die Pflaumen. Denselben bereitet man, indem man ein ganzes Ei, 3 Eidotter und ¹/₂ Pott Sahne nebst Zucker, worauf ein wenig Citrone abgerieben worden, so lange zusammenschlägt, bis die Creme steht. Mit diesem Guß läßt man sodann die Torte vollends gar backen.

693. Schmelztorte.

Man reibt 1 Pfd. Butter zu Sahne, schlägt nach und nach 8 Eidotter daran, giebt 1 Pfd. Zucker, worauf die Schale einer Citrone abgerieben worden, und endlich 1 Pfd. Kartoffelmehl dazu. Das Ganze rührt man eine halbe Stunde, mischt das zu Schnee geschlagene Weiße der Eier darunter, füllt es in einen Tortenrand und läßt es bei ziemlich starker Hitze $^3/_4$ Stunden backen.

694. Korinthenkuchen.

Man reibt so viel Butter, wie 10 rohe Eier wiegen, zu Sahne, schlägt die Dotter der Eier allmälig daran, rührt Zucker, worauf die Schale einer Citrone abgerieben worden, sowie Mehl, von jedem das Gewicht der Butter, und endlich an gut gereinigten Korinthen das halbe Gewicht der Butter darunter und Alles zu einer glatten Masse durcheinander, unter welche man zuletzt noch das zu Schnee geschlagene Weiße der Eier mischt. Sodann füllt man den Teig in einen Tortenrand und läßt ihn 1 bis 1$^1/_2$ Stunde bei ziemlich starker Hitze backen.

695. Brodtorte.

Man rührt 12 Eidotter mit $^1/_2$ Pfd. Zucker und $^1/_2$ Pfd. gestoßenen Mandeln so lange, bis sich eine glatte dicke Masse gebildet hat. Dann giebt man die abgeriebene Schale von $^1/_2$ Citrone, 3 Loth feingeriebene Chocolade und $^1/_2$ Loth feingestoßenen Kanehl, sowie $^1/_4$ Pfd. recht fein und gleichmäßig geriebenes Schwarzbrod dazu, rührt dies noch $^1/_4$ Stunde gut mit einander durch und mischt endlich das zu Schnee geschlagene Weiße der Eier darunter. Die Torte wird im mäßig erhitzten Ofen in 1 bis 1$^1/_4$ Stunde gar.

696. Sandtorte.

Man reibt 1 Pfd. Butter zu Sahne, rührt 1 Pfd. Zucker, worauf die Schale einer Citrone abgerieben ist, damit glatt, schlägt allmälig 16 Eidotter dazu, giebt den Saft der Citrone und ein kleines Glas Rum daran und rührt dies Alles mit 1 Pfd. Mehl in $^1/_2$ Stunde zu einem glatten Teig. Endlich mischt man 1 Quentchen Hirschhornsalz und zuletzt das zu Schnee geschlagene Weiße der Eier darunter. Der Teig wird sodann in einen Kuchenrand gefüllt und in 1½ Stunden gar gebacken.

Anm. Bei der Sandtorte hat man besonders das in Nr. 679 b über das Rühren Gesagte zu beobachten, weil sie sonst leicht schleisig wird. Das Hirschhornsalz kann man bei gutem richtigen Rühren auch weglassen; es befördert indessen das Aufgehen des Kuchens. Endlich ist zu beachten, daß man den Teig sofort, nachdem der Eiweißschnee darunter gemischt, in den vorher zubereiteten Kuchen- rand zu bringen hat.

697. Mandeltorte.

Es werden 15 Eidotter mit ³/₄ Pfd. Zucker, worauf die Schale einer Citrone abgerieben worden, und 1 Pfd. feinge- stoßenen oder geriebenen Mandeln, dem Safte der Citrone und ½ Theelöffel voll feingestoßener Muscatblüthe eine halbe Stunde lang kräftig durchgerührt, worauf man 2 gehäufte Eßlöffel voll Kartoffelmehl, oder 12 Loth feingeriebenes und durchgesiebtes Weißbrod zugleich mit dem zu Schnee geschla- genen Weißen der Eier unter die Masse mischt, dieselbe so- gleich in einen Tortenrand füllt und sie im mäßig erhitzten Ofen 1½ Stunden backen läßt. Ueber die Torte giebt man eine nach Nr. 680 a oder c bereitete Glasur, die man mit ein- gemachten Früchten und in feine Scheiben geschnittener can- dirter Pomeranzenschale hübsch garnirt.

698. Biscuit-Torte.

Es werden 10 ganze Eier mit 12 Loth feingestoßenem Zucker, auf welchem die Schale einer Citrone abgerieben wor- den, zusammen gerührt, worauf man das Gefäß über Kohlen stellt, um die Masse etwas zu erwärmen; heiß werden darf dieselbe indessen nicht. Nun schlägt man sie so lange stark mit einem Quirl, bis Blasen sichtbar werden, nimmt sie vom Feuer, schlägt sie kalt, thut während dessen 1½ Theelöffel voll Cardamom, sowie den Saft einer Citrone daran und mischt endlich nach und nach 10 Loth Kartoffelmehl leicht darunter. Das Garbacken, während dessen die Torte nicht von der

Stelle gerückt werden darf, muß im mäßig erhitzten Ofen ge=
schehen und erfordert eine, bei größeren Torten 1½ Stunde.
Man kann den Biscuit verschieden garniren; entweder blos
mit einer der Glasuren in Nr. 680 a u. c, oder man bespritzt
ihn außerdem noch hübsch mit der Glasur in Nr. 680 b und
belegt ihn mit eingemachten Früchten und Gelee.

Anm. 1.   Man kann auch die 10 Dotter der Eier zuerst allein quirlen
und dann zuletzt das zu Schnee geschlagene Weiße der Eier unter
die Masse geben, nöthig ist dies indessen nicht.

Anm. 2.   Da der Biscuit stark aufgeht, so darf man den Torten=
rand nur zur Hälfte füllen.

699.   Mandel=Biscuit=Torte.

Man schlägt 10 ganze Eier mit ½ Pfd. feingestoßenem
Zucker, gestoßenen 10 Loth süßen und 2 Loth bittern Mandeln
nach Angabe in voriger Nummer erst warm und dann wieder
kalt, mischt 8 Loth Waizenmehl darunter, backt die Torte in
1 bis 1¼ Stunde gar und giebt ihr, wenn man will, eine
Glasur nach Nr. 680 a oder c.

700.   Ungarische Torte.

Man reibt ½ Pfd. Butter zu Sahne, schlägt nach und nach
2 ganze Eier und 4 Eidotter daran und rührt 12 Loth Zucker,
worauf die Schale einer halben Citrone abgerieben worden,
eine halbe Stunde gut damit durch. Sodann verbindet man
die Masse mit ¼ Pfd. Waizen= und ¼ Pfd. Kartoffelmehl
und vermischt das Ganze mit dem zu Schnee geschlagenen
Weißen der 4 Eier. Die Torte wird bei mäßiger Hitze 1 bis
1¼ Stunde gebacken und mit der Glasur in Nr. 680 a über=
zogen.

701.   Auflege=Torte.

Man rührt Butter, halb so viel an Gewicht, wie 5 Eier,
mit so viel Zucker, wie die 5 Eier wiegen, so lange, bis der Zucker
geschmolzen ist, giebt nach und nach 5 ganze Eier dazu, rührt
dies zusammen noch eine halbe Stunde und vermischt es mit

Mehl von dem gleichen Gewichte wie das des Zuckers. Hieraus backt man auf Kuchenblechen 4 Kuchen von gleicher Größe, bestreicht 3 derselben mit einem Fruchtmus oder einer Marmelade, legt sie auf einander, und den vierten unbestrichenen Kuchen, der aber eine Glasur nach Nr. 688 a erhält, oben darauf.

702. Genfer Torte.

Man reibt die Dotter von 6 hartgekochten Eiern recht fein und vermischt sie mit 4 Loth gleichfalls feingeriebenen Mandeln. Ferner rührt man ½ Pfd. Butter zu Sahne und nach und nach 3 ganze Eier und 4 Eidotter, ½ Pfd. feingestoßenen Zucker, worauf die Schale von einer halben Citrone abgerieben worden, die Ei- und Mandel-Mischung und zuletzt ½ Pfd. Mehl darunter. Aus diesem Teige backt man auf Kuchenblechen 4 Kuchen von gleicher Größe, mit denen man weiter nach der Anweisung in der vorigen Nummer verfährt.

703. Punschtorte.

Man schlägt 12 ganze Eier und 6 Eidotter über gelindem Kohlenfeuer, so daß die Masse eben warm wird, mit 1 Pfd. Zucker, worauf die Schale einer Citrone abgerieben worden, klar und dies nach Abnahme von dem Feuer so lange weiter, bis es wieder erkaltet ist, worauf man 1 Pfd. warme Butter und 1 Pfd. Kartoffelmehl dazwischen rührt. Hiervon backt man auf Kuchenblechen 4 Kuchen von gleicher Größe, besprengt sie mit feinem Rum oder Arrac, bestreicht 3 davon mit Aprikosen-Marmelade, legt sie auf einander, den unbestrichenen Kuchen oben drauf und übergießt die Torte nach Nr. 680 a mit einer Punsch-Glasur.

704. Makronentorte.

Es wird von Mürbeteig, den man nach Nr. 681 bereitet hat, ein Kuchen als Unterlage der Torte geformt. Auf denselben streicht man folgende Makronenmasse. Man erwärmt

1 Pfd. feingestoßenen Zucker, auf welchem die Schale einer Citrone abgerieben ist, mit 1 Pfd. geriebenen Mandeln über dem Feuer, rührt es, nachdem man es wieder abgenommen, gut mit dem Safte der Citrone und $1/2$ Theelöffel voll fein= gestoßenem Kanehl durch und mischt das zu Schnee geschla= gene Weiße von 7 Eiern darunter. Die Torte wird bei mäßiger Hitze in 1 bis $1^1/_4$ Stunde gebacken und sodann mit Gelee und eingemachten Früchten garnirt.

705. Eine andere Makronentorte.

Man stößt 20 Loth süße, nebst 2 Loth bittern Mandeln nicht zu fein und bringt sie mit $1/2$ Pfd. Zucker, auf welchem vor dem Stoßen die Schale einer Citrone abgerieben wor= den, auf das Feuer, erwärmt dies zusammen und rührt es, nachdem man es wieder abgenommen, unter Hinzuthun des Saftes der Citrone, recht tüchtig; zuletzt mischt man das zu Schnee geschlagene Weiße von 5 Eiern dazu. — Vorher hat man aus mit Eiweiß zusammengeklebten Oblaten einen Boden von der Größe geschnitten, welche die Torte haben soll und auf Papier und mit diesem auf ein Kuchenblech gelegt. Die= sen Boden bestreicht man in der Dicke eines Messerrückens mit der Makronenmasse, formt aus derselben einen Ring rings um den Kuchen und füllt das Innere desselben symmetrisch mit kleinen zusammenhängenden Makronen aus. Die im ganz schwach erhitzten Ofen gebackene Torte läßt man ab= kühlen und belegt sie zierlich mit Gelees und eingemachten Früchten.

706. Marcipantorte.

Man stößt 1 Pfd. beste Mandeln, unter wiederholtem Besprengen mit ein paar Tropfen Orangenblüthenwasser, recht fein und rührt davon mit 1 Pfd. feingestoßenem Zucker über schwachem Kohlenfeuer einen glatten Teig. Die Masse muß so lange gerührt werden, bis sie beim Betupfen mit einem Finger nicht mehr daran klebt. Sodann legt man sie auf ein mit Puderzucker bestreutes Backbrett, rollt sie aus, wobei man den dazu nöthigen Zucker noch darüber und darunter streut, und formt eine Torte daraus, welche man im schwach erwärmten Ofen blos trocknen, aber nicht hart werden läßt. Ist sie abgekühlt, so garnirt man sie mit Zuckerblümchen und in feine Blätter geschnittener Pomeranzenschale.

707. Schaumtorte.

Man bereitet entweder eine Makronentorte nach Nr. 704, oder eine Torte aus folgendem Teige. Es wird $1/2$ Pfd. Butter zu Sahne gerieben und sodann mit nach und nach daran gegebenen 8 Eidottern und $1/2$ Pfd. feingestoßenem Zucker noch $1/4$ Stunde lang stark gerührt, worauf man $1/2$ Pfd. Mehl und das zu Schnee geschlagene Weiße der 8 Eier darunter mischt und die Torte im mäßig erhitzten Ofen gelb backt.

Eine beliebige der beiden obigen Torten wird mit Eingemachten bedeckt, über welches man den mit Zucker und ein wenig feingestoßener Vanille recht steif geschlagenen Schnee von 6 Eiweiß streicht. Diesen überstreut man mit ein wenig Puderzucker und läßt ihn im Ofen trocken werden.

708. Baumkuchen.

Die Form dazu (das Baumholz) wird mit Papier umwickelt, welches man mit zerlassener Butter bestreicht und rund um mit Bindfaden befestigt. Sodann steckt man die Form auf den dazu gehörigen Spieß und füllt unter langsamem Drehen vor hellem Feuer den Teig allmälig darauf. Das Herabtropfende wird in einer Pfanne aufgefangen und wieder mit benutzt. So trägt man, unter allmälig etwas rascher werdenden Drehen, den Teig schichtweise auf, bis Alles verbraucht ist; die letzten Male dreht man recht rasch, damit der Kuchen zackig werde. — Nach jedesmaligem Auffüllen einer Schicht pausirt man etwas, um das auf den Baum Gebrachte erst durchbacken zu lassen, dreht auch am Schlusse zu demselben Zwecke noch ein wenig. Nachdem der Kuchen etwas verkühlt ist, erhält er eine Citronen-Glasur nach Nr. 680 a. — Ist er ganz erkaltet, am besten erst am nächsten Tage, zieht man das Baumholz heraus.

Den Teig zum Baumkuchen bereitet man in folgender Weise. Es wird 1 Pfd. Butter zu Sahne gerieben; daran giebt man nach und nach **24** Eidotter, rührt dies recht eben, und 1 Pfd. feingestoßenen Zucker, die abgeriebene Schale einer Citrone und **1** Pfd. Mehl darunter. Den glatt gerührten Teig vermischt man mit dem zu Schnee geschlagenen Weißen der Eier. — Selbstverständlich kann man auch das Doppelte der angegebenen Quantitäten benutzen.

> **An m.** Beim Auftragen pflegt man einen hübschen Blumenstrauß oben in den Kuchen zu stecken.

709. Topfkuchen.

Man reibt $1/2$ Pfd. Butter zu Sahne und rührt nach und nach 10 Eidotter, $1/4$ Pfd. Zucker, die abgeriebene Schale einer Citrone, 1 Theelöffel voll Kanehl und Cardamom, zusammengestoßen, 6 Loth süße und 1 Loth bittere Mandeln, eine Handvoll gut gereinigte Rosinen, eben so viel Korinthen, 2 Pfd. Mehl, zusammen mit $1/2$ Pott Milch, einem Schnapsglas voll Rum und endlich 3 Löffeln voll guter Hefe dazu. Ist Alles eine halbe Stunde lang stark mit einander durchgerührt, so mischt man das zu Schnee geschlagene Weiße der Eier darunter, füllt den Teig in eine Topfkuchenform, läßt ihn gut darin aufgehen und backt ihn im mäßig heißen Ofen $1^1/_4$ bis $1^1/_2$ Stunde.

710. Ein anderer Topfkuchen.

Zuthaten: **1** Pfd. Butter, 16 Eidotter, 8 Loth Zucker, 6 Loth süße und 2 Loth bittere Mandeln, die abgeriebene Schale einer Citrone, ein Theelöffel voll gemischtes Gewürz, 2 Eßlöffel voll dicke frische Hefe, das zu Schnee geschlagne Weiße der Eier.

Das Verfahren bei der Bereitung ist das in vorhergehender Nummer angegebene.

711. Schwaanscher Kuchen.

Man thut 4 Loth Butter in $\frac{1}{4}$ Pott Milch, macht Letztere
lauwarm, so daß die Butter schmilzt und rührt dies nebst
4 Eidottern und $1\frac{1}{2}$ Pfd. Mehl zu einem Teige, an welchen
man noch eine Hand voll Rosinen, zerstoßene Cardamomen
von 7 Schoten und 4 Loth feingestoßenen Zucker thut. Endlich rührt man 5 Loth trockene, in Milch aufgelöste Hefe darunter und durchmischt den Teig mit dem zu Schnee geschlagenen Weißen der Eier.   Sodann setzt man ihn auf eine
Platte von Eisenblech, läßt ihn gut aufgehen, bestreicht ihn
mit klein gerührtem Ei, backt ihn im mäßig heißen Ofen etwa
eine Stunde und reicht ihn, mit Zucker bestreut.

712. Theekuchen.

Es wird $\frac{3}{4}$ Pott Milch mit $\frac{3}{4}$ Pfd. Butter darin lauwarm gemacht.   Auf 3 Pfd. Mehl schlägt man sodann 4 ganze
Eier, giebt die abgeriebene Schale einer Citrone, $\frac{1}{4}$ Pfd. feingestoßenen Zucker, 1 Theelöffel voll gestoßenen Kanehl, 5 Loth
Rosinen und 5 Loth Korinthen daran und rührt und knetet
unter allmäligem Hinzugießen der Milch und Butter einen
glatten Teig davon, unter welchem man noch ein in Milch
aufgelöstes eigroßes Stück Hefe rührt. — Diesen Teig läßt
man auf einer Platte eine Stunde lang aufgehen, bestreicht
ihn mit kleingerührtem Ei, bestreut ihn mit zerhackten Mandeln,
Zucker und Kanehl und läßt ihn im mäßig erhitzten Ofen
gar backen.

713. Ein anderer Theekuchen.

Es werden 10 Loth Butter zu Sahne gerieben und nach
und nach 2 ganze Eier, 2 gehäufte Eßlöffel voll feingestoßenem
Zucker, 1 Stück in Milch aufgelöste Hefe von der Größe einer
Wallnuß, die abgeriebene Schale einer halben Citrone und
1 Pfd. Mehl (Letzteres löffelweise) gut damit durchgerührt, bis
man einen glatten Teig erhält, den man noch mit $\frac{1}{2}$ Pfd.
Korinthen vermischt. Sodann rollt man den auf eine eiserne

Platte gelegten Teig bis zur Dicke eines Fingers aus, deckt eine erwärmte Serviette darüber, läßt ihn, an einen warmen Platz gestellt, langsam aufgehen, bestreut ihn mit $1/4$ Pfd. grob gestoßenem Zucker und 1 Theelöffel voll feingestoßenem Kanehl und läßt ihn im gut erhitzten Ofen $3/4$ Stunde backen.

714. Ein schöner Kaffee=Kringel.

Es wird 1 Pfd. Mehl mit $1/4$ Pott warmer Milch und 3 Loth in einer kleinen Tasse Milch aufgelöster Hefe zu einem Teige angerührt, welchen man, mit einer erwärmten Serviette bedeckt, warm hinstellt und gut aufgehen läßt. Indessen rührt man $1/2$ Pfd. Butter zu Sahne, giebt nach und nach 2 ganze Eier, die abgeriebene Schale von einer halben Citrone, 1 Thee= löffel voll gemischtes Gewürz ($2/3$ Kanehl, $1/3$ Cardamom), eine Handvoll Rosinen, eben so viele Korinthen und 4 Loth zerhackte Mandeln daran, rührt dies $1/4$ Stunde mit einander und sodann mit 1 Pfd. dazu geschüttetem Mehl so lange durch, bis ein glatter Teig daraus geworden ist. Diesen Teig knetet man mit dem zuerst bereiteten, nachdem derselbe gut aufgegangen ist, sehr sorgfältig durch (je mehr man knetet, desto besser), formt aus der Masse einen Kringel, legt ihn auf eine Platte von Eisenblech und läßt ihn noch 2 Stunden an einer warmen Stelle stehen, damit er recht breit aufgehe. Dann bestreicht man ihn mit kleingerührtem Ei oder zer= lassener Butter, streut grobkörnig gestoßenen Zucker darüber und backt ihn im mäßig erhitzten Ofen in $1/2$ Stunde gar.

715. Kartoffel=Kuchen.

Man rührt 16 Eidotter mit $3/4$ Pfd. Zucker, worauf die Schale einer Citrone abgerieben worden, dem Safte der Ci= trone und 8 Loth geriebenen süßen und $1 1/2$ Loth bitteren Mandeln eine halbe Stunde gut durch. Ferner hat man gekochte, recht mehlige Pellkartoffeln, nachdem man sie von der Haut befreit, erkalten lassen und so viel davon feingerie= ben, daß man $1 1/4$ Pfd. von der Masse hat. Diese giebt man nach und nach unter fortgesetztem Rühren zu den Eiern

und mischt endlich 2 gute Eßlöffel voll Kartoffelmehl nebst
dem zu Schnee geschlagenen Weißen der Eier unter den Teig,
thut ihn in eine Form und backt ihn in 1½ Stunde gar.

716. Butter=Kuchen.

Von 2 Pfd. ein wenig erwärmtem Mehl, ½ Pott warmer
Milch, 1 gehäuften Theelöffel voll Salz und 2 Loth in einer
Tasse Milch mit ein wenig Zucker aufgelöster Hefe bereitet
man einen glatten Teig, stellt ihn zum Aufgehen hin und
knetet ihn während dessen zweimal durch. Dann giebt man
unter Zurücklassung des Bodensatzes, ½ Pfd. geschmolzene
Butter, weitere 3 Loth wie oben aufgelöste Hefe, ½ Theelöffel voll feingestoßenen Cardamom und ½ Pfd. gut gereinigte Korinthen daran, knetet den Teig ein wenig hiemit
durch, breitet ihn auf einer Platte von Eisenblech aus und
stellt ihn von einer gewärmten Serviette bedeckt, an einen
warmen Platz, wo man ihn zum guten Aufgehen etwa
½ Stunde stehen läßt. Sodann bestreicht man ihn mit
kleingerührtem Ei oder zerlassener Butter, streut grobgestoße-
nen Zucker, mit feingestoßenem Kanehl vermischt, darauf und
backt den Kuchen bei guter Hitze in 10 bis 15 Minuten gar.

717. Korinthen=Kuchen.

Aus 1 Pfd. Mehl, ¼ Pott Milch und 1½ Loth in
½ Theetasse Milch aufgelöster Hefe rührt man einen Teig,
läßt ihn nach der Anweisung in den voraufgehenden Nummern aufgehen und knetet sodann dasselbe Quantum Mehl
mit eben so viel Milch und Hefe, nebst ¾ Pfd. Korinthen,
¼ Pfd. feingestoßenem Zucker, ¼ Pfd. zerlassener Butter,
und ½ Theelöffel voll Kanehl und Cardamom, unter einander gemischt, gut durch, worauf man die Masse mit einem
Kochlöffel in der Art, daß man sie immer damit zu sich her-
anholt, so lange schlägt, bis sie Blasen wirft. Hierauf bringt
man den Teig in eine Form, läßt ihn, von einer erwärmten

Serviette bedeckt, noch einmal etwa 1½ Stunde aufgehen und endlich im ziemlich heißen Ofen etwa 1 Stunde backen.

Anm. Sämmtliche Ingredienzien müssen vorher etwas erwärmt wer= den; die Milch muß lauwarm sein.

718. Eine gute Stolle.

Man rührt ½ Pfd. Mehl mit 4 Loth in einer Taffe warmer Milch aufgelöster Hefe zusammen nnd stellt die Masse, um sie aufgehen zu machen, an eine warme Stelle. Außer= dem rührt man 1½ Pfd. Mehl, auf welche man 2 ganze Eier geschlagen hat, mit 4 Loth Zucker, 1 Loth feingestoßenen bit= tern Mandeln und einer Prise Salz unter allmäligem Hinzu= gießen von beinahe ½ Pott lauwarmer Milch zu einem ziem= lich festen Teige und knetet die zuerst mit der Hefe bereitete Masse so lange damit durch, bis das Ganze recht glatt und gleichmäßig geworden ist. Sodann thut man 10 Loth Butter, in wallnußgroße Stücke getheilt, darüber, knetet den Teig da= mit weiter durch und giebt während dessen noch ¼ Pfd. gut gereinigte Rosinen, eben so viel Korinthen, sowie 2 Loth fein= gehackte Mandeln und Citronenschale darunter, formt ihn auf einem mit Mehl bestreuten Brette zu einer Stolle, legt diese auf eine Eisenplatte und läßt sie, mit einer erwärmten Ser= viette bedeckt, an einer warmen Stelle gut aufgehen. End= lich bestreicht man sie mit zerlassener Butter, backt sie in einem mäßig erhitzten Ofen in etwa einer Stunde gar und bestreut sie mit Puderzucker.

Anm. Will man die Stolle feiner haben, so kann man von allen erwähnten Zuthaten (Mehl, Hefe und Milch ausgenommen) das Doppelte nehmen.

719. Pflaumen=, Kirsch= oder Johannisbeer=Kuchen von Hefenteig.

Man rührt ¼ Pfd. Mehl mit 2 Loth in warmer Milch aufgelöste Hefe zusammen und verfährt damit nach voriger Nummer. Ferner rührt man von ¾ Pfd. Mehl, auf welche man 3 ganze Eier geschlagen hat, mit 4 Loth Zucker, einer

Prise Salz, der abgeriebenen Schale einer halben Citrone, einer Messerspitze voll Kanehl und 1 Loth feingestoßenen bittern Mandeln, unter allmäligem Hinzugießen von ¼ Pott warmer Milch, einen ziemlich steifen Teig, knetet die aus der Hefe bereitete Masse nebst ¼ Pfd. Butter gut damit durch und schlägt das Ganze mit einem Kochlöffel, bis es blasig wird. Diesen Teig läßt man an einer warmen Stelle, mit einer erwärmten Serviette bedeckt, gut aufgehen, rollt ihn auf einer mit Mehl bestreuten Eisenblech=Platte zu einem dünnen Kuchen aus, kneipt nach Anweisung in Nr. 468 den Rand desselben ein wenig in die Höhe, läßt ihn noch einmal wieder aufgehen, streicht zerlassene Butter darüber, belegt ihn dicht mit in Hälften geschnittenen ausgesteinten Pflaumen, ausgesteinten Kirschen oder Heidelbeeren, streut reichlich Zucker darauf und läßt ihn im mäßig heißen Ofen gar backen. Kurz vor dem Garwerden macht man einen Guß darüber, welche man bereitet, indem man ½ Pott Sahne mit einem ganzen Ei, 4 Eidottern und etwas Zucker, worauf die Schale einer halben Citrone abgerieben worden, zusammenquirlt. Ueber diesen Guß streut man nach dem Garwerden noch einmal Puderzucker.

Anm. Kirschen sowohl, wie Heidelbeeren entwickeln während des Backens viel Saft, den man abfüllen muß, damit er nicht über den Rand koche. Man kann denselben nachher mit unter den Ueberguß quirlen.

720. Kleine Törtchen und Kuchen.

Dieselben kann man zum großen Theil nach den in diesem Abschnitte für große Torten und Kuchen gegebenen Anweisungen in derselben Art bereiten, wie jene Torten und Kuchen selber. Es sind in dieser Hinsicht namentlich die Nummern 683, 684, 685, 690, 691, 692, 694, 696, 699, 703, 704 bis 707 zu berücksichtigen.

Die Anzahl der verschiedenen Törtchen und kleinen Kuchen, welche man außerdem noch bereitet, ist sehr groß; es können hier nur noch diejenigen Erwähnung finden, welche in jedem größern Haushalte ohne zu viel Kosten und Umstände hergestellt werden können; wegen der übrigen wendet man sich besser an einen Conditor.

721. Törtchen von Blätterteig mit frischen und eingemachten Früchten.

Man rollt nach Nr. 213 bereiteten Blätterteig bis zur Dicke eines Messerrückens aus, sticht davon mit einem Aus= stecher Böden und aus diesen mit einem kleinern Ausstecher Ringe, drückt den übrig gebliebenen Teig wieder zusammen und rollt ihn noch einmal aus bis zur Dicke eines Messer= rückens. Hieraus sticht man mit dem zuerst verwandten Aus= stecher eben so viele Böden, wie man Ringe hat, legt sie, etwas entfernt von einander, auf ein Backblech und bestreicht sie, unter Beachtung der in den Anmerkungen zu Nr. 213 gegebenen Unterweisungen, mit kleingerührtem Ei. Auf jeden Boden legt man sodann ein Häufchen Früchte, z. B. Aepfel= schnitte nach Nr. 683, geschälte, in Hälften geschnittene und ausgesteinte Pflaumen, ausgesteinte Kirschen (Pflaumen wie Kirschen vorher gut gezuckert), sowie auch beliebige eingemachte Früchte oder Marmeladen. Hierauf deckt man die Ringe über die Böden, bestreicht dieselben gleichfalls mit kleingerührtem Ei und backt endlich die Törtchen im ziemlich erhitzten Ofen gar. Kurz vorher bestreut man sie, damit sie glacirt erschei= nen, mit Puderzucker.

> Anm. Man kann den Törtchen auch nach dem Garwerden einen Ueber= guß von Eiweiß, welches mit Zucker zu Schnee geschlagen ist, geben. Sie werden dann damit wieder in den Ofen gebracht und dort so lange gelassen, bis der Ueberguß betrocknet ist.

722. Törtchen von Mürbe=Teig mit Früchten.

Will man Mürbe=Teig zu Törtchen verwenden, so bereitet man einen solchen nach der Anweisung in Nr. 681, rollt ihn gleichfalls dünn aus, sticht daraus mit dem Aus= stecher Böden, drückt den übrig gebliebenen Teig wieder zu= sammen und formt daraus Röllchen von etwas über der Dicke eines Federkiels. Diese Röllchen schneidet man in Stücke

von der Länge, daß sie rings um die Böden reichen, legt
Letztere auf ein Backblech, bestreicht sie mit kleingerührtem Ei,
legt die Rollen darum, drückt die Enden derselben zusammen,
kneipt sie etwas bunt und bestreicht auch sie mit Ei. Mit
den Früchten ꝛc., sowie mit dem Garbacken und dem Uebergusse verfährt man endlich ganz nach voraufgehender Nummer.

723. Törtchen mit Schlagrahm oder Cremes.

Man bereitet nach den Unterweisungen in den voraufgehenden beiden Nummern Törtchen von Blätterteig oder
Mürbe-Teig und füllt dieselben mit etwas nach Nr. 668 bereiteten Schlagrahm, oder mit einer der Cremes in den Nummern 669, 673, 674 u. 676. Dabei ist nur zu beachten, daß
das Einfüllen erst nach gänzlichem Erkalten der Törtchen geschehen darf.
Man kann die Törtchen auch mit einer Frucht-Gelee garniren.

724. Gefüllte Törtchen.

Man rollt aus Blätterteig oder Mürbe-Teig 2 dünne
Böden, belegt den einen theilweise mit einem Fruchtmus, legt
den andern darüber, und sticht davon Törtchen in der Art
aus, daß in jedes ein Häufchen von dem Mus kommt. Diese
Törtchen bestreicht man mit kleingerührtem Ei, streut Zucker
und gehackte Mandeln darüber und backt sie im gut erhitzten
Ofen gar.

725. Schrauben mit Gelee.

Blätterteig wird bis zur Dicke eines Federkiels ausgerollt, und in zollbreite und 4 Zoll lange Streifen geschnitten,
welche man ein paar Mal so um sich selbst dreht, daß ein
Schraubengewinde daraus entsteht. Beim Auflegen auf das
Backblech drückt man die beiden Enden fest daran, backt sie
im gut erhitzten Ofen, bestreut sie, um sie zu glaciren, kurz
vor dem Garwerden mit Puderzucker und füllt, nachdem man
sie hat erkalten lassen, die vertieften Stellen mit einer Frucht-
Gelee.

24

726. Makronen=Rollen.

Man bereitet aus ½ Pfd. Zucker, ½ Pfd. geriebenen Mandeln, der abgeriebenen Schale einer Citrone, ein paar Messerspitzen voll Kanehl und **2** Eiern einen Teig in der Art, wie für die Makronentorte in Nr. 705 angegeben worden. Diesen rollt man einen halben Finger dick auseinander und schneidet daraus ebenso breite fingerlange Streifen. Ferner rollt man nach Nr. 213 bereiteten Blätterteig bis zur Dicke eines Messerrückens aus und schneidet daraus Streifen, breit genug, um die erstern einschließen zu können, rollt sie darum, bestreicht sie mit kleingerührtem Ei, rollt sie noch einmal in grobkörnig gestoßenem Zucker, legt sie auf ein Kuchenblech und backt sie im gut erhitzten Ofen recht schnell gar.

727. Zucker=Tüten.

An kleingeschlagene 5 ganze Eier rührt man so viel Mehl und so viel gestoßenen Zucker, wie sie mit der Schale wiegen. Der recht glatt gerührte Teig wird sodann in der Gestalt von kleinen runden Plättchen auf ein Kuchenblech gestrichen, in mäßiger Hitze gebacken und, sobald er gar ist, in Tüten gedreht. Diese füllt man nach dem Erkalten mit Schlagrahm nach Nr. 668 oder mit Vanille=Eis nach Nr. 760.

728. Zimmt=Kuchen.

Es werden 6 Eidotter und 2 ganze Eier zusammen kleingeschlagen und mit 1 Pfd. gestoßenem Zucker, worauf die Schale einer Citrone abgerieben worden, eben gerührt. Sodann rührt man allmälig 1 Pfd. Mehl nebst 1 gehäuften Theelöffel voll Kanehl dazu, setzt die Kuchen nach Art der Pfeffernüsse mit einem Theelöffel auf Platten und backt sie im mäßig heißen Ofen hellgelb.

729. Mandelschnitte.

Aus 1 Pfd. Mehl, ¾ Pfd. Zucker, ¾ Pfd. Butter und einem ganzem Ei wird nach der in Nr. 466 für den Mürbe-

teig gegebenen Anweisung ein Teig geknetet, an welchen man
außerdem feingeriebene 4 Loth süße und 1 Loth bittere Mandeln, die abgeriebene Schale einer Citrone, einige feingestoßene
Schoten Cardamom und ein paar Theelöffel voll Rosenwasser
thut. Diesen Teig rollt man auf einem mit Mehl bestreuten
Kuchenbrett zu guter Messerrückensdicke aus, sticht Kuchen
daraus, überstreicht dieselben mit kleingerührtem Ei und backt
sie im mäßig erhitzten Ofen hellgelb.

730. Schwabenbrod.

Man knetet ganz nach der in Nr. 466 für den Mürbe-
teig gegebenen Anweisung 18 Loth Mehl mit ¼ Pfd. Butter, ¼ Pfd. Zucker, ¼ Pfd. gestoßenen süßen Mandeln, einem
ganzen Ei und einem Theelöffel voll Kanehl, mit 6 Gewürznelken fein zusammen gestoßen, zu einem Teige an, rollt denselben bis zur Dicke eines guten Messerrückens aus, sticht
Kuchen in beliebigen Formen daraus, bestreicht sie mit kleingerührtem Ei und backt sie im mäßig erhitzten Ofen hellgelb.

731. Mandelkringel.

Von ¼ Pfd. Butter, ¼ Pfd. gestoßenem Zucker, ½ Pfd.
Mehl, 3 Eidottern und 4 Loth geriebenen Mandeln wird
nach Nr. 466 ein Teig geknetet. Aus diesem formt man dünne
Rollen und daraus kleine Kringel, bestreicht sie mit Eiweiß,
bestreut sie mit feingestoßenem Kanehl und grobkörnig gestoßenem Zucker und läßt sie im mäßig erhitzten Ofen gelb
backen.

732. Andere Kringel.

Von 1 Pfd. Mehl, ¾ Pfd. Butter, ¼ Pfd. Zucker, der
abgeriebenen Schale einer Citrone, 2 ganzen Eiern und
2 Eidottern knetet man einen Teig nach Nr. 466 und verfährt damit weiter nach Angabe in voriger Nummer, nur daß
man beim Bestreuen statt des Kanehls feingehackte Mandeln
verwendet.

733. Kleine Mandelkuchen.

Man bereitet nach Nr. 466 aus ¹/₄ Pfd. Mehl, ¹/₄ Pfd. Zucker, ¹/₄ Pfd. feingeriebenen Mandeln und 3 Eidottern einen Teig, rollt denselben aus, sticht kleine Kuchen daraus, bestreicht sie mit kleingerührtem Ei und backt sie im mäßig erhitzten Ofen hellgelb.

734. Hundertjahrskuchen.

An ¹/₂ Pfd. zu Schnee geriebene Butter werden nach nach und nach 6 ganze Eier geschlagen, worauf man unter fortwährendem Rühren 1 Pfd. Zucker, worauf die Schale einer Citrone abgerieben worden, und 1 Pfd. Mehl dazu thut. Den recht glatt gerührten Teig setzt man thelöffelweise nach Art der Pfeffernüsse auf eine Platte und backt im mäßig erhitzten Ofen hellgelbe Kuchen daraus.

735. Kleine Theekuchen.

Man rührt 4 ganze Eier mit ¹/₂ Pfd. Zucker, worauf die Schale einer Citrone abgerieben worden, eben, und sodann mit ¹/₂ Pfd. Mehl zu einem glatten Teige. Von demselben bereitet man Kuchen nach der Anweisung in voraufgehender Nummer.

736. Kleine Theekuchen anderer Art.

Es werden 6 ganze Eier und 2 Eidotter mit 1 Pfd. Zucker, worauf die Schale einer Citrone abgerieben worden, ¹/₂ Stunde lang gut gerührt. Sodann rührt man 1 Pfd. Mehl dazu und Alles zu einem glatten Teige, aus welchem man Kuchen nach Nr. 734 bereitet.

737. Biscuit=Schnitte.

Man rührt 16 Eidotter mit 1 Pfd. gestoßenem Zucker und der feingehackten Schale einer Citrone ¹/₂ Stunde lang gut durch und giebt sodann 10 Loth Kartoffelmehl und 10 Loth Waizenmehl, nebst dem zu Schnee geschlagenen

Weißen der Eier darunter. Den erhaltenen Teig theilt man in 2 Theile und läßt sie in Papierkasten, welche dünn mit Butter ausgestrichen sind, eine Stunde lang in mäßiger Ofenhitze backen. Den einen der erhaltenen Kuchen bestreicht man sodann mit Frucht-Gelee, legt den andern oben darauf, überzieht ihn an der obern Seite mit einer Punsch-Glasur nach Nr. 680 a, welche man noch ein paar Augenblicke im Ofen trocknen läßt, und zerschneidet endlich den Kuchen in fingerlange und zollbreite Stücke.

738. Magdalenen-Kuchen.

Es werden 8 Eidotter mit ½ Pfd. Zucker, worauf die Schale einer Citrone abgerieben ist, klar gerührt, worauf man ½ Pfd. Mehl und sodann ½ Pfd. zerlassene Butter dar- unter rührt; Letztere unter sorgfältiger Zurücklassung des Bodensatzes. Nachdem man den Teig mit dem zu Schnee geschlagenen Weißen der Eier vermischt hat, streicht man ihn in der Dicke eines Federkiels auf eine Platte, umgiebt ihn mit einem mit Butter bestrichenen Papierrande, bestreicht ihn mit Eiweiß, bestreut ihn mit zerhackten Mandeln und grob- körnig gestoßenem Zucker und backt ihn im mäßig erhitzten Ofen gar. Noch während er warm ist und vor Herunter- nahme vom Bleche, muß der Kuchen in geeignete Stücke zer- schnitten werden, sonst zerbricht er.

739. Waffeln mit Hefe.

Man reibt ½ Pfd. Butter zu Sahne, rührt nach und nach 8 Eidotter darunter und giebt unter fortwährendem Rühren die abgeriebene Schale von einer halben kleinen Ci- trone, 2 Loth in lauwarmer Milch aufgelöste Hefe und ¾ Pfd. Mehl daran. Endlich rührt man ½ Pott lauwarme Milch hinzu, läßt die Masse an einem warmen Ort aufgehen und füllt damit die eine Seite des recht gleichmäßig über gutem Kohlenfeuer erhitzten, mit Speck ausgestrichenen Waffeleisens, welches man umkehren muß, sobald die Waffel auf dieser Seite gar, d. h. gelbbraun gebacken ist. Bei jeder neuen

Waffel muß das Eisen auf's Neue recht schnell mit etwas Speck bestrichen werden. Man muß die Waffeln erst kurz vor dem Anrichten backen, da sie beim Erkalten zähe werden; sie sind gleich bei der Herausnahme aus dem Eisen dick mit Zucker, worunter ein wenig feingestoßener Kanehl gemischt ist, zu bestreuen.

740. Waffeln mit saurem Rahm.

Man reibt 8 Loth Butter zu Sahne und rührt nach und nach 6 Eidotter, 18 Loth Mehl, die abgeriebene Schale von $1/4$ Citrone und 1 Pott vorher etwas geschlagenen sauren Rahm hinzu. Sodann mischt man das zu Schnee geschlagene Weiße der Eier unter die Masse und verfährt mit derselben weiter nach der Angabe in der vorigen Nummer.

741. Ochsenaugen.

An $3/4$ Pfd. zu Sahne geriebene Butter rührt man nach und nach 12 Eidotter und thut unter fortgesetztem Rühren $1/4$ Pfd. Zucker, 1 Pfd. Mehl, $1/2$ Pott Rahm oder gute Milch, $1/2$ Theelöffel voll feingestoßenen Kanehl und die abgeriebene Schale einer Citrone daran. Endlich mischt man das zu Schnee geschlagene Weiße der Eier darunter und füllt nun die Vertiefungen der Ochsenaugenpfanne, in welche man vorher gut einen halben Theelöffel voll geschmolzene Butter gegeben hat, bis etwa zur Hälfte mit der Masse. Nachdem dieselbe ein wenig angebacken ist, legt man etwas Marmelade oder eingemachte Früchte darauf und füllt die Vertiefungen ganz. Sind die Ochsenaugen auf der einen Seite hellbraun gebacken, so kehrt man sie mit einem Messer um und backt auch die andere Seite gar; das ganze Backen erfordert etwa 10 Minuten. Die aus der Pfanne genommenen Ochsenaugen bestreut man mit Puderzucker.

742. Berliner Pfannkuchen.

Man schlägt unter unausgesetztem Rühren zu 8 Loth zu Sahne geriebener Butter nach und nach 4 ganze Eier und

2 Eidotter und rührt ferner mit 6 Loth Zucker, woran die
Schale einer halben Citrone abgerieben worden, ¼ Pott Rahm
oder guter Milch, 2 Loth in Milch aufgelöster Hefe, 1 Pfd.
Mehl und einem kleinen Theelöffel voll zusammen gestoßenem
Kanehl und Kardamom einen Teig daraus, der sich rollen
läßt. Diesen läßt man eine Stunde lang an einer warmen
Stelle aufgehen, knetet ihn auf einem mit Mehl bestreuten
Backbrett ein wenig durch, rollt ihn bis zur halben Dicke
eines Fingers aus und sticht noch einmal so viel runde Plat-
ten daraus, wie man Pfannkuchen haben will. Die Hälfte
derselben bestreicht man mit kleingerührtem Ei, legt zunächst
Marmelade oder Obstmus und sodann die andern Platten
darauf und drückt diese vorsichtig mit den untern zusammen.
Nachdem man die so zugerichteten Kuchen noch eine halbe
Stunde, von einer Serviette bedeckt, hat aufgehen lassen, legt
man sie in ein Geschirr mit kochender, abgeklärter Butter
(Nr. 14) und backt sie unter wiederholtem Umkehren ringsum
hellbraun. Vor dem Serviren legt man sie auf Papier und
überstreut sie, nachdem das überflüssige Fett in dasselbe hin-
eingezogen ist, mit Puderzucker.

743. Baisers.

Man vermischt das zu sehr festem Schnee geschlagene
Weiße von 10 Eiern mit 1 Pfd. Puderzucker, giebt 3 bis
4 Tropfen Citronenöl daran, setzt die Masse eßlöffelweise auf
ein Kuchenblech, bestäubt sie mit etwas Puderzucker und läßt
sie im ganz schwach erwärmten Ofen mehr trocknen als backen.

744. Gefüllte Baisers.

Aus den nach voriger Nummer bereiteten Baisers löst
man, bevor sie ganz getrocknet sind, ein Stück des Bodens
und nimmt vorsichtig, ohne den obern Theil zu verletzen,
das Inwendige heraus. Sodann trocknet man sie vollständig, läßt sie verkühlen, füllt sie mit Schlagrahm nach Nr. 668,
oder mit Gefrornem und setzt sie zu 2 und 2 mit den offenen
Seiten zusammen.

745. Spritzkringel.

Man rührt über dem Feuer ½ Pott Milch mit 12 Loth Butter und 20 Loth Mehl zu einer steifen Masse ab, läßt dieselbe abkühlen und rührt 7 Eidotter und 8 ganze Eier darunter. Sodann spritzt man von dieser Masse Kringel auf ein vorher in Fett getauchtes und wieder abgekühltes Stück Papier, genau von der Größe des Topfes, in welchem die Kringel gebacken werden sollen, stülpt Letztere mit Hülfe des Papiers in den Topf, nachdem man darin abgeklärte Butter (Nr. 14), Schmalz oder Talg in's Kochen gebracht hat, und backt sie darin aus. Während des Backens sind sie einmal umzukehren.

746. Apfel=Beignets.

Man schält große Aepfel, schneidet sie in Scheiben von der Dicke eines halben Fingers, sticht die Kerngehäuse heraus und legt sie ein paar Stunden in Rum, zu welchem reichlich gestoßener Zucker und Kanehl gesetzt ist. Die so zubereiteten Apfelscheiben panirt man in Klare nach Nr. 24, und thut so viel davon, wie neben einander liegen können, in einen Topf mit kochendem Schmalz. Nachdem sie darin gelbbräunlich gebacken sind, legt man sie auf Papier, damit das Fett ausziehe, bestreut sie stark mit Zucker und glacirt sie mit einer glühenden Schaufel.

747. Braune Pfeffernüsse.

Zuthaten: 7 Pfd. Mehl, 5 Pfd. Sirup, 2 Pfd. Zucker, 1 Pfd. Butter, 1½ Pfd. gestoßene süße und 4 Loth bittere Mandeln, 4 Loth trockne Pomeranzenschale, die abgeriebene Schale von 4 Citronen, 7 Loth Pottasche, 1 Theelöffel voll feingestoßene Nelken, 2 Loth Kanehl, 1 Loth Kardamom, Beides gleichfalls feingestoßen.

Aus der in kochendem Wasser erweichten Pomeranzen= schale wird sorgfältig die innere weiße Haut ausgeschnitten, die braune Oberhaut zerschneidet man in so feine Würfel, wie möglich. Sodann wird sie nebst Kardamom, Kanehl und

Nelken mit dem Sirup, dem gestoßenen Zucker und der Butter vermischt, das Ganze auf's Feuer gebracht und, sobald es kocht, die pulverisirte Pottasche dazu gegeben. Man muß sich dabei in Acht nehmen, daß die Masse nicht überkoche, sondern sie sofort, nach Hinzuthun der Pottasche, vom Feuer nehmen und zu dem vorher mit den Mandeln und der Citronenschale vermischten Mehl gießen, in welches man zu dem Zweck eine kleine Grube gemacht hat. Den gleichmäßig erst gerührten und dann mit so viel Mehl, daß nichts von ihm an den Händen kleben bleibt, durchgekneteten Teig läßt man zugedeckt 24 Stunden stehen; besser wird er noch, wenn man ihn etwa 3 Tage vor der Benutzung bereitet und täglich einmal durchknetet. Die Pfeffernüsse stellt man her, indem man aus dem Teige, der vorher noch einmal so lange zu kneten ist, bis er ganz geschmeidig wird, Rollen und aus diesen Kugeln formt, die man auf mit Speck bestrichene Eisenplatten setzt und nach Belieben mit Mandelschnitten belegt.

748. Braune Pfeffernüsse anderer Art.

Zuthaten und Bereitungsweise sind dieselben, wie in der voraufgehenden Nummer, nur daß man statt 1 Pfd. Butter ½ Pfd. Gänseschmalz und ½ Pfd. Butter nimmt und die Mandeln ganz wegläßt.

749. Weiße Pfeffernüsse.

Zuthaten: 3 Pfd. Zucker, 12 ganze Eier, 1 Pfd. gestoßene Mandeln, die abgeriebene Schale von 3 Citronen, 3 Pfd. Mehl und ein vorher pulverisirtes und in etwas Milch aufgelöftes, 2 Erbsen großes Stück Hirschhornsalz.

Eier und Zucker werden ¼ Stunde zusammen durchgerührt; zu dem mit den übrigen Zuthaten vermischten Mehl gegeben und damit zu einem glatten Teige gerührt und geknetet, aus welchem man mit einem Theelöffel Ausstiche macht, die man zwischen den mit etwas Mehl bestreuten Händen leicht rollt und auf mit Speck bestrichene Eisenplatten setzt.

750. Weiße Pfeffernüſſe anderer Art.

Zuthaten: 1½ Pfd. Mehl, 1½ Pfd. Zucker, 3 ganze Eier, 3 Loth Butter, geſtoßene 3 Loth ſüße und 1 Loth bittere Mandeln, die abgeriebene Schale einer Citrone, 1 Eßlöffel voll in ganz feine Würfel geſchnittene Succade, 1 Meſſerſpitze voll Kanehl, eben ſo viel Cardamom, der Saft einer halben Citrone, und ein erbſengroßes, pulveriſirtes und in etwas Milch aufgelöſtes Stück Hirſchhornſalz.

Zucker, Eier, die geſchmolzene Butter und der durch ein Sieb gegebene Citronenſaft werden eine halbe Stunde lang zuſammengerührt, worauf man weiter ganz nach der Anweiſung in der vorigen Nummer verfährt.

XXII. Süße Gelees, Gefrornes ꝛc.

A. Gelees.

751. Allgemeine Vorbemerkungen.

Als Grundlage für die Bereitung der ſüßen Gelees können dieſelben Stoffe, welche in Nr. 459 für die ſauren Gelees aufgeführt ſind, verwendet werden. Es wird hier deshalb im Allgemeinen auf das dort Geſagte verwieſen und nur bemerkt, daß man von der jetzt faſt einzig zur Anwendung kommenden Gelatine für die ſüßen Gelees im Sommer auf den Pott Flüſſigkeit 3 Loth, im Winter etwas weniger rechnet. Uebrigens verſäume man nie, ſich durch die in Nr. 459 c angegebene Probe davon zu überzeugen, ob die Gelee den richtigen Grad der Feſtigkeit erhalten werde.

Da die Gelatine mitunter mehr, mitunter weniger bindet, ſo thut man gut, vor der Probe nicht das ganze Quantum zu verwenden, da man nöthigenfalls noch immer davon nachgeben kann. — Von der Auflöſung der Gelatine iſt in Nr. 610 die Rede geweſen.

Soll die Gelee recht klar werden, so muß der dazu mit-
verwandte Citronen- oder Apfelsinensaft vorher geklärt werden. Das dazu einzuschlagende Verfahren ist folgendes: Man
zupft graues Löschpapier in kleine Stückchen, weicht sie in
Wasser ein, drückt das Wasser wieder aus und legt sie in
einen kleinen mit Löschpapier ausgelegten Trichter. Nun giebt
man den Saft darauf und läßt ihn durchtropfen, welches
Verfahren zu wiederholen ist, wenn die Klärung das erste
Mal nicht vollständig gelungen sein sollte.

Das Klären der Gelee-Masse geschieht mit Eiweiß nach
dem unter 459 a angegebenen Verfahren.

Sollen die Gelees aus einer Form auf eine Schüssel
gestürzt werden, so ist die Form, damit sie sich darin lösen,
vorher ein paar Augenblicke in heißes Wasser zu stellen.

752. Gelee von Rheinwein.

Man kocht 24 Loth Zucker mit der recht fein abgenommenen Schale und dem geklärten Safte von 2 Citronen in
$^1/_4$ Pott Wasser auf, schäumt sehr sorgfältig, giebt nach
5 Minuten langem Kochen den Zucker in ein Gefäß und
läßt ihn etwas verkühlen. Sodann giebt man 4 Loth aufgelöste Gelatine daran, rührt gut, gießt unter fortgesetztem
Rühren eine Flasche guten Rheinwein dazu, giebt endlich
die fertige Geleemasse in eine Form oder sonstige dazu bestimmte Gefäße, welche man recht kalt, wenn möglich auf
Eis, zu stellen hat.

753. Eine andere Wein-Gelee.

(In Gläser zu füllen.)

Man kocht 3 Pfd. Zucker mit der fein abgenommenen
Schale und dem geklärten Safte von 4 Citronen in 3 Flaschen
Wasser auf, schäumt sehr sorgfältig, giebt 2 Flaschen Weiß-
wein und 1 Flasche Madeira daran, rührt, wenn das Ganze
wieder kocht, 15 Loth Gelatine darunter und klärt endlich die
Geleemasse mit dem Weißen von 8 bis 10 Eiern.

754. Eine andere Wein-Gelee.

(Besonders für Kranke.)

Man kocht einen Kalbsstand nach Nr. 459 a, jedoch selbst-
verständlich unter Weglassung der Suppenkräuter und der
Säure, und setzt ihn mit gutem Rheinwein oder französischem
Weißwein auf das Feuer. Dabei rechnet man zu einer leich-
ten Gelee für Kranke auf die Flasche den Stand von 2, sonst
den Stand von 3 Kalbsfüßen, ferner ³/₄ Pfd. Zucker, ¹/₂ Loth
Kanehl, den Saft von 3 Citronen und die fein abgenommene
Schale von einer Citrone. Das Ganze wird zusammen auf's
Feuer gesetzt, in's Kochen gebracht, mit dem Weißen von
3 bis 4 Eiern auf die Flasche Wein geklärt und in einer
Form oder in Gläsern kalt, wenn möglich auf Eis, gestellt.

755. Gelee von Champagner.

Diese Gelee wird nach der in Nr. 752 für die Gelee
von Rheinwein gegebenen Anweisung, jedoch unter Weglassung
der Citronenschale bereitet. Statt des Rheinweins giebt man
1 Flasche Champagner dazu, setzt die Geleemasse auf Eis,
schlägt sie mit einem Quirl, bis sie milchweiß und beinahe
dick geworden ist und giebt sie in beliebige Gefäße. Soll die
Gelee gestürzt werden, so wird sie hübscher, wenn man nur
etwa den dritten Theil quirlt, diesen unten in die Form und
nachdem er noch etwas mehr erkaltet ist, die übrige klar gebliebene Geleemasse darüber giebt. Auch kann man schichtweise mit der klaren und gequirlten Masse abwechseln.

756. Gelee mit Himbeeren oder Erdbeeren.

Man vermengt sorgfältig verlesene und gewaschene Gar-
ten-Erdbeeren oder Himbeeren mit sehr feingestoßenem Zucker
und läßt sie etwa eine Stunde damit stehen, so daß sie gut
davon durchzogen werden. Sodann füllt man von einer nach
Nr. 752 bereiteten Rheinwein-Gelee-Masse ein wenig in eine
Form, läßt sie auf Eis erkalten, legt von den Früchten in
gleichmäßiger Ordnung darauf, giebt wieder Gelee-Masse

darüber und fährt so abwechselnd fort, bis die Form gefüllt ist; den Schluß muß wieder Gelee-Masse bilden. Nachdem die ganze Gelee auf Eis vollständig erkaltet ist, stürzt man sie auf eine Schüssel.

757. Gelee mit Pfirsichen und Aprikosen.

Man kocht 1 Pfd. Zucker in ½ Pott Wasser unter sorgfältigem Abschäumen und Hinzuthun des geklärten Saftes einer Citrone, läßt darin Pfirsiche oder Aprikosen, welche man von der Haut befreit, in Hälften geschnitten und ausgesteint hat, nebst den gleichfalls von der Haut befreiten Kernen langsam weich kochen, nimmt sie wieder heraus und läßt sie erkalten. Den durch ein Sieb gegebenen Zucker vermischt man mit 4 Loth Gelatine, rührt eine Flasche Rheinwein dazu und verfährt mit der weitern Bereitung nach der Angabe in voriger Nummer.

758. Gelee mit Aepfeln.

Man schält 12 Aepfel mittlerer Größe, am besten Borsdorfer, schneidet sie in Hälften, nimmt die Kerngehäuse heraus und kocht sie in ¼ Pott Wasser mit 10 Loth Zucker, dem Safte einer Citrone und ein wenig Citronenschale langsam weich. Nachdem die Aepfel erkaltet und auf einem Sieb abgetropft sind, bringt man sie mit weichgekochten SultanRosinen untermischt nach Angabe in Nr. 756 mit einer nach Nr. 752 bereiteten Rheinwein-Gelee schichtweise in eine Form und stürzt die ganze Gelee nach dem Erkalten auf eine Schüssel.

B. Gefrornes.

759. Allgemeine Unterweisungen.

Zur Anfertigung des Gefrornen bedarf man an Geräthschaften einer dicht verschließbaren Büchse von Zinn, eines mit einem Spundloch versehenen Eimers und eines kleinen Spatens. —

Man zerschlägt Eis in Stücke von der Größe einer Haselnuß, beschüttet damit den Boden des Eimers handhoch und streut einige Hände voll Salz darüber. Auf dieses stellt man die Büchse und füllt den Raum zwischen ihr und dem Eimer ringsum mit Eis und Salz, welches man schichtweise untereinander mischt. Mit dem Salz darf man durchaus nicht sparsam umgehen; zu einem Eimer Eis ist etwa 1 Spint zu verwenden. Ist man mit dem Eise bis an den Deckel der Büchse gelangt, so nimmt man denselben ab, thut die in Gefrornes zu verwandelnde Masse hinein und verschließt die Büchse wieder recht dicht. Hat sie so etwa eine Viertelstunde gestanden, während welcher man sie wiederholt und recht schnell umdreht, so öffnet man sie, löst mit dem Spaten, indem man die Büchse fortwährend um denselben herumdreht, Alles, was sich an den Seiten und am Boden derselben festgesetzt hat und rührt dies mit der noch flüssigen Masse recht gut durcheinander. Dann verschließt man die Büchse wieder, öffnet sie nach 10 Minuten, während welcher man wieder fleißig dreht, auf's Neue und wiederholt das vorige Verfahren. So fährt man fort, bis die Masse ganz dick wird und sich wie ein Teig rühren läßt; daß das Gefrorne diese Consistenz annehme, ist die Hauptsache an demselben und kann nur durch sorgfältiges Drehen und Rühren erreicht werden. Zu bemerken ist noch, daß man das während der Procedur im Eimer sich ansammelnde Wasser nicht eher ablassen muß, als bis es zu hoch an der Büchse hinaufsteigt; es befördert das Gefrieren der Masse. Soll das Eis nicht in Gläsern gereicht werden, so füllt man es in eine hübsche Porzellanform, oder eine beliebige Glas- oder Porzellanschale, drückt es fest an den Boden und die Wände derselben an, schließt das Gefäß dicht, setzt es auf mit Salz vermischtes Eis und beschüttet es vollständig damit. Um vollständige Dichtigkeit herzustellen, streicht man die Fugen zwischen Deckel und Gefäß mit Butter oder mit einem weichen Teige aus; man kann auch, wenn dies zu umständlich ist, das Gefäß blos in steifes Papier wickeln. Bevor man das Eis auf die Schüssel stürzt, entfernt man Butter oder Teig sorgfältig wieder von dem Gefäße und setzt Letzteres einen Augenblick in warmes Wasser.

760. Vanille-Eis.

Man kocht ¼ Loth Vanille in ein wenig Milch langsam aus und rührt zu der Milch nach Herausnahme der Vanille nach und nach 16 Eidotter, 2½ Pott süßen Rahm und ¾ Pfd. feingestoßenen Zucker. Diese Masse rührt man über dem Feuer weiter, bis sie eben anfangen will zu kochen, nimmt sie ab und läßt sie erkalten, wobei man durch wiederholtes Umrühren verhütet, daß sich keine Haut darauf bilde. Weiter verfährt man damit nach voriger Nummer.

761. Apfelsinen-Eis.

Man kocht 1 Pfd. Zucker, worauf die Schale von 2 Apfelsinen abgerieben ist, in ½ Flasche Wasser auf, wobei man gut schäumen muß. Ist dies wieder erkaltet, so giebt man den geklärten Saft von 6 Apfelsinen und einer Citrone daran; gießt das Ganze durch ein Sieb, mischt das zu Schnee geschlagene Weiße von 2 Eiern darunter und verfährt weiter damit nach Nr. 759.

762. Erdbeer-Eis.

Man verliest und wäscht 2 Pott Erdbeeren recht sorgfältig, reibt sie durch ein Sieb und mischt 1 Pfd. nach Angabe in voriger Nummer in einer Flasche Wasser aufgekochten und weiter bereiteten Zucker, nebst dem geklärten Safte von 2 Citronen darunter. Sodann läßt man die Masse nach Nr. 759 gefrieren.

763. Himbeer-Eis.

Man preßt den Saft aus 2 Pfd. Himbeeren, mischt ¾ Pfd. in Wasser aufgelösten Zucker und ¾ Flasche Weißwein darunter, giebt ein 2 Zoll langes Stück Kanehl daran und bringt dies zusammen in's Kochen. Sodann giebt man es durch ein Sieb, läßt es kalt werden und bereitet das Eis nach Nr. 759 daraus.

764. Chocolade-Eis.

Es wird 1 Pott Rahm mit 12 Loth Zucker aufgekocht
und nachdem sie wieder etwas abgekühlt ist, nach und nach
mit 10 Eidottern durchgemischt und sodann auf dem Feuer
wieder bis kurz vor dem Kochen gerührt. Außerdem kocht
man 10 Loth geriebene Chocolade mit nicht mehr Milch, als
zum Auflösen derselben nöthig ist, zu einem dicken Brei, mischt
diesen unter die, wie angegeben, bereitete Masse und verfährt
mit dem Ganzen weiter nach Nr. 759.

765. Pfirsich oder Aprikosen.

Man reibt 15 Pfirsiche oder 30 Aprikosen, nachdem man
die Haut davon abgenommen hat, durch ein feines Sieb.
Die dadurch gewonnene Masse vermischt man gehörig mit
½ Flasche Wasser, welches man mit 1 Pfd. Zucker und den
kleingestoßenen Kernen der Frucht aufgekocht, mit dem geklärten Safte von 2 Citronen vermischt und durch ein Sieb
gegossen hat. Mit dem Ganzen verfährt man weiter nach
Nr. 759.

766. Gefrorener Punsch.

Es werden 2 Pfd. Zucker mit 1¼ Pott Wasser und der
recht dünn abgenommenen Schale einer Citrone unter fleißigem
Schäumen klar gekocht und durch ein Sieb zum Abkühlen in
ein Gefäß gegeben. Sobald die Masse wieder erkaltet ist,
vermischt man sie mit dem geklärten Safte von 6 bis 8 Citronen, giebt sie in die Gefrierbüchse und verfährt damit zur
Bereitung des Eises weiter nach Nr. 759. Unter das beinahe
fertige Eis rührt man nach und nach eine Flasche Rheinwein
und knapp eine halbe Flasche Arrac und fährt mit dem Rühren fort, bis sich eine dickflüssige Masse gebildet hat.

767. Marasquino-Eis.

Man bereitet Schlagrahm nach Nr. 667 von einem Pott
süßer Sahne, vermischt ihn mit ½ Pfd. Zucker und einem

Glase Marasquino, giebt dies in eine Form, verschließt dieselbe durch Bestreichen der Fugen mit Butter so dicht wie möglich und läßt sie, von einer Mischung von Eis und Salz nach Nr. 759 umgeben, 2 bis 3 Stunden lang stehen, wo dann die Sahne gefroren ist.

Anm. Bei dieser Art Eis fällt das Drehen in der Büchse und das Losstechen und Umrühren mit dem Spaten weg.

768. Eis-Pudding.

Man bereitet Vanille-Eis nach Nr. 760, läßt es jedoch in der Büchse nicht ganz fest frieren, sondern nur gut dickflüssig werden. Alsdann füllt man davon eine 1½ Zoll dicke Schicht in eine Puddingform, belegt diese mit Biscuit-Würfeln von 1 Zoll Dicke, füllt die Zwischenräume zwischen denselben mit einer Mischung von gut gereinigten, gekochten und wieder erkalteten Sultan-Rosinen, Korinthen und in feine Würfel geschnittener Succade (von jedem ein Drittheil) aus, bringt wieder eine Schicht Eismasse darauf und fährt so fort, bis die Form gefüllt ist; den Schluß muß eine Schicht Eismasse bilden. Der Pudding wird auf eine Schüssel gestürzt und mit Schlagrahm nach Nr. 668 übergossen.

769. Gefrorne Mehlspeise.

Man kocht ¼ Pfd. ganzen Reis in 1½ Pott guter Milch und einem Stück Butter von der Größe einer Wallnuß ganz mürbe, rührt ¾ Pfd. gestoßenen Zucker und ¼ Stange Vanille (getrocknet und feingestoßen) darunter, läßt die Masse erkalten, thut sie in eine Eisbüchse und unterwirft sie der für die Bereitung des Gefrornen in Nr. 759 angegebenen Behandlung. Ist sie bis etwa zur Hälfte gefroren, so thut man nach und nach unter fortwährendem Rühren 1 Pott nach Nr. 667 bereiteten Schlagrahm darunter, schließt die Büchse wieder, bedeckt sie dick mit Eis und Salz (vgl. Nr. 767) und läßt die Mehlspeise eine Stunde lang darin frieren. — Als Sauce reicht man dazu Himbeersaft ohne jeglichen Zusatz.

XXIII. Anhang.

A. Das Einmachen der Früchte, Fruchtsäfte, Gelees ꝛc.

770. Allgemeine Vorbemerkungen.

Wie überhaupt für die Küche, so ist vor allen Dingen für das Einmachen der Früchte Reinlichkeit ein Haupterforderniß. Die Geschirre, in denen man kocht (am besten messingne Kessel, aus denen jedoch das Eingekochte gleich nach der Abnahme vom Feuer entfernt und in Fayence- oder Glas-Geschirre gegossen werden muß), seien eben so sauber, wie die Schaum- und Kochlöffel, deren man sich dabei bedient, und die Geschirre, in welche das Einzumachende gebracht wird. Was letztere betrifft, so verwendet man regelmäßig Flaschen und Häfen oder Gläser, die man vor der Verwendung vollständig dadurch trocknet, daß man sie mit der Oeffnung nach unten der Sonne aussetzt. Es sind auch für kleine Haushaltungen nur kleine Geschirre zu wählen; auch bei größter Vorsicht hält sich Eingemachtes, welches einmal angebrochen ist, nie lange. Sehr empfehlenswerth zum Erhalten der mit Zucker eingemachten Früchte ist das Schwefeln der Flaschen und Häfen. Man bewerkstelligt dies, indem man ein in flüssig gemachten Schwefel getauchtes Stück Leinewand auf einen dazu hergerichteten Drath hakt, anzündet und in die zu schwefelnden Geschirre steckt; auf die Flaschen ist gleich ein Kork zu setzen, die Häfen sind mit einem Teller zu bedecken. Nach 10 Minuten sind die Geschirre hinreichend geschwefelt und können gefüllt werden.

Die eingemachten Früchte müssen völlig mit Saft bedeckt und vor dem Verschließen der Geschirre ganz darin erkaltet sein; bis dahin bedeckt man sie mit einem Bogen Papier. Wenn sie mit Zucker kurz eingekocht sind, legt man ein mit Arrac oder Rum getränktes Stück Briefpapier darauf und bindet über die Häfen oder Gläser recht steifes Papier, oder besser noch Schweinsblase, welche dadurch gereinigt ist, daß man sie einige Stunden in Branntwein gelegt und dann mit Waizenkleie abgerieben hat. Flaschen füllt man mit den aufzubewahrenden Fruchtsäften bis 2 Finger breit unter dem Kork, gießt etwas Provenceöl darauf, verschließt sie mit neuen, vorher in heißes Wasser gelegten Korken und verlackt sie, oder bindet ein Stück Papier oder Stanniol darüber. Vor dem Gebrauche entfernt man das Provenceöl durch langsames Hinzugießen von kaltem Wasser, welches das Oel oben über den Rand der Flasche treibt. Auf Früchte, welche mit Essig eingemacht sind, z. B. Pflaumen oder Kirschen, legt man ein Stück Schiefer und beschwert dies durch einen Stein, nicht mehr jedoch, als nöthig ist, die Früchte unter dem Essig zu halten. Alle Geschirre, in welchen sich eingemachte Früchte befinden, müssen an einem nicht zu hellen, recht kühlen, doch dabei trockenen Orte aufbewahrt werden.

Sollten, trotz aller Vorsichtsmaßregeln, in Zucker eingemachte Früchte sich in nicht mehr ganz gutem Zustande befinden, so macht man, wenn sie reichlich Saft haben, einen Zusatz von Franzbranntwein und Zucker dazu und läßt sie offen in einem Gefäß mit Wasser kochend heiß werden. Ist überflüssiger Saft nicht vorhanden, so kocht man etwas Essig und Zucker auf, schäumt die Mischung ab und läßt sie darin ganz wenig durchkochen.

771. Erdbeeren in Zucker.

Ueber gut verlesene und gewaschene Erdbeeren gießt man noch warmen, in Wasser aufgekochten Zucker, indem man dabei auf 1 Pfd. Erdbeeren 1 Pfd. Zucker und auf jedes Pfund Zucker $\frac{1}{6}$ Pott Wasser rechnet. Nachdem die Erdbeeren darin 24 Stunden gestanden haben, kocht man sie noch einmal damit auf, schäumt sie und läßt sie wieder bis zum nächsten Tage stehen. Dann nimmt man sie aus der Flüssigkeit, kocht diese allein zu einem dicken Sirup ein und gießt sie kochend wieder über die Erdbeeren, schwenkt diese damit um und füllt sie heiß in Gläser.

772. Erdbeersaft.

Man zerquetscht die Erdbeeren und preßt sie durch ein Tuch, kocht den gewonnenen Saft mit ½ Pfd. Zucker auf das Pfund davon auf, schäumt ihn gut und läßt ihn ¼ Stunde kochen. Ist er kalt geworden, so gießt man ihn in ausgeschwefelte Flaschen.

Anm. Hier, wie überall, wo man zum Auspressen von Fruchtsäften ein Tuch benutzt, wird vorausgesetzt, das demselben durch vorgängiges Auswässern Alles genommen ist, was dem Einzumachenden einen Beigeschmack geben könnte.

773. Erdbeer-Marmelade.

Recht reife Erdbeeren werden mit ¾ Pfd. Zucker auf 1 Pfd. unter fleißigem Umrühren so lange gekocht, bis sich eine musige Masse mit dick-sirupsartigem Safte gebildet hat. Mit derselben verfährt man weiter nach Nr. 770.

774. Himbeeren in Zucker.

Man kocht Zucker mit Wasser, und zwar das Pfund mit ⅙ Pott, auf, schäumt gehörig und giebt die sehr sorgfältig verlesenen Himbeeren, 1 Pfd. davon auf 1 Pfd. Zucker, darunter. Nachdem sie ein paar Mal übergekocht und während dessen gut abgeschäumt sind, schüttet man sie zum Erkalten in eine Schüssel und läßt sie darin, mit einem Bogen Papier bedeckt, 24 Stunden stehen. Dann giebt man sie zum Abtropfen auf ein Sieb, kocht den erhaltenen Saft zu einem ganz dickflüssigen Sirup ein, giebt die Himbeeren wieder dazu und läßt sie noch einmal damit aufkochen. Weiter nach Nr. 770.

775. Himbeer-Gelee.

Man bringt Himbeeren, denen man auch ein Drittheil Johannisbeeren beimischen kann, unter wiederholtem leichten Umrühren in's Kochen, schüttet sie auf ein Tuch und preßt den Saft durch dasselbe vollständig aus. Diesen Saft bringt man mit 1 Pfd. kleingeschlagenem Zucker auf 1 Pfd. davon wieder auf das Feuer und kocht ihn unter fleißigem Abschäumen so lange ein, bis ein davon auf einen kalten Teller fallender Tropfen nicht mehr auseinander fließt und bald gallertartig wird. Dann giebt man den Saft kochend heiß in Häfen und verfährt weiter nach Nr. 770.

Anm. Man kann den Saft der Himbeeren, Johannisbeeren ꝛc. auch aus den rohen Früchten pressen, dies Verfahren indessen ist ohne eine besonders dazu construirte Presse weit mühsamer.

776. Himbeer-Saft.

Man verfährt zur Gewinnung des Saftes nach der vorigen Nummer, kocht denselben mit $\frac{1}{2}$ Pfd. Zucker auf 1 Pfd. Saft eine kleine halbe Stunde durch, schäumt während dessen fleißig, gießt den ein wenig verkühlten Saft in ausgeschwefelte Flaschen und verfährt weiter nach Nr. 770.

777. Himbeer-Marmelade.

Recht reife, rothe und weiße Himbeeren werden durch ein Sieb gerieben und mit $\frac{3}{4}$ Pfd. Zucker auf 1 Pfd. unter fleißigem Umrühren zu einem nicht zu festen Mus eingekocht. Es hat die richtige Consistenz, sobald es dick vom Löffel tropft; man füllt es dann heiß in die dazu vorbereiteten Gefäße und verfährt weiter nach Nr. 770.

778. Himbeer-Essig.

Auf 8 Pfd. nach Angabe in Nr. 775 ausgepreßten Himbeersaft giebt man 1 Pott guten Weinessig und 2 Pfd. Zucker, kocht dies unter sorgfältigem Abschäumen zusammen eine gute Viertelstunde mit einander durch, läßt es erkalten und gießt es in vorher ausgeschwefelte Flaschen, die man sorgfältig verkorkt, verpicht und an einen kühlen Ort stellt.

779. Johannisbeeren in Zucker.

780. Johannisbeer=Gelee.

781. Johannisbeer=Saft.

782. Johannisbeer=Marmelade.

Man pflückt die Johannisbeeren sorgfältig von den Sten=
geln und verfährt damit weiter nach den in den Nrn. 774
bis 777 für die Himbeeren gemachten Angaben. Nur ist zu
bemerken, daß bei dem Einmachen in Zucker das zweite Auf=
kochen wegfällt und daß man zum Gelee und zur Marmelade
gern zur Hälfte rothe, zur Hälfte weiße Johannisbeeren ver=
wendet.

783. Stachelbeeren in Zucker.

Man taucht Zucker in Wein und läßt ihn damit durch=
ziehen, bringt ihn auf das Feuer und läßt ihn unter fleißigem
Abschäumen zu dünnem Sirup kochen. In denselben schüttet
man recht reife, vorher einzeln abgewischte und von Stengel
und Blume befreite Stachelbeeren, 1 Pfd. davon auf 1 Pfd.
Zucker, und läßt sie über schwachem Feuer darin weich kochen.
Dann giebt man das Ganze in eine Schüssel und bedeckt
es. Nach 3 bis 4 Tagen läßt man den Saft durch einen
Durchschlag abtropfen, kocht ihn zu einem dicken Sirup ein,
giebt denselben warm wieder über die Stachelbeeren und ver=
fährt weiter damit nach Nr. 770.

784. Stachelbeer=Gelee.

Die nach Angabe in voriger Nummer gereinigten Stachel=
beeren bringt man mit so viel Wasser, daß es eben damit
gleich steht, auf das Feuer. Sind die Stachelbeeren zerkocht,
so läßt man das Flüssige abtropfen, indem man das Ganze
entweder auf ein Sieb giebt, mit einem Teller bedeckt und
diesen beschwert, oder indem man es in ein Tuch thut und
dieses aufhängt. Dann wird der Saft unter Zurücklassung

der am Boden des Gefäßes angesammelten dicklichen Sub-
stanzen mit 25 Loth Zucker auf 1 Pfd. wieder auf das Feuer
gebracht und unter fleißigem Rühren und Abschäumen gekocht, bis ein davon auf einen kalten Teller fallender Tropfen
nicht mehr auseinander fließt und bald gallertartig wird.
Weiter verfährt man nach Nr. 770.

785. Stachelbeeren in Flaschen.

Unreife, noch kleine Stachelberen werden von Stengeln
und Blüthen befreit und in ausgeschwefelte Flaschen mit recht
weiten Hälsen gethan. Dabei muß man die Flaschen öfters
rütteln und damit auf einen mit mehrfach zusammengelegten
Tüchern bedeckten Tisch stoßen, damit die Stachelbeeren so
dicht als möglich zu liegen kommen. Die dicht verkorkten und
mit einer Blase überbundenen Flaschen stellt man in ein
Kochgeschirr, dessen Boden mit Heu bedeckt ist, umgiebt sie
selbst gleichfalls mit Heu und gießt so viel Wasser darüber,
daß es mit den Stachelbeeren in den Flaschen gleich steht.
Nach viertelstündigem Kochen nimmt man das Geschirr vom
Feuer, läßt die Flaschen darin erkalten und stellt sie zur Aufbewahrung an einen kühlen trockenen Ort.

Anm. Die weitere Zubereitung dieser Stachelbeeren geschieht ganz
nach der in Nr. 542 für das Stachelbeer-Compote gegebenen Anweisung.

786. Heidelbeeren (Bickbeeren) in Zucker.

Man kocht Zucker mit sehr wenig Wasser auf, bringt,
nachdem man ihn gut abgeschäumt hat, die sorgfältig verlesenen Heidelbeeren hinein (1 Pfd. Heidelbeeren auf $1/2$ Pfd.
Zucker), läßt sie damit, sowie mit einem Stück Kaneel oder
etwas Citronenschale unter fortgesetztem Abschäumen einmal
überkochen und giebt sie dann zum Abtropfen auf ein Sieb.
Den abgetropften Saft kocht man zu recht dickem Sirup ein,
giebt die Heidelbeeren dazu, läßt sie noch einmal damit aufkochen und füllt sie nach einigem Verkühlen in Gläser. —
Weiter nach Nr. 770.

787. Heidelbeeren, ohne Zucker eingekocht.

Man bringt sorgfältig verlesene, gewaschene und wieder getrocknete Heidelbeeren in möglichst weithalsige, vorher ausgeschwefelte, mit Heu umwickelte Flaschen, stellt sie in ein Gefäß, dessen Boden gleichfalls mit Heu bedeckt ist und gießt so viel Wasser in dasselbe, daß es mit den Heidelbeeren in den Flaschen gleich steht. Nach ³/₄stündigem Kochen nimmt man das Gefäß vom Feuer, läßt die Heidelbeeren darin erkalten und giebt aus einer der Flaschen so viel in die anderen, daß alle wieder bis 2 Finger breit unter dem Rande gefüllt sind, worauf man ein wenig Rum oder Arrac oder Provenceöl darauf gießt, die Flaschen verkorkt und weiter damit nach Nr. 770 verfährt.

Anm. Will man die so eingekochten Heidelbeeren als Compote verwenden, so kocht man sie mit etwas Zucker und Kanehl durch.

788. Heidelbeersaft.

Recht reife Heidelbeeren werden sorgfältig verlesen, gewaschen, weich gekocht und in einem Tuche ausgepreßt. Den durchgelaufenen Saft stellt man hin, damit sich das Dicke setze, gießt ihn vom Bodensatze ab und bringt ihn mit ¹/₄ Pfd. Zucker auf 1 Pfd. Saft wieder auf's Feuer. Nach 10 Minuten langem Kochen nimmt man ihn wieder ab und verfährt weiter damit nach der Anweisung für Himbeersaft in Nr. 775.

789. Preißelbeeren (Tütebeeren) in Zucker.

Man taucht 2 Pfd. Zucker in Wasser und läßt ihn davon so viel aufsaugen, wie er aufnehmen kann. Dann bringt man ihn auf dem Feuer in's Kochen, schäumt ihn gut und thut, nebst einer in Stücke zerbrochenen Stange Kanehl, 4 Pfd. sorgfältig verlesene Preißelbeeren dazu. Dieselben kocht man unter fortgesetztem Abschäumen so lange, bis der Saft einen dicken Sirup bildet, nimmt sie dann vom Feuer, mischt 3 Loth in feine Scheibchen oder kleine Würfel geschnittene Succade darunter und füllt sie, nachdem sie zur Hälfte verkühlt sind, in Gläser. — Weiter nach Nr. 770.

790. Hagebutten in Zucker.

Man befreit recht reife rothe Hagebutten durch Abreiben auf einem groben Tuche von allem Rauhen, schneidet die Kronen ab und schabt die Kerne mit einem dünnen spitzen Messer heraus. Alsdann wäscht man sie sehr sorgfältig, bringt sie in kochendes Wasser, läßt sie einmal überkochen und erhält dann das Wasser neben dem Feuer siedend heiß, ohne daß es jedoch kocht, bis die Hagebutten darin beinahe weich gezogen sind. Ferner kocht man 1 Pfd. Zucker auf 1 Pfd. Hagebutten in ¼ Pött Wasser unter fleißigem Abschäumen klar, gießt ihn kochend über die Hagebutten und läßt diese 3 Tage darin stehen. Am vierten Tage gießt man den Zucker wieder ab, kocht ihn mit dem Safte von einer halben Citrone auf das Pfund zu einem dünnen Sirup ein, thut die Hagebutten dazu, kocht sie noch einmal darin auf, schäumt sie ab, läßt sie erkalten, giebt sie in Gläser und übergießt sie gut mit dem Zucker. — Weiter nach Nr. 770.

791. Quitten in Zucker.

Birnquitten werden geschält, in Hälften oder Viertel zerschnitten, von Blume und Kerngehäuse befreit und zusammen mit der Hälfte der Letztern in Wasser beinahe gar, jedoch nicht weich gekocht. Dann nimmt man sie wieder heraus, giebt die Brühe durch ein Sieb, bringt sie wieder auf das Feuer, kocht sie mit ¾ Pfd. Zucker auf 1 Pfd. Quitten unter sorgfältigem Abschäumen eine Stunde lang ein, bringt die Quitten wieder hinein, kocht sie vollends gar, legt sie mit ein wenig Kanehl in Gläser und übergießt sie reichlich mit ihrer Brühe. Weiter nach Nr. 770.

792. Quitten-Gelee.

Man schneidet recht reife, sauber abgeriebene Quitten ungeschält in Stücke und kocht sie in so viel Wasser, daß sie eben davon bedeckt sind, recht weich, jedoch nicht musig. Dann giebt man sie mit dem Wasser, worin sie gekocht sind, zum

Abtropfen auf ein aufgespanntes Tuch, gießt den herausgetropften Saft am nächsten Tage vorsichtig vom Bodensatze
ab, vermischt ihn mit ³/₄ Pfd. Zucker auf 1 Pfd. Saft und
kocht ihn unter sorgfältigem Abschäumen so lange ein, bis er
die in Nr. 775 erwähnte Consistenz hat, giebt auf ursprüngliche 4 Pfd. Saft den geklärten Saft einer Citrone daran,
läßt den Quittensaft noch ein paar Minuten damit durchkochen und füllt ihn heiß in Gläser. — Weiter nach Nr. 770.

793. Quitten-Marmelade.

Recht reife Quitten werden geschält, in Stücke geschnitten
und in Wasser recht weich gekocht, auf ein Sieb gegeben und,
nachdem sie darauf abgetropft sind, durch dasselbe gerieben.
Das erhaltene Mus wird über nicht zu starkem Feuer mit
³/₄ Pfd. feingestoßenem Zucker auf 1 Pfd. davon unter sorgfältigem
Rühren am Boden des Gefäßes, damit es nicht anbrenne,
zu einer ziemlich dicken, jedoch nicht zu steifen Marmelade
eingekocht, mit welcher man, nachdem man sie etwas hat verkühlen lassen, weiter nach Nr. 770 verfährt.

794. Pfirsiche und Aprikosen in Zucker.

Man schält die Früchte, schneidet sie in Hälften und löst
die Steine heraus. Sind sie noch hart, so legt man sie jetzt
zunächst in kochendes Wasser und läßt sie einmal darin aufkochen, bei reifen, weichen Früchten ist dies indessen nicht
nöthig. Alsdann kocht man auf 1 Pfd. Früchte 1 Pfd. Zucker
in knapp ½ Pott Wasser auf, schäumt gehörig und bringt
die Früchte hinein, die nun einige Mal darin aufkochen
müssen, jedoch nicht zu weich werden dürfen. Nachdem man
sie ausgeschäumt hat, giebt man sie mit der Brühe und ihren
abgezogenen Kernen in ein Gefäß und verdeckt dasselbe. Am
nächsten Tage kocht man die Brühe unter gutem Abschäumen
ein wenig ein, gießt sie heiß wieder über die Früchte, wiederholt dies am dritten Tage und kocht sie endlich am vierten zu
einem dickflüssigen Sirup ein, in welchem man die Früchte
noch einmal aufkochen läßt. Sodann stellt man sie in einem

verdeckten Gefäße weg und untersucht nach 2 Tagen, ob der Saft noch seine richtige Consistenz hat; sollte dies nicht der Fall sein, so muß man das angegebene Verfahren noch einmal wiederholen, sonst thut man sofort Früchte und Saft in Gläser und verfährt weiter nach Nr. 770.

795. Reineclauden in Zucker.

Völlig ausgewachsene, jedoch noch harte fleckenfreie Reineclauden werden, nachdem man ihre Stiele gestutzt hat, in kaltem Wasser auf's Feuer und bis kurz vor's Kochen gebracht. Sodann nimmt man sie ab, stellt sie neben das Feuer und erhält das Wasser in seiner Temperatur, bis die Früchte darin weich gezogen sind, wovon man sich durch Probiren überzeugt. Weiter verfährt man durchaus nach der Angabe in voriger Nummer.

796. Geschälte Pflaumen (Zwetschen) zu Suppe.

Es werden 4 Pfd. geschälte Zwetschen in Hälften geschnitten und, nachdem die Steine herausgenommen worden, in 1 Pott Wasser, in welchem 2 Pfd. Zucker unter gutem Abschäumen klar gekocht worden, über ganz schwachem Feuer weich gekocht. Sodann giebt man das Ganze in ein zu verdeckendes Gefäß, gießt am nächsten Tage den Saft ab, läßt ihn ein wenig einkochen, kocht die Zwetschen noch einmal darin auf und giebt das Ganze, nachdem es abgekühlt ist, in recht weithalsige Flaschen, mit denen man weiter nach Nr. 770 verfährt.

Anm. Sollte sich nach dem Abkühlen zeigen, daß der Saft noch zu wässerig ist, so kocht man ihn noch einmal allein auf und giebt ihn zum Abkühlen wieder über die Pflaumen.

797. Pflaumen=Marmelade.

Man entsteint recht reife geschälte Zwetschen, bringt sie mit ¼ Pfd. Zucker auf 1 Pfd. davon auf das Feuer und läßt sie unter öfterem Umrühren weich kochen. Sodann reibt man sie durch ein Sieb, kocht das Mus unter starkem Rühren am Boden zu einer dicken Marmelade ein, giebt dieselbe heiß in Gläser und verfährt weiter nach Nr. 770.

798. Pflaumen=Mus.

Man wischt Zwetschen recht sorgfältig ab, entsteint sie und kocht sie unter unausgesetztem harten Rühren am Boden in ihrem eigenen Safte, bis sie sich in ein recht gleichförmiges Mus verwandelt haben, was $2^{1}/_{2}$ bis 3 Stunden erfordert. Nach Belieben kann man demselben, einige Zeit bevor man es vom Feuer nimmt, etwas Zucker zusetzen, oder diesen auch ganz weglassen. Das Mus wird heiß in Steintöpfe oder Glashäfen gethan, muß darin völlig erkalten und wird sodann mit Talg übergossen.

799. Saure Pflaumen.

Es werden 8 Pfd. gut reife Zwetschen sorgfältig abgewischt und, nachdem man die Stengel gestutzt, in einen Glashafen gelegt und mit 2 Loth in Stücke gebrochenem Kanehl und 1 Loth Gewürznelken untermischt. Sodann kocht man $1^{1}/_{2}$ Pott Weinessig nebst 1 Flasche Rothwein mit $2^{1}/_{2}$ Pfd. Zucker auf, schäumt sorgfältig und giebt die Flüssigkeit, nachdem sie etwas verkühlt ist, über die Pflaumen. Am nächsten Tage gießt man den Essig wieder ab, kocht ihn noch einmal auf und giebt ihn wieder warm über die Pflaumen. Am dritten Tage endlich bringt man die Pflaumen mit dem Essig zusammen auf das Feuer und kocht sie so lange, bis die Haut eben anfängt ganz leicht zu bersten; nicht länger. Dann nimmt man sie heraus, läßt den Essig noch etwa 10 Minuten kochen und giebt so viel davon heiß über die in Gläser gelegten Pflaumen, daß diese ganz damit bedeckt sind. Weiter nach Nr. 770.

800. Kirschfleisch.

Man steint recht große saure Kirschen mit einem Federkiel aus, setzt das Fleisch mit $^{1}/_{4}$ Pfd. Zucker auf 1 Pfd. da-

von auf das Feuer und läßt es unter hartem Rühren am
Boden des Gefäßes ³/₄ Stunde kochen. Sodann stößt man
den achten Theil der Steine entzwei, nimmt die Kerne heraus und rührt sie darunter. Von dem Safte giebt man so
viel mit dem Kirschfleisch in die Häfen, daß es gut davon bedeckt ist, den Rest gießt man auf Flaschen und verfährt mit
Fleisch und Saft weiter nach Nr. 770.

801. Kirschfleisch von Herz= oder Glaskirschen.

Auf 2 Pfd. ausgesteinte Glas= oder Herzkirschen kocht
man 1 Pfd. Zucker in ¼ Pott Wasser klar, thut das Kirschfleisch hinein und läßt es gut ¼ Stunde damit durchkochen.
Dann thut man Fleisch und Saft zusammen in ein Gefäß,
bedeckt es, gießt am nächsten Tage den Saft ab, läßt ihn
etwas einkochen und giebt ihn heiß wieder über das Kirschfleisch. Am dritten Tage läßt man den Saft durch einen
Durchschlag recht rein abtropfen, kocht ihn wiederum ein und
giebt davon so viel heiß über das inzwischen in Gläser gelegte Kirschfleisch, daß dasselbe davon bedeckt ist. — Weiter
nach Nr. 770.

802. Suppenkirschen.

Saure Kirschen werden ausgesteint und mit 12 Loth
Zucker auf 1 Pfd. eine halbe Stunde lang gekocht. Dann
giebt man Saft und Fleisch in ein Gefäß, läßt es zugedeckt
zusammen erkalten, thut es in weithalsige Flaschen und verfährt weiter nach Nr. 770.

803. Sauer eingemachte Kirschen.

Zu 4 Pfd. Kirschen rechnet man ½ Pott Weinessig, 2 Pfd.
Zucker, ½ Loth Gewürznelken und 1 Loth Kanehl. Die
Stengel der Kirschen werden bis auf die Mitte gestutzt; im
Uebrigen verfährt man mit dem Einmachen ganz nach der
in Nr. 790 für saure Pflaumen gegebenen Anweisung.

804. Wachsäpfel in Zucker.

Man setzt Wachsäpfel, nachdem man sie gut abgewischt und ihnen die Stengel gestutzt hat, in kaltem Wasser auf das Feuer und kocht sie weich. Sodann läßt man sie auf einem Sieb abtropfen, legt sie, unter Hinzuthun von einem Stücke Kanehl, in ein Gefäß, kocht auf 1 Pfd. Aepfel ¾ Pfd. Zucker klar und gießt ihn, nachdem er etwas verkühlt ist, darüber. Am nächsten Tage gießt man den Zucker wieder ab, kocht ihn etwas ein und giebt ihn wieder über die Aepfel, am dritten Tage werden Zucker und Aepfel zusammen auf das Feuer gebracht und noch ein paar Mal aufgekocht. Dann nimmt man die Aepfel heraus, legt sie in Gläser und giebt den Zucker, nachdem man ihn noch 10 Minuten hat kochen lassen, heiß darüber. Weiter nach Nr. 770.

805. Aepfel=Gelee.

Sorgfältig abgeschälte Aepfel werden abgewischt, von Blumen und Stengeln befreit, in Viertel geschnitten und in so viel Wasser, daß es grade mit ihnen gleich steht, weich, aber nicht musig, gekocht. Dann schüttet man sie nebst dem Wasser auf ein ausgespanntes Tuch und läßt sie abtropfen. Nach 24 Stunden gießt man den gewonnenen Saft, unter sorgfältiger Zurücklassung des Bodensatzes, in ein Kochgeschirr, giebt auf 1 Pfd. Saft ¾ Pfund Zucker dazu, bringt ihn damit in's Kochen, schäumt und kocht weiter, bis ein davon auf einen kalten Teller fließender Tropfen nicht auseinander fließt, sondern sich schnell in Gallerte verwandelt. Dann gießt man die Masse heiß in Gläser und verfährt weiter damit nach Nr. 770.

806. Aepfelsaft.

Noch unreife, aber ausgewachsene, recht saftige Aepfel (es können das Falläpfel sein) werden gerieben, worauf man den Saft durch ein Tuch preßt und bis zum nächsten Tage zum Klären hinstellt. Dann wird er unter sorgfältiger Zurück=

laſſung des Bodenſatzes in einen Keſſel gegoſſen und mit
¹/₄ Pfd. Zucker auf 1 Pfd. Saft unter ſorgfältigem Schäumen durchgekocht, bis ſich oben kein Schaum mehr anſammelt,
d. h. etwa eine halbe Stunde. Nachdem er etwas abgekühlt
iſt, giebt man ihn in Flaſchen und verfährt weiter damit
nach Nr. 770.

807. Birnen in Zucker.

Man wählt dazu Bergamott-Birnen, welche reif, aber
noch hart ſein müſſen. Im Uebrigen iſt das Verfahren beim
Einmachen ganz ſo wie das in Nr. 791 für die Quitten angegebene.

808. Birnen in Eſſig und Zucker.

Auf 1 Viert reife, aber noch harte Bergamott-Birnen
nimmt man 3 Pott Weineſſig, oder, wenn man ſie feiner
haben will, 2 Pott Weineſſig und 1 Flaſche Rothwein, ferner
5 Pfd. Zucker, 3 Loth Kanehl und 2 Loth Gewürznelken.
Die geſchälten Birnen befreit man von der Blüthe, ſchneidet
ſie oben kreuzweiſe ein, bringt ſie in kochendes Waſſer und
kocht ſie ſo lange darin, bis man mit einem Strohhalm hin-
einſtechen kann; dann nimmt man ſie heraus und läßt ſie
abkühlen und abtropfen. Nun kocht man Eſſig und Zucker
unter ſorgfältigem Abſchäumen klar, thut das Gewürz daran,
ſchüttet die Birnen hinein und läßt ſie völlig weich kochen.
Dann nimmt man ſie heraus und legt ſie in Glashäfen; den
Eſſig kocht man noch mit dem Gewürz ¹/₄ Stunde länger und
giebt ihn ſodann heiß über die Birnen. — Weiter nach Nr. 770.

809. Wallnüſſe in Zucker.

Ende Juni oder Anfangs Juli gepflückte Wallnüſſe werden an verſchiedenen Stellen mit einer dicken Nadel durch-
ſtochen und 8 Tage lang ausgewäſſert, wobei das Waſſer
mindeſtens 3 Mal täglich durch friſches zu erſetzen iſt. Dann
kocht man ſie in reichlich Waſſer mit ein wenig Salz ſo weich,

daß man leicht mit einer Nadel hineinstechen kann, legt sie wieder in kaltes Wasser, wässert sie unter wiederholtem Wechsel des Wassers noch 3 bis 4 Tage aus und giebt sie zum Abtropfen auf einen Durchschlag. Auf 1 Pfd. Nüsse kocht man sodann 1 Pfd. Zucker in ½ Pott Wasser unter wiederholtem Abschäumen klar, läßt ihn abkühlen, übergießt die Nüsse damit, wiederholt dies den nächsten Tag mit dem zu diesem Zwecke abgegossenen Zucker und kocht am dritten Tage Nüsse und Zucker zusammen auf. Sodann giebt man sie in Gläser und verfährt weiter nach Nr. 770.

> Anm.   Sollte der Zucker sich so sehr verkocht haben, daß er die Nüsse nicht mehr ganz bedeckt, so muß mit frisch gekochtem nachgeholfen werden.

810. Melonen in Zucker.

Aus einer Melone, welche nicht zu reif sein darf, wird die schwammige Masse mit den Kernen herausgenommen. Dann schält man sie und schneidet sie in Stücke von der Dicke und Länge eines Fingers, wobei darauf zu achten ist, daß die scharfen Kanten weggeschnitten werden, bringt sie in kochendes Wasser, läßt sie darin einmal überkochen und sodann in dem bis dicht vor dem Sieden erhitzten Wasser weich ziehen. Außerdem hat man auf 1 Pfd. Melonen ¾ Pfd. Zucker, mit so viel Wasser, als er aufsaugt, sowie mit 6 bis 8 Gewürznelken und ½ Theetasse voll Essig unter sorgfältigem Abschäumen klar gekocht. Diesen Zucker giebt man, nach Herausnahme der Nelken, über die inzwischen auf einem Siebe abgetropften Melonenstücke, läßt dies bedeckt bis zum folgenden Tage stehen, kocht den abgegossenen Zucker etwas ein und gießt ihn wieder heiß über die Melonenstücke. Nach 3 Tagen kocht man Letztere zusammen mit dem Zucker auf, nimmt sie heraus, kocht den Zucker bis zur Hälfte ein und gießt ihn wieder heiß darüber. Nach weiteren 4 Tagen endlich nimmt man die Melonen aus dem Zucker, läßt sie gut abtropfen und legt sie in Gläser. Den noch einmal bis zur Sirupsdicke eingekochten Zucker giebt man darüber. — Weiter nach Nr. 770.

811. Kürbisse in Zucker.

In längliche Stücke geschnittene Kürbisse läßt man 48 Stunden in Weinessig liegen, kocht sie dann in Wasser halb mürbe und läßt sie auf einem Durchschlag abtropfen. Dann kocht man auf 1 Pfd. Kürbisstücke 1 Pfd. Zucker mit so viel Wasser, wie er aufsaugt, klar, kocht die Kürbisstücke darin völlig mürbe, nimmt sie wieder heraus und kocht den Zucker, nachdem man auf das Pfund ein zolllanges Stück Kanehl und die in feine Streifen geschnittene Schale von ¼ Citrone daran gegeben hat, weiter, bis er die Consistenz von dickem Sirup hat. Alsdann wird er über die inzwischen abgetropften und in Gläser gegebenen Kürbisstücke gegossen. — Weiter nach Nr. 770.

812. Zucker=Gurken.

Ausgewachsene, aber noch ganz grüne Gurken werden geschält, von den inwendigen schwammigen Theilen befreit, in Stücke von der Dicke und Länge eines kleinen Fingers geschnitten und in einer Mischung von zur Hälfte gewöhnlichem Essig, zur Hälfte Wasser einmal aufgekocht. Sodann kocht man auf 3 Pfd. Gurken 2 Pfd. Zucker in gut ¼ Pott Wein=essig mit ½ Loth Pfefferkörnern, ¼ Loth klein zerstücktem Kanehl und ein ganz wenig Ingwer unter sorgfältigem Ab=schäumen klar, thut die Gurkenstücke hinein und kocht sie darin einige Minuten, bis sie klar sind; weich dürfen sie aber nicht werden. Nachdem sie herausgenommen worden, kocht man die Brühe noch ¼ Stunde ein und giebt sie über die in ein Gefäß gelegten Gurken, gießt sie nach 3 bis 4 Tagen ab, kocht sie noch mehr ein und giebt sie kalt wieder über die Gurken. Dies Verfahren wiederholt man nach 3 Tagen noch einmal, legt aber diesmal die Gurken, bevor die Brühe dar=über gegossen wird, in Gläser und verfährt weiter damit nach Nr. 770.

813. Essig=Gurken.

Kleine, nicht über einen kleinen Finger lange Gurken werden mit einem Tuche abgerieben, gewaschen und etwas

26

eingesalzen. Nach 24 Stunden trocknet man sie ab, legt sie,
mit Chalotten, ein wenig Muskatblüthe und etwas Nelkenpfeffer untermischt, in ein Gefäß und übergießt sie mit so viel
aufgekochtem und wieder erkaltetem Essig, daß sie völlig davon
bedeckt sind. Dies Verfahren wiederholt man am nächsten
Tage mit dem wieder abgegossenen und aufgekochten Essig;
am dritten Tage kocht man Essig und Gurken, unter Zurücklassung der Chalotten ꝛc., zusammen auf und läßt die Gurken
so lange kochen, bis sie wieder grün geworden sind, nimmt
sie heraus, mischt Chalotten ꝛc. wieder darunter und übergießt
sie, nachdem man sie in Gläser gelegt hat, mit dem heißen
Essig. Die Gläser werden dann einfach mit Papier überbunden.

> Anm. Sollte der Essig so kurz eingekocht sein, daß er nicht reicht, um
> die Gurken zu bedecken, so kann man mit etwas frisch aufgekoch-
> tem Essig nachhelfen.

814. Senf-Gurken.

Reife, gelbe Gurken werden geschält, der Länge nach aufgeschnitten und von den schwammigen Theilen und Kernen
befreit. Dann schneidet man Stücke von der Länge und Dicke
eines Fingers daraus und salzt dieselben ein. Nach 3 bis 4
Stunden trocknet man sie ab und packt sie schichtweise mit
Lorbeerblättern, schwarzem und Nelkenpfeffer, Chalotten und
ziemlich viel Senfkörnern, auch etwas Dill in Glashäfen ein,
gießt aufgekochten Weinessig kochend darüber und wiederholt dies am nächsten und zweiten Tage darauf mit dem
zu diesem Zweck jedesmal wieder abgegossenen Essig. Die
Häfen werden einfach mit Papier überbunden.

815. Salz-Gurken.

Grüne, recht glatte Gurken werden eine Nacht über in
Wasser liegen gelassen; am folgenden Morgen erkennt man,
ob sich fleckige darunter befinden, welche zu entfernen sind.
Die übrigen trocknet man ab, wickelt sie in Weinblätter und
legt sie schichtweise mit Dill und einigen Kirschenblättern in

ein Faß, welches man vom Böttcher verschließen und zuspunden läßt. Dann gießt man durch das Zapfloch mit Salz aufgekochtes Wasser (10 Pott auf 1 Pfd. Salz) wozu man nach dem Erkalten noch ³/₄ Pott Essig gegeben hat, darüber, bis das Faß mit dieser Lake gefüllt ist. Nach Verschluß des Zapfloches stellt man das Faß an einen luftigen Ort und kehrt es etwa 3 Wochen lang alle 2 Tage einmal um. In den Keller muß man die Gurken erst im Winter bringen. Sollen sie benutzt werden, so löst man einen der Böden, den man jedesmal nach Herausnahme der Gurken wieder auflegt.

816. Pickles.

Kleine grüne Gurken, kleine junge Brechbohnen, Blumenkohlröschen und Perlzwiebeln oder Chalotten werden, jedes für sich, in Essig mit etwas Wasser und Salz halb mürbe gekocht, zum Abtropfen auf ein Sieb gelegt und dann schichtweise mit einer Cayenne-Schote auf den Pott Pickles in Häfen eingepackt. Dann gießt man so viel vorher aufgekochten und wieder erkalteten Weinessig darüber, daß Alles davon bedeckt ist und bindet eine nach Nr. 770 gereinigte Schweinsblase recht stramm und fest über das Gefäß.

817. Chalotten.

Man nimmt von den kleinsten Chalotten, sog. Perl-Chalotten, zieht die Haut sehr sorgfältig ab, damit man nicht in's Fleisch schneide, thut sie in kochendes Wasser mit etwas Salz und Essig vermischt, läßt sie ein paar Mal überkochen und auf einem Sieb abtropfen. Dann giebt man sie in Glashäfen oder weithalsige Flaschen und gießt kochenden Essig darüber. Nach einigen Tagen gießt man den Essig wieder ab, kocht ihn mit etwas Nelkenpfeffer und einigen Gewürznelken wieder auf, gießt ihn unter Zurücklassung des Gewürzes heiß wieder über die Chalotten und überbindet die Häfen mit Papier.

26*

818. Rothe Beeten.

Die sauber gewaschenen rothen Beeten werden in einem mäßig erhitzten Ofen gar gebacken; indessen kann man sie auch in Wasser weich kochen. Nachdem sie etwas abgekühlt sind, streift man die Haut herunter, läßt sie ganz erkalten, schneidet sie in Scheiben von der Dicke eines Messerrückens, legt sie, mit kleinwürflig geschnittenem Meerrettig und trocknem Kümmel untermischt, in Glashäfen, übergießt sie mit so viel vorher aufgekochtem Wein- oder Bieressig, daß sie davon bedeckt sind und bindet Papier über die Häfen.

B. Das Einmachen und Aufbewahren der Gemüse und Eier.

819. Das Einmachen der Gemüse in Blechbüchsen.

Hauptbedingungen für das gegenwärtig in jeder bessern Wirthschaft eine sehr wichtige Rolle spielende Einmachen von Gemüsen in Blechbüchsen sind:

1) daß die einzumachenden Gemüse ganz frisch sind,

2) daß die Büchsen selbst vollkommen luftdicht und auch luftdicht verschlossen sind,

3) daß die einzumachenden Gemüse die richtige Zeit in denselben gekocht werden.

Von der Dichtigkeit der Büchsen kann man überzeugt sein, wenn man bei gehöriger Aufmerksamkeit während des Kochens aus denselben nirgends Luftbläschen aufsteigen sieht; ist dies der Fall, so muß die Büchse sofort an der betreffenden Stelle durch einen Tropfen Zinn verlöthet werden.

Die Zeit des Kochens hängt von der Größe der Büchsen ab; für Büchsen von 1 bis 1$\frac{1}{2}$ Pott Inhalt, wie man sie am gewöhnlichsten verwendet, genügt ein zweistündiges Kochen; größere müssen bis zu 3 Stunden gekocht werden.

Das Verfahren beim Einmachen ist nun Folgendes: Man legt in die mit Pottaschenlauge und heißem Wasser tüchtig ausgebrühten Blechbüchsen das einzumachende Gemüse (Spargel, Blumenkohl, junge Erbsen, Brechbohnen, Schnittbohnen, Mohrrüben), nachdem man es in der im Abschn. IX. angegebenen Weise vorbereitet und ¼ Stunde blos in Wasser ohne Salz gekocht hat, und übergießt es mit seiner heißen Brühe so weit, daß zwischen Inhalt und Deckel ein strohhalmbreiter Raum leer bleibt; die Spargel, welche man mit den Köpfen nach oben in die Büchse stellt, kann man auch ganz roh lassen und nur mit kochendem Wasser übergießen. Jetzt legt man die genau in die Büchsen passenden und mit Rändern, die ein wenig umgebogen sind, versehenen Deckel auf die Büchsen und läßt sie von einem geschickten Klempner dicht verlöthen. Dann bringt man sie in kochendes Wasser, kocht sie die angegebene Zeit und beachtet, wo sich etwa Bläschen daran bilden, das oben angegebene Verfahren. — Ein sicheres Kennzeichen für die gute Beschaffenheit des Eingemachten geben Boden und Deckel der Büchse. Sind beide nach beendigtem Kochen leicht nach innen gebogen, so kann man von dem Gelingen der Procedur überzeugt sein, sind sie nach außen gebogen, so ist es eben so gewiß, daß die Büchse Luft hatte und der Inhalt verderben muß, wenn dem Fehler nicht abgeholfen wird.

Die nach Erbrechen des Deckels aus der Büchse genommenen Gemüse werden ganz nach den Anweisungen in Abschnitt IX. weiter bereitet; zu bemerken ist, daß stets der ganze Inhalt auf einmal zu verwenden ist, da in dieser Art aufbewahrte Gemüse nach dem Oeffnen der Büchsen sehr bald verderben.

820. Das Einsalzen von Gemüsen.

Hiezu eignen sich eigentlich nur Brech- und Schnittbohnen; man salzt auch wohl junge Erbsen ein, dieselben sind aber zu zart dazu und verlieren daher ihren Geschmack dadurch fast gänzlich. Die erwähnten Bohnen nun werden zunächst nach den betreffenden Nummern in Abschn. IX. vorbereitet und sodann, um sie zum Laken zu bringen, vorerst mit etwas Salz zwischen den Händen gerieben und sodann mit dazwischen gestreutem Salz in einen Steintopf gepackt, dessen Boden mit Salz bedeckt ist.   Obenauf bestreut man sie wieder dicht mit Salz, legt ein leinenes Tuch darauf und auf dieses einen hölzernen Teller, welchen man mit einem Steine beschwert.   Nach 8 bis 14 Tagen nimmt man die Bedeckung ab, entfernt die Haut von den Bohnen, falls sich eine solche darauf gebildet haben sollte, wäscht das Tuch aus, reinigt Holzteller sammt Stein und legt Alles wieder darauf. Dies Verfahren ist von Zeit zu Zeit zu wiederholen.

Anm.   Von der Bereitung der eingesalzenen Brech= und Schnittbohnen ist in den betreffenden Nummern des Abschn. IX. die Rede gewesen.

821.   Das Aufbewahren der Gemüse.

Kartoffeln schüttet man in den Keller in eine von Holz verfertigte Bucht, deren Boden durch passende Unterlagen etwa 1/2 Fuß vom Boden des Kellers entfernt gehalten wird, damit Luftzug darunter hindurch gehen könne; weiße Rüben schüttet man in ein Faß und bewahrt sie am besten auf dem Boden oder in der Speisekammer an einer frostfreien Stelle; nur im Nothfalle bringt man sie in den Keller und stellt dann das Faß auf eine Unterlage, welche es vom Boden trennt; Weißkohl schneidet man kreuzweise im Stengel ein und setzt ihn auf denselben und zwar zuerst auf den Boden; erst bei eintretendem Froste bringt man ihn in den Keller; Mohrrüben packt man schichtweise mit gelbem Sande in ein Faß; Suppenwurzeln aller Art packt man, nachdem man die Blätter bis auf die Herzblätter abgepflückt hat, in gelben Sand; Zwiebeln endlich schüttet man, aus einander gebreitet, auf den Boden.

822.   Das Aufbewahren der Eier.

Man setzt die Eier in große Töpfe oder andere wasserdichte Gefäße in der Art, daß von allen das spitze Ende nach oben zu stehen kommt.   Dann übergießt man sie soweit, daß alle vollkommen davon bedeckt sind, mit einer Mischung von Wasser und vorher gelöschtem Kalk; von Letzterm muß so

viel genommen werden, daß das Waffer ein weißes, milch-
artiges Aussehen erhält. Das Gefäß wird mit einem Deckel
verschlossen; die Eier sind vor der Verwendung gut mit
Waffer abzuspülen.

Man kann die Eier auch ziemlich lange frisch schmeckend
erhalten, wenn man sie an einem luftigen, trocknen Orte auf
ein sog. Eierbrett stellt und recht häufig umkehrt.

C. Das Einpökeln, Räuchern und Einkochen des Fleisches, auch das Wurstmachen.

823. Das Einpökeln des Rindfleisches.

Man gießt über das Rindfleisch kochendes Waffer, läßt
es eine kurze Zeit darin liegen, nimmt es wieder heraus und
reibt es mit Salz, Salpeter und Zucker ringsum tüchtig ein.
Auf ein Stück Fleisch von 8 Pfd. rechnet man 1/2 Pfd. Salz,
4 Loth Salpeter und 2 Loth Zucker. Nach dem Einreiben
legt man es in eine Fleischwanne, streut das übrig gebliebene
Salz u. s. w. darüber, läßt es 8 Tage darin liegen, kehrt es
aber täglich einmal um und begießt es wiederholt mit der sich
bildenden Lake. — Das so gepökelte Rindfleisch ist auch zum
Räuchern geeignet, was bei gut unterhaltenem Rauch 8 Tage
erfordert.

824. Eine andere Art, Rindfleisch einzupökeln.

Es werden 2 Pott Waffer mit 1 Pfd. Salz, 2 Loth
Salpeter und 4 Loth Zucker aufgekocht. Nachdem die Lake
erkaltet ist, legt man ein Kluftstück von 10 Pfd. hinein und
einen mit einem Stein beschwerten Holzdeckel darauf. Nach
14 Tagen ist das Fleisch zum Kochen fertig. Die Lake läßt
sich wiederholt verwenden; sollte sie kamig werden, so kocht
man sie unter Hinzuthun von etwas Salz und Salpeter
wieder auf.

825. Das Einpökeln des Schweinefleisches.

Nachdem das Schwein zugehauen worden, salzt man Schinken, Schulterstücke und Speckseiten in der Art ein, daß man Alles gehörig und mit so viel Salz einreibt, wie es annehmen will; auf jeden Schinken giebt man außerdem einen Eßlöffel voll pulverisirten Salpeter, auf die Schulterstücke etwas weniger davon. Rings um den runden aus dem Fleische des Schinkens hervorstehenden Knochen reibt man besonders stark mit einer Mischung aus pulverisirtem schwarzen Pfeffer und Salpeter. Sodann legt man die Schinken unten in eine Fleischwanne, deren Boden mit Salz bedeckt ist, die Schulterstücke darauf, füllt die Zwischenräume mit kleinen zum Einpökeln bestimmten, gleichfalls mit Salz eingeriebenen Fleischstücken, z. B. Beinen, Schnauzen, Ohren und Rippenstücken aus, streut überall Salz darüber und darunter, legt endlich die Speckseiten oben darauf und bestreut auch diese dick mit Salz. Nach 4 Wochen sind Schinken, Schulterstücke und Speck zum Räuchern tauglich.

826. Die Bereitung des Luftspecks.

Der Luftspeck findet besonders zum Spicken und bei der Bereitung großer Pasteten Verwendung. Man bereitet ihn, indem man eine Speckseite mit so viel Salz einreibt, wie sie aufnehmen will, mit Salz bestreut und auf ein Brett legt. Nach 8 Tagen deckt man ein anderes Brett darüber, welches man mit einem Steine belegt, um den Speck durch das Pressen fester zu machen. Nach weiteren 14 Tagen hängt man den Speck an einem kühlen zugigen Orte auf, um ihn zu trocknen.

827. Mettwurst.

Zuthaten: 8 Pfd. Mett, 2 Pfd. reines Fett, am besten Rückenspeck, als der festeste, gut 3 Eßlöffel voll gestoßener Zucker, 1 gut gehäufter Theelöffel voll gestoßener Pfeffer und, je nachdem man die Wurst mehr oder minder scharf liebt, 8 bis 12 Eßlöffel voll Salz.

Das Mett wird sorgfältig ausgesehnt und zu einem Teige gehackt; ebenso das Fett, worauf man Beides nebst den

Gewürzen ſo lange zuſammen knetet, bis es unter den Händen warm wird, was etwa ³/₄ Stunden erfordert. Dieſe Maſſe ſtopft man in gut gereinigte Gedärme zu ſehr feſten Würſten, die man, je nachdem an dem Räucherplatze mehr oder weniger Zugluft und Rauch vorhanden iſt, 14 Tage bis 3 Wochen räuchern läßt.

828. Leberwurſt.

Zur Bereitung der Leberwurſt nimmt man außer der Leber die eine Seite des Bauchfleiſches, welches in der Breite von etwa 3 Fingern von der Keule an bis zum Ende des Bauches abgetrennt wird, ferner das Stech, die ausgelöſte, abgebrühte und abgezogene Zunge, die Nieren, die Milz und das Herz. Alle Zuthaten an Fleiſch werden gar gekocht und nach Abnahme der Schwarten ſo fein, wie möglich, zuſammen gehackt; die ungekochte Leber ſchneidet man in Stücke, durchſticht dieſelben mit einem Meſſer, legt ſie eine Zeit lang in kochendes Waſſer, damit das Blut ausziehe, hackt ſie gleichfalls ſehr fein, reibt ſie durch einen Durchſchlag und knetet ſie mit dem Fleiſche zuſammen, nachdem man vorher fein gehackte Zwiebeln, geſtoßenen Nelkenpfeffer, Gewürznelken nebſt ein ganz wenig ſchwarzem Pfeffer, Salz, etwas Wurſtkraut und ein wenig Zucker, Alles nach Probe, dazu gethan hat. Sodann ſtopft man die Wurſtmaſſe in dazu vorbereitete gut gereinigte Gedärme, jedoch nicht zu feſt, damit dieſelben nicht platzen, bringt die Würſte in die kochende Brühe, in welcher das zu ihnen benutzte Fleiſch gekocht iſt, läßt ſie ½ Stunde lang darin kochen, zieht ſie durch kaltes Waſſer und legt ſie zum Erkalten und Abtropfen auf Stroh.

Anm. Da die zu verwendenden Gewürze der Quantität nach durchaus von der Größe der Leber und der Menge des Fleiſches abhängen, ſo muß das Richtige in dieſer Hinſicht der Zunge der Köchin überlaſſen bleiben.

829. Braunſchweiger Wurſt.

Man kocht 1½ Pfd. mageres und 1½ Pfd. fettes Fleiſch am beſten Rückenſpeck, gar und ſchneidet Beides in ziemlich große Würfel, vermengt es mit einander, miſcht ⅜ Pott Blut dazu und rührt es damit, ſo wie mit 3 Eßlöffeln voll Salz, mit ſehr wenig Wurſtkraut und mit geſtoßenem Nelkenpfeffer, ſchwarzem Pfeffer und Gewürznelken nach Probe gehörig durch. Außerdem wird die Zunge abgebrüht, abgezogen, gar gekocht, in Streifen geſchnitten und dazwiſchen gemengt, worauf man die gut gereinigten Gedärme bis etwas über ¾ mit der Maſſe anfüllt, die Wurſt in ¾ Stunden gar kocht und ein wenig räuchert.

830. Blutwurſt.

Zuthaten: 1½ Pfd. geriebene alte Semmel, 3 Pott Blut, 1 Pott von der Brühe, in welcher das Fleiſch zur Leberwurſt gekocht iſt (man muß die Brühe recht fett nehmen), ¼ Pfd. Zucker, ¼ Pfd. Roſinen, ½ Pfd. gehacktes vorher gekochtes mageres Fleiſch, eine kleine Theeſchale voll Würfel von Rückenſpeck, welche vorher beinahe, aber nicht ganz braun ausgebraten worden, 1 gehäufter Theelöffel voll Salz, abgeriebene Citronenſchale, geſtoßene Nelken und ein wenig Wurſtkraut nach Probe.

Unmittelbar vor dem Stopfen der Wurſt wird das Blut nebſt der Fettbrühe zu den übrigen gut vermengten Ingredienzien gerührt und ſodann die Maſſe in gut gereinigte Gedärme gethan, die aber nur ein wenig über die Hälfte gefüllt werden dürfen. — Man kocht die Würſte etwa ½ Stunde; nicht darüber, läßt ſie erkalten und brät ſie vor dem Anrichten, jenachdem ſie dünn oder dick ſind, entweder ganz oder in Scheiben geſchnitten.

Anm. Zur Blutwurſt benutzt man beſonders die krauſen Gedärme.

831. Grützwurſt.

Man kocht Gerſtgrütze in etwas von der Brühe, in welcher das Wurſtfleiſch gekocht iſt, auf und läßt ſie darin langſam gar quellen. Sodann miſcht man reichlich von dem auf der Brühe befindlichen Fette nebſt den feingehackten Leberabfällen und fein gehacktem vorher gekochtem Fleiſche (je mehr man von Letzterm nimmt, deſto beſſer) nebſt Salz,

gestoßenen Nelken und Nelkenpfeffer und ziemlich viel Wurstkraut, Alles nach Probe, darunter, stopft die Masse nicht zu
fest in vorher gut gereinigte Gedärme und kocht die Wurst
knapp ½ Stunde. Das weitere Verfahren ist das in der
vorigen Nummer für die Blutwurst angegebene.

832. Lungenwurst.

Man schabt die Lunge aus Häuten und Sehnen, hackt
sie, jedoch nicht zu fein (etwa halb so fein wie das Mett zur
Mettwurst), hackt ferner die Mettabfälle nebst 2 Pfd. Fett
auf 6 Pfd. Lunge und Fleisch, wobei man gleichfalls die
Fettabfälle benutzen kann, rührt Alles gut durcheinander und
6 Eßlöffel voll Salz, 2 Theelöffel voll Senfkörner, so wie
1 Theelöffel voll zusammen gestoßenen schwarzen und Nelkenpfeffer darunter und stopft die Masse nicht zu fest in gut gereinigte Gedärme. Die Wurst wird 8 bis 14 Tage geräuchert
und dann zu Grünkohl oder Rüben gekocht.

833. Schmorwurst.

Die Anweisung zur Bereitung der Schmorwurst ist bei
den Entrees unter Nr. 319 vorweg genommen.

834. Sauer eingekochtes Schweinefleisch.

Man verwendet dazu junges nicht zu fettes Schweinefleisch, gießt so viel scharfen Bier- oder Weinessig mit Wasser
vermischt (⅔ Essig, ⅓ Wasser) darüber, daß es davon bedeckt
ist, thut auf 8 Pfd. 5 bis 6 Lorbeerblätter, einen Theelöffel
voll Nelkenpfeffer, ebenso viel schwarzen Pfeffer, 6 mittelgroße
Zwiebeln und eine kleine Hand voll Salz daran und kocht es
in dieser Brühe gar. Alsdann legt man das Fleisch in einen
Steintopf oder Glashafen und gießt die Brühe, auf der so
viel Fett zu lassen ist, daß sie ganz davon bedeckt wird, durch
ein Sieb darüber.

835. Preßkopf.

Man kocht einen Schweinskopf weich, schneidet die
Schwarte ab, taucht ein Tuch in die Brühe, in welcher der

Kopf gekocht ist, bedeckt damit eine tiefe Schüssel und legt die
Schwarte mit der Außenseite darauf.   Dann schneidet man
den Schweinskopf in dünne Scheiben, legt diese schichtenweise
mit ein paar gekochten und in Scheiben geschnittenen Kalbszungen auf die Schwarte und besprengt jede Schicht ganz
fein mit Salz, Nelkenpfeffer und schwarzem Pfeffer, Alles
pulverisirt.   Hat man Kopf und Zungen in dieser Art verbraucht, so deckt man die Schwarte darüber und über diese
das Tuch, holt es so fest wie möglich zusammen und bindet es
mit einem Bindfaden zu.   Sodann setzt man das Ganze noch
wieder etwa 10 Minuten in die kochende Brühe, legt es
zwischen zwei Bretter und beschwert das obere derselben 24
Stunden lang stark mit einem Steine oder Eisengewichte.

836.   Das Zuhauen der Gänse zum Zweck des Einschlachtens.

Die Anweisung in Nr. 48 zum Ausnehmen des Geflügels
bezog sich auf zum Braten bestimmte Gänse; sollen dieselben
zum Zwecke des Einpökelns und Einlegens in saure Gelee
zerlegt werden, so wolle man folgendes Verfahren, als prak-
tischer, beobachten.

Wenn den Gänsen nach Angabe in Nr. 48 durch den
Querschnitt oberhalb der Brust Speise- und Luftröhre herausgezogen sind, löst man von ihnen zunächst die Keulen, die
Flügel und die unter den Flügeln sitzenden Fettstücke.   Sodann sticht man an der Stelle, wo die Letzteren fortgenommen
worden, an beiden Seiten unter der Brust durch die Rippen
und macht Längenschnitte bis an das Ende der Rippen, d. h.
bis dahin, wo die fette Bauchhaut anfängt.   Vermöge eines
Querschnittes durch Letztere unmittelbar unterhalb des Brustknochens verbindet man die beiden erwähnten Schnitte, erfaßt
mit der linken Hand das untere Ende der Gans, greift mit
der rechten unter die Brust und biegt sie nach oben zu in der
Art über, daß das Gelenk am Brustknochen durchbrochen
wird, trennt die Brust auch an dieser obern Seite los, wobei
man das erwähnte Gelenk zu durchschneiden hat, putzt sie
ringsum sorgfältig, jedoch ohne zu viel Fett wegzunehmen,

gleichmäßig aus und bereitet aus derselben entweder eine geräucherte Gänsebrust nach Nr. 838 oder zerschneidet und zerhaut sie in 4 Stücke und kocht sie sauer ein. Den Bauchlappen löst man sodann durch einen von den beiden äußersten Enden des Querschnittes unterhalb der Brust ringsum durch den After hindurchgehenden halbkreisförmigen Schnitt, nimmt ihn ab, nimmt erst das schiere Fett und die Gedärme heraus, reinigt die Ueberreste der Gans und zerhaut sie in passende Stücke, um sie entweder sauer einzukochen oder einzupökeln.

837. Sauer eingekochtes Gänsefleisch.

Die in passende Stücke zerhauene Gans wird ganz nach Anweisung in Nr. 834 sauer eingekocht; soll das Gänsesauer indessen etwas feiner werden, so giebt man auf 8 Pfd. Fleisch etwa $1/4$ Flasche Weißwein unter die Brühe. Wenn man das sich oben ansammelnde und abzunehmende Schmalz nicht alles sauer haben will, so kann man das Fleisch auch erst mit dem Wasser allein aufsetzen, es bis zur Hälfte gar kochen, das bis dahin sich ansammelnde Fett abnehmen und erst dann den Essig zugießen.

838. Geräucherte Gänsebrust (Spickbrust).

Man schneidet eine Gänsebrust nach Nr. 836 heraus, steckt sie ein paar Secunden in kochendes Wasser und reibt sie mit so viel Salz, wie sie aufnehmen will, nebst 1 Theelöffel voll Zucker und ebenso viel Salpeter ein. Alsdann legt man sie mit dem Fleische nach unten in ein Gefäß, auf dessen Boden Salz gestreut ist, bestreut auch den Knochen noch mit etwas Salz, läßt sie 3 Tage darin liegen, trocknet sie gut ab, bewickelt sie mit Papier, welches man mit Bindfaden daran befestigt, und räuchert sie 9 Tage.

D. Bereitung verschiedener Getränke.

839. Allgemeines.

Für die Getränke überhaupt ist zu bemerken, daß man
um sie wirklich wohlschmeckend zu erhalten, stets gute Ingre-
dienzen und Stoffe wählen muß, namentlich also für die Bereitung kalter Bowlen gute Weine und feinen Zucker, für die
Bereitung heißer Bowlen guten Arrak, Rum oder Cognac,
ferner z. B. guten Kaffee, feinen Thee und beste Chocolade.
Anlangend sodann

a. aus Wein gemischte kalte Getränke, so müssen dieselben stets vollkommen kalt gereicht, und das Gefäß, in welchem
sie bereitet sind, zu dem Zwecke von Eis umgeben werden.
Ist dies nicht zu erreichen, so stellt man es wenigstens in
recht kaltes Wasser, welches wiederholt durch frisches zu ersetzen ist. Soll unter das Getränk Champagner gemischt
werden, so geschieht dies erst im letzten Augenblicke; der
Champagner ist bei der Bereitung von Bowlen übrigens der
einzige Wein, der von etwas mittelmäßigerer Qualität sein
kann. Es sei hier noch erwähnt, daß man, wie bei Speisen,
so mehr noch bei Getränken auch dem Auge etwas zu bieten
hat; aus feinen Gläsern schmeckt ein Getränk stets besser, als
aus ordinairen.

b. Heiße Getränke müssen stets wirklich heiß gereicht
werden und vor allen Dingen ist es Erforderniß, daß das
zu ihrer Bereitung verwandte Wasser vorher gekocht habe;
daß es im Augenblicke der Benutzung noch koche, ist nicht
gerade für alle Getränke nothwendig. Wegen der Gläser
und sonstigen Geschirre gilt auch hier das unter a. Bemerkte.

Kalte Getränke.

840. Verschiedene Bowlen.

a. Bowle von Burgunder und Champagner
Zur Bereitung dieser vorzüglichen, freilich aber auch kostspie-

ligen Bowle gießt man Burgunder (Chambertin oder Nuits)
und Champagner, von jedem Weine die Hälfte, zusammen.
Zucker erfordert diese Bowle, die übrigens nur ein Getränk
für Herren ist, nicht.

b. **Kings-Punsch.** Man thut $\frac{1}{2}$ Pfd. feinen Zucker,
am besten aufgelösten weißen Candies, in eine Bowle, gießt
nach einander 3 Flaschen Mosel- und 2 Flaschen Rheinwein
(Pisporter und Markobrunner) und, nachdem aller Zucker gut
darin aufgelöst ist, eine Flasche Champagner hinzu. — Die
Bowle wird noch feiner, wenn man auf die obigen Quantitäten noch $\frac{1}{4}$ Flasche Burgunder daran giebt; billiger und
doch wohlschmeckend kann man sie herstellen, wenn man statt
Mosel- und Rheinwein französischen Weißwein und Mosel
(Sauternes und Pisporter) nimmt.

c. **Ananas-Bowle.** Man mischt Zucker und Weine
nach der Anweisung in b. und giebt statt des Burgunders
geschälte und in dünne Scheiben geschnittene, vorher eingezuckerte,
Ananas oder in Häfen eingemachte Ananas daran, wie man
dieselben in jeder Delicatessenhandlung zu Kauf erhalten kann.
Will man sie sich selbst bereiten, so geschieht dies einfach, indem man Ananas abschält und in Scheiben schneidet und
letztere schichtweise, mit gleich dicken Schichten Zucker untermischt, in Häfen packt.

d. **Apfelsinen-Bowle** (für Damen). Zu $\frac{3}{4}$ Pfd.
aufgelöstem weißen Candies gießt man 4 Flaschen ganz leichten Moselwein (Zeltinger) und 1 Flasche Muskatwein, drückt
durch ein feines Sieb den Saft von 2 Apfelsinen daran, giebt
sehr sorgfältig von aller weißen Haut befreite und in so kleine
Kluften, wie möglich, getheilte Apfelsinen daran und gießt,
nachdem aller Zucker gelöst ist, 1 Flasche Champagner dazu.

e. **Kalte Arrak-Bowle** (für Herren). 1 Flasche feiner
Arrak wird über $\frac{1}{2}$ Pfd. Zucker, auf welchem die Schale von
höchstens $\frac{1}{4}$ Citrone leicht abgerieben worden, so lange unter
fortgesetztem Rühren abgebrannt, bis der Zucker gelöst ist.
Dann gießt man 3 Flaschen Sauternes und 2 Flaschen Rhein-
oder Moselwein dazu, läßt dies zusammen eben einmal aufkochen und stellt es zum Abkühlen hin, wenn möglich auf Eis.

Kurz vor dem Einfüllen in Gläser giebt man noch 1 Flasche Champagner daran.

841. Limonaden.

a. Himbeer-Limonade. Man verdünnt nach Nr. 775 bereiteten Himbeersaft und giebt dabei auf 1 Flasche Saft mindestens 2 Flaschen Wasser. Die Probe zeigt, wie viel noch nachzuzuckern ist.

b. Apfelsinen- und Citronen-Limonade. Man gießt zu 1 Flasche guten Wein 2 Flaschen Wasser, schneidet zu jeder Flasche Getränk die thalerdicken Scheiben einer Apfelsine oder einer Citrone und zuckert nach Probe.

c. Andere Limonaden bereitet man noch aus vielerlei Extracten nach den Anweisungen auf den Flaschen, welche dieselben enthalten.

842. Mandelmilch.

Man stößt 12 Loth süße und 4 Stück bittere Mandeln, nachdem man die Schale heruntergenommen hat, sehr fein, rührt sie in einem Porzellan- oder Fayence-Geschirr mit 1 Pott Wasser gut auseinander und setzt das Rühren unter Hinzuthun von 8 Loth Zucker etwa 10 Minuten fort, worauf man die Flüssigkeit durch ein Tuch preßt.

Warme Getränke.

843. Heißer Punsch.

a. Gewöhnlicher Punsch. Man gießt 1 Flasche Weißwein, 2 Flaschen Rothwein und 2 Flaschen Wasser mit 1 Flasche Rum zusammen, thut 2 Pfd. Zucker, worauf die Schale von $1/2$ Citrone abgerieben ist, sowie durch ein Sieb den Saft von 2 Citronen dazu und bringt das Ganze zusammen ins Kochen, nimmt es indessen vom Feuer, sobald es einmal übergekocht ist, und giebt es in eine Bowle.

b. Arrak-Punsch. Es wird 1 Flasche Arrak auf $3/4$ Pfd. Zucker, worauf die Schale von $1/4$ Citrone abgerieben worden, abgebrannt. Sobald der Zucker geschmolzen ist, giebt man 1 Flasche Weißwein und 2 Flaschen heißes Wasser dazu, setzt dies zusammen auf das Feuer und läßt es einmal überkochen.

844. Grog.

Auf 2 mittelgroße Stücke in ein Bierglas gelegten Zucker gießt man so viel Rum, Arrak oder Cognac, daß das Glas bis zum dritten Theile voll ist. Sodann füllt man es mit siedend heißem Wasser.

845. Eier-Grog.

Zu einem Bierglase voll Eier-Grog rührt man 2 Eidotter mit einem gehäuften Eßlöffel voll fein gestoßenem Zucker gut eben, gießt erst kochendes Wasser und sodann Arrak oder auch Rum hinzu, bis der Grog die gewünschte Stärke hat. Während dessen und noch etwas hinterher muß man die Masse unausgesetzt stark rühren und schlagen.

846. Eierwein.

Man rührt 1 Eidotter mit 1 Eßlöffel voll Zucker in einem Glase zusammen und gießt unter unausgesetztem Rühren kochend gemachten Weißwein dazu, bis das Glas gefüllt ist.

847. Eierbier.

Dasselbe bereitet man ganz nach voriger Nummer, nur daß man Bier statt des Weins nimmt und dasselbe mit einem Stückchen Ingwer aufkocht. Ein kleines Liqueur-Glas voll Rum, unter das Eierbier gemischt, macht dasselbe wohlschmeckender und vergrößert seine erwärmende Kraft.

848. Glühwein.

Eine Flasche Rothwein wird mit $\frac{1}{4}$ Flasche Wasser, 6 Gewürznelken und 10 Loth Zucker, worauf die Schale einer Citrone abgerieben worden, aufgekocht und das Getränk in Gläsern oder in einer Bowle servirt.

27

849. Chocolade mit Milch.

Man kocht die zu 4 Tassen guter Chocolade nöthige Milch auf, schüttet eine geriebene Tafel Chocolade hinein und quirlt sie über dem Feuer so lange, bis sie hoch aufschäumt. Dann nimmt man sie ab, thut nach Geschmack Zucker dazu und läßt sie unter fortgesetztem Quirlen an der Seite des Feuers noch einige Minuten weiter kochen. Nachdem man sie vom Feuer genommen, quirlt man sie noch mit ein paar Eidottern ab.

850. Chocolade mit Wasser.

Zu 4 Tassen von dieser Chocolade kocht man $1\frac{1}{2}$ Tafeln mit dem nöthigen Wasser durch, quirlt während dessen unausgesetzt und noch ein paar Minuten weiter, nachdem man die Chocolade neben das Feuer gestellt hat. Das Quirlen muß andauern, bis die Chocolade in die Tassen gegeben wird.

Anm. Wünscht man die Chocolade dünner, so kann man selbstverständlich mehr Milch oder Wasser, als in den vorstehenden beiden Nummern angegeben ist, verwenden.

851. Kaffee.

Soll der Kaffee wohlschmeckend werden, so muß vor allen Dingen eine gute Sorte Bohnen dazu genommen werden; guter Java ist allen anderen Sorten, selbst dem Mocca, vorzuziehen. Ferner muß der Kaffee ganz gleichmäßig hellbraun gebrannt und recht fein gemahlen sein. Die beste Maschine zu seiner Bereitung ist eine Maschine von Berliner Porzellan, wie man sie in jeder Porzellan-Waaren-Handlung erhalten kann. Zu 6 mittelgroßen Tassen starkem Kaffee giebt man in den oberen Theil der Maschine, nachdem man das darin befindliche Sieb mit sog. Kaffeepapier bedeckt hat, 4 Loth von diesem Kaffee, gießt 1 Theetasse voll lebendig siedendes Wasser darauf und nach Verlauf von etwa einer Minute das übrige Wasser. Vor dem Einschenken muß man den Kaffee mit einem Löffel umrühren.

Anm. Es versteht sich von selbst, daß man den Kaffee stärker und schwächer bereiten kann, und ist noch zu bemerken, daß je geringer das zu bereitende Quantum Kaffee ist, desto größer verhältnißmäßig die Menge Bohnen sein muß, welche man verwendet. — Surrogate, Cichorien u. dgl. liefern freilich auch ein Getränk; es ist das aber eben kein Kaffee.

852. Thee.
(Englische Art der Bereitung.)

Auf die Person rechnet man einen gehäuften Theelöffel voll recht feinen Thee, eine Mischung von Pecco-Blüthen mit Souchong möchte dem deutschen Geschmacke am besten zusagen. Diesen Thee thut man in einen Topf und giebt auf das Ganze noch einen Theelöffel voll dazu. Dann gießt man so viel siedend heißes Wasser darauf, daß der Thee eben davon bedeckt ist, gießt das Wasser aber sofort wieder ab und nun auf einmal die ganze erforderliche Quantität siedendes Wasser darauf. Hierin läßt man ihn $\frac{1}{4}$ Stunde über schwachem Kohlenfeuer ziehen und schenkt ihn ein.

Anm. Verfasserin zweifelt nicht, daß dieser Thee manchem Deutschen bei Weitem zu stark erscheinen wird; sie giebt aber das Recept, nach welchem sie selbst ihn mehrere Jahre lang Engländern bereitete. Jeder kann ihn ja so stark machen wie er will; indessen Vanille oder gar Kanehl darunter zu mischen, was hie und da noch immer geschieht, heißt mit einem Worte guten Thee verderben.

E. Bereitung des Süßmilch-Käse.

Man bereitet Lab aus dem Lab-Magen (dem vierten Magen) des Kalbes, indem man zunächst die darin befindliche Milch ausschüttet, den Magen einige Mal, aber nicht zu viel, mit warmem Wasser durchwäscht, ihn mit Salz und etwas Pfeffer ausreibt, die Milch wieder hineinschüttet, ihn auch von außen gut abreibt, zubindet und einige Tage in den Rauch hängt. Dann stellt man eine Salzlake in der Weise her, daß man ein Pottmaß zu $\frac{3}{4}$ mit Salz füllt und $\frac{1}{4}$ Wasser hinzugießt, dies zusammen aufkocht und wieder erkalten läßt. Mit dieser Lake übergießt man den vorher in Stücke geschnittenen Lab-

Magen und läßt ihn darin 3 bis 4 Tage an einem lauwarmen Orte stehen. Um zu probiren, ob die Flüssigkeit brauchbar ist, mischt man ein paar Tropfen davon mit einer Kleinigkeit erwärmter Milch; gerinnt dieselbe nach einer halben Stunde, so ist das Lab gut und wird von den Magenstücken abgegossen. Jetzt erwärmt man Milch zu 21 bis 22 Grad, nimmt sie vom Feuer, gießt sie in die Käsewanne und zu 80 bis 100 Pott davon $\frac{1}{2}$ Eßlöffel voll Lab, rührt es damit gut durch, deckt es zu und stellt es zum Gerinnen hin. Geschieht Letzteres vor Ablauf einer halben Stunde, so ist zu viel Lab genommen, der Käse wird nicht unbrauchbar, aber nicht so gut, als wenn das Gerinnen erst nach $\frac{1}{2}$ bis $\frac{3}{4}$ Stunde erfolgt. Hat die Masse so lange gestanden, daß durch einen gelinden Druck mit dem Finger eine Vertiefung darauf entsteht, ohne daß am Finger etwas hängen bleibt, so rührt man sie wieder um, läßt sie stehen, damit der Molken sich von der Käsemasse aussondere, was nach $\frac{1}{4}$ bis $\frac{1}{2}$ Stunde der Fall ist; erscheint der Molken dann nicht klar, so muß das Umrühren wiederholt werden. Jetzt füllt man den Molken so rein ab, daß die Käsemasse trocken in dem Gefäße stehen bleibt, reibt Letztere mit den Händen ganz fein, thut eine gute Hand voll Salz auf die angegebene Masse daran und bringt sie in den vorher mit Molken angefeuchteten Käsekopf und damit eine halbe Stunde lang unter die Presse. Nachdem der Käse herausgenommen ist, wird er in ein Tuch geschlagen, mit demselben wieder in den Kopf und mit diesem wieder unter die Presse gebracht; nach 12stündigem scharfen Pressen ist er dann gut und wird zum Trocknen auf ein Brett gelegt. Jeden Morgen ist er abzuwischen, umzukehren und auf eine andere Stelle zu legen und dies Verfahren 3 bis 4 Wochen lang zu wiederholen; je länger, desto besser wird der Käse.

Anm. Von den verschiedenen Methoden der Bereitung des Lab hat hier nur diejenige Aufnahme gefunden, welche in Holstein durchweg in Anwendung gebracht wird.

F. Vom Seifekochen.

Man kocht von besserem Abfall=Fett 3 Pfd., oder von schlechterem 5 Pfd. mit 1 Pfd. Seifenstein, sowie ersteres mit 4 Pott, letzteres mit 7 Pott Wasser auf und läßt es 1½ Stunde damit kochen. Dabei muß man öfter umrühren, so daß das Fett und der Seifenstein gut zerkochen. Nach Ablauf der erwähnten Zeit giebt man ½ Pfd. Salz dazu, läßt es damit noch eine halbe Stunde kochen, und gießt es durch einen Durchschlag, in welchem es 24 Stunden stehen muß. Die alsdann oben schwimmende Seife nimmt man ab, schneidet sie in beliebige Stücke und trocknet sie.

Schluß-Bemerkung.

Ueber das Serviren der Speisen ist bei den einzelnen Gerichten überall, wo es erforderlich erschien, das Nöthige angegeben worden; in Abschn. I. Nr. 6 a bis h findet man Küchenzettel für Mahlzeiten von 3 bis zu 10 Gängen verzeichnet.

Alphabetisches Register.

Erklärungen

Seite

118	Cayennepfeffer	= Chilli
120	Florents	= Fleurons – Blätterteighalbmonde
132	Zitronensäure	= gemeint ist nicht Zitronensaft, sondern kristallisierte Zitronensäure
144	Morcheln	= Speisepilz
150	Fleisch vergraben	= sehr veraltete, zweifelhafte Methode
161	Quentchen	= ein kleines Gewicht – $^1/_4$ Loth
	Kluft	= das schiere Fleisch zwischen Rücken und Keule des Rindes
168	Kalbsgekröse	= Schleimhautfalte des Bauchfells. Zur Wurstherstellung
177	Wurstkraut	= Majoran
182	Kapaun	= kastrierter, gemästeter junger Hahn
186	Salmi	= ragoutartige warme Speise aus gebratenem und entbeintem Wildgeflügel
	Schnepfendreck	= gehackte Eingeweide der Schnepfen, heute werden nur die Innereien verwendet
194	Lapsgausch	= mecklenburger Art Labskaus – ein altes Seemannsgericht
	Soda	= gemeint ist doppelt-kohlensaures Natron
197	Savoyerkohl	= Wirsingkohl
199	Kastanien	= Edelkastanie, Marone, geröstet oder gekocht eßbar
211	Leber	= wird erst nach der Zubereitung gesalzen, wird sonst hart
218	Muräne	= kommt bei uns nicht vor, sicher ist damit die große Maräne gemeint
224		= Eingeweide werden mit Innereien (Leber, Rogen, Milch) verwechselt
226	Sandart	= Zander
227	Glashafen	= großes bauchiges Glas
229	gegällt	= Galle nicht verletzt
232	Anmerkung	= auf den Deckel des Gargefäßes wurden glühende Holzkohlen gelegt (Oberhitze)
234	„tobt laufen"	= das sogenannte „tobt laufen" der Neunaugen und Aale ist eine Tierquälerei
238	Stockfische	= durch Trocknen an der Luft haltbar gemachte Magerfische. Statt Buchenholzasche nimmt man heute Natronlauge (1 Teel. Natron auf 1 l Wasser)
240		= Schollen werden heute nicht mehr von der Haut befreit. Unmittelbar unter der Haut liegen die fettlöslichen Vitamine.
242	„Gebratene Häringe, marin."	gemeint sind Salzheringe zum Auswässern; 453 –entschieden zuviel Lorbeerblätter, auf 1 kg Heringe nimmt man 1 Lorbeerblatt
246	Hausenblase	= Schwimmblase eines störartigen Fisches, welche zur Geleebereitung verwendet wurde
256	Braise	= Schmortopf

Seite

258 Vol-au-vent = große Krustenpastete, sogen. Pastetenhaus
269 Mock-Turtle-Ragout = falsches Schildkrötenragout
269 Saucischen = kleine, fingerstarke Bratwürstchen für Garnituren
285 Feist = Fett
290 = sowohl feingehackte Eingeweide als auch Becassinen mit den Eingeweiden zu braten, ist eine Unsitte und heute nicht mehr gebräuchlich. Ebenso wie Krammetsvögel nicht auszunehmen
291 Trappen = Kranichvogel – Steppenvogel
328 Franzwein = Branntwein
Blancmanger = gelierte Süßspeise, z.B. weißes Gelee aus Mandelmilch und Gelatine
338 Salpicon = kleinwürflig geschnittene Masse zu einem Ragout, auch Obst

Das Abreiben von Zitronen- oder Apfelsinenschalen ist heute nicht mehr erwünscht, weil die Schalen dieser Früchte mit chemischen Stoffen künstlich gespritzt und zum Verzehr nicht geeignet sind. Da hilft auch kein Abwaschen oder Bürsten.

Rudolf Kroboth

Inhalts-Verzeichniß.

III

Seite